메커니즘: 경영의 제4원소

Mechanism: The Fourth Element in Management

조동성 지음

한국 서울과학종합대학원 석좌교수
한국 서울대학교 경영대학 명예교수
중국 북경 장강상학원(CKGSB) 초빙교수
두바이 Neo-Horizon School of Business 총장
스위스 제네바 SDG Management School 이사장

aSSIST University Press

"기업은 자원의 집합체이다(A firm is a bundle of resources)."

에디트 펜로즈(Edith Penrose, 1959)

"기업은 메커니즘의 집합체이다(A firm is a bundle of mechanisms)."

조동성(2014)

머리말

1973년 박사과정에 입학해서 학생으로 3년, 그 후 교수로 38년, 경영자로 10년을 지냈다. 이 기간 동안 '메커니즘'은 내 삶의 한가운데 있었다. 1973년 미국 보스턴의 하버드 캠퍼스에서 싹튼 메커니즘에 대한 '아이디어'는 한국으로 옮겨져서 서울대에서 모델화라는 성장 과정을 거쳤다. 이 '모델'은 2014년 중국으로 가서 북경에서 꽃을 피우다가, 한국과 두바이에서 실전에 활용되고 있다. 이 연구가 탄탄하고 기민한(robust and agile) 조직을 만드는 '이론'으로 열매를 맺을 날을 기다리며 간절한 마음으로 나이테를 쌓아올린다.

메커니즘 연구는 1973년 박사과정을 시작하면서 겪은 절체절명의 위기 속에서 궁즉통(窮則通)의 자세로 개발한 "주체 · 환경 · 자원–메커니즘(SER-M)" 모델에서 시작되었다. 당시 내가 겪었던 위기는 이 책의 '1.1. 메커니즘의 배경'에서 설명하겠지만, 지금 생각해보니 "위기가 기회를 가져온다"는 표현을 나만큼 실감한 사람은 별로 없으리라고 본다.

위기를 극복하는 과정에서 사용되었던 SER-M 모델은 그 후 사회생활에 유용한 도구가 되었다. SER-M 모델을 머릿속에 장착한 후에는 어떤 회의에서도 벙어리 신세를 면하고, 더 나아가 마지막에 회의 내용을 요약 정리하는 종결자 역할을 하는 능력이 생겼다. 회의에서 리더 역할을 하고자 하는 독자는 '1.1. 메커니즘의 배경'을 참고하기 바란다.

SER-M 모델은 연구에도 큰 도움이 되었다. 나는 모든 연구에서 SER-M 모델을 출발점으로 삼는다. 연구대상이 되는 산업, 기업이나 특정 프로젝트를 이해하고 소개하는데 이 모델만큼 포괄적이고 체계적인 수단은 없기 때문이다. "한국 반도체의 신화"(비룡소, 1995)에 대한 연구에서 SER-M 모델은 일본과 한국의 반도체 산업을 체계적으로 비교 · 분석할 수 있는 효과적인 도구가 되어주었다. 해외로 진출한 기업들이 "국제화 과정에서 축적한 균형, 조정, 학습 메커니즘의 존재와 효과"(정진섭, 2004), "SER-M 모델에 의한 병영독서운동의 비전과 전략"(조동성과 이예정, 2004)은 기업경영애 서는 물론이고 우리 주변에서 일어나는 모든 활동에 대해서도 SER-M 모델이 활용될 수 있다는 것을 보여주었다. 메커니즘에 대한 본격적인 연구는 '기업의 환경창조 메커니즘'(조동성, 1997)에서 시작되었다. 이 연구는 S, E, R, M 중에서도 마지막의 메커니즘에 초점을 맞추어 일본 주요 기업 8개의 독특한 경영방식을 관찰하고 그 결과를 소개했다. 편의상 메커니즘 연구의 발전 단계를 1.0, 2.0, 3.0, 4.0으로 부른다면 이 연구는 메커니즘 연구 1.0에 해당한다.

메커니즘 연구 1.0이 기업의 경영 메커니즘을 외부 관찰자 시각에서 바라본다면, 메커니즘 연구 2.0은 내부 경영자 시각에서 바라본다. "M경영"(조동성, 2006)은 메커니즘을 효과적인 경영 수단으로 경영자에게 제시한 메커니즘 연구 2.0의 결과다.

메커니즘 연구 3.0은 현재를 사는 경영전략 학자 시각에서 메커니즘을 바라본다. "메커니즘기반관점"(조동성, 2014)은 메커니즘을 패러다임, 즉 한 시대의 사람들의 견해나 사고를 근본적으로 규정하고 있는 인식의 체계로 보고, 21세기 초반의 현재 시점에 강조되는 패러다임인 메커니즘의 작동원리를 제시했다.

메커니즘 연구 4.0은 과거-현재-미래를 잇는 경영사 학자 시각에서 메커니즘을 바라본다. "메커니즘: 경영의 제4원소"라는 제목으로 출판되는 이 책은 기업에 대한 관점이 시대 흐름에 따라 변화하는 모습을 보여준다. 즉 1930년대에 등장한 주체기반관점(Subject-Based View)이 1970년대에 등장한 환경기반관점(Environment-Based View)으로 바뀌었다가, 1980년대 중반에 등장한 자원기반관점(Resource-Based View)으로 다시 바뀐 후, 2000년대에 들어와 메커니즘기반관점(Mechanism-Based View)으로 바뀌는 모습을 설명한 후, 앞으로 사랑기반관점(Love-Based View)으로 바뀔 가능성을 제시한다.

이 책은 원래 "메커니즘기반관점"(조동성, 2014)의 영문판을 내기 전에 내용을 간단하게 수정하려고 시작한 작업이었다. 처음에는 2014년 자료를 2024년 자료로 업데이트 하는 작업에 국한하려고 했다. 10년이면 강산이 변한다는 속담을 실감하면서 거의 매 페이지마다 수정과 보완을 거듭했다. 그러다가 MBV의 한계에 대한 새로운 인식을 하면서, 이를 반영하기로 했다. 그 중 하나로 Part Ⅲ에 '10.3. 메커니즘의 한계'와 '10.4. 제5원소를 찾아서'를 추가했다. 이런 작업을 진행하는 가운데 책의 초점이 바뀌었다. 이 책이 더 이상 기업을 위한 경영전략 교과서가 아니라, 기업을 비롯한 모든 조직을 경영하는데 필요한 세 가지 원소(Element)인 주체, 환경, 자원에 이어 네 번째 원소인 메커니즘을 연구하는 개념서가 된 것이다. 이 책의 제목인 "메커니즘: 경영의 제4 원소"는 그 결과다.

이 책 출판을 완료한 다음에는 "메커니즘을 기반으로 하는 구체적인 전략 개발"을 연구하려고 한다. 구체적 전략의 하나로 서울과학종합대학원 문휘창 총장과 함께 개발하고 있는 '비중 · 순서 모델(WSM)'은 SER-M, MBV에 이어 내 연구 인생 3부작의 마지막 파트다.

1973년에 시작한 제1부 연구의 주제는 SER-M 모델이다. 이 연구에서는 모든 현상의 원인을 S, E, R, M이라는 네 가지 원소로 분류한 다음, S, E, R이라는 독립변수가 M이라는 매개변수를 통해 프로세스(Process: P)로 연결 되어 성과(Performance: P)로 귀결되는 일련의 과정을 설명하고자 했다.

1997년에 첫 책을 출판한 제2부 연구의 주제는 MBV 패러다임이다. 이 연구에서는 SER-M 모델의 네번째 원소인 메커니즘을 메커니즘 연구 1.0으로 부터 메커니즘 연구 4.0에 이르기까지 집중적으로 다뤘다.

2022년에 시작한 제3부 연구의 주제는 WSM이다. WSM은 S, E, R을 조합한 후, 비중과 순서를 이용해서 메커니즘의 구체적 예시에 해당하는 차별화 전략을 만드는 모델이다. 이 모델을 세계 10여 개 국가의 국가전략에 적용해서 그 효과의 차이를 비교하는 연구의 결과는 2025년 초에 독자 여러분께 알려드릴 예정이다.

제3부 연구의 파트너인 문휘창 총장은 제2부 연구의 마무리 작업에 해당하는 이 책을 내는데 있어서도 결정적인 역할을 해주었다. 메커니즘 연구로 박사학위 논문을 취득한 유재승 박사와 서울과학종합대학원의 황디롱, 저우위보, 박송춘, 지연 박사학위 취득예정자는 초판을 꼼꼼히 읽고 많은 부분에 대한 수정 제안을 해주었다. 이 책의 출판을 흔쾌하게 허락해 준 서울경제경영의 김은중 대표와 어려운 작업을 담당해 준 이민동 이사께 감사드린다.

이 책에는 오류와 잘못된 부분이 여럿 있을 것이다. 독자께서 이 책에서 찾아낸 오류나 개선할 부분에 대한 의견을 이메일(dscho123@gmail.com)로 보내주면 이 책을 수정한 후 그 증정본을 보내 드릴 것을 약속한다.

이 책의 내용은 독자의 소유물이다. 마음껏 사용하고, 마음껏 비판해 주기 바란다. 까다로운 독자는 훌륭한 책을 만든다.

이 책을 메커니즘을 사랑하고 메커니즘기반관점(Mechanism-Based View)을 공유하는 모든 독자에게 바친다.

2024년 2월 초

한강에서 포근하게 내리는 눈송이를 바라보며

조동성

저자소개

조동성 교수는

서울대학교 경영학과를 졸업하고 하버드대학에서 경영학 박사학위를 취득한 후 1978년부터 2014년까지 36년간 서울대학교 경영대학에서 전략 및 국제경영 교수로 재직하면서 국제지역원(현 국제대학원)원장과 경영대학 학장을 역임했다. 2014년 6월부터는 중국 북경에 있는 경영전문대학원인 장상상학원(CKGSB)에서 전략학 교수로 재직하면서 중국 국무원 국유자산감독관리위원회 요청으로 중국 중앙정부가 관장하는 113개 국유기업의 기업가치평가작업을 수행했다. 2016년부터 2020년까지는 국립인천대학교 총장으로 재임하면서 대학혁신을 선도했다. 2020년부터는 산업정책연구원 이사장 직을 맡아 60여 주요 국가의 국가경쟁력과 30여 선도 국가의 국가브랜드가치를 평가하고, 세계 1,000여 대학의 혁신성을 연구하고 있다. 영어 24권, 중국어 5권, 한국어 90여 권의 저서와 140여 편의 학술논문을 출판했고, 전략경영학회 창립회장, 디자인브랜드경영학회 창립회장, 지속경영학회 창립회장, 메커니즘경영학회 창립회장, AI경영학회 창립회장, 한국경영학회 회장, 학술단체총연합회 회장. 국제백신연구소 한국후원회장, 안중근의사기념관 관장, 대중소기업상생협력위원회 위원장, 대통령 직속 국가경쟁력위원회 위원을 지냈으며, 현재 핀란드 명예총영사, 자연환경국민신탁 이사장직을 맡고 있다. 2024년 가을부터는 두바이에 설립되는 Neohorizon School of Business에 참여할 예정이다. 이 대학은 비전과 조직을 설계하는 단계부터 환경창조 메커니즘을 적용하는 실천적 연구대상이 될 것으로 기대된다.

안중근 의사의 모친 조마리아 여사가 증대고모(5촌)이고, 한국광복군 출신으로 백범 김구 선생의 비서를 지낸 김우전 제16대 광복회 회장이 장인이다.

차례

PART I

메커니즘 개념

01 장 메커니즘(Mechanism)이란 무엇인가?

1장에서는 메커니즘이 연구대상으로 등장하게 된 배경을 설명하고, 메커니즘에 대한 개념과 메커니즘을 알아야 하는 이유를 소개한 후, 동서양 철학에 나타난 메커니즘적 사고를 살펴보고, 마지막으로 기업경영에서의 메커니즘을 미국 GE사와 한국 롯데그룹의 사례에서 찾아본다.

1.1. 메커니즘: "경영의 제 4원소"가 나오기까지

1.1.1. 세상의 4원소 경영의 3원소

권불십년(權不十年)이요, 화무십일홍(花無十日紅)이라는 말이 있다. 아무리 대단한 권력이라도 10년이 지나면 힘을 잃게 되고, 아무리 아름다운 꽃이라도 열흘이 지나면 시들게 된다는 뜻이다. 이 표현은 21세기에 들어와서 더욱 실감나는 말이 되었다. 권투계의 조 루이스(Joseph Louis Barrow: 1914 ~ 1981), 무하마드 알리(Muhammad Ali: 1942 ~ 2016)나 영화계의 오드리 햅번(Audrey Hepburn: 1929 ~ 1993), 엘리자베스 테일러(Elizabeth Rosemond "Liz" Taylor: 1932 ~ 2011)와 같이 자기 분야에서 20년, 또는 그 이상 정상을 차지하는 인물은 더는 나타나지 않는다. 오늘 최고 자리에 있던 사람이 내일이면 다른 사람으로 교체되고 그 다음날이 되면 또 다른 누군가가 그 자리를 차지한다. 이러한 현상, 즉, "선도자의 수명주기가 점점 짧아지는 현상"을 초경쟁(Hyper-competition)이라고 부른다. (D'Avini, 1990).

기업도 초경쟁의 시대에 살고 있다. 20세기를 지배해 온 철강산업의 US 스틸(US Steel), 자동차의 GM과 포드(Ford), 통신업계의 ATT, 전자산업의 소니(Sony)는 이미 1등 자리를 내놓았거나 뒤안길로 사라졌다. 21세기 들어와 새롭게 등장한 구글 (Google), 페이스북(Facebook), 애플(Apple)도 언젠가 혜성처럼 나타날 새로운 기업에 자신의 위치를 빼앗길지 모른다. 따라서 경영자는 자신이 맡은 기업을 열흘이 지나도 시들지 않고 아름다움을 발하는 꽃, 10년이 지나도 선두를 차지하는 절대 강자로 만들기 위해 노력한다. 경쟁기업들을 이겨서 1등을 차지하고, 한번 차지 한 1등 자리를 오래 유지할 방법을 찾아 헤맨다.

고대 그리스와 인도에서 4원소설이 발전하여 세상의 물질을 이루는 근간은 물, 불, 흙, 공기의 4원소(Four elements)라고 생각했듯이, 20세기 경영학자들은 기업이 높은 성과를 내기 위한 전략을 3원소(Three elements)로부터 찾아냈다. 1930년대에 경영주체(business subject)로부터 전략을 찾아냈고, 1970년대에 외부환경(external environment)으로부터 전략을 찾아냈으며, 1990년대에 내부자원(internal resources)으로부터 전략을 찾아냈다. 90여 년 전에는 최고경영자를 잘 선택하는 것이 기업경쟁력의 원천임을 확인했고, 50여 년 전에는 사양산업보다 성장산업이 높은 성과를 내는 데 더 유망하다는 것을 파악했으며, 30여 년 전에는 자신만이 가진 독특한 자원이 없으면 경쟁에서 불리한 상황에 놓인다는 것을 주장했다.

이렇듯 20세기 경영학자들은 기업이 원하는 성과를 올리기 위한 전략을 찾아 헤매는 과정에서 큰 성과를 올렸다. 광부가 다이아몬드 원석이 묻혀 있는 위치로 한 발자국, 한 발자국 굴을 파 나아가듯이, 경영학자들은 경영성과에 조금이라도 더 영향을 주는 원인을 끊임없이 찾아낸 것이다. 최고경영자(CEO)라는 경영주체가 중요하다는 다소 막연한 주체기반관점(Subject-Based View)에서, 경쟁강도가 약한 산업을 찾아내야 한다는 환경기반관점(Environment-Based View)으로, 피할 수 없는 경쟁자와 싸워 이기기 위해서는 나만의 독특한 자원을 가져야 한다는 자원기반관점(Resource-Based View)으로 끊임없이 진화해 온 것이다.

경영전략 이론의 발전에 대한 역사적 해석에서 각 시대에 새롭게 나타난 세 가지 관점을 소개한다고 해서, 특정 시대에는 한 가지 접근방식만 존재했던 것으로 오해해서는 안 된다. 1970년대에 전략적 초점이 주체기반관점에서 환경기반관점으로 바뀌었다고 해서 주체기반관점이 가치를 잃어버린 것은 아니다. 1990년대에 환경기반관점에서 자원기반관점으로 경영자의 초점이 바뀌었다고 해서 주체기반관점과 환경기반관점이 가치를 잃어버린 것도 아니다.

그보다는 경영학자들이 한 시대를 풍미했던 기존 경영관점에 대한 이해를 어느 정도 한 다음 새로운 관점에 대해 추가로 관심을 두게 되었다고 보는 편이 더 적절하다. 다만 학자 개인은 초점을 좁혀서 한 가지 관점만을 가지고 연구를 해야 깊이 파내려 갈 수 있다. 따라서 오늘날 경영학계는 주체기반관점을 채택하고 있는 학자들, 환경기반관점을 채택하고 있는 학자들, 자원기반관점을 채택하고 있는 학자들이 공존하면서 크게 세 그룹을 형성하고 있다.

학자들은 경영주체, 외부환경, 내부자원 중 한 가지만 잘 관리해도 경영목표를 달성할 수 있다는 전제 하에 나머지는 그대로 둔 조건에서(ceteris paribus) 한 가지만을 집중적으로 연구함으로써 전문적 영역을 구축한다.

그러나 기업경영을 책임지는 경영자들은 학자처럼 자신이 선호하는 한 가지 영역에 집중할 수 있는 여유를 가지고 있지 못하다. 경영자들은 원하는 경영성과를 이끌어내는 데 있어 3원소 각각이 필요조건일지언정 충분조건은 아니라는 것을 오랜 경험으로부터 잘 알고 있다. 잭 웰치(Jack Welch)와 같은 불세출의 경영자를 모셔 온다고 해서 다음날부터 경영성과가 나는 것도 아니고, 새로운 성장산업으로 옮겨간다고 해서 성공이 보장되는 것도 아니며, 자금이 풍부하거나 독특한 특허를 가지고 있다고 해서 그것이 사업으로 연결된다는 보장이 있는 것도 아니다. 이 3원소는 기업이 경영성과를 내는 데 항상 함께 있어야 하는, 서로 보완적 관계이다.

1.1.2. 경영의 제4원소

이 3원소를 동시에 가지고 있으면 기업은 원하는 성과를 얻을 수 있을까? 유감스럽게도 이에 대한 정답은 "아니오"이다. 만일 대답이 "예"라면 어떤 기업이 3원소를 함께 가지는 순간 그 기업의 경영성과는 하루아침에 고공행진을 해야 할 것이기 때문이다. 실제로는 그렇지 못하다. 어떤 기업이 3원소를 확보한다고 해도 원하는 경영성과를 내려면 상당한 시간과 노력이 필요한 법이다. 이 시간 동안 기업은 어떤 노력을 해야 하는가? 이 책에서 다루고자 하는 주제가 바로 이것이다. 3원소를 모두 갖춘 기업이 원하는 성과를 얻으려면 추가로 네번째 원소를 갖추어야 한다. 제4원소는 무엇일까?

경영주체, 외부환경, 내부자원은 경영성과에 간접적으로 영향을 미치는 원소들일 뿐, 경영성과를 직접 만들어 내지는 않는다. 기업이 원하는 성과는 경영활동에서 나온다. 시장에서 소비자를 찾아내어 욕구를 파악하고, 소비자 욕구를 만족하게 하는 제품을 개발해서 효율적으로 제품을 생산해서 소비자에게 제공하고, 이들로부터 돈을 받아 새로운 시장조사를 하고 제품개발을 할 자금을 조성하는 순환 과정에서 매출과 이익을 올리고, 더 나아가 지속경영을 통해 장수기업을 만들어 낸다. 경영성과를 만들어 내는 데 가장 근접한 위치에 있는 것은 경영활동의 각 원소를 일정한 유형으로 체계화하여 그 활동이 반복적으로 일어나게 하는 경영 프로세스이다. 그렇다면 경영 프로세스를 만들어 내는 데 필요한 생각의 논리(logic of thought)와 행동의 원칙(principles of behavior), 다시 말해서 '경영활동의 설계도'야 말로 바로 원하는 경영성과를 가져오는 제4원소이자 경영자가 그토록 찾아 헤매던 해답이 아닐까?

경영 프로세스를 만드는 데 필요한 논리(logic)와 원칙(principles)을 '메커니즘(Mechanism)'이라고 부르자. 여기서 메커니즘은 기업의 현재 모습이라는 단편적 현상을 보는 것이 아니라 현재의 모습이 나타나게 된 원인을 설명하는 개념이다. 어떤 기업이 원하는 경영성과를 달성하지 못하고 있다면, '메커니즘기반관점(Mechanism-Based View: MBV)'은 그 원인을 밝히고 그 기업에게 더 나은 경영 프로세스를 갖게 하여 원하는 성과를 올리게 해 주는 개념이다. 즉, 경영주체, 외부 환경, 내부자원으로 구성된 투입물(input)을 결합해서 경영성과라는 산출물(out- put)을 이끌어 내는 중간 단계에 존재하는 것을 경영 프로세스라고 한다면 메커니즘은 이 경영 프로세스를 구성하는 생각의 논리이자 이 논리에 입각한 구체적인 행동의 원칙이다.

'메커니즘기반관점(Mechanism-Based View: MBV)'은 바로 이러한 논리와 원칙을 만들어서 기업, 더 나아가서 모든 조직의 시스템에 장착시킴으로써 경영 프로세스가 체계적으로 이행되도록 하는 경영방식이다. 이 메커니즘을 하나의 독립된 원소로 본다면 경영의 3원소인 주체, 환경, 자원에 이어 경영성과에 영향을 미치는 제4원소라 할 수 있다. 〈표 1-1〉은 경영의 3원소가 결합해서 이루어진 메커니즘이 경영 프로세스를 만들어내서 궁극적으로 경영 성과를 창출 하는 과정을 보여주고 있다. 이 과정을 'SER-M 패러다임'이라고 부르자.

1.1.3. SER-M 패러다임

저자가 메커니즘이라는 제4원소를 찾아낸 출발점은 1973년 하버드 박사과정을 시작하면서 첫 학 기에 수강했던 MBA 과정의 전략과목이었다. 박사과정에 입학하던 당시 MBA 학위를 갖지 못했던 저자에게 지도교수는 하버드 MBA과정에서

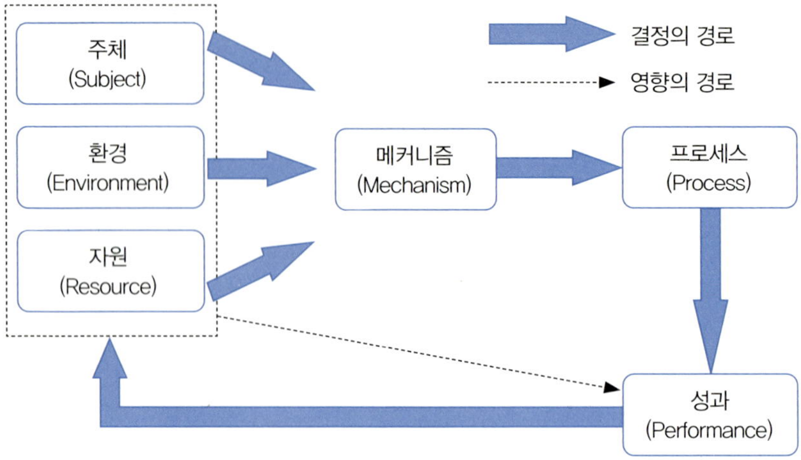

표 1-1 ▸ 이기이원론에 입각한 SER-M 모델(메커니즘 → 프로세스)

두 과목을 선택하여 평균 B+ 이상의 성적을 내라는 조건을 부과했다.

저자는 1973년 가을에 시작된 1학기에 '경영정책(Business Policy)'이라는 전략과목을 신청했다. 이 과목은 다른 하버드 MBA 과목과 마찬가지로 첫 시간부터 마지막 시간까지 사례토론 방식으로 진행되었다. 영어 실력도 달리고 미국 사회에 대한 이해도 부족했던 저자는 하버드 MBA 학생들 틈에 앉아 사례토론 과정 내내 단 한 번도 토론에 참가하지 못하고 꿔다 놓은 보릿자루같이 앉아만 있었다.

그 결과 숙제와 기말시험에만 의존했던 내 성적은 참담하게도 C−였다. 교수는 저자에게 F를 주어야 하지만, 외국에서 온 새내기 박사과정 학생이기에 동정하는 마음으로 C−를 주었을 듯하다.

정작 문제는 그 다음 학기였다. 한 과목을 더 수강해서 A+를 받는다고 해도, C−와 A+의 산술평균이 Bo밖에 안 되는 것이었다. Bo는 지도교수가 조건으로 제시한 B+에 미달하는 점수였다. 다음 학기 말이 되면 저자는 애써 입학한 하버드 박사과정에서 쫓겨나게 될 터였다. 실로 절체절명의 위기가 아닐 수 없었다.

눈이 캄캄했다. 지푸라기라도 잡는 심경으로 지난 학기에 수강한 경영정책

강의노트를 꺼내 보았다. 다행히 저자는 강의시간에 토론에 참가하지는 못했지만 교수와 학생들이 한 이야기를 빠짐없이 적어두었었다.

강의노트를 다시 읽어보다가, 강의를 들을 때 의아하게 생각했던 것이 떠올랐다. 강의시간에 교수는 학생들이 한 발언을 그 내용과 관계없이 칠판 왼쪽 위부터 아래로 쭉 써 내려갔고 나도 그것을 그대로 따라 적었다. 그러다 보니 일렬로 내리 적은 내용 중에는 같은 내용이 반복해서 나오기도 하고, 반대되는 내용이 바로 밑에 나오기도 하고, 큰 이슈 안에 담겨 있어야 할 작은 이슈가 별도로 쓰여 있기도 했다.

저자는 백지를 꺼내서 학생들이 발표한 내용을 정리해보았다. 단, 같은 내용은 한데 묶고, 반대되는 내용은 사이에 양화살표(← →) 표시를 해서 좌우 대칭으로 나란히 두며, 큰 이슈의 부분집합으로 포함할 수 있는 작은 이슈는 큰 이슈 밑에 들여쓰기 방식으로 정리했다. 그러다 보니 모든 사례에 등장하는 조건이 어떤 주제라 할지라도 그 내용 에 따라 다음 네 범주로 나뉘는 현상을 발견했다.

- 주체, 즉 지도자의 역할
- 환경, 즉 주체가 속한 조직을 둘러싼 외부 조건
- 자원, 즉 주체가 활용할 수 있는 내부조건
- 기타, 즉 주체, 환경, 자원 중 어디에도 포함하기 어려운 조건

저자는 이 발견을 내 것으로 만들기 위해 저자에게 익숙한 주제를 하나 선정해서 연습해 보았다. 저자가 선택했던 주제는 "한국 경제가 1961년 후 급속도로 발전한 이유"였다. 저자는 미국에 유학 오기 전 한국에서 이 주제를 가지고 동료들과 토론한 경험이 있기 때문이었다. 저자는 스스로 학생이라고 가정하고 학생이라면 할법한 답변을 정리해 보았다.

– 학생 1: 과학강국에 대한 의지와 집념을 가졌던 박정희 대통령

– 학생 2: 성공적으로 실시한 경제개발 5개년 계획

– 학생 3: 우리가 벤치마킹을 할 수 있었던 산업화 모범생 일본

– 학생 4: 뛰어난 두뇌를 가지고 열심히 일하는 5천만의 한국 국민

– 학생 5: 우리를 호시탐탐 노려보고 있어 긴장의 끈을 늦출 수 없는 북한

– 학생 6: 대일청구권 자금과 해외은행에서 빌려 온 차관

– 학생 7: 농민들의 의식개혁을 이룬 새마을운동

– 학생 8: 제1차 경제개발 5개년 계획에서 수입대체산업으로 선택한 비료산업과 정유산업

만일 학생 8명이 위와 같이 토론에 참가했다고 할 때, 하버드 교수라면 토론 요지를 칠판에 일렬종대로 내리 적었을 것이다. 그러나 저자는 내용에 따라 다음과 같이 네 범주로 구분해서 일목요연하게 정리했다.

- 주체: 박정희(학생 1)
- 환경: 일본(학생 3), 북한(학생 5)
- 자원: 국민(학생 4), 대일청구권자금/차관(학생 6)
- 기타: 경제개발 5개년 계획(학생 2), 새마을운동(학생 7), 비료 및 정유산업 선택(학생 8)

그리고 박스 네 개를 그려서 학생들의 발표 내용을 해당 박스에 담아넣었다. 다만 주체는 환경과 자원을 좌청룡(左靑龍), 우백호(右白虎)로 활용하는 중심이라는 동양적인 해석에 근거해서 가운데 위치시켰다. 이때 환경과 자원을 각각 'Environment'와 'Resources'라는 영어단어로 쓰는 데에는 아무런 어려움이 없었지만, 주체에 대해서는 한동안 고민을 했다. 처음에는 경영자(Manager), 최고경영자(CEO), 리더(Leader) 중 하나로 하면 어떨까 하는 생각을 했다. 그러다가 학부 재학시절 철학개론에서 배웠던 주관주의(Subjectivism) 라는 단어가 떠올랐다. 인간이 진정한 주체가 되기 위해서는 주관적 판단능력을 갖추어야 한다는 교수 말

씀에 매료되었던 저자는 주체에 대한 영어 단어로 주저 없이 'Subject'라는 단어를 선택했다.

마지막으로, 가장 큰 고민거리가 되었던 문제는 어디에도 들어가기 어려운 나머지 요소들에 대한 제목이었다. 분명 모든 분석에는 어느 범주에도 들어가기 어려운 독특한 내용이 있는 법이다. 그래서 제목으로 '기타 등등'을 뜻하는 'Others'와 '잡동사니'를 뜻하는 'Miscellaneous'를 놓고 고민하다가 큰 고민 없이 후자를 선택했다. 이렇게 단어를 네 개 선택한 후, 이 표를 'SERM Model'로 부르려고 했다. 그러나 이 이름은 '서름 모델', '서엄 마들' 등 영어식으로 발음하기가 쉽지 않았다. 그리하여 SER과 M 사이에 붙임표(-)을 넣어서 주체, 환경, 자원과 잡동사니를 구별하는 동시에, 실제 발음도 '서렘 모델'로 통일하기 위해 'SER-M Model'이라고 표기했다.[1]

〈표 1-2〉와 같이 모든 토론 내용을 네 가지 범주로 나누는 SER-M 모델을 만든 후, 1973년 9 ~ 12월에 경영정책 과목을 수강하면서 사용한 사례 모두에 대해 이 모델을 적용해서 분석해보았다. 그랬더니 각 사례에서 제기된 이슈에 대한 학

환경(Environment)	주체(Subject)	자원(Resource)
• 일본(학생 3) • 북한(학생 5)	• 박정희(학생 1)	• 국민(학생 4) • 대일청구권자금/차관(학생 6)
잡동사니(Miscellaneous): • 경제개발 5개년 계획(학생 2) • 새마을운동(학생 7) • 비료 및 정유산업 선택(학생 8)		

표 1-2 ▸ 초기의 SER-M 모델

1 당시 저자에게는 인과관계를 설명하는 '모델'과 서식이나 틀을 의미하는 '템플릿'을 구별할 수 있는 능력이 없어서 당시 만들었던 서식을 'SER-M 모델'이라고 이라고 불렀다. 지금 생각해보니 이 표는 'SER-M 템플릿'이라고 불러야 했다.

생들의 토론내용을 입체적으로 파악하게 되는 것은 물론이고, 강의실에서 토론시간에 미처 다루지 못했던 내용도 쉽게 찾아지는 것이었다. 바로 위 사례에서도 환경, 자원과 기타에서는 두세 가지씩을 찾았으니 주체에 대해서도 한 가지만 더 찾겠다는 마음을 먹는 순간, "재계를 이끌고 가면서 신화를 창조한 이병철, 정주영 회장"이 머릿속에 떠올랐다.

저자는 1973년 연말 방학 1주일 동안 SER－M 모델을 이용해서 사례를 분석하고 토론에 참가하는 방법을 충분히 연습한 후 1974년 봄학기에 MBA 과목을 한 개 더 수강했다. 그리고 강의를 들으면서 그 과목에서 사용하는 모든 사례에 대해 동료 학생들이 토론하는 내용을 SER-M 모델을 이용해서 노트에 적었다.

그러던 어느 날이었다. 그날 다루었던 사례는 아메리칸 모터스 회사(American Motors Corporation)라는 미국 자동차회사였다. 이 회사는 1950년대 중반 GM, 포드, 크라이슬러와 같은 대형차가 판치던 미국 자동차 시장에 램블러(Rambler)라는 축소형자동차(compact car)를 진입시켜서 시장 점유율을1% 미만에서 불과 5년 만에 6% 이상으로 끌어올린 전설적인 회사였다. 담당 교수가 램블러의 성공원인을 규명하자는 제안에 따라 학생들이 너도나도 손을 들어 발표를 하다가 어느 정도 토론이 이루어지고 나니 더 손을 드는 학생이 없어졌다. 교수는 조금 더 토론하고 싶었던지, 손을 들지 않고 노트 정리만 열심히 하고 있는 저자에게 다가와 "조 군, 다른 학생들이 토론한 내용에 추가할 것이 없나?"하고 질문하는 것이었다.

저자는 순간 당황했지만, 다음과 같이 이미 발표된 내용을 요약해 발언했다.

"지금까지 교수님께서 제기하신 문제에 대해 동료 학생들이 중요한 답변을 거의 다한 듯합니다. 그 내용을 간단히 정리해 보겠습니다. 몇 학생들은 이 회사의 최고경영자인 조지 롬니(George Romney) 사장이 연비가 적은 축소형자동차가 미국사회에 필요하다는 철학을 램블러라는 자동차로 실현한 점, 즉, 지도자의 역할을 강조했고, 다른 학생들은 당시 폭스바겐(Volkswagen)과 같이 연비가 좋은 외국 자동차가 미국 시장에 들어와 소형자동차에 대한 소비자들의 인식을 바꿔 가고 있었던 시장환경을 강조했으며, 또 다른 학생들은 아메리칸 모터스 회사가 가지고 있던 소형차 개발과 생산에 대한 노하우와 같은 내부자원을 강조했습니다."

그리고 다른 학생들이 놓친 부분을 지적했다. "그러나 정작 중요한 요소가 빠진 듯합니다. 그것은 위기 속에서 이 회사 경영자와 근로자들이 함께 가지고 있던 사즉생(死卽生)의 정신, 그리고 그 정신에 따라서 낮은 고정급과 높은 보너스로 이루어진 '진보적 합의(Progressive Agreement)'라는 단체협약을 만들어 낸 것입니다. 이 단체협약 때문에 근로자들이 어려울 때에는 허리띠를 졸라매고, 회사가 잘 될 때에는 대형회사보다 더 높은 급여를 받아 갈 수 있었습니다. 이런 정신이 아메리칸 모터스의 성공을 가져왔다고 봅니다." 내 발언이 끝나자 학생들은 박수를 쳐 주었다.

교수는 그 후에 저자에게 몇 차례 더 기회를 준 다음에, 같은 방법으로 일목요연하게 답변을 하는 것을 확인하고는 기말에 A+라는 성적으로 화답해 주었다. 박사과정 주임교수 역시 C-와 A+라는 극단적인 두 성적을 가지고 간 내게 "두 과목 평균성적은 Bo밖에 안 되지만 성적이 한 학기만에 가파르게 상승한 추세를 참작해서 통과시켜 주겠네"하고 따뜻하게 내 손을 잡아 주었다.

저자는 1976년에 박사과정을 끝내고 걸프오일 회사(Gulf Oil Corporation), 보스턴 컨설팅 그룹(Boston Consulting Group), 그리고 서울대학교에서 조직 생활을 하면서 참석했던 수많은 회의에서 항상 SER-M 모델을 활용해서 토론에 참여했고, 회의에 참석한 다른 사람들로부터 긍정적 평가를 받을 수 있었다.

저자는 다양한 환경에서 SER-M 모델을 서로 성격이 다른 주제에 적용하는 가운데, 여러 가지 시행착오를 겪게 되었다. 그중에서도 가장 중요한 문제는 잡동사니(Miscellaneous)라는 범주였다. 이 항목에 포함된 내용 중에는 잡동사니로 간주하기에는 너무나도 아까운 것들이 많았다. 저자는 기타 항목 중에서 주체(Subject), 환경(Environment), 자원(Resources)만큼 눈에 쉽게 보이지는 않아도 결코 무시할 수 없는 내용에 대해 적절한 단어를 찾기 시작했다.

메커니즘(Mechanism)이라는 단어는 그러는 가운데 'Miscellaneous'라는 단어의 첫 글자인 'M'을 보다가 문득 떠올랐다. 옥스퍼드 사전을 찾아보니 "A system of parts that operate or interact like those of a machine: the mechanism of the solar system."이라는 설명이 눈에 띄었다. 즉, 태양계의 메커니즘처럼 서로 관련을 맺고 작동하는 부품들로 이루어진 시스템을 작동시키는 체계가 바로 메커니즘이라고 생각하니 더 이상 주저할 필요가 없었다. 이 메커니즘이야말로 주체, 환경, 자원을 모두 통합해서 기업이라는 시스템을 구축하는 핵심요소라는 믿음이 들었다.

곧바로 〈표 1-2〉에 소개된 모델에서 'Miscellaneous'를 'Mechanism'으로 바꾸고, 대문자 SER을 소문자 ser로 바꿔서,"ser-M"이라고 고쳐 부르기 시작했다. s, e, r을 소문자로 처리한 것은 전략의 소재, 즉, 전략 내용으로 주체(subject), 환경(environment), 자원(resources)이라는 세 가지를 포함할 수 있지만, 이들보다는 이 세 가지를 연결하고 포함하는 과정으로서의 메커니즘(M)이 더 중요하다고 보았기 때문이었다(Cho & Lee, 1998).

1.1.4. 외부 관찰자 시각에서 바라본 메커니즘 연구 1.0

1992년 저자는 반도체 산업에 대한 연구를 시작했다. 이 연구에서 저자는 1980년대에 메모리 반도체 산업의 중심점이 미국에서 일본으로 옮겨갔고, 1990년대에는 다시 일본에서 한국으로 옮겨가리라는 가설을 세우고, 무엇이 이 산업의 중심점을 옮기는가를 ser-M, 즉, 주체, 환경, 자원, 그리고 메커니즘으로 설명했다(조동성, 1995). ser-M 모델을 이용한 첫 번째 시도였던 이 연구는 자연스럽게 기술이전에 관한 다음 연구로 연결되었고(Mathews & Cho, 2000), 그 후 나의 모든 연구는 ser-M 모델을 기반으로 하여 진행되었다. 이 당시 연구는 모든 현상의 원인을 주체, 환경, 자원, 메커니즘이라는 네 가지 원소로 분류한 다음 각각의 독립변수가 메커니즘이라는 매개변수를 통해 프로세스로 연결되어 성과로 귀결되는 일련의 과정을 설명하는 방식을 택했다, 메커니즘을 외부 관찰자 입장에서 바라보는 이 당시 연구방식을 메커니즘 연구 1.0이라고 부르자.

1.1.5. 내부 경영자 시각에서 바라본 메커니즘 연구 2.0

이 당시 반도체산업 연구에 참여했던 서울대 박사과정 학생들은 자연스럽게 ser-M을 기반으로 한 논문을 쓰기 시작했다. 저자의 지도 학생들로 구성된 'ser-M 연구회'에서는 1993년부터 다양한 사례분석을 통해 기업에서 메커니즘을 찾아내고, 그 메커니즘이 기업 성과에 미치는 영향을 때로는 논리적으로, 때로는 실증적으로 분석했다. 즉, '메커니즘 → 경영성과'라는 연결고리를 연구주제로 하여, 체계적인 방법으로 각 기업이 가지고 있는 독특한 메커니즘을 파악하고 그것이 기업의 지속적인 경쟁우위에 미치는 영향을 분석했다. 그 결과 여러 편의 논문이 작성되었는데, 그 일부를 보면 해외로 진출한 기업들이 "국제화 과정에서 축적한 균형, 조정, 학습 메커니즘의 존재와 효과"(정진섭, 2004), "SER-M 모델에 의한 병영독서운동의 비전과 전략"(조동성과 이예정, 2004), "혁신실행과 혁신역량구축 메커니즘"(성선영, 최진남, 2007), "유한킴벌리의 성공 메커니즘"(조동성, 한군, 2007), "GE의 메커니즘 경영"(조동성, 2008), 35년 이상 된 장수 기업들이 오랜 기간에 걸쳐 축적한 지속경영 메커니즘에 대한 연구를 기반으로 한 "창업 이념의 각인효과와 기업의 장기 생존에 대한 탐색적 고찰"(안세연, 조동성, 2011)등이 있다.

이러한 연구성과를 통해 저자는 ser-M 모델에서 처음에 가졌던 가설, 즉 주체, 환경, 자원을 연결하는 단순한 과정(process)으로서의 메커니즘이 아니라 주체, 환경, 자원이 결합하여 새롭게 나타난 내용(content)으로서의 메커니즘으로 연구초점을 옮겨가게 되었다. 이 연구 결과가 집적되어 2006년에 출판된 『M경영: 제4의 전략패러다임』에서 저자는 기업의 지속적 경쟁우위에 영향을 주는 주체, 환경,

자원이라는 각 원소(element)가 상호작용하는 과정에서 형성된 기업경영의 기본 원리로 메커니즘이란 제4의 경영 패러다임을 제시했고, 이에 입각한 메커니즘 경영, 'Management By Mechanism: MBM', 그리고 이를 줄인 'M경영'을 다양한 사례로 설명했다.

메커니즘 연구 1.0이 메커니즘을 외부 관찰자 입장에서 바라본 것과 달리, 이 당시 연구는 메커니즘을 내부 경영자 입장에서 바라보았다. 따라서 이러한 연구 방법을 메커니즘 연구 2.0이라고 부르자.

1.1.6. 경영전략 학자 시각에서 바라본 메커니즘 연구 3.0

『M경영』을 출판한 후 메커니즘이란 용어가 기업 경영자들이 흔히 사용하는 말 이 된 듯하다. 이제 메케니즘은 경영자가 기업을 운영하는 효과적인 경영수단으로 자리매김한 것이다.

그러나 저자가 보기에 『M경영』에 소개된 메커니즘 모델은 이론적으로 정교하지 못했다. 메커니즘이 경영성과를 내는 데 중요하다는 것을 알더라도 원하는 메커니즘을 만들어 내는 방법을 모른다면 아무 소용이 없는 법이다. 그 책에서는 기업에 내재하는 메커니즘이란 현상을 설명하면서 메커니즘이 있어야 경영성과가 좋아진다는 가설을 정립했지만, 정작 높은 부가가치가 나오는 분야, 즉 원하는 메커니즘을 만들어 내는 방법은 제시하지 못했다. 다시 말해서 '메커니즘 → 경영성과'라는 메커니즘 활용방법을 설명하기 이전에 풀어야 하는 숙제인 '메커니즘 생성원인 → 메커니즘'이라는 메커니즘 개발이론이 빠진 것이다.

저자는 2004년 후반에 『M경영』을 탈고하자마자 경영자가 원하는 메커니즘을 만들어 내는 방법, 즉 '메커니즘 이론'을 연구하기 시작했다. 메커니즘을 만들어 내려면 메커니즘이라는 결과를 가져오는 원인행위를 먼저 규명해야 한다. 열이 나는 환자를 다루는 의사는 열이 나는 원인을 찾아낸 수많은 의학이론으로부터 그 환자에게 열을 발생시킨 특정 원인을 찾아내고 그 원인을 제거함으로써 열을 낮춘다. 마찬가지로 경영학자가 메커니즘이라는 결과를 가져오는 원인행위를 규명 해서 이론을 만들어 내면 경영자는 그 이론을 이용해서 원하는 메커니즘을 만들어 내는 것이다. 열이 나는 환자를 알코올로 문질러서 열을 낮추게 하는 대중요법이 의학이론이 아닌 것처럼, 원인을 찾아내는 이론이 뒷받침되지 못한 메커니즘 경영은 진정한 의미에서 경영이론이라 할 수 없다. 따라서 2004년부터 2014년까지 10년 간의 기간은 메커니즘을 만들어 내는 방법, 즉 메커니즘이라는 종속변수에 영향을 주는 독립변수를 찾아내는 작업의 연속이었다.

2 ~ 3주씩 집을 떠나 해외에 있는 여러 경영대학에서 강의하는 기회를 여러 차례 가졌던 저자는 자연스럽게 라면을 비롯해서 제법 다양한 요리를 직접 만들 수 있게 되었다. 이 과정에서 요리에도 나름의 이론이 있겠다는 생각을 하게 되었다. 간단한 예로 라면 끓이는 방법을 생각해 보자. 라면은 식물성 재료인 곡류가 주 성분이고 기름기가 많다. 따라서 동물성 재료인 달걀 한 개와 기름을 중화시키는 파 한 뿌리를 곁들이면 훨씬 균형이 잡힌 라면을 만들 수 있다. 이제는 라면을 끓여보자. 냄비에 라면과 수프, 달걀, 파를 한꺼번에 넣고 끓이는 사람은 드물 것이다. 처음 라면을 끓는 물에 넣고, 그 다음에 수프를 넣고, 달걀을 넣은 다음, 마지막에 파를 넣는 순서가 제격이다. 그러나 라면을 맛있게 만들려면 순서만 맞는다고 되는 것이 아니다. 각 재료를 몇 분간 끓일 것인가를 고려해야 한다. 대개 라면은 3 ~ 4분 정도 끓이면 된다. 달걀은 너무 설익어도 안되지만 너무 딱딱해져도 안 되니 30초 정도가 적당하다. 파는 너무 오래 끓이면 물러질 뿐만 아니라 색도 노릿해진다. 따라서 살짝 데치는 듯 5초 정도 끓이면 된다. 이렇게 재료의 조합(Combination)을 라면, 달걀, 파로 하고 요리의 순열(Permutation)을 라면, 달걀, 파의 순서로 하며, 라면, 달걀, 파의 조리 시간(Time)을 각각 4분, 30초, 5초로 하면 이 세상에서 두 번째로 맛있는 라면 요리가 나오지 않겠는가?

이같이 조리법을 구체화하기 위해 조합-순열-시간으로 이루어진 'CPT 모델(CPT Model)'을 만들어 보니, 문득 이 모델이 다른 분야에도 적용될 수 있지 않을까 하는 생각을 하게 되었다. 그리하여 CPT 모델을 이용해서 경영자가 원하는 메커니즘을 만들어 보기로 했다.

2004년 저자는 듀크 대학의 후쿠아 경영대학원(Fuqua School of Business, Duke University)에서 초빙교수를 역임했다. 이때 일본 소고쇼샤(總合商社) 중에서도 미쓰비시 쇼지(三菱商社, Mitsubishi Corporation)와 미쓰이 부싼(三井物産, Mitsui Trading Co.)을 비교해 보았다. 이 두 회사는 매출액, 영업이익, 제품 구성, 시장 구성 등 여러 가지 면에서 비슷한 모습을 가지고 있다. 그러나 업계 평을 들어보면 미쓰비시 쇼지는 상품에, 미쓰이 부싼은 지역에 비교우위를 가지면서 특화되어 있다고 한다. 저자는 CPT 모델을 이용해서 두 회사의 역사를 분석해 보았고, 그 결과 조합, 순열, 시간으로 두 회사가 보이는 차이를 설명할 수 있었다. 그 다음에는 삼성, LG, 현대, 대우 그리고 SK 등 대표적인 한국 재벌그룹들이 매출액, 이익률, 국제화, 다각화 등 여러 가지 면에서 비슷한 모습을 가지고 있었으면서도 1997년 경제위기를 만났을 때 제각기 서로 다른 길을 추구했고, 그 결과 엄청난 차이가 나는 결과를 가져온 데 대해 또다시 CPT 모델을 적용해 보았다. 이 연구에서 각 재벌그 룹의 역사에서 인력, 자금, 조직, CEO 등의 구성 요소(factor)들이 어떤 순서로 활용되었고, 어떤 시점에 활용되었는가를 체계적으로 분석해 본 결과 CPT 모델이 각 재벌의 메커니즘이 가진 특성을 규명하는 데 있어 처음 생각했던 것보다 훨씬 더 큰 설명력을 지니고 있음을 알게 되었다.

2005년에 귀국한 후에는 본격적으로 '메커니즘 → 경영성과'라는 연결고리 이전에 존재하는 '메커니즘 생성원인 → 메커니즘'이라는 연결고리를 주제로 하여 실증 연구를 시작했다. 특히 2007년에 진행한 '유한킴벌리의 메커니즘' 연구와 2007년부터 2008년까지 진행한 '포스코의 메커니즘' 연구는 CPT 모델을 이용해서 메커니즘의 유형을 24가지 유형으로 정형화하고, 이 과정에서 창조경영 메커니즘을 만들어 내는 특정 유형을 찾아내는 방식으로 진행되었고, 그 결과 메커니즘 생성원인(cause)을 찾을 수 있었다. 이러한 연구성과는 다시 한 번 메커니즘을 주제로 한 책을 시도하게 해 주었다. 특히 메커니즘의 생성원인을 밝힌 연구결과를 소개함으로써 '메커니즘이론'을 Part II 제목으로 달 수 있게 되었고, 메커니즘을 효율적으로 활용해서 분석한 유한킴벌리, 포스코를 비롯한 다양한 사례를 소개함으로써 '메커니즘 응용'을 Part III 제목으로 달 수 있게 되었다. 그 연구결과로 나온 책이 '메커니즘 기반관점'이었다(조동성, 2014).

1.1.7. 경영사 학자 시각에서 바라본 메커니즘 연구 4.0

2014년으로부터 또다시 10년이 흘렀다. 그 사이에 메커니즘 연구에 대한 여러가지 진전이 있었다. 2014년 7월 5일에 이루어진 메커니즘경영학회의 창립이었다. 이 학회의 취지는 저마다 '변화'를 중요시하는 가운데 '변하지 않는 기업의 맥'을 탐색해보는데 있었다. 역사적으로 경영의 화두였던 주체, 환경, 자원에 국한되었던 부분적 설명의 한계를 극복하고, 이 모두를 아우르는 결합의 원리로서 메커니즘을 밝힘으로써 조직성과에 중요한 영향을 미치는 요인을 통합적으로 규명하는 것이 메커니즘경영학회의 탄생배경이었다. 이 학회를 통해 여러명의 학자들이 메커니즘을 학문의 영역으로 인식하고 함께 모여 서로의 연구성과를 공유하고 발전시키는 플랫폼이 만들어진 셈이다.

메커니즘 연구의 두번째 진전은 대학에서 메커니즘을 주제로 하는 정식 과목을 개설한 것이다. 2018년 서울과학종합대학원(aSSIST University) 박사과정에서 "메커니즘 연구세미나"라는 과목을 개설했고 2024년까지 7년째 계속 이어지고 있다, 박사과정 학생들은 이 과목에서 주체, 환경, 자원으로 이어지는 경영자의 관점이 메커니즘으로 통합되는 모습을 연구하면서 메커니즘을 대상으로 하는 학위논문을 작성하고 있다. 1995년 서울대학교 경영대학에서 개설한 경영전략 과목에서 일부 내용으로 다뤄진 메커니즘이 독립된 과목으로 승격을 하고, 서울대학교 경영대학에서 다른 대학으로 확산되고 있는 것이다.

메커니즘 연구의 세번째 진전은 메커니즘을 주제로 한 논문 출판이 기하급수적으로 늘어난 것이다. 저자 곁을 떠난 제자들이 여러 대학에 자리잡은 다음에 MBV를 기반으로 한 논문을 지속적으로 작성하는 모습을 보면서 조금 더 과감해도 되겠다는 자신감을 갖기 시작했다. 이 책의 부록에 메커니즘을 주제로 한 연구서와 논문 리스트를 올렸다.

메커니즘 연구의 네 번째 진전은 메커니즘을 기반으로 한 심층적인 전략 연구다. 특히 서울과학종합대학원 문휘창 총장과 함께 개발한 "비중 · 순서 모델(WSM)"은 SER-M, MBV에 이어 3부작의 마지막 파트라고 해도 좋을 듯하다. 즉, SER-M이 모든 현상의 원인을 네 가지 범주로 분류한 템플릿이라면, MBV는 SER-M의 네번째 요소인 메커니즘을 집중적으로 다루는 모델이고, WSM은 S, E, R을 조합해서 차별화전략을 만드는 방법을 보여주는 구체적 메커니즘이다.

메커니즘 연구의 다섯 번째 진전은 MBV에 대해 갖게 된 새로운 시각이다. 특히 MBV의 모범 사례로 메커니즘기반관점 책에서 여러 차례 다루었던 GE가 지난 10년 동안 경험한 참담한 실패와 이에 따른 쇠퇴 과정은 MBV의 가치에 대한 도전이었다. 2022년 출판한 "AI시대의 경영전략" 책에 포함시킨 "제너럴 일렉트릭의 최고경영자 교체와 디지털 전환"이란 사례를 쓰면서 나는 MBV를 새롭게 볼 계기를 가지게 되었다. 이 과정에서 메커니즘이 가진 속성인 인과적 모호성과 관성으로 인해 한 시기에 개발된 메커니즘으로 인해 성공한 기업이 다른 시기에 가서는 바로 그 메커니즘으로 인해 몰락의 길을 갈 수 있다는 것을 확인할 수 있었다. 이런 과정에서 기존의 메커니즘에 문제가 생길 때 이를 해결하는 방법, 그리고 제4원소인 메커니즘 다음으로 등장할 제5원소에 대해 깊은 고민을 하게 되었다.

이 과정에서 저자에게 우연히 찾아온 행운, 영어로 serendipity라고 표현할 수 밖에 없는 계기가 생겼다. 그것은 우연히 TV에서 보게된 '제5원소(The Fifth Element)'라는 영화였다. 1997년에 제작된 이 영화는 물, 불, 공기. 흙의 4원소에 이어 제5원소가 존재함을 알려주면서 마지막에 그것이 '사랑'임을 밝혀준 것이다. 이에 대한 자세한 설명은 이 책의 10장에서 하기로 한다.

메커니즘에 대해 지난 10년간 경험한 다섯가지의 진전이 바로 "메커니즘: 경영의 제4원소"라는 이 책의 출발점이다. 이 책에서는 과거-현재-미래를 잇는 경영사(經營史) 학자 시각에서 메커니즘을 바라본다. 이 책을 통해 독자는 기업에 대한 관점이 시대 흐름에 따라 변화하는 모습을 바라볼 수 있다. 1930년대에 등장한 주체기반관점(Subject-Based View)이 1970년대에 등장한 환경기반관점(Environment-Based View)으로 바뀌었다가, 1980년대 후반에 등장한 자원기반 관점(Resource-Based View)으로 다시 바뀐 후, 2000년대에 들어와 메커니즘기반관점(Mechanism-Based View)으로 바뀌는 모습을 이해한 후, 앞으로 사랑기반관점(Love-Based View)으로 바뀔 가능성을 한께 연구할 것을 제안한다. 그런 의미에서 이 책은 더 이상 기업을 위한 경영전략 교과서가 아니라, 기업을 비롯한 모든 조직을 경영하는데 필요한 세 가지 원소인 주체, 환경, 자원에 이어 네 번째 원소인 메커니즘 그 자체를 연구하는 개념서이다.

이 책을 준비하는 과정에서 경영의 4원소에 대한 표현을 바로 잡기로 했다. 제4원소인 메커니즘에 이어 나타날 제5원소에 대한 고민은 자연스럽게 제1원소인 주체, 제2원소인 환경, 제3원소인 자원에 대해 새로운 시각을 가지게 해 주었고, 1973년 최초의 SER-M 모델을 만들 때 사용했던 S, E, R이라는 대문자를 다시 복원하게 해 주었다. 이에 지금부터는 메커니즘을 포함한 4원소를 설명하는 모델을 'SER-M 모델' 대신 'SER-M 패러다임'으로 표기한다.

1.2. 메커니즘의 개념

메커니즘을 사전에서 찾아보면 10가지가 넘는 뜻이 존재한다. 기계공학에서 정치학, 사회학, 경영학에 이르기까지 다양한 학문에서 다채롭게 사용되고 있는 메커니즘의 개념만 모아도 책 한 권을 쓸 분량이 될 것이다.

옥스포드 사전에서 메커니즘을 찾아보면 다음과 같다.

1. A machine or mechanical appliance. The arrangement of connected parts in a machine.
2. A system of parts that operate or interact like those of a machine: *the mechanism of the solar system.*
3. An instrument or a process, physical or mental, by which something is done or comes into being: "*The mechanism of oral learning is largely that of continuous repetition*" (T.G.E. Powell).
4. A habitual manner of acting to achieve an end.
5. *Biology* The involuntary and consistent response of an organism to a given stimulus.
6. *Psychology* A usually unconscious mental and emotional pattern that shapes behavior in a given situation or environment: a defense mechanism.
7. The sequence of steps in *a chemical reaction.*
8. *Philosophy* The doctrine that all natural phenomena are explicable by material causes and mechanical principles. Etymology: New Latin *m chanismus*, from Late Latin m chanisma, from Greek *m khan*, *machine*. See mechanic.

Wikipedia에서는 메커니즘에 대해 다음과 같이 간편하게 정의하고 있다.

Mechanism (engineering), rigid bodies connected by joints in order to accomplish a desired force and/or motion transmission.

Mechanism (technology), a device in which a mechanical joint is used.

Mechanism (biology), explaining how a feature is created.

Mechanism (philosophy), a theory that all natural phenomena can be explained by physical causes.

Mechanism (sociology), a set of rules designed to bring about a certain outcome through the interaction of a number of agents each of whom maximizes their own utility.

Mechanism (band), a death metal band from Canada.

Merriam-Webster On-line Dictionary에서 제공하는 메커니즘의 정의는 다음과 같다.

1: a piece of machinery, a process, technique, or system for achieving a result.

2: mechanical operation or action: WORKING 2.

3: a doctrine that holds natural processes (as of life) to be mechanically determined and capable of complete explanation by the laws of physics and chemistry.

4: the fundamental processes involved in or responsible for an action, reaction, or other natural phenomenon — compare DEFENSE MECHANISM.

온라인으로 찾은 다음 영어사전에는 메커니즘을 다음과 같이 정의하고 있다.

1. 기계 장치(the mechanism of a clock: 시계의 기계 장치).
2. 메커니즘, 기구(機構) (the mechanism of government: 정치 기구).
3. 기계 부품; 기계 작용.
4. (정해진) 절차, 방법.

5. a 기계적 처리[연주].
   b 기교, 수법, 테크닉.
6. [생리 · 심리] 심리 과정, (심적) 기제(機制).
7. [철학] 기계론.
8. [언어] 메커니즘.

위에 등장하는 수많은 메커니즘에 대한 해석 중에서 가장 먼저 등장하는 개념은 "현상과 사물의 구조와 작동원리"를 지칭하는 기계공학적인 해석이다. 그러나 오늘날 메커니즘이라는 단어는 그 뜻이 더욱 확장되어 '방어 메커니즘(defense mechanism)', 시장 메커니즘, 가격 메커니즘, 보상 메커니즘" 등과 같이 공학, 기술, 철학, 예술, 사회학, 경제학, 경영학 분야에서 두루 쓰이는 용어로 자리잡았다.

사회학에서는 메커니즘의 기계공학적 의미를 조금 더 구체적으로 풀이해서, "자신의 가치를 극대화하려는 다양한 요소 간의 교류를 통해 특정 결과를 가져오도록 디자인된 규칙의 집합(a set of rules designed to bring about a certain outcome through the interaction of a number of agents each of whom maximizes their utility)"으로 규정하고 있다.

경영학 문헌에서도 메커니즘이란 단어는 쉽게 찾아볼 수 있다. 기존 논문에는 조정 메커니즘(Coordinating mechanism; John & Rue, 1991), 내부통제 메커니즘(Internal control mechanism; Walsh & Seward, 1990), 관리적 메커니즘(Administrative mechanism; Roth, Schweiger & Morrison, 1991), 제어 메커니즘(Control mechanism; Hart, 1988), 지배 메커니즘(Governance mechanism; Rediker & Seth, 1995), 분리 메커니즘(Isolating mechanism; Knott, 2003) 등의 수많은 메커니즘이 등장한다. 그런데 어떤 논문에서도 '조정', '내부통제', '관리적', '제어', '지배', '분리'와 같은 한정어가 따르지 않는 순수한 있는 그대로의 '메커니즘'에 대해서는 어떤 정의도 내리지 않고 있다. 즉 경영학 문헌에 수없이 등장하는

메커니즘은 대부분 논문에서 다루는 주제의 작용원리이면서도 쉽게 설명하기 어려운 현상을 지칭하는 'Whatchamacallit,' 한글로는 '거시기'와 같은 용도로 사용되고 있다. 따라서 이들 논문에서 사용되는 메커니즘은 "사물의 구조"를 나타내는 일반적 의미의 메커니즘이라고 보는 것이 타당하다.

이러한 일반적 의미의 메커니즘 외에 학문적으로 메커니즘을 설명하려는 시도로는 저자의 1998년 논문(Cho & Lee, 1998)을 들 수 있다. 이 논문은 주체(Subject), 환경(Environment), 자원(Resources), 메커니즘으로 구성된 "ser-M 패러다임"을 제시하고 "메커니즘이 적절하게 기능을 하면서 기업의 성장궤도를 결정할 때 기업은 독특한 가치를 창출하면서 경쟁자로부터 차별화할 수 있다(a firm creates unique value and differentiates itself from its competitors when the mechanism functions properly and determines the path of the firm's growth.)"고 했다. 이어서 메커니즘은 주체, 환경, 자원을 동태적으로 결합한 것으로서, "조정, 학습, 선택이라는 세 가지 요소로 구성되어 있다(the mechanism, which is composed of three attributes-coordinating, learning and selecting mechanism.)"고 보았다. 이 때만 해도 저자는 메커니즘을 조정, 학습, 선택이라는 프로세스와 동일한 개념이라고 생각했다. 조트(Zott, 2003) 역시 동태적으로 구축되는 기업의 모든 프로세스를 메커니즘이라 지칭했으며, 자코비와 윈터(Jacobides & Winter, 2005)는 프로세스의 확장된 개념으로 유기적으로 상호작용이 요구되는 원리에 필요한 행위를 메커니즘으로 정의했다.

저자는 2000년대에 들어오면서 비로소 메커니즘과 프로세스를 구별하게 되었다. 그 결정적인 계기는 서울대 박사과정에서 진행된 메커니즘 경영 세미나에서 마련되었다. 이 세미나에 참여했던 전기공학도인 박창식 박사가 메커니즘과 프로세스를 공학에 적용해서 전기를 발생하는 원리를 발견한 패러데이(Michael Faraday: 1791 ~ 1867)의 법칙을 메커니즘으로, 그의 이론에 따라서 설계된 발전기가 작동하는 인력의 순서와 과정을 프로세스로 설명한 것이다. 그 이후 메커니즘과 프로세스 간의 차이는 더 이상 설명할 필요가 없어졌다. 저자는 메커니즘을 조직 운영의 근본 원리로, 프로세스를 메커니즘에 따른 조직운영의 절차로 정의했다.

1.3. 메커니즘을 알아야 하는 이유

"자신의 가치를 극대화하려는 다양한 요소 간의 교류를 통해 특정 결과를 가져오도록 디자인된 규칙의 집합"으로 메커니즘을 설명한 앞 절에서의 사회학적 해석을 경영학에서 받아들여 '기업 메커니즘'이란 개념을 만들어 본다면, "기업을 구성하는 요소들을 결합해서 특정 결과를 가져오도록 디자인된 원리," 또는 이를 줄여서 "기업을 구성하는 요소들 사이에 존재하는 작용 원리"라고 표현할 수 있다. 보다 구체적으로는 기업 메커니즘을 "기업을 구성하는 3원소인 주체, 환경, 자원의 상호작용 원리"로 정의할 수 있다. 기업경영자라면 이를 여섯 글자로 줄여서 "기업 경영 원리"라고 부를 수 있을 것이다. 이 책에서는 메커니즘을 "프로세스를 반복적으로 일으켜서 유기체의 목적을 달성하려는 주체/환경/자원의 동태적 결합(조합/순열/시간) 원리(a set of logic and principles composed of combination, permutation, and time of the subject, the environment and resources of an entity, enabling repeated processes toward achieving its objective)"라고 정의한다.

이 책에서 찾아내고자 하는 메커니즘은 성공한 기업이 가지고 있는 '성공의 열쇠', 또는 '성공을 가능케 한 비밀'에 해당하는 메커니즘이다. 이 작업을 위해서는 '성공한 기업'에 대한 개념 정의, 즉 '성공이 무엇인가'에 대해 합의가 있어야 한다. 수많은 경영학자와 경영 분야의 전문가들 사이에도 성공했다고 인정하는 기업들에 대한 해석은 제각기 다르다. 다만 기업 목적을 이윤 추구라고 가정할 때, 성공한 기업은 "다른 기업들보다 더 오랫동안 더 많은 이윤을 낸 기업"이라고 정의할 수 있다.

신고전학파 경제학자들은 단기적으로 특정 기업이 평균 이상으로 초과 이윤을 올릴 수 있을지라도 시간이 흐름에 따라 신규 경쟁자가 진입하고 기존 경쟁자가 대응하면서 초과 이윤이 평균 수준에 접근하게 되어 어떤 기업이든 장기적으로는 평균 이상으로 이윤을 유지하는 것이 불가능하다고 설명한다. 즉 장기적 관점에서는 성공하는 기업이 존재할 수 없다는 패러독스를 낳게 된다. 그러나 현실은 반드시 그렇지만도 않다. 전기, 전자 산업의 제너럴 일렉트릭(General Electric), 화학 산업의 듀퐁(Du Pont), 생활용품 산업의 P&G (Procter & Gamble), 식품 산업의 필립 모리스(Philip Morris)는 독점 기업이 아닌데도 불구하고 100여 년 동안 지속해서 초과 이윤을 달성하고 시장 점유율에서도 1위의 자리를 장기간 유지해 왔다. 그리고 세상 사람들은 이들을 성공한 기업으로 인정하고 이들 기업이 가진 경영 노하우를 벤치마킹(benchmarking)하기에 여념이 없다.

경영전략 관점에서 이를 설명해 보자. 지속적인 경쟁력을 가지고 장기적인 초과 이윤을 거두고 있는 기업들은 다른 기업과 비교해 볼 때 차별화된 전략과 실행력을 가졌다 해석할 수 있다. 즉 경제 이론으로는 충분히 설명되지 않지만 현실에 엄연히 존재하는 지속적인 경쟁우위를 가진 기업이 존재하는 원인을 경영전략 이론의 관점에서는 전략이라는 용어로 설명하고 있다. 이처럼 이론적으로는 성립되지 않지만 현실에서는 자주 관찰되는 예외적인 현상을 설명한다는 점에서 저자는 전략을 "이론과 현실의 간극을 메워주는 충전재(a filler of the gap between theory and reality)"라고 정의한다.

'성공한 기업'의 개념을 '다른 기업들보다 더 오랫동안 더 많은 이윤을 낸 기업'이라고 정의한 다음에는 '성공의 비결', 즉 '성공원인을 어디서 찾을 것인가'에 대한 작업을 해야 한다. 지금까지 전략 이론 분야에서는 기업의 장기적 성공 원인 또는 지속적 경쟁우위의 원인을 크게 세 가지 관점으로 설명했다.

첫째, 주체기반관점(Subject-Based View: SBV)은 기업의 성공 원인을 전략을 수립하고 실행하는 최고경영자의 탁월한 역량으로 설명한다(Child, 1972; Hambrick & Maison, 1984; Westley & Minzberg, 1989; Nanus, 1992). GE, IBM, Microsoft 등이 수십 년간 업계 1위를 유지하며 지속적 이윤을 내고 있는 원인을 잭 웰치, 루 거스너, 빌 게이츠와 같은 훌륭한 경영자의 존재로 설명하는 방식이다.

둘째, 환경기반관점(Environment-Based View: EBV)은 기업의 성공이 기업을 둘러싼 환경 요인에 의해서 결정된다고 주장한다(Porter, 1980, 1985, 1990; Kogut, 1993; Hannan & Freeman, 1977; Hannan & Carroll, 1992; Johnson, 1982, Okimoto, 1989). 산업군별 평균 이익률이 다르므로 이익률이 높은 산업을 선택하느냐 아니냐에 따라 기업 성패가 결정된다는 것이다.

셋째, 자원기반관점(Resource-Based View: RBV)은 기업의 성공이 기업 내부에 있는 독특한 자원에 의해 결정된다고 주장하면서(Wernerfelt, 1984; Prahalad & Hamel, 1990; Barney, 1986; Grant, 1991; Conner, 1991; Mahoney & Pandian, 1992; Peteraf, 1993), 기업 내부에 있는 핵심역량(core competence: Prahalad & Hamel, 1990)이나 지식(knowledge: Nonaka, 1995)으로 경쟁우위의 원천을 설명하고 있다.

이상에서 살펴본 기존 전략 이론은 기업이 가진 경쟁우위 또는 기업 성공에 가장 중요한 원인이 되는 세 가지 원소를 조명했다는 점에서 그 가치가 있다. 그러나 기업의 지속적 경쟁우위와 이에 따른 장기적 성공을 어느 한 가지 요인만으로 설명하는 것은 다른 요인을 간과하는 결과를 초래할 뿐 아니라 각 요인 간의 상호작용을 충분히 고려하지 못한다는 한계점을 드러낸다(Teece, Pisano & Shuen, 1997).

이 책에서 제시하는 메커니즘기반관점(Mechanism-Based View: MBV)은 그동안 전략경영 학계에서 주장해 온 주체기반관점(SBV), 환경기반관점(EBV), 자원기반관점(RBV)과 별개이면서, 또한 이 세 가지 관점을 통합하는 관점이다. 이를 다시 한번 설명하면, 주체기반관점에서는 기업이 잘 되기 위해 잭 웰치와 같은 훌륭한 경영자를 영입하면 된다고 생각한 데 반해, 환경기반관점은 경쟁이 치열하지 않은 성장산업으로 진출하는 전략을 제시했다. 경쟁 전략의 대가인 포터(Porter, 1980)는 기업의 이익은 기업이 속한 산업의 특징에 의해 좌우되므로 경쟁이 없거나 덜 치열한 산업으로 진출해야 한다고 주장했다. 김위찬과 모본(Kim & Mauborgne, 2005)은 포터의 이론을 "블루오션 전략(Blue Ocean Strategy)"이라는 매력적인 어휘로 포장하는 동시에, 이 전략을 실행에 옮기기 위한 구체적인 방법론을 제안하였다. 한편, 자원기반관점에서는 다른 기업이 가지고 있지 못한 독점적 자원을 가지고 있어야 한다고 보았다.

그러나 최고경영자가 바뀐다고 해서, 매력도가 높은 산업으로 진출한다고 해서, 우수한 자원을 보유하고 있다고 해서 기업이 추구하는 목적이 하루아침에 이루어지지는 않는다. 기업의 목적은 주체와 환경과 자원이 결합되어 이루어지는 생산, 판매와 같은 사업활동, 즉 프로세스를 통해서 달성되기 때문이다.

프로세스는 어떻게 만들 것인가? 프로세스를 만들어 내기 위한 설계도가 바로 메커니즘이다. 메커니즘은 프로세스가 작동하는 원리이기 때문이다. 그러므로 기업은 주체, 환경, 자원을 결합해서 메커니즘을 만든 다음, 메커니즘을 활용한 프로세스를 만들어 조직 성과를 만들어 낸다.

기업이 성공하기 위한 진정한 비결은 바로 메커니즘에 있다. 핵심역량과 지식이 1등을 쟁취하기 위한 공격무기라면 메커니즘은 1등을 쟁취하는 공격무기를 만들어 내는 무기공장이다. 무기공장에 경쟁력이 있는 공장과 없는 공장이 있듯이, 메커니즘에도 핵심역량과 지식을 만들어 내는 좋은 메커니즘과 그렇지 않은 나쁜 메커니즘이 있다. 좋은 메커니즘을 만들기 위해서는 주체, 환경, 자원이 동시에 결합하고 상호 간에 작용이 일어나야 한다.

메커니즘이 작동되는 과정에 대한 이해를 돕기 위해 주체-환경, 주체-자원,

환경-자원 간의 결합과 상호작용을 따로따로 보기로 하자.

먼저 주체와 환경 간의 상호작용에 존재하는 메커니즘을 살펴보자. 주체기반관점에서 보면, 최고경영자가 산업에 대해 가진 통찰력 또는 시장 발굴 역량은 기업이 선택하는 산업 또는 시장을 결정하는 데 매우 중요한 변수이다(Hambrick & Mason, 1984). 즉 경영자의 환경선택 역량에 따라 기업에 유리하거나 불리한 환경이 만들어진다.

그러나 실제로 경영자의 환경선택은 일방적인 것이 아니다. 매력적인 산업환경 중에도 기업과 경영자가 감당할 수 없는 분야가 있게 마련이고, 산업환경과 관련해 기업 내에 구축된 고객 서비스 프로세스, 신사업 창출 프로세스 등으로 인해서 특정 산업을 선택하는 데도 제한이 있게 마련이다. 즉, 해당 기업의 고유한 운영원리가 경영자의 환경선택 능력을 뒷받침해 줄 수 있을 때 비로소 기업은 선택한 산업 또는 시장에서 경쟁력을 가질 수 있게 된다.

환경 선택이라는 프로세스의 성패 여부는 경영자 역량보다 경영자가 속한 기업의 고유한 메커니즘에 의해서 결정될 수도 있다(Hambrick & D'Aveni, 1988). 기업 경영자가 뛰어난 카리스마를 지닌 전략가라면 주체기반관점에서 설명하는 대로 설령 기업 메커니즘이 미흡하더라도 기업에 맞는 최적 환경을 선택하고 이를 성과로 연결할 수 있다. 그러나 기업 내에 메커니즘이 잘 구축되어 있다면 경영자의 전략적 마인드가 부족한 경우일지라도 그 기업은 환경선택에 있어 우위를 가질 수 있다. 특히, 기업이 환경을 선택하는 데 있어서 해석해야 할 정보량이 많아지고 정보 수집의 원천이 다양화되어 감에 따라 기업에 구축된 환경선택 메커니즘은 그 가치가 더욱 중요해진다.

다음으로는 주체와 자원 간의 상호작용에서 나타나는 메커니즘에 대해서 살펴보자. 앞에서와 마찬가지로 기존의 주체기반관점을 취하면, 기업 내 자원은 최고경영자의 통찰력에 의해서 기업 내에서 최적으로 활용되기도 하고, 혹은 별다른 가치를 창출하지 못하는 쓸모 없는 자원이 되기도 한다. 이같이 경영자의 자원활용 역량은 기업의 자원활용에 막대한 영향을 끼친다.

이를 메커니즘기반관점으로 보면 기업 내 자원의 활용 가치는 기업에 구축된 자원활용 메커니즘의 효율성 여부에 달려 있다는 해석이 가능해진다(Amit & Schoemaker, 1993; Peteraf, 1993; Prahalad & Hamel, 1990). 예를 들어, 인적 자원이 몇 명 안 되는 기업에서는 경영자의 리더십이 크게 영향을 미친다. 그러나 규모가 크고 인적 자원이 많은 기업에서는 조직 내에서 실행되고 있는 평가제도 또는 조직원들이 공유하고 있는 조직문화 등이 더 큰 영향을 준다(Barney & Hansen, 1994). 특히 최고 경영층의 교체가 빈번한 경우에는 조직원의 생각의 논리나 행동의 원칙은 최고경영자의 리더십 스타일보다는 그 기업의 메커니즘에 기반을 둔 조직, 문화, 제도로부터 영향을 받을 가능성이 커진다.

메커니즘기반관점은 이처럼 자원 활용에 긍정적인 영향을 주는 메커니즘의 존재가 기업의 경쟁력을 좌우한다는 것을 보여준다. 즉 비슷한 역량을 가진 경영자(주체)가 운영하고 동일 산업(환경) 내에서 경쟁하는 엇비슷한 자원 및 내부 역량(자원)을 가진 두 기업의 경우에도, 주체, 환경, 자원이라는 세 가지 원소가 어떻게 결합하고 어떤 순서에 따라 상호작용을 하면서 구조화되는지에 따라 전혀 다른 메커니즘이 생성되고, 다른 성과를 내게 되는 것이다.

마지막으로 환경–자원 간의 상호작용에 대해서 살펴보자. 수많은 기업이 사용하는 "SWOT 분석기법"은 내부자원 중 강점(Strengths)과 약점(Weaknesses)을 외부환경에서 오는 기회(Opportunities)와 위협(Threats)과 결합해서 전략을 만들어 내는 기법이다.[2] 바로 이러한 기법이야말로 외부환경이나 내부자원 중 하나

---

2 SWOT분석기법은 앤드류즈(Andrews, 1971)가 제시한 4가지 전략결정요소인 외부 기회와 위협(External Opportunities and Threats), 내부 강점과 약점(Internal Strengths and Weaknesses), 개인적 가치관과 철학(Personal Values and Philosophy), 사회적책임(Social Responsibilities) 중 첫 두 가지 요소만을 가지고 2×2 매트릭스를 만든 전략개발모델이다. 그 결과, 이 기법은 오늘날 일부 기업과 전략 컨설팅회사들이 경영자의 개인적 가치관을 무시하고 기업의 사회적책임을 부인하는 행태에 대한 원인을 제공했다는 비판을 받고 있다.

만 가지고 전략을 만드는 것이 아니라는 것을 보여준다. 수많은 환경변수와 수많은 자원변수를 어떻게 결합하는가에 따라 다양한 전략이 나오기 때문에, 이 중에서 최적 전략을 선택하는 메커니즘이야말로 환경-자원의 결합에 대한 모범사례라 할 수 있다.

이처럼 메커니즘기반관점은 기업의 지속적 경쟁우위를 설명하는 데 있어 메커니즘이 설명력을 가진다고 주장하는 전략경영의 새로운 관점이다. 메커니즘기반관점은 특정 시점의 기업 경쟁력에 영향을 주는 주체, 환경, 자원 등 어느 한 가지 요인이 아니라, 오랜 시간에 걸쳐 이 세 가지 요인이 결합하면서 기업 내에 구축되어 온 기업의 운영 원리 또는 경영방식을 핵심적인 변수로 보기 때문이다.

기업이 성공하려면 그 기업에 맞은 메커니즘이 필요하다고 주장하는 메커니즘기반관점은 기업 실무자들이 경영 이론의 한계로 빈번하게 지적하는 "현실과 이론은 다르다"는 비판을 극복할 수 있는, 현실에 매우 근접한 관점이다(Cho & Lee, 1998).

메커니즘은 위에서 설명한 바와 같이 기업 내에서 주체가 환경을 선택하고 자원을 활용하는 경영의 논리이자, 주체, 환경, 자원이 상호작용하는 과정에서 형성된 기업 경영의 원리이다.

기업의 메커니즘은 그 기업만이 가지고 있는 고유한 특징을 반영하기 때문에 경쟁 기업들이 모방하기 어려운 지속적 경쟁우위의 원천이자, 장기적 성공의 원인이 될 수 있다. 이에 반해서 주체, 환경, 자원 중 하나만을 토대로 형성된 경쟁우위는 오랜 기간에 걸쳐서 조직 내에 체화된 메커니즘에 비해서 경쟁기업에 상대적으로 쉽게 인지될 수 있기 때문에 지속적 경쟁우위의 원천이나 장기적 성공의 원인이 되기 어렵다. 이러한 까닭으로 메커니즘기반관점은 다른 세 가지 관점보다 장기적으로 초과 이윤을 가져오는 원천을 찾아내는 전략 이론으로서 더 큰 의미를 가진다.

1.4. 동서양 철학에 나타난 메커니즘적 사고[3]

서양 철학자들 사이에 치열하게 논쟁이 되어온 환원주의(Reductionism)와 전체론(Holism)간의 차이점을 비교해 보면 이 책에서 다루는 메커니즘기반관점이 기존 전략경영의 연구관점과 다른 이유를 쉽게 파악할 수 있다. 서양에서는 19세기부터 20세기에 걸쳐 기계론(Mechanical Theory)과 유기체론(Organic Theory) 사이에 철학적 논쟁이 이루어져 왔다. 기계론적 세계관은 정신과 물질을 명확히 구분하는 데카르트의 이분법적인 사고와 이를 더욱 철저하게 심화시킨 뉴턴의 결정론적 기계론에 바탕을 두고 있는데, 이는 대상을 구성 요소로 분해해서 개별적으로 분석함으로써 전체를 파악할 수 있다는 요소환원주의에 기반을 두고 있다. 한편 유기체적 세계관은 모든 것이 상호 유기적인 영향을 주고받는다고 보며 세계를 관계와 통합의 견지에서 보면서 전체론적인 접근방법에 기반을 두고 있다.

기존의 전략경영의 패러다임인 주체기반관점, 환경기반관점, 자원기반관점은 모두 각각의 요소에 초점을 둔다는 측면에서 요소환원주의에 입각한 기계론적 세계관에 속한다. 반면 주체, 환경, 자원이 상호작용하는 과정에서 형성된 메커니즘을 연구해야 한다는 SER-M 패러다임과 이에 근거를 둔 메커니즘기반관점은 요소환원주의가 아닌 전체론에 입각한 유기체적 세계관에 속한다.

메커니즘이 기존 전략경영의 연구관점과 다른 근거는 이러한 서양철학의 논쟁에서 찾아 볼 수 있지만, 프로세스를 비롯한 유사개념과의 차이점은 동양 철학적 관점에서 살펴볼 때 더욱 명확하게 이해할 수 있다.

중국 남송시대에 시작된 주자학(朱子學)에서는 만물에서 조화를 부리는 것을 음양오행에서 찾았다. 즉, 음양오행이라는 이(理)가 있어야 비로소 기(氣)가 존재

---

3 이 절은 조동성, 성선영 (2005), MBV; Philosophical Approach, 서울대학교 메커니즘 연구회 working paper series의 내용을 일부 발췌, 요약하여 작성했다.

하고, 기(氣)가 모여야 물(物)에 해당하는 형체가 이루어진다고 본다. 인간을 예로 들어 본다면, 이(理)를 얻어야 인의예지신(仁義禮智信)이라는 성품이 형성되며, 기(氣)를 얻어야 오장육부를 갖춘 몸이 된다는 것이다. 따라서 인간이 생명체로서 살아가기 위한 오장육부는 기(氣)를 통해서 생성되지만, 어떠한 성품을 지닌 인간이 되느냐는 이(理)에 따른다고 본다. 주자학에서는 여기서 더 나아가 이(理)를 통해서 형성되는 성품이라는 내적인 가치가 없이 기(氣)를 통해서 형성되는 오장육부라는 외형만 갖춘 사람이라면 금수와 다를 바가 없다고 주장하면서 이(理)의 중요성을 강조하고 있다.

기업에 주자학의 이(理), 기(氣), 물(物)의 개념을 적용해 보자. 동양철학에서 말하는 이(理)에 해당하는 것은 기업 메커니즘이다. 기업 고유의 메커니즘이 있어야만 기(氣)로 표출되는 기업 역량이 비로소 존재하며, 이렇게 표출되는 기(氣)인 기업 역량이 모임에 따라서 기업의 가시적 성과인 물(物)이 만들어지는 것이다. 즉 기업 성과는 각 기업의 역량에 의해서 창출되지만, 기업의 가시적 성과를 직접 달성하게 해주는 기업 역량은 기업 고유의 메커니즘 없이는 존재할 수 없다. 〈표 1-3〉은 주자학의 이(理), 기(氣), 물(物)을 적용한 기업의 원리를 그림으로 설명

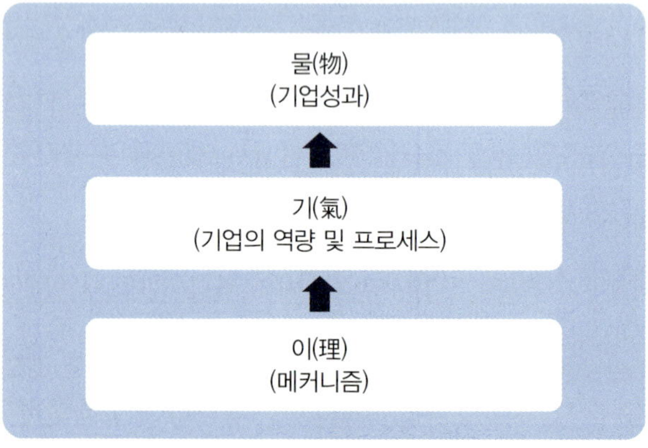

표 1-3 ▸ 주자학의 이(理), 기(氣), 물(物)을 적용한 기업의 원리

해 준다.

기(氣)의 작용이 이(理)를 기반으로 하므로 올바른 이(理)가 있어야 비로소 바람직한 기(氣)가 있게 된다는 동양철학의 기본원리를 이해한다면, 기업에서의 메커니즘이 기업의 가시적 성과, 궁극적으로 기업의 지속적 경쟁우위의 근간이 되는 기업 역량의 바탕이 된다는 상호 원리 역시 이해할 수 있게 된다. 이러한 기업 원리에 대한 이해를 통해서 메커니즘이 기업에서 어떠한 역할을 하는가에 대한 질문에 해답을 찾아보자.

1.5. 기업경영에서의 메커니즘

최고 경영층의 리더십이 조직의 전략과 구조의 선택 및 경영 성과에 영향을 준다는 연구는 수없이 많이 이루어졌다(Cannella & Hambrick, 1993; Child, 1972; Fin-kelstein & Hambrick, 1990; Gupta & Govindarajan, 1984; Hambrick & Mason, 1984; Miller & Toulouse, 1986; Trice & Beyer,1991). 그러나 실제 기업에서 일어나는 현상을 관찰하면 뛰어난 인적 자원과 기술을 보유하고 있는 조직이나 성장 산업, 또는 현금창출능력이 있는 캐시카우(Cash-cow) 산업에 속해 있는 기업들은 경영자의 역량과 관계없이 높은 성과를 낸다는 것을 쉽게 발견할 수 있다. 즉 좋은 성과가 경영자 역량에 의해서만 이루어지는 것은 아니다. 이는 조직 성과가 이미 기존 경영자가 구축한 메커니즘과 이에 따른 조직 제도 및 운영체계에 의해 영향을 받기 때문이다.

실제 기업의 메커니즘을 들여다보자. GE는 1878년 발명왕 토머스 에디슨(Thomas A. Edison)이 설립한 에디슨 전기 조명회사(Edison Electric Light Company)로 출발해 1892년 에디슨 종합전기(Edison General Electric)와 톰슨-휴스턴 전기회사(Thomson-Houston Electric Company)가 합병함으로써 오늘날의 GE (General Electric)로 탄생한 기업이다. GE는 1896년 다우존스산업평균지수(Dow Jones Industrial Average: DJIA)에 최초로 등록된 12개 기업 중 2018년까지 남아 있던 기업이다.[4] GE와 같이 오랜 기간 성공적인 기업이 가지고 있는 메커니즘에는 일반 기업들이 배울 만한 비결이 숨어 있다. 가장 중요한 메커니즘을 설명하기 전에 주체, 환경 자원에 대해서 검토해 보자. 우선 주체기반관점에서 GE의 성공원인을 찾아 보자면 1981년부터 2001년까지 GE를 세계에서 가장 건실한 기업으로 만든 잭 웰치(Jack Welch)회장에 이어 2001년 취임한 제프리 이멜트(Jeffrey Immelt) 회장이 있다. 이멜트 회장은 취임 이후 800억 달러에 달하는 기업들을 인수하고 350억 달러에 달하는 기업들을 매각함으로써 높은 성장률과 수익을 실현하는 기업으로 GE를 탈바꿈시켰다. 또한 '환경이 돈이다(Green is money)'라는 슬로건 아래 친환경 전략인 에코메지네이션(ecomagination)을 추진해서 21세기 최고 화두인 환경을 사업성장의 기본 방향으로 설정하면서 변화의 바람을 일으키기 시작했다. 둘째, 환경기반관점에서 보자면 미국의 성장과 중국과 인도, 베트남 등 신흥시장에서의 사업기회가 부각되면서 GE는 신규투자의 절반 이상을 신규시장에 쏟아 부었고, GE에 유리한 환경을 제공해 주는 지역을 전략적으로 선택했다. 마지막으로 자원기반관점에서 보았을 때, GE는 신용평가에서 최고등급인 AAA 등급을 유지하면서 130여 년을 이어 온 명성과 브랜드 파워를 앞세워 시장을 공략하는 동시에 개인보다 조직을 앞세우는 문화를 구축했다.

이제부터 가장 중요한 메커니즘을 살펴보자. 메커니즘기반관점을 통해서 GE의 성공요소를 살펴보면 6시그마(6 Sigma)와 기업 내부의 사이클 타임을 줄이는 린(Lean)기법을 접목한 경영품질관리방법인 린 시그마(Lean sigma), 벽 없는 조직문화, 그리고 비관료적인 학습문화 형성의 기반을 구축한 워크아웃(Work-out) 등

[4] 본 절의 GE 사례는 조동성(2008). 한국기업, GE의 메커니즘 경영을 배워라, *Dong-A Business Review*에 수록된 내용을 일부 발췌하여 작성했다.

이 눈에 띈다. 그러나 이러한 혁신기법은 GE가 가진 메커니즘의 표피에 불과하다. 기술, 금융, 미디어 등 성격이 다른 수많은 사업을 경영하는 GE를 하나의 기업으로 움직이게 하는 메커니즘을 세가지로 정리해 본다.

첫째, 메커니즘은 최고경영자와 리더들 그리고 31만 여 명의 조직구성원들을 하나로 묶는 GE의 운영 시스템(Operating system)이다. 모든 리더와 직원들은 3개년 전략계획(Growth play book), 1개년 예산계획(Session II), 두 번의 인사조직평가(Session C), 윤리 및 준법 경영(Session D) 프로세스를 1월부터 12월까지 치밀하게 계획된 일정과 정교한 순서에 따라 진행함으로써 뚜렷하고 확실한 기업목표를 공유하고, 이를 바탕으로 업무를 투명하게 처리한다. 특히 매년 인사조직평가를 하는 데에 있어 상사, 동료, 부하직원을 포함한 모든 구성원들을 15명 이상 참여시키는 360도 평가를 기업 내의 모든 사람에게 예외 없이 적용한다. 특정개인을 GE가 원하는 리더로 성장시키는 프로세스는 GE라는 조직에 적합한 인재를 만든다는 점에서 매우 효과적이다. 둘째, 메커니즘은 조직문화다. 조직문화는 인재선발과 육성에서 시작해서 조직 가치와 개인의 성장을 연결해 내는 독특한 문화로 귀결된다. GE는 단순한 명문대학교 출신자보다는 일정한 지적수준과 도전의식, 창의적인 리더십을 함께 갖춘 사람을 선호하며, 개인보다는 조직의 성과를 우선시 한다. 최선을 다한 후에 오는 실패에 대해서는 문책하지 않고, 오히려 이를 귀중한 경험과 교육의 기회로 삼는 것이 바로 GE가 자랑하는 기업문화다.

셋째는 평가 시스템이다. 일은 잘하지만 소극적으로 목표를 세우는 경향이 있는 부하직원이 목표를 높이 잡아 더 좋은 성과를 낼 수 있도록 상사가 도와주고, 성과에 대해서 공정하게 평가를 해 주는 것이다. 그 결과 모든 조직구성원은 자신이 노력한 결과를 상급자가 빼앗아 가지 않으리라는 확신하고, 자신의 한계에 도전하고 창조적 발상으로 어려움을 극복하면서 회사가 기대하는 결실을 이루어 내는 것이다. 내부 감사를 20 ~ 35세의 전문가가 담당하고 35세가 넘으면 다른 부서로 전출시킴으로써 주관성 혹은 인맥관계로 인한 사적인 개입을 방지해서 평가 및 감사의 객관성과 공정함을 최대화시키고 있다. 이러한 평가와 감사 시스템은 상급자가 권위를 앞세우지 않으면서 부하의 노력을 훔치지 않는 개방적이고 진실된 자세와 이러한 풍토가 뿌리내린 조직문화가 GE속에 자리잡고 있기에 가능했다.

그러나 GE는 2012년 개발된 딥러닝(Deep Learning)으로 무장한 인공지능(Artificial Intelligenc: AI)이 기업경영의 중심에 들어온 시대적 흐름을 읽지 못하고 이에 극적을 대처한 결과 시가총액이 2018년에 이르러 가장 높았던 2000년 8월의 5,940억 달러에 비해 1/10 수준인 600억 달러 이하로 떨어지고 급기야는 2018년 6월 DJIA에서 퇴출되는 불명예를 뒤집어썼다. 이러한 기업의 쇠퇴 역시 급격한 변화에 능동적으로 대처하지 못한 메커니즘에서 그 원인을 찾을 수 있다. “10장 10.3 메커니즘의 한계”에서 그 원인을 다뤄 본다.

2023년 1월 기준 92개 계열사, 자산총액 129.7조원, 2022년 매출액 84,8조 원의 기업집단을 형성하면서 식품, 유통, 관광, 석유화학, 건설, 중화학 등 다양한 분야에서 경쟁력을 확보하며 세계적인 기업으로 성장한 롯데그룹(한국)[5]의 기업경영 메커니즘은 어떠한가? 롯데그룹은 1965년 한일국교가 정상화되면서 신격호 회장의 첫 번째 모국투자인 롯데제과로 1967년 시작했다. 롯데그룹의 성공요인을 우선 주체기반관점에서 분석해 보면, 겉치레를 삼가고 실속을 취한다는 거화취실(去華就實)과 기업활동을 통해 국가에 이바지하고자 하는 기업보국(企業報國) 철학을 강력하게 실천한 신격호 회장의 리더십과 신 회장을 따르는 전문 최고경영자들의 단결된 의지가 있었다. 환경기반관점에서 보면, 생활수준의 향상에 따른 차별화된 제품에 대한 소비자들의 선호와 일본에서 성공한 롯데에 대한 한국 소

5 1948년에 창업한 롯데그룹(일본)의 지주회사인 일본 롯데홀딩스가 2021년 주총에 앞서 주주에게 공개한 연결 재무제표에 따르면 2020회계연도(2020년 4월 ~ 2021년 3월) 매출액은 5조498억엔(약 51조7000억원)이었다.

비자들의 기대가 맞물리면서 롯데그룹(한국)의 성장에 견인차 구실을 했으며, 자원기반관점에서 보면, 일본으로부터의 풍부한 자금 이전과 전문성을 가진 우수한 인력, 그리고 선진 기술도입 등의 요소들이 있었다.

그러나 메커니즘기반관점으로 분석해 보면, 주체, 환경, 자원기반관점으로는 보이지 않는 롯데그룹만의 독특한 경영철학, 기업 가치관, 조직 문화 등을 발견할 수 있다. 롯데그룹은 인수합병보다는 직접 씨를 뿌려서 거두는 경영방식을 선호하고, 외형적 성장보다는 내실을 강조하며, 단기적 이득보다는 장기적 신뢰를 강조하는 경영방침을 가지고 있다. 또한, 고객가치창출을 위해서 가격보다는 품질을 강조하고, 종업원에 대해서는 단기적인 처우향상보다는 장기적 관점에서 직장의 안정성을 강조하는 가족주의를 지향하는 경영철학을 보인다. 전문경영자를 활용함으로써 가족경영을 배제하지만, 외부인력을 활용하기보다는 내부인력 양성을 중시하며, 요즈음 거의 모든 기업이 중시하는 방식의 사회책임경영보다는 전통적인 의미에서의 윤리경영을 강조하고 실천하는 롯데만의 고유한 기업가치관을 보유하고 있다. 사회적 가치관의 변화에 적극적으로 동조하지 않는 롯데그룹만의 이러한 메커니즘은 외부인에게는 자칫 독선적이고 보수적으로 비칠지도 모른다. 그러나 직원들을 유물론적 관점의 자원이 아닌 가족으로 여기는 롯데의 가치관이야말로 롯데가 세계적인 기업으로 성장할 수 있었던 원동력이며, 이는 메커니즘기반관점이라는 현미경을 통해 들여다 볼 때 비로소 발견할 수 있는 부분이다.

GE나 롯데그룹의 사례에서 보듯이 메커니즘은 눈에 보이는 것도 아니고 손에 잡히는 것도 아니어서 주체, 환경, 자원에 비해서 찾아내기가 어렵다. 그러나 바로 그 점 때문에 기업이 고유한 메커니즘을 구축하는 데 일단 성공하기만 한다면 경쟁자가 쉽게 찾아낼 수도 없고 흉내 낼 수도 없는 경쟁우위를 형성하게 되는 것이다. 그 결과 그 기업은 메커니즘기반관점을 통한 전략 구축이라는 성공 비결을 통해서 기업이 추구하는 목적을 달성하게 된다. 이처럼 메커니즘기반관점을 취하면 기존 이론으로는 쉽게 설명할 수 없지만 현실적으로 빈번하게 일어나는 기업의 예외적인 현상들에 대한 설명이 가능해진다.

펜로즈(Edith Penrose, 1959)는 “기업은 자원의 집합체(A firm is a bundle of resources)”라고 했지만, 저자는 이보다 더 적절한 표현으로 “기업은 메커니즘의 집합체(A firm is a bundle of mechanisms)”라는 명제를 제안한다. 기업은 “메커니즘의 집합체”이며, 메커니즘을 통해서 지속적 경쟁우위, 그리고 더 나아가 장기적 성공을 얻을 수 있기 때문이다(조동성, 2006).

요약

1장에서는 기업의 장기적 성공 원인을 '메커니즘기반관점'이라는 새로운 시각으로 소개했다.
경영이론은 기업성과를 가져오는 원인을 찾아내어 이들의 인관관계를 규명한 결과다. 지금까지 경영 전략 분야에서 제시되어 온 주체기반관점, 환경기반관점, 자원기반관점에 입각한 탓에 부분적이고 단기적인 경영성과의 원인을 찾는 데 그쳤다. 메커니즘기반관점에 입각한 경영이론들은 전반적이고 지속적인 경쟁력 원천을 설명한다는 점에서 앞의 관점들에 입각한 경영이론들과 차별화된다.
경영실무는 경영이론에서 찾아낸 경쟁력 원천을 이용하여 기업성과를 내는 작업이다. 기업경영자들은 기업 경쟁력의 원천이 되는 메커니즘을 구축하고 메커니즘으로부터 나오는 프로세스를 집행해야 한다.
매커니즘기반관점은 기업경영자에게 지속적 경쟁우위를 확보하는 바람직한 메커니즘을 만들어 주고, 그 메커니즘을 기업 내에 구축할 수 있게 해 준다. 특히 기업의 지속가능성이 강조되는 21세기에 메커니즘기반과점은 중요성이 더 커진 미래 경영 패러다임이다.

02 장 경영학이론에서 새로운 관점은 왜 필요한가?[1]

2장에서는 메커니즘기반관점의 필요성이 대두된 배경을 이해하기 위해서 경영이론이 발전해 온 과정을 살펴보자. 경영학의 역사는 두 시기로 나눌 수 있다. 첫 시기는 관리경영 시대로서, 1910년대 이론적 체계를 갖춘 생산관리시대에서 1920년대의 인사조직관리시대, 1950년대의 마케팅관리시대, 1960년대의 기획관리시대를 포함한다. 둘째, 시기는 전략경영 시대로서 시스템이론과 상황이론이라는 두 가지 상반된 학문적 조류 속에서 1970년대의 전략경영이 산업조직론적 관점을 바탕으로 분석적인 틀을 갖춘 후, 1980년대에 자원기반관점으로 옮겨가는 과정까지를 포함한다. 이러한 역사적 맥락 속에서 기존 경영이론들이 가지고 있는 이론적 한계점을 검토해 보고, 오늘날 메커니즘기반관점이 필요한 이유에 대해 알아보자.

2.1. 관리경영으로 시작한 경영학이론

경영(Business Administration)의 출발점이라 할 수 있는 관리(Management)의 역사는 기원전 3천 년 전에 수메르인과 이집트인들에 의해 처음으로 조직되었던

1 이 장은 조동성(2013). 조동성 전략경영(제5판). 서울경제경영의 내용을 수정, 보완하여 작성했다.

정부조직으로 거슬러 올라갈 수 있다. 그러나 체계적인 경영에 대한 연구는 20세기에 들어서면서부터 시작되었다.[2] 세계 경영학사는 크게 독일경영학사와 미국경영학사로 나뉜다. 경영학의 태동은 독일을 중심으로 한 유럽에서 이루어졌지만, 오늘날에는 20세기에 홀연히 나타난 미국 경영학이 전 세계 표준 코드로 인정받고 있다. 경영학 분야가 초기에 어떻게 생성되고 발전되어 왔는가를 미국 경영사를 중심으로 살펴보자.

2.1.1. 생산관리시대(1900～1919년)

1900년대에 들어오면서 기업경영에서는 공장에서 작업자들의 능률 향상을 위한 획기적인 연구가 활발히 일어났는데, 그 하나가 공장 관리자였던 테일러(Frederic Taylor)가 제안한 과학적 관리법이다. 동작 연구(Motion study)와 시간 연구(Time study)로 구성된 이 기법은 노동능률을 좌우하는 작업량, 작업동작, 작업속도, 작업방법 등을 과학적으로 분석해서 작업관리 체계를 확립시켰으며, 기업은 이를 통해서 종전의 주먹구구식 관리방식을 탈피하고 생산성 향상을 실현했다. 과학적 관리법은 경영관리에 커다란 변혁을 가져왔으며, 이를 기점으로 대량생산 체계가 형성되었다. 대표적인 사례가 헨리 포드(Henry Ford)가 설립한 포드자동차 회사에서 실현된 대량생산(mass production) 체계로서 일명 '포드 시스템(Ford system)'이라고 불리는 것이다. 이 체계는 테일러의 과학적 관리법을 한 단계 진보시킨 것으로, 자동차를 생산하는 데 있어 4S, 즉 기계의 전문화(Specialization), 부품의 규격화(Specification), 노동의 단순화(Simplification), 제품의 표준화(Standardization)를 기반으로 한 컨베이어 시스템(Conveyor system)에 의한 일관 작업을 수행함으로써 공장에서의 생산성을 극대화하는 데 크게 이바지했다.

2 Daniel A. Wren, "Management History: Issues and Idas for Teaching and Research", Journal of Management 13 (1987), 339–350.

테일러의 과학적 관리법이 종업원 개인의 생산성 향상에 관심을 두었다면, 포드의 과학적 관리법은 조직 차원에서의 생산성 향상에 관심을 두었다. 이와 때를 같이해서 미국의 각 대학에 처음으로 경영대학이 설치되어 미국 경영학의 기초가 형성되었다.

2.1.2. 인사 및 조직관리시대(1919 ~ 1945년)

테일러 시스템에서 포드 시스템에 이르는 과학적 관리체계는 기술적 접근방법(Engineering approach)에 의해 생산현장에서 일선 노무자의 능률을 향상하는 데 초점을 두었다. 그러나 인간의 심리적, 사회적 측면을 도외시한 채 기계적인 생산성 향상만을 추구한 이러한 관리방식은 결국 그 한계를 드러내었고, 제1차 세계대전(1914 ~ 1918년) 이후 두 가지 측면으로부터 도전을 받게 되었다.

첫째는 제1차 세계대전 이후 일어난 민족국가 독립 사조이다. 1917년 미국 윌슨 대통령이 선언한 민족자결주의에 영향을 받아 과거 영국, 프랑스, 네덜란드 등에 의해서 지배되던 식민지 등이 차차 독립을 쟁취하게 되었고, 당시 일본 지배하에 있었던 한국에서도 1919년 3 · 1운동이 일어났다. 이러한 역사적 배경 아래에서 노동자들이 기계의 노예 역할로부터 해방되어 자신의 인권을 회복하고자 몸부림친 것은 지극히 당연한 일이었다. 이러한 상황에서 경영자들은 생산성 향상에 앞서 기업의 구성원인 노동자라는 인간을 인격적으로 대우하지 않을 수 없게 되었다.

둘째는 노동조합의 대두이다. 즉 전쟁으로 말미암아 군수품 생산을 능률적으로 수행하기 위해서 각종 생산능력이 비약적으로 발전했으나, 전시에 노동력이 부족하게 되면서 노동자들의 발언권이 강화된 것이다. 이러한 노동력 공급 부족현상에 전후 민주화 사조가 힘을 실어주면서 경영자들은 노동자 인격을 중시하는 새로운 관리제도를 개발하지 않을 수 없게 되었다. 노동조합은 이미 1870~80년대에 기능별, 부문별로 결성된 후, 1896년 전미노동연맹(The American Federation of Labor: AFL)으로 통합되었지만 1910년 초반까지는 과학적 관리체계의 기세에 눌려 제대로 그 기능을 다하지 못했다. 그러나 전쟁 중 정부가 전시 군수물자의 생산성을 높이기 위한 정책으로 노동자를 보호하고 노동조합과 협력하면서 강력한 노동조합이 대두했다. 그 결과 기업은 노동자를 인간적, 인격적으로 대우하지 않을 수 없게 된 것이다.[3]

기업이란 한편으로는 자본, 설비, 기계, 원자재, 제품 등의 합리적 조합에 의한 물적, 기술적 시스템인 동시에, 다른 한편으로는 여러 계층의 인간군, 즉 노무자, 관리자, 경영자 등에 의해서 구성된 기능 분담의 인석, 사회적 시스템이다. 그리고 인적 · 사회적 시스템, 즉 조직이라는 이름의 기업 구성체가 물적, 기술적 시스템으로서의 기업을 관리한다. 그런데 당시 경영학자들은 관리자가 일에 대한 명령을 내리고 그에 대응한 보수만 준다면 그대로 복종하는 인간으로 이루어진 조직을 연구했다. 인격을 소유하고 감정을 지닌 인간의 문제, 특히 인사관리나 조직관리에서의 인간관계 등은 그때까지의 경영학에서 소홀하게 다루어질 수밖에 없었다.

이 때 과학적인 실험을 통해 작업 성과가 경제적 조건뿐 아니라 심리적 조건이나 사회적 조건에 의해서 영향을 받는 다면적인 인간상을 파악한 대표적인 학자들과 이론이 바로 호손 실험(Hawthorne experiments)으로 유명한 메이요(Elton Mayo)와 레슬리스버거(F.J. Roethlisberger), 그리고 그들의 '인간관계론(Human relations approach)'이다. 메이요는 종업원들 사이에 발생하는 비공식적인 인간관계가 생산성을 증가시킨다고 주장했다. 즉 구성원들이 서로 좋은 관계를 형성하

3 "Particularly during the years of World War I, American unions were given considerable government protection and cooperation between capital and labor was actively sought as the best means of rationalizing and increasing American production on behalf of the war effort. Unions, including the AF of L itself, welcomed governmental intervention in favor of collective bargaining during World War." (http://en.wiki-pedia.org/wiki/American_Federation_of_Labor)

고 관심을 가질수록 성과가 높다는 것이다. 이 분야에서 이론체계를 가다듬은 연구로서는 레윈(K. Lewin)의 '집단역학(Group dynamics)', 맥그리거(D. McGregor)의 'XY이론' 그리고 매슬로우(A.H. Maslow)의 '동기부여와 개성(Moti-vation and personality)' 등이 있다. 레윈은 일의 추진과정에서 억제력은 활동을 절제하고 추진력을 감소시킨다고 주장했다. 즉 강압적인 추진방법은 구성원들의 반발을 사서 일의 성과를 더욱 악화시킬 가능성이 높지만, 구성원의 동기를 향상시키는 건설적인 추진력은 성과를 높인다는 주장이다. 메이요의 연구성과에 영향을 받은 맥그리거는 경영자들에게 인간의 자율적, 비자율적 본성에 대한 관점을 제시했다. 매슬로우는 사람들의 욕구에는 생리욕구부터 안전욕구, 소속욕구, 존경욕구, 자아실현욕구 등 다섯 단계가 있으며 사람들은 이러한 욕구를 순차적으로 만족시키려고 한다고 주장했다. 이 이론은 높은 생산성을 이루기 위해서는 구성원들의 욕구를 파악하고 이를 만족시켜 주어야 한다는 것을 경영자들에게 알려주었다.

이와 같은 인간관계론의 출현은 이른바 과학적 관리론이라는 정(正), 즉 테제(these)에 대한 반동에서 비롯된 반(反), 즉 안티 테제(anti-these)였다. 그러나 인간관계론은 지나치게 심리적이며 감정적이었다. 이러한 테제와 안티 테제 간의 대립과 갈등은 필연적으로 합(合), 즉 신테제(synthese)를 이끌어 내게 되었으며, 이러한 요구에 부응한 것이 바로 버나드(Chester I. Barnard), 사이먼(Herbert A. Simon) 등의 '조직이론(organizational theory)'이다. 즉 이들은 인간관계론의 일면적인 한계를 보완하기 위해서 근대적인 인간관을 전제로 해서 일정한 공동 목적의 달성을 지향하는 조직에 관한 이론, 다시 말해서 조직을 구성하는 인간에 대한 새로운 견해를 피력한 조직이론을 개발했다. 다만 이러한 조직이론도 경영 주체로서의 인간에만 지나칠 정도의 비중을 두거나, 관리과정 가운데 조직 부분에만 관심을 두는 일면적인 연구로 인해서 기업 목적을 달성하기 위한 전반 관리(general management)에 관한 이론 연구로서는 부족하다는 한계를 갖고 있다.

2.1.3. 마케팅관리시대(1945～1958년)

미국은 1941년 12월의 진주만 피습 이후 제2차 세계대전에 적극적으로 개입했다. 그러나 전쟁으로 인한 직접적인 피해는 거의 없었고 오히려 전쟁 물자를 대주는 군수공장의 역할을 했기 때문에 많은 채권을 소유하게 되었다. 이 채권은 영국의 지배 아래 있던 세계 금융의 주도권을 1944년 브레튼우즈 협정 이후 미국으로 넘어가게 만들었고, 또한 달러를 전 세계의 기축통화로 만드는 데 결정적 역할을 했다. 미국 경제는 제2차 세계대전으로 전례 없는 성장을 달성하고 막대한 국부의 향상을 이루었다. 종전 당시 영국과 프랑스의 1인당 GNP가 각각 1,200달러, 900달러 수준이었던 데 반해 미국은 세계 1위인 3,000달러 수준으로 큰 격차가 벌어지게 되었다.

그러나 전시 특수수요의 종식은 생산시설의 유휴화를 초래해서 미국 기업들에게 새로운 문제를 일으켰다. 이러한 상황에서 기업의 당면과제는 생산시설을 가동하는 것이었고, 기업 경영자들은 높은 소득수준에 바탕을 두고 있는 미국 소비자들의 잠재구매력을 실제 구매행위로 나타나게 이끄는 데 온 관심을 집중했다. 즉 단순한 판매활동을 넘어서 소비자가 원하는 상품이 무엇인가를 파악하고 이러한 요구에 부응하는 상품을 개발, 능동적으로 구매력을 창조해 나가는 마케팅 활동이 전개된 것이다. 이러한 경영자들의 노력으로 1945년에서 1958년에 이르는 동안 미국 경제는 연평균 4.8%라는 전례 없는 성장을 이루었으며, 이와 더불어 효과적인 판매활동을 추구하기 위한 이론적 연구도 본격적으로 시작되었다. 소비자(consumer)로서 고객(customer)의 중요성을 가장 먼저 강조한 학자로는 피터 드러커(Peter Drucker)를 들 수 있다. 드러커는 당시 단순한 기업이익을 추구하는데 매몰되어있던 경영자에게 "고객을 위한 가치창조(creating value for customers)"가 기업의 궁극적인 기업 목표임을 1954년 발행된 그의 저서 "경영의 실제(The Practice of Management)"에서 강조했다(Drucker, 1954).

2.1.4. 기획관리시대(1959 ~ 1972년)

전후 순탄하게 성장을 지속했던 미국 경제는 경기 순환의 결과로 나타난 구조적인 수급의 일시적 불균형으로 인해 1959년에 불황 국면에 들어서게 되었고, 그 결과 미국의 GNP는 0.7% 하락하게 되었다. 이러한 경제적 불황기에 기업들은 미래의 시장 경기 예측에 지대한 관심을 쏟게 되었고, 이에 따라 이러한 역할을 담당하는 기획실 제도가 여러 기업에 도입되었다. 그러나 1960년대 초 기획실의 경기 예측은 통계적 기법을 통한 양적인 예측이었으며, 신업종 참여 및 기존 업종의 폐쇄 등과 같은 질적, 전략적 성격의 것은 아니었다. 즉 단기적으로는 투하된 생산시설의 조업도를 경기예측에 따라 효율적으로 조정해서 수급을 조절하고, 장기적으로는 생산시설의 증설 및 감축과 이에 따른 자금 수요를 예측하고 효율적인 자금 조달원을 선택하는 데 초점을 맞춘 계획 업무였다. 1950년대 말의 불황을 이기고 1960년대 미국 경제는 다시 순탄한 성장을 하게 되는데, 이러한 성장 전기를 마련한 시대적 상황을 살펴보면 기획실 제도 외에 두 가지를 더 들 수 있다.

하나는 1957년 10월 소련 스푸트니크(Sputnik) 인공위성 발사를 들 수 있다. 그때까지 미국인들은 미국이 정치, 경제뿐 아니라 기술, 문화 등 모든 면에서 소련을 앞섰다고 생각하고 있었던 만큼 이 스푸트니크 사건은 미국인에게 커다란 충격을 안겨 주었다. 인공위성 발사에서 선수를 빼앗긴 뒤 대책마련에 고심한 미국은 인문사회 중심이었던 초등학교, 중 · 고등학교의 교과과정을 과학 중심으로 바꾸고, 그동안 소홀히 다뤘던 수학 과목을 강화했다. 아울러 1958년 7월 국립항공우주국(The National Aeronautics and Space Administration: NASA)을 창설해서 우주산업에 대한 투자를 대규모로 시작했고, 이 때문에 여러 부문의 경기가 활성화되었다.

또 다른 하나는 포드자동차 사장이었던 로버트 맥나마라(Robert McNamara)가 국방장관이 되고 맥조지 번디(McGeorge Bundy)가 대통령 정치보좌관이 되면서 당시 문제가 불거지기 시작한 베트남과 관련해서 군사력을 증대시킬 계획을 한 것이다. 따라서 1961~1963년은 전쟁 전야 시기였고, 이를 계기로 군수산업에 대한 투자가 활성화되었다. 미국 경제는 1960년대에 또다시 순탄한 성장을 이루었다. 다만 이 시대의 성장은 1950년대의 성장과는 근본적인 차이가 있었다. 1950년대의 경제성장은 인플레이션을 수반하지 않았지만, 1960년대에는 인플레이션을 수반한 값비싼 성장이 일어났다. 인플레이션은 고정자산에 투자를 한 제조기업으로서는 환영할 만한 일이었고, 이러한 호황이 계속되자 1960년대 초 도입되었던 기획실 중심의 경영관리체계는 다시 마케팅 중심의 경영관리체계로 대치되었다.

2.2. 전략경영의 출현과 발전

1910년대에 시작해서 1973년 제1차 석유위기 직전까지 발전해 온 경영학은 생산관리, 인사 및 조직관리, 마케팅관리, 기획관리로 변천하면서 관리경영학으로 굳건하게 자리매김했다. 그러나 1973년 발생한 제1차 석유위기는, 이를 오일쇼크라고 부르듯이, 미국 경제에 커다란 충격을 가져왔고, 1959년 불황보다도 훨씬 심각한 경기 침체를 몰고 왔다. 한 치 앞도 보이지 않는 상황에서 투자를 줄이고 미래를 관망하는 시대로 접어든 것이다. 이 시대를 케네스 갤브레이스(Galbraith, 1977)는 불확실성의 시대(The Age of Uncertainty)라고 불렀고, 피터 드러커(Drucker, 1992)는 단절의 시대(The Age of Discontinuity)라고 불렀다. 경영자는 투입 대비 산출을 늘리는 효율성 위주의 관리에서 미래에 어느 방향으로 머리를 돌리고 어느 길을 선택할 것이냐는 질문에 답변을 준비하는 전략경영으로 관점을 바꾸게 되었다.

2.2.1. 주체기반관점(1930년대 ~ 1973년)

1973년의 석유위기 이전에도 전략경영은 있었다. 그러나 미래가 환히 내다보이던 확실성의 시대(The Age of Certainty), 과거 자료를 가지고 미래를 예측할 수 있었던 연속성의 시대(The Age of Continuity)에서는 미래를 연구해서 얻을 수 있는 가치가 상대적으로 작았다. 그래서 그 당시 기업에서는 전쟁과 같은 긴박한 상태에서 쓰는 전략(Strategy)이라는 단어를 쓰지 않았다. 그 대신 상대적으로 미래를 통제할 수 있는 정부에서 쓰는 정부정책(Government Policy)에 상응하는 경영정책(Business Policy)이라는 용어를 채택하였다.[4] 이 당시에는 전반경영자(General Manager), 그리고 1973년 이후부터는 CEO(Chief Executive Officer)로 불리기 시작한 기업의 경영주체가 전략 연구의 촛점이었다.

전반경영자는 단순한 직급상 조직의 제일 위에 있는 최고경영자와 달리 기업의 매출액과 비용을 동시에 다루면서 그 차액인 이익을 극대화하기 위해 노력하는 사람이다. 전반경영자의 반대는 기업 전체가 아니라 생산, 영업, 인사, 재무 등의 특정 기능을 담당하는 기능경영자(Functional Manager)이다. 생산을 맡고 있는 기능경영자는 이익 극대화가 아니라 비용을 줄이는 역할을 담당하고 있고, 영업을 맡고 있는 기능경영자 역시 이익극대화가 아니라 매출액을 늘리는 역할을 담당하고 있는 것이다.

CEO는 직급상 최고경영자 역할과 직책상 전반경영자 역할을 동시에 수행하는 사람이다. CEO는 반드시 기업에만 존재하는 개념이 아니라 모든 조직을 망라해서 쓰인다. 여기서 C(Chief)는 '조직과 운명을 같이 하고 책임을 지는 마지막 보루'라는 뜻이고, E(Executive)는 '결단을 내리고 행동하는 것이 본연의 임무'라는

4 하버드 경영대학원에서는 저자가 박사과정에 입학하던 1973년만 해도 학문분야로 전략(Strategy)이란 단어 대신 경영정책(Business Policy)이라는 용어를 사용했다.

뜻이며, O(Officer)는 '개인이 아닌 사회적 기관의 중핵기구'라는 뜻이다. CEO는 조직 내 최고위직 임원으로서 기업 내에서 이루어지는 모든 활동에 대한 실질적이고도 최종적인 의사결정권과 책임을 가지는 자이다. CEO는 기업의 성쇠와 생사를 좌우하며, 특히 기업이 위기에 처해서 있는 경우에는 기업의 소생을 위한 향도(嚮導) 역할을 수행해야 한다.

일반적으로 기업 설립 초기에는 창업자가 대주주가 되어 직접 경영하는 소유경영 체제로 시작한다. 이 상황에서는 CEO 체제를 논할 의미가 없다. 그 후 기업이 성장하면서 외부자본을 조달하게 되면 주주 분포가 확대되어 대주주의 능력에 대한 한계가 나타나게 된다.

전문적인 능력을 갖춘 경영 대리인이 소유경영자의 대안으로 등장하게 됨에 따라, 자연스럽게 소유경영자와 전문경영자 간의 장단점에 대한 논의가 경영주체에 대한 전략적 이슈로 떠올랐다. 일반적으로 소유경영자는 전문경영자에 비해 장기적 관점에서 투자를 비롯한 경영의사결정을 할 수 있고, 의사결정 속도가 빠르며, 주식분산이 안되어 소액주주가 없는 경우 기업과 소유경영자 개인의 이해관계가 일치하여 도덕적 해이가 일어나지 않을 뿐더러, 전문경영자에 대한 복잡한 평가 시스템이 불필요하다는 장점을 가지고 있다. 반대로 전문경영자는 큰 기업을 이끌어 가는 경영에 대한 전문성을 가지고, 기업 지배구조를 투명하게 개방하며, 대주주 1인의 독단적 경영을 방지하여 주주가치를 극대화할 수 있다.

소유경영자와 전문경영자가 제각기 장단점이 있음에도 불구하고, 미국경제에서는 20세기에 들어와 대기업이 주도하게 되면서 전문경영자가 주주를 대신하여 경영을 책임지는 전문경영자 시대가 열렸다. 그러나 1970년대 이후 과도한 전문경영자 경영은 주주이익을 도외시하는 도덕적 해이(moral hazard)를 야기하게 되었고, 이러한 문제점은 기업의 주인이 누구인가를 이슈로 하는 기업 지배구조(Corporate governance)에 대한 논의로 발전하였다. 이 논의는 주주와 경영자라는 기존의 2원체제가 한 쪽의 부당이득과 다른 한쪽의 희생을 가져온다는 인식하에, 주총, 이사회, 사외이사, 내부감사 등을 세 번째 주체로 내세워서 해결하려는 시도로 발전하고 있다.

2000년대에 들어와서는 글로벌 스탠더드 확산, 경제의 디지털화, 산업의 융·복합화, 기업간 제휴 급증, 중국과 인도를 비롯한 신흥대국의 부상 등 새로운 환경이 나타나면서 기존 제도와 시스템을 무력화시키고 있다. 이에 따라 CEO의 상황판단과 이를 극복하고 활용하는 전략적 능력은 기업의 흥망을 결정하는 관건이 되었다.

2010년대에 들어서면서 전 세계 경영계에서는 2008년의 금융위기에도 불구하고 지속적으로 성장하고 있는 삼성, 현대자동차 등 한국 재벌그룹의 성공비결에 대해 관심을 갖게 되었다. 이에 대한 설명으로 2원적 리더십(dual leadership) 가설이 있다. 재벌 계열사에 대해 재벌 총수는 장기비전을 추구하고, 해당 계열사의 전문경영자 사장은 단기경영실적을 추구하는 역할분담을 통해서 소유경영자와 전문경영자의 단점을 보완하고 장점을 증폭시켜 나갈 수 있다는 가설이다. 이 가설을 경영학자들이 증명할 수 있다면 한국적 경영학이론으로 자리매김할 수 있게 될 것이다.

2.2.2. 환경기반관점(1973～1980년대 중반)

1973년 오일쇼크로 야기된 불확실성의 시대에 각 기업은 다시금 기획실을 찾게 되었고, 1974, 1975년에는 웬만한 중소기업까지도 기획실 제도를 도입, 운영하게 되었다. 그러나 이 시기에 나타난 기획실은 1960년대 초와는 달랐다. 즉 1959년의 경기 침체가 경기순환의 한 국면이었던 것과는 달리 1973년 이후의 경기 침체는 외생변수의 영향 때문에 발생한 것인 데다 기업의 본질적이고 전략적인 문제와 직결되어 있었기 때문이다. 기업 차원에서 성장을 위해서 미래를 설계하는 경영정책론에 기초한 전략 개념은 1973년 이후 미국의 경제상황이 악화되기 시작하고 석유위기와 같이 예기치 못한 환경변화가 기업경영의 중요한 요소로 주목받으면서 보다 환경분석적이고 실천적인 연구로 전환되었다. 이에 따라 경영자가 가진 미래에 대한 비전 및 이의 실천과 관련된 경영자 능력을 강조하는 차원에서 어느 산업으로 진출하고 어떤 제품을 개발, 생산, 판매할 것인가와 같은 구체적인 기업 의사결정 내용을 다루는 쪽으로 연구의 축이 옮겨지게 되었다.

이러한 변화를 주도한 이들은 경영학을 전공한 학자가 아니라 산업조직론을 전공한 경제학자들이었다. 마이클 포터(Michael Porter, 1980, 1985)로 대표되는 이들은 전략의 수준을 기업 전체적인 차원에서 사업단위 수준으로 끌어내려 전략을 개별 산업 내에서 행동하는 기업들이 선택하는 의도적이고 구체적인 행위로 규정했다. 산업조직론적 관점에 의하면 산업의 구조적 특징이 기업 행동을 결정짓고, 그 기업의 행동이 기업 성과를 결정짓는다. 따라서 기업이 특정 산업에서 평균 이상으로 이윤을 올리기 위해서는 산업 특성을 고려해서 적합한 경쟁 전략을 채택해야 한다. 1973년 이후의 전략은 이 같은 산업조직론에 바탕을 둔 전략계획(Strategic planning)과 경쟁 전략(Competitive strategy)이 주류를 이루었다. 이러한 포터식의 전략론은 1980년대 초에 절정에 달해서 『경쟁전략(Porter, 1980)』, 『경쟁우위(Porter, 1985)』가 경영정책 및 전략론의 기본 교과서로 자리잡고, 전략이 경영에서 차지하는 비중이 확고하게 구축되었다.

이 관점에 따르면 기업의 경쟁력 혹은 성공에 가장 큰 영향을 미치는 요인은 기업이 위치한 산업구조이기 때문에 산업의 구조적 특성을 분석해서 어떤 산업에 기업을 위치시킬 것인가를 결정하는 포지셔닝(Positioning)에 경영전략의 초점이 맞추어졌다. 일례로 포터는 산업구조를 기존의 경쟁자, 잠재적 경쟁자, 대체품, 공급자, 소비자로 구성된 다섯 가지 경쟁요인으로 구분하고 이들에 의해 그 산업에 속한 기업의 수익성이 결정된다고 주장했다.

그러나 포터를 위시한 산업조직론적 접근은 1980년대 초반부터 두드러지게 나타나기 시작한 미국 기업들의 경쟁력 하락과 일본 기업들의 급속한 성장을 설명하는 데 한계를 나타내었다. 게다가 경제학에서 도출된 변수들을 중심으로 대규모 자료를 수집해서 이를 통계적으로 처리하는 데 치중했기 때문에 기업경영자들에게 현실경영에 대한 시사점을 많이 제공하지는 못했다.

2.2.3. 자원기반관점(1980년대 중반 ~ 2000년대)

자원기반관점은 서론에서도 간략히 언급했지만 이 절에서 역사적 배경과 더불어 조금 더 자세히 살펴볼 필요가 있다. 기업이 보유한 자원에 근거해서 기업을 보는 시각인 자원기반관점(Resource-based view of the firm)은 1980년대 이후 전략경영에서 새로운 패러다임으로 자리잡았다. 물론 이러한 관점이 전혀 새로운 것은 아니다. 1980년대 이전에도 기업의 성과가 기업이 보유한 역량에 의해서 결정된다는 견해가 있었다. 그러나 이러한 자원을 중심으로 한 초기의 접근들은 기술자원과 같이 기업의 장기적인 성과를 좌우할 중요 자원에 대한 정확한 설명이 부족해서 단지 개념을 제시하는 수준에 머물렀었다. 이렇듯 전통적 전략론에서 이미 언급되었던 자원에 대한 논의가 1980년대 이후 다시 등장해서 주목받게 된 이유는 무엇인가? 그 이유는 한마디로 1970년대 이후 전략론의 주류로 자리잡은 산업조직론적 전략론에 대한 반성으로 말미암은 것이었다.

앞서 살펴보았듯이 산업조직론에 입각한 전략이론은 기업의 외부요인에 의해서 전략이 결정된다는 논리(Outside-in)로, 기업의 내부(Inside)에 대해서는 상대적으로 관심을 기울이지 않았다. 즉 산업조직론적 경쟁요인 모델은 산업에 진입하고자 할 때 먼저 산업구조분석에 따라 진입할 산업을 결정하고, 다음으로 경쟁자의 전략을 분석해서 진입 전략을 채택하고, 마지막으로 이러한 전략 수행에 필요한 자원을 파악해서 획득하는 것을 가정한다. 손자병법에 나오는 "지피지기 백

전불태(知彼知己 百戰不殆)"라는 구절에서 보듯이 먼저 상대방을 알고 그 다음에 자신을 알라는 논리이다. 이에 반해 자원기반관점은 기업의 내부로부터, 특히 기업이 보유한 자원에 의해 전략이 결정된다는 논리이다. 기업이 장기적으로 높은 수익성(성과)을 내기 위해서는 경쟁력 있는 자원을 끊임없이 축적하고, 이러한 보유자원에 근거해서 전략을 수립해야 한다는 것이다.

그리고 자원기반관점은 기업마다 자원과 능력에 있어 이질적이므로 각자 자신이 처한 자원 부존도에 근거해서 필요한 전략을 선택해야 한다는 것이다. 이 관점에 의하면 기업의 성공은 기업을 둘러싼 환경요인이 아니라 기업이 보유하고 있는 내부의 특수한 자원에 의해 결정된다. 같은 산업에 속한 기업이라 할지라도 기업마다 환경변화에 대응하는 방식이 다른데, 그 이유는 바로 기업이 보유한 저마다의 자원이 다르기 때문이다.

기업이 성공하기 위해서는 환경변화를 빨리 파악하고 이에 적합한 전략을 수립하는 것도 중요하지만, 수립된 전략을 실행하는 것이 더 중요하다. 그리고 전략을 성공적으로 실행하기 위해서는 필요한 자원을 보유하고 있거나 창출해야만 한다.

하지만, 이러한 보유자원에 근거한 전략 내지는 기업행동의 결정논리는 연구자에 따라 자원을 정의하는 방식이 다르고, 논리가 너무 추상적으로 전개되는 등 통일된 이론체계로 불리기에는 어려움이 많다. 즉 자원기반관점도 여러 가지 문제점을 안고 있다. 이러한 문제점으로는 다음과 같은 것들이 있다.

첫째, 기업에 경쟁우위를 가져다 주는 자원은 모방도 불가능하고 이동하기도 쉽지 않다. 모방이나 거래가 불가능한 자원이라면 그러한 자원을 파악하는 것이 어렵거나, 혹은 그러한 성공적인 자원이 형성된 원인을 알기 어렵다는 뜻이 된다. 따라서 자원이 경쟁우위를 가져다 주는 자원이라는 것을 알게 되는 시점은 그러한 자원을 보유한 기업이 경쟁우위를 갖고 이미 성공한 후일 가능성이 높은 것이다.

둘째, 기업이 어떠한 자원을 보유하고 있느냐 하는 문제보다는 그러한 자원을 획득하고 축적할 수 있는 능력이 무엇이며 그 능력이 어떤 과정을 통해서 창출되었느냐는 것이 더욱 중요하다고 강조한다. 이렇게 기업의 핵심자원으로 단순히 기업이 보유한 유 · 무형의 자원이 아니라 이러한 자원을 개발하는 능력을 강조하다 보니 자원의 개념이 지나치게 확장된 면도 없지 않다.

셋째, 자원은 모방과 이동이 쉽지 않은 기업 고유의 부가가치 원천이므로 이를 다른 기업의 자원과 수평적으로 비교해서 측정할 수도 없고, 설령 측정한다 할지라도 그 가치를 객관적으로 평가할 수도 없다. 따라서 측정불가능한 변수를 독립변수로 삼아서 모델을 개발하고 가설을 세워 검증할 방법도 없게 된다. 그 결과 자원기반관점을 이론화한다는 것 자체가 구조적 모순에 빠지게 된다.

이러한 문제점을 안고 있음에도 불구하고 자원기반이론은 현대 경영전략을 설명함에 있어 가장 설득력 있는 이론으로 자리매김해 왔고, 아직은 학계에서도 자원기반이론의 문제점을 보완해 줄 확실한 대안적 관점을 찾지 못한 실정이다.

2.2.4. 새로운 시도(2000년대 ~ 현재)

21세기에 들어오면서 경영학자들은 100년 가까이 생산, 마케팅 등의 기능으로 분화되어 제한된 환경 속에서 단순한 관리기법을 개발하는데 초점을 두어 온 경영학에 대해 비판의 목소리와 함께 새로운 시도를 하고 있다. 일부 학자들은 경영학이 다양한 기능의 조합에 지나지 않는다고 비판하면서 기업을 체계적이고 포괄적인 시스템으로 바라볼 것을 주장한다. 또다른 학자들은 경영자가 당면한 복합적인 환경을 변수로 파악하고 이에 따라 변화하는 경영이론을 개발하고 있다. 여기서는 20세기 후반에 개발된 이론 중에서 21세기 경영학의 발전 방향을 가늠케 해 주는 두 가지 이론이라 할 수 있는 시스템이론과 상황이론을 검토해 보자.

1) 시스템이론(System Theory)

모든 시스템은 공통된 특징을 지니고 있다. 첫째, 일정한 목적 하에 운영되는 전체가 있고, 둘째, 그 전체를 구성하는 하위 구성부분이 있으며, 셋째, 이러한 전체는 환경과 끊임없이 상호작용하고, 넷째, 그 구성부분들도 상호작용을 지속함으로써 전체와 구성인자가 통일적으로 목적을 추구하고 유지된다는 것이다.

이러한 시스템이론에 기초해서 기업의 경영현상을 연구하면 복잡한 경영현상을 부분으로 해체하고 이를 체계적으로 분류해서 인식할 수 있다는 이점이 있다. 인간의 인지능력에는 한계가 있기 때문에 이와 같은 분류체계가 없다면 복잡한 경영 현상을 이해할 수 없기 때문이다. 기업 전체를 한꺼번에 이해하기는 어렵지만, 그 구성단위로 나누어 파악하면 기업을 좀 더 쉽게 이해할 수 있다. 우리는 실제로 경영학을 이러한 방법으로 배우고 있다. 즉 경영을 생산, 마케팅, 재무, 인사, 조직, 회계 등으로 나누어 하나하나를 심층연구한 후 이를 전략이라는 체계로 통합해서 전체를 파악하는 것이다.

2) 상황이론(Contingency Theory)

현대 경영학에 대한 두 번째 관점은 상황이론이다. 경영자가 주어진 각각의 상황에서 특정 조직의 환경에 맞게 경영활동을 한다고 본다. 이러한 관점은 과거의 고전적 경영이론과 다르다. 왜냐하면 고전적 경영이론에서는 경영이론이 조직을 둘러싸고 있는 특수한 환경과 관계없이 모든 상황에 적합하다고 가정했기 때문이다. 상황이론을 연구하는 학자들은 환경 및 조직에서 사용되고 있는 기술 등에 따라 경영활동이 달라져야 한다고 주장한다. 이는 과거의 경영관리 기법들을 무시하는 것이 아니라 경영자들이 효과적으로 기업을 경영할 수 있도록 적절한 이론들을 모두 포함해 설명한 것이라 볼 수 있다. 수많은 경영대학에서 사례연구방법을 주된 교육방법으로 채택하는 이유도 상황이론을 받아들이기 때문이다. 경영대학 교수가 사례에 등장하는 이슈를 가지고 날카로운 질문을 던질 때 학생들이 "상황에 따라서(It depends)"라고 합창하듯이 답변한다면 교수는 쓴웃음을 지으면서 고개를 끄덕거릴 수밖에 없다.

2.3. 전략적 관점의 출현 배경

경영은 매우 복잡하며 동태적이다. 앞서 시대적으로 나열해 본 생산관리, 인사 및 조직관리, 마케팅관리, 기획관리 등 다양한 관리경영 이론은 과거 한 시대를 풍미했었고, 당시에는 각각 태생적인 한계로 인해 그 다음으로 출현한 관리경영 이론에 의해 대체될 것처럼 보인다. 그러나 이러한 경영이론들은 모두 현대 관리경영의 통합적인 체계의 각 부분을 구성하며 현재에도 널리 쓰이고 있다. 즉 관리경영 이론의 발전은 누적적이고 포괄적인 방식으로 이루어져 온 것이다. 이러한 관리경영의 전 단계 또는 상위 개념으로 오늘날 가장 널리 쓰이는 관점은 1973년 석유위기 이후 급격히 발전한 경영전략(Business strategy) 이론이다. 따라서 여기에서는 경영전략이라는 개념이 나오게 된 1973년 당시의 배경을 간략하게 소개한다.

경영전략은 1973년보다 훨씬 전부터 하버드 비즈니스 스쿨 교수진에 의해서 시작된 경영정책(Business policy)에 그 뿌리를 두고 있다. 당시 하버드 비즈니스 스쿨 교수들은 경영정책이라는 과목을 개설하여 전반경영자(general manager)의 과업과 책임에 대해 가르쳤다. 경영정책 과목은 1911년 이래 필수 과목이었지만 그 교육 방법은 사례 연구가 주류를 이루고 있었다. 동일 산업 내에서 활동하는 여러 기업의 사례들을 수집하여 왜 어떤 기업들은 성공하고 어떤 기업들은 실패하는가에 대한 이해 방법을 구하는 것이 대부분이었다. 1914 ~ 1918년의 1차 대전을 승리로 이끈 미국은 세계 경제를 주도하는 미국 기업들을 이끌어 갈 전반경영자를 필요로 했다. 그 당시 전반경영자를 양성해야 했던 경영대학은 전략경영에 대한 체계적인 이론이 부족한 상태에서 '상황에 따라 다르다'는 시각에서 사례를 이용하여 학생들을 교육할 수밖에 없었다.

1970년대 초에 이르러 하버드대학과 영국 맨체스터대학 학자들이 경영정책 분야에 대한 교육과 연구의 방향을 명확히 하고자 모임을 했으나, 이런 모임에서도 경영정책을 독립된 학문 분야로 수용하는 것에 대해서는 의견을 모으지 못했다. 학계에서 경영정책을 독립된 주제로 하여 본격적으로 탐구하고 광범위하게 논의한 것은 1977년 5월 25일부터 27일 사이에 피츠버그대학에서 '경영정책과 기획연구(Business Policy and Planning Research)'를 주제로 개최된 학회가 처음이었다.

당시 알프레드 챈들러(Alfred D. Chandler, 1962)의 『전략과 구조(Strategy and Structure)』를 효시로 하여 이고르 앤소프(H. I. Ansoff, 1965)의 『기업 전략(Corporate Strategy)』과 케네드 앤드류즈(Kenneth Andrews, 1971)의 『기업 전략의 본질(The Concept of Corporate Strategy)』 등이 잇따라 출판되었는데, 이 책들은 바로 기업이 환경과의 관계에서 더욱 합리적인 대응 태세를 모색하고자 하는 전략계획(Strategic planning)의 이론적 체계를 형성시킨 역작들이었다. 그 후 외부환경과 내부자원을 결합하는 전략계획이 종래의 기획 관리를 대체하는 새로운 개념으로 등장했다. 여기서 전략계획은 '환경에 의해 제공된 기회'와 '자사의 강점과 약점'을 합리적 접근방법에 의해 면밀히 분석하여 자사 이윤의 극대화라는 목표하에 서로 연결하는 전략(Matching strategy)을 선택하는 계획기법이며, 기업의 전략적 자세(Strategic posture)를 논리적으로 재정의하는 합리적 계획기법이다.

석유위기 이전의 전략계획은 기업가의 임무를 규정하고, 조직의 변화를 이끌며, 전략을 개발하는 과정의 다루는 단순한 작업이었다. 석유위기는 세가지 상황 속에서 전략계획을 전략경영으로 발전시켰다.

첫째, 석유위기는 정치, 사회, 심리적 변수들을 전략 결정에 새로운 이슈로 등장시켰다. 과거에는 경영 외적요소로 인식되었던 이러한 변수들이 전략을 실천에 옮기는데 중요한 영향을 미치게 된 것이다.

둘째, 석유위기는 '조직은 전략을 따른다(Structure follows Strategy)'는 챈들러의 주장이 맞지 않을 수 있다는 것을 일깨워 주었다. 즉 새로운 전략을 수립하면 경영 내부의 모든 능력, 즉 인적, 물적 내 자원과 조직, 각종 업무활동 등의 시스템이 그에 맞추어 자동으로 재편성되어 조직의 모든 에너지를 발휘시킬 수 있으리라는 전략계획의 나이브한 기본 전제가 석유위기와 같은 현실 속에서는 반드시 적용되지 않는다는 것을 알게 된 것이다.

셋째, 석유위기는 전략계획을 만드는 것 못지 않게 전략계획을 실천에 옮기는 프로세스에 대한 능력이 필요하다는 것을 일깨워 주었다. 즉 환경이 급변하고 복잡해짐에 따라 전략계획도 이에 맞추어 계획 자체를 탄력적으로 변화시켜 나갈 수 있는 포괄적 능력이 필요해진 것이다.

2.4. 메커니즘기반관점의 필요성

앞서 경영학의 발전과정을 역사적으로 살펴보고 전략경영시대에 어떠한 기업이 성공하는가와 그 기업이 성공할 수 있었던 요인이 무엇인가에 대한 다양한 이론을 고찰해 보았다. 기업성공의 원인에 대해서는 여러 학자의 다양한 이론들이 존재했는데, 그 이론들은 역사적, 사회적 변화에 발맞추어 그 힘이 강화되기도 약화되기도 했다. 다양한 여러 이론 중에서 경영학에서의 전략 이론은 1971년 앤드류즈(Andrews, 1971)가 규범적 관점에서 외부 기회와 위협(External Opportunities and Threats), 내부 강점과 약점(Internal Strengths and Weaknesses), 경영자 개인의 가치관과 철학(Personal Values and Philosophy), 사회적 책임(Social Responsibility) 등 네 가지 요소를 전략의 핵심 개념으로 제시하여 그 틀을 정립한 이래 크게 세 가지 관점에서 발전되어 왔다.

첫 번째 관점은 기업 전략을 수립하고 실행하는 주체(Subject: S)의 사고방식과 행동이 기업 성공을 결정짓는 가장 중요한 요인이라는 주장이다. 특히 기업 최고 경영자는 의사소통 유형이나 전략 및 조직구조 등을 통해 기업 성공에 직접적인 영향을 미칠 수 있을 뿐만 아니라, 기업의 미래 모습인 비전을 제시하고 이를 구성원들에게 전파하는 과정에서 조직의 몰입도(Commitment)를 높임으로써 기업 성공에 직접적인 영향을 미칠 수 있다는 관점이다.

두 번째 관점은 특정 기업이 속해 있는 산업의 구조적 특성, 국가의 경영환경, 같은 기업의 집합인 개체군의 밀도나 분포 혹은 정부의 산업정책 등과 같이 기업을 둘러싼 환경적(Environment: E) 요인이 기업의 성공을 결정짓는다는 것이다. 이 패러다임에 의하면 기업이 성공 여부는 기업 내부요인보다는 기업이 속한 산업이나 국가의 구조적 특성이나 정부정책과 같은 기업 외적 요인에 의해 좌우된다. 산업의 구조적 특징이 기업의 행동을 결정짓고 그 기업의 행동이 기업의 성과를 결정짓는다는 포터류의 산업조직론 논리가 적용되는 관점이다.

마지막으로 세 번째 관점은 기업의 성공이 외부적 환경요인이 아니라 기업이 보유하고 있는 내부의 특수한 자원(Resource: R)에 의해 결정된다는 자원기반관점이다. 같은 산업에 속한 기업이라 할지라도 기업마다 환경변화에 대응하는 방식이 다른데, 그 이유를 각 기업이 보유한 자원의 차이로 본다. 따라서 기업이 성공하기 위해서는 환경변화를 빨리 파악하고 이에 적합한 전략을 수립하는 것도 중요하지만 이보다 더 중요한 것은 수립된 전략을 잘 실행하는 것이고, 전략을 성공적으로 실행하기 위해서는 필요한 자원을 보유하거나 창출해야 한다는 관점이다.

위에서 제시한 세 가지 관점을 역사적 흐름에 비추어 살펴보고 기업을 둘러싼 현실세계를 바라봄으로써 오늘날 새로운 관점이 왜 필요한지 이해해 보자. 20세기에 들어온 이후 기업이 가장 보편적으로 사용한 전략의 소재는 경영주체였다. 즉 기업이 경쟁기업보다 앞서고 높은 이익을 얻기 위해서는 훌륭한 CEO가 있어야 한다는 것이다. GM은 알프레드 슬로언 주니어(Alfred Sloan, Jr.)라는 걸출한 최고경영자가 있었기 때문에 자동차산업을 선도할 수 있었고, IBM은 토머스 왓슨 부자(Thomas Watson Sr. & Jr.), GE는 잭 웰치(Jack Welch)라는 최고경영자가 있었기 때문에 업계의 선두주자로 자리매김할 수 있었다는 것이다. 이러한 전략 발상법을 '주체기반관점(Subject-Based View: SBV)'이라고 할 수 있고, 이러한 주장의 중심점에 체스터 버나드(Chester Barnard, 1938)가 있었다. 그는 경영자에게 개인의 동기를 만족하는 효율(efficiency)과 시스템의 목적을 만족하게 하기 위한 효과(effectiveness)를 동시에 달성하는 기능이 있다고 봄으로써 테일러의 과학적관리법과 메이요의 인간관계적 접근법을 통합하고 경영자의 주체적 기능을 강조했다.[5]

그러나 주체기반관점은 1973년의 석유위기 이후 여지없이 무너졌다. 에너지 가격이 4배 가까이 폭등한 환경 속에서 기업은 해당 산업의 구조적 특성을 보지 않을 수 없었다. 즉 기업의 경영성과가 정치, 사회, 문화 등의 일반 경영환경, 비슷한 전략을 가진 기업들의 집합인 전략집단의 분포와 밀도, 정부의 산업정책 등과 같이 기업을 둘러싼 환경요인에 의해 좌우된다는 것을 알게 된 것이다. 특히 석유위기 이후 자원낭비적인 기업은 쇠퇴하고 친자원적인 기업은 흥하는 시대가 시작되었다. 예컨대, 대형 자동차를 생산하던 미국 기업은 쇠퇴하고, 소형 자동차를 생산하던 일본기업은 세계시장을 향하여 진군을 시작했다. 이런 상황에서 기업들은 유망한 산업을 앞다투어 선택하는 '환경기반관점(Environment-Based View: EBV)'에 입각한 전략을 구사하게 되었고, 이러한 흐름의 중심점에 마이클 포터(Porter, 1980)가 있었다.

환경기반관점은 불과 10년 남짓한 1980년대 중반에 새로운 한계에 부딪혔다.

5 "Although effectiveness of cooperative effort relates to accomplishment of an objective of the system and is determined with a view to the system's requirements, efficiency relates to the satisfaction of individual motives." (Barnard, 1938: p. 56)

미국 기업이 환경기반관점에 근거해서 전략적으로 새로운 산업을 찾아내면 몇 년 안에 일본 기업이 따라와 모방과 개선이라는 일본 특유의 무기로 선도기업들은 무너뜨리고 시장 지배력을 구축하기 시작한 것이다.

미국 기업들은 단기적으로 일본기업들을 있는 그대로 배우고, 장기적으로 한계가 드러난 환경기반관점을 대체하는 새로운 관점을 찾기 시작했다. 남의 것을 베끼는 모방을 극도로 협오하는 가치관을 가진 미국 경영자들은 모방을 Benchmarking이라는 단어로 대체하였다. 그러나 개선에 대해서는 별 수 없이 일본 발음 그대로 카이센(Kaisen)으로 부르면서 일본기업 구성원들의 근면, 성실, 정직과 같은 기업문화를 배워 나갔다. 미국 기업들은 기업 내부에 존재하는 특유한 자원을 중심으로 전략을 수립하는 길만이 일본 기업의 도전을 막을 수 있다는 인식을 하기에 이르렀다. 이런 가운데 워너펠트(Wernerfelt, 1984)가 제일 처음 주장했었던 '자원기반관점(Resource-Based View: RBV)'은 프라할라드와 하멜(Prahalad & Hamel, 1990)에 의하여 핵심역량(Core com-petence)이란 매력적인 용어를 통해 경영자들에게 널리 전파되고, 이쿠지로 노나카(Ikujiro Nonaka, 1995)에 의하여 지식(Knowledge)으로 구체화되었다.

현실세계에는 기업 최고경영자가 교체되고, 기업을 둘러싼 환경이 변화하며, 기업이 보유한 자원이 끊임없이 바뀐다. 그럼에도 불구하고 특정 산업에서 지속적으로 경쟁우위를 유지하는 기업 또한 존재한다. 이러한 기업들은 어떻게 어떤 이론으로 설명할 것인가? 이제 기업의 성공요인을 특정 시점에서 설명하는 정태적(Static) 이론이 아니라 흐르는 시간속에서 형성되는 기업의 성공요인을 찾아내는 동태적(Dynamic) 이론이 필요한 시점에 이르렀다. 앞에서 살펴본 주체기반관점, 환경기반관점, 자원기반관점들이 각각 나름대로 기업의 성공요인을 설명하고 있지만, 어느것도 경쟁우위를 지속적으로 유지시켜 주는 근본원인과 이 요인들이 시간이 흐름에 따라 어떻게 상호작용해서 지속성을 강화하는지 설명하지 못한다.

주체기반관점은 경영자가 진공상태에서 경영하고 있는 듯한 착각을 불러일으키고, 환경기반관점은 똑같은 산업구조를 가진 산업 내에서 성공하는 기업과 실패하는 기업이 동시에 나오는 이유를 설명하지 못한다. 자원기반관점도 기업 성공에 더욱 중요한 요소인 자원을 획득하고 축적할 수 있는 능력이 무엇이며 그 능력이 어떠한 과정을 통해 창출되느냐에 관해서는 설명이 미흡하다. 이렇듯, 경영의 각 원소를 분리해서 분석하는 기존의 패러다임들은 주체, 환경, 자원 등 각 원소 간의 상호작용을 충분히 설명하지 못한다.

자원의 가치는 환경변화에 의해 증가하거나 감소한다. 또 다른 한편으로 환경과 주체 역시 별개로 고려될 수 없는 요인들이다. 미래의 환경변화가 기업에 미치는 영향이 무엇인지에 대한 답은 최고경영자가 가진 개념적 틀에 따라 다르다. 즉 객관적으로 주어지는 환경 그 자체는 의미가 없으며, 최고경영자가 환경중에서 필요한 부분을 찾아서 활용할 때 가치가 살아난다. 이 같은 상황을 볼 때, 환경과 주체도 함께 고려해야 함을 알 수 있다.

이상을 종합해 볼 때, 기업의 지속적인 성공을 설명하기 위해서는 주체, 환경, 자원을 독립적으로 다룰 것이 아니라, 이 세 가지 원소를 동시에 고려하고 이들의 역할을 하나로 통합해 파악하는 동태적 전략이론이 필요한 것을 알 수 있다. 앞서 경영이론의 발전사를 살펴본 바와 같이 전략 패러다임은 지금까지 주체, 환경, 자원기반관점의 순서로 발전했다. 이 책에서 제시하는 메커니즘은 주체, 환경, 자원이 동태적으로 결합한 산출물(output)인 동시에 조직이 성과를 내는데 필요한 투입물(input)이다. 따라서 메커니즘에 대한 연구는 지금까지 제시된 주체, 환경, 자원 각각의 관점을 대체하여 더욱 설득력 있는 원인을 제시하는 미래지향적인 제4의 경영패러다임에 대한 연구이다.

경영의 대가로 인정받는 GE의 전 회장인 잭 웰치(Jack Welch) 회장의 예를 들어보자. 잭 웰치는 메커니즘 경영의 중요성을 인식하고 실천한 대표적인 경영자이다. 그는 GE CEO 자리에서 은퇴한 지 한 달여 지난 2001년 10월 22일, 저자와 만난 자리에서 경영이라는 게임에 있어서 가장 중요한 것은 운영 시스템(Operating system)이며, 기업의 최고경영자가 바뀌더라도 물려받은 다음날 바로 이끌어 나갈 수 있도록 해주는 기업의 운영 시스템이야말로 기업 경쟁력의 원천이라고 설명했다.

저자와 GE 전 회장 잭 웰치(Jack Welch)와의 대담[6] 1: '메커니즘기반관점'

조: "기업이 실적에 영향을 미치는 요인이 크게 네 가지가 있는 것 같습니다. 하나는 주체입니다. CEO처럼요. 지도자지요. 두 번째는 환경입니다. 운이 따라 줘야 하는 거니까요. 세 번째는 내부적 자원입니다. 돈, 기술, 기타 등등이죠. 네 번째는 조직 내에 스며들어 있는 메커니즘입니다. 사람이 변한다 하더라도 환경이 변하더라도 이 메커니즘은 남는 거죠. 이 네 가지 중 가장 중요한 것이 무엇이라고 생각하십니까?"

잭: "네 번째 운영 시스템입니다. GE는 차기 회장이 취임한 바로 다음날 순식간에 넘겨받을 수 있는 운영시스템을 갖고 있어요. 이멜트 회장이 이미 물려받았죠. 제가 되었든 이멜트 회장이 되었든 CEO가 그 메커니즘을 이끌어 나갈 수 있어요. 그리고 그 메커니즘에 대한 연례 평가가 대개 6개월마다 계속 반복해서 돌아가죠."

"글로벌화든, 식스 시그마든, 어떤 새로운 개념을 투입하면 그 운영 시스템에 바로 적용되어서 다른 모든 메커니즘과 연계가 돼요. 이견의 여지 없이 어떤 변화가 일어나면 그 운영 시스템이 바로 반응을 보내지요."

"그러니까 환경도 저절로 따라오고 또 자원... 그럼 자동적으로.. CEO는 그 시스템에 뭔가 새로운 것을 투입하는 사람입니다. 그렇지만 시스템 자체는 항상 준비가 되어 있어요. 항상 움직이고 있는 거죠. 1월에 이걸 시작하고, 3월에는 이걸 하고, 5월은 이거, 6월은 이거 하는 식입니다. 굉장히 역동적으로... 제 책에도 우리의 운영 시스템에 대해 설명이 되어 있어요. 회사가 제대로 작동하기 위해서 아주 중요한 부분이죠."

"그리고 GE에서는 크로톤빌(Crotonville)이라는 연수원을 통해 회사 안에 학습 메커니즘을 구축하고 있어서, 최고경영자가 가진 비전을 전 구성원이 받아들이고 필요한 새로운 능력을 개발하도록 합니다".

---

6 이 대담은 저자와 잭 웰치가 메커니즘 경영에 대하여 언급한 내용 중 일부를 재구성하여 기재했다. 두 사람의 대담은 KBS의 주선으로 2001년 10월 22일 미국 뉴욕 맨해튼에서 2시간 반 동안 진행되었으며, 2002년 1월 16일 KBS 특집 프로그램 '세계를 움직이는 사람들 – 경영 혁명과 잭 웰치의 비밀' 편에 방영되었다.

2001년 9월 8일, 잭 웰치 회장은 GE의 CEO직을 제프리 이멜트(Jeffrey Emelt) 회장에게 넘겼다. 그 후, GE는 2008년 금융위기 속에서도, 비록 주가는 다른 대기업 주가와 마찬가지로 롤러코스터를 탔지만, 매출액과 이익 면에서는 큰 변화 없이 일관된 경영성과를 일구어 냈다. 그 이유는 발명왕 토머스 에디슨(Thomas Edison)에 의해서 창립된 GE가 레그 존스(Reg Jones), 잭 웰치로 넘어오는 가운데 기업이념인 창의와 혁신을 메커니즘화했기 때문이라고 볼 수 있다. 그러나 2012년 후 GE가 보여준 기대 이하의 경영성과는 어떠한 메커니즘도 장기적으로 꾸준하게 기업을 성장시킬 수 없다는 것을 깨우쳐 준다. 메커니즘은 일정기간 효과를 내지만, 꾸준히 환경과 자원 변화 속에서 끊임없이 재구성되어야 하는 것이다. 이러한 GE의 사례는 기업들이 경쟁력 확보를 위한 전략으로 기업의 내부 자원 또는 외부환경만 고려하지 말고, 기업 내에서 지속해서 실행될 수 있는 메커니즘을 구축하려는 노력을 기울여야 한다는 것을 시사한다. 이처럼 경영의 주체, 환경, 자원 등의 요인들이 상호작용하는 과정에서 형성된 메커니즘이야말로 기업 경쟁력의 원천이자 기업의 지속적 성공을 설명하는 21세기 새로운 전략 패러다임의 중심 개념이 될 것이다. 이제 기업의 최고경영자들은 기업 고유의 메커니즘을 구축하는 것에 초점을 맞추고 메커니즘기반관점 시대를 맞을 준비를 해야 한다.

요약

2장에서는 메커니즘기반관점이 나오게 된 배경을 경영학의 역사 속에서 살펴보았다. 먼저 20세기 초부터 시작된 관리경영시대부터 1970년대 석유위기와 함께 등장한 전략경영시대의 경영학이론들에 대하여 논의했다. 그 다음, 전략 이론의 역사적인 전개와 미래의 발전에서의 문제점을 지적하고, 이를 보완하는 과정에서 메커니즘기반관점의 필요성을 제시했다. 문제점으로는 전략 이론의 초점인 기업의 지속적인 성공을 설명하는 데 있어서 기존 이론들이 채택했던 주체, 환경, 자원이라는 특정 원소에 대한 개별적인 연구가 가진 단편적이고 부분적이며 환원주의적인 한계를 지적했다. 필요성에서는 기존 이론들의 한계를 극복하기 위한 대안으로 각 성공요소의 유기적인 상호작용에 대해 동태적이고 통합적인 관점에서 접근하는 메커니즘기반관점을 제시했다.

03 장

메커니즘기반관점 (Mechanism-Based View) 이란 무엇인가?

3장에서는 전략경영 자체에 초점을 두고 이론이 발전해 온 역사를 내용연구와 과정연구로 나누어서 살펴보자. 그 다음으로는 메커니즘으로 초점을 좁혀서 저자가 어떤 맥락에서 메커니즘이란 개념을 주제로 삼아 연구하기 시작했는지에 대해 지나온 과정을 소개함으로써 독자와 주파수를 맞추는 시도를 하기로 한다. 더불어 메커니즘과 유사한 개념으로 사용되고 있는 제반 용어들을 선택해서 메커니즘과의 공통점과 차별성을 분석함으로써 이해도를 높이고 더욱 엄밀한 수준에서 메커니즘기반관점의 필요성을 논의한다.

3.1. 메커니즘기반관점의 등장 배경과 기원

전략경영 연구의 연구방법은 크게 내용(Content) 연구와 과정(Process) 연구라는 두 가지 방향으로 진행되어 왔다(Chakravarthy & Doz, 1992; Mohr, 1982). 내용 연구는 주로 기업의 경쟁우위를 가져오게 하는 요인이 무엇인지 또는 기업의 다양한 전략요인이 기업의 성과에 어떤 영향을 미치는지에 대한 정적인 연구이다. 과정 연구는 기업의 주요한 의사결정이 이루어지는 과정이나 전략의 수립 및 실행과정, 그리고 주요 요인 간의 상호작용에 대해 연구하는 학문적 경향을 의미한다.

3.1.1. 전략경영 연구의 두 갈래: 내용 연구와 과정 연구

1) 내용 연구로서의 전략경영

초기 전략경영의 주류는 내용 연구였다. 그 대표적 이론은 포터(Porter, 1980, 1985)의 경쟁 전략이다. 포터는 산업 특징이나 시대적 상황과 관계없이 기업이 선택할 수 있는 전략을 본원적 전략(generic strategy)이라고 규정하고, 그 대안을 원가선도 전략(cost leadership strategy)과 차별화 전략(differentiation strategy)으로 구분했다. 그리고 각 대안이 가져오는 경영성과를 비교하면서 기업에게 가장 바람직한 전략을 선택해야 한다고 주장했다. 바니(Barney, 1991)는 기업이 지속적인 경쟁우위(sustained competitive advantage)를 창출하기 위해서는 VRIN이라는 네 가지 조건을 가지고 있어야 한다고 주장했다. VRIN이란 그 기업의 자원이 효율이나 효과를 가져올 수 있는 가치가 있어야 하고(Valuable), 희귀해야 하며(Rare), 완벽한 모방이 안되어야 하고(Imperfectly Imitable), 대체할 수 없어야 한다(Non-Substitutable)고 했다. 즉 기업 성과는 그 기업이 선택하는 전략이나 그 기업의 자원에서 나온다는 것이 내용 연구의 핵심이다.

2) 과정 연구로서의 전략경영

이처럼 경험보다는 논리적 틀을 가지고 선험적(a priori) 시각에서 전략내용만을 연구하던 전략경영학자들은 1980년대 일본 기업들이 수많은 산업에서 미국 기업들을 제치고 선도적인 위치에 올라서게 되자 전략과정에 관심을 돌리기 시작했다. 당시 일본 기업들은 원가를 싸게 할 것인가, 차별화를 할 것인가와 같은 본원적 전략의 선택에는 관심이 없었다. 그보다는 경영자가 직원들을 가족으로 여겨 평생직장(life-time employment)을 보장하고, 근로자들은 이에 화답하여 열심히 노력하고 끊임없이 개선(改善; continuous improvement)함으로써 경영성과를 높였다. 미국에서도 1981년 GE의 잭 웰치(Jack Welch)가 CEO가 된 후 2001년 은퇴하기까지 20년간 지속적으로 매출액과 이익, 시가총액을 늘려 가면서 학자들 대신 전략경영계의 상징적 인물(icon)로 등장했다. 웰치는 일본 기업의 개선 노력에 한술 더 떠서 경영의 중심에 "기존 전략을 뒤집으라"는 혁신(innovation)을 강조했다. 이제 전략 내용보다는 전략을 어떻게 실천하느냐는 전략 과정 연구가 집중적인 조명을 받게 된 것이다.

3) 통합 연구 시도

이러한 흐름 속에서 페티그류(Andrew M. Pettigrew, 1992)는 의사결정과정을 주체의 유형이나 내용과 별개의 독립적인 것으로 인식하고 있던 전통적인 과정연구의 문제점을 지적하면서, 향후 전략과정 연구는 과정에 대한 단편적인 설명보다는 내용과 과정의 통합 연구, 즉 전체론적인 방식을 모색할 필요가 있다고 주장했다. 그러나 아직 이러한 통합 연구가 본격적으로 시도되고 있지는 못하고 있다.

3.1.2. 메커니즘기반관점 연구의 두 갈래: 내용 연구와 과정 연구

메커니즘기반관점 역시 내용 연구와 과정 연구라는 두 가지 차원에서 접근할 수 있다. 이 책 머리말에 상세하게 기술한 바와 같이 저자는 1973년 하버드 경영대학원에서 전략과목을 수강하면서 메커니즘에 대한 관심을 두게 되었고, 그 후 1992 ~ 1993년 반도체 산업에 대한 연구를 수행하면서 처음으로 메커니즘을 변수로 선택해서 실증적 연구를 시작했다. 그 후 2015년에 이르기까지 메커니즘에 대한 저자의 연구는 세 단계를 거치면서 발전해 왔다. 특히 1973년 메커니즘에 대한 인식을 하고 1993년 메커니즘에 대한 연구를 시작한 후 2005년 중대한 사고의 전환을 경험했다.

1) 과정으로서의 메커니즘

메커니즘 연구의 초창기에는 메커니즘을 과정으로 보았다. '메커니즘'보다는 'ser-M'이란 표현을 주로 사용하여 주체(s), 환경(e), 자원(r)이라는 내용변수를 메커니즘(M)이라는 과정변수로 설명하는 방법을 모색했다. 다시 말해서 저자는

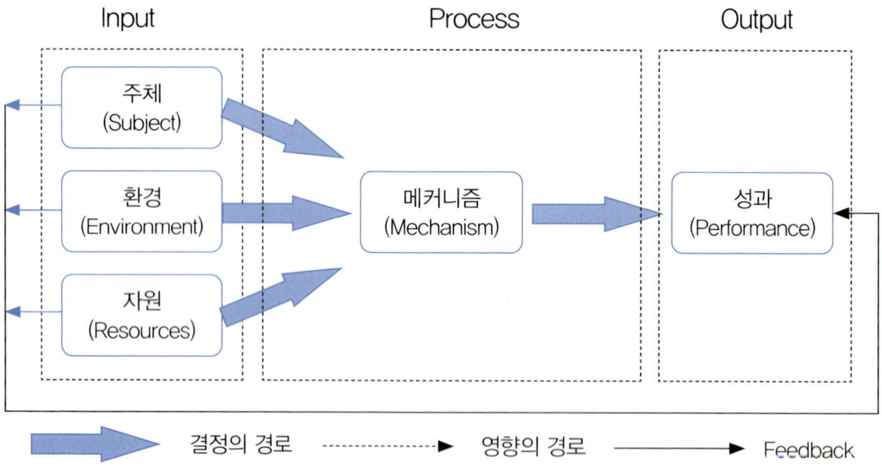

표 3-1 ▸ 이기일원론에 입각한 SER-M 모델(메커니즘 = 프로세스)

〈표 3-1〉에서 보듯이 메커니즘을 내용의 측면에서 보지 않고 주체와 환경, 자원을 결합하는 단순한 과정으로 보고 있었다.

2004년에는 통계적 기법을 사용하여 메커니즘에 대한 실증분석을 시도했다. 즉 매개변수(mediating variable)로서의 메커니즘(M)이 주체(S), 환경(E), 자원(R)을 통합하는 과정으로서의 변수인 동시에 이 3가지 변수의 대위변수(proxy variable)로서 S, E, R보다 설명력이 더 강한 독립변수가 될 수 있다는 것을 국제화 메커니즘에 대한 실증분석으로 확인했다(정진섭, 2004). 즉 S, E, R을 사용하지 않고 M만으로도 3가지 변수를 포함한 것 못지 않은 설명력을 갖는다는 것을 증명한 것이다.

2) 내용으로서의 메커니즘

2004년 듀크 대학 후쿠아 경영대학원(Fuqua School of Business, Duke University)에서 초청교수로 재직하던 저자는 대학의 세미나와 강의실에서 전략 교수들과 대화와 토론을 하면서 메커니즘 자체에 대한 연구, 다시 말해서 메커니즘을 과정으로 볼 것이 아니라 내용의 관점에서 조명해야 한다는 충고를 듣고 이에 대한

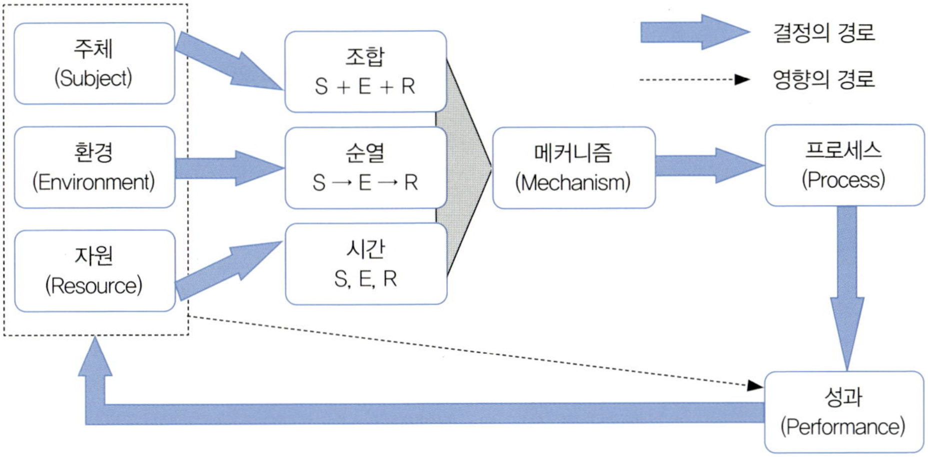

표 3-2 ▸ 내용으로서의 메커니즘기반관점(Mechanism-Based View)

연구를 시작했다. 특히 메커니즘을 S, E, R로 구성된 3원소들과 별도로 존재하는 네 번째 원소라고 보고, 이 제4원소를 만들어 내기 위해서는 S, E, R을 단순히 합치는 데 그치는 것이 아니라 S, E, R 내부에서 찾을 수 없는 독특한 논리를 찾아야 한다고 보았다. 이를 찾는 과정에서 서문에서 설명했듯이 라면을 가지고 요리하는 방법을 벤치마킹했다. 즉 〈표 3-2〉에서 보는 바와 같이 경영자가 원하는 내용의 메커니즘(M)을 만들어내기 위해서 S, E, R로 이루어진 3원소를 조합하고(Combination), 3원소 간의 순열을 정하며(Permutation), 각 원소의 활용시점을 결정하는(Timing) 원리, 즉 생각의 논리와 행동의 원칙(Logic of thought and principles of behavior)을 찾아낸 것이다.[1]

이 연구를 계기로 기업의 지속적인 경쟁우위는 바니(Barney, 1991)가 주장하는 내용으로서의 자원에서 나오는 것이 아니라는 것을 깨달았다. 기업의 경쟁우위는 주체, 환경, 자원이라는 "요소"를 활용하는 CPT틀, 즉 조합, 순열, 시간이라는 창

1 조동성(2005) Antithesis to Barney's Definition of Resources, 서울대학교 메커니즘 연구회 working paper series의 내용을 바탕으로 작성했으며, 4장 2절에 자세한 내용을 기재했다.

조의 '과정'을 통해서 만들어지는 메커니즘에서 나오는 것이다.

이러한 논리를 설명하기 위해 작성한 저자의 논문(Cho, 2006)은 바니(Barney, 1991)가 주장하는 VRIN이라는 특정 조건을 갖추지 않은 자원으로도 자원 범주에 속하는 다양한 요소들 간이 조합, 순열, 시간을 어떻게 정하느냐 하는 전략에 따라 얼마든지 차별화된 역량을 구출할 수 있다는 논리를 메커니즘으로 설명한 것이다. 물론 SER-M 패러다임은 자원 간의 조합, 순열, 시간뿐 아니라, 주체, 환경, 자원 간의 조합, 순열, 시간 전략에 의해 더욱 높은 수준의 차별화를 추구할 수 있게 해준다.

3) 통합적 패러다임으로서의 메커니즘

앞에서 살펴본 바와 같이 저자는 메커니즘에 대한 과정연구와 내용연구를 거쳐 주체, 환경, 자원의 조합, 순열, 시간에 따라 메커니즘이 생성된다는 결론을 내렸다. 즉 조합, 순열, 시간을 강조하면 '과정'에서 경쟁우위가 나온다고 볼 수 있고, 그 과정의 결과로 만들어지는 메커니즘을 강조하면 '내용'에서 경쟁우위가 나온다고 볼 수 있다. 따라서 경쟁우위는 과정과 내용이라는 두 가지 측면에서 동시에 접근할 때 비로소 포괄적인 이해가 가능하다. 이는 마치 빛이 가진 파장과 입자라는 두 가지 속성을 동시에 이해해야 빛에 대한 포괄적인 이해를 할 수 있는 것과 같다.

이와 같이 메커니즘에 대한 인식의 변화과정을 거치면서 저자는 메커니즘을 '과정'인 동시에 '내용'으로 보고 다음과 같이 정의했다. "메커니즘은 '프로세스'를 반복적으로 일으켜서 유기체의 목적을 달성하려는 주체/환경/자원의 동태적 결합(조합/순열/시간) 원리이다." 다시 말해서 메커니즘은 주체, 환경, 자원으로 구성된 유기체의 투입물(input)과 프로세스 및 성과로 구성된 유기체의 산출물(output) 사이에 존재하는 과정으로서의 전략변수인 동시에, 그 유기체가 프로세스를 통해서 차별화된 성과를 내는 내용으로서의 전략변수이다.

메커니즘의 중요성을 강조하는 전략 패러다임인 메커니즘기반관점은 1930년대에 형성된 주체기반관점, 1970년대에 형성된 환경기반관점, 1980년대 후반에 형성된 자원기반관점에 뒤이은 제4의 전략 패러다임이다.

3.2. 지속가능한 경쟁우위(Sustainable Competitive Advantage)의 원천으로서의 메커니즘

〈표 3-1〉과 〈표 3-2〉는 메커니즘에서 창출된 프로세스가 성과를 낳고 그 성과가 다시 주체, 환경, 자원에 영향을 주어 새로운 메커니즘을 만들어 나갈 때 비로소 지속가능한 경쟁우위가 가능해진다는 것을 설명한다. 그렇지만 두 표 간에는 차이가 있다. 〈표 3-1〉은 주체, 환경, 자원이 결합하는 원리인 메커니즘을 프로세스로 파악하고 있다. 이와 달리 〈표 3-2〉는 주체, 환경, 자원이 결합하는 과정을 조합, 순열, 시간이라는 개념으로 파악하고, 메커니즘은 이 과정에서 나오는 결과물로 표현하고 있다. 그리고 이 메커니즘이 프로세스를 창출하는 원천이 된다. 즉 프로세스는 특정 메커니즘에 의하여 주체, 환경, 자원이라는 투입물(Input)이 결합하여 이루어지는 산출물에 해당하는 활동이다. 기업의 경우 이러한 프로세스를 경영활동, 또는 경영프로세스라 할 수 있고, 이것이 바로 기업의 경영성과를 이끌어 내는 것이다(Cho, 2004).

주체, 환경, 자원은 메커니즘으로 결합되어 프로세스로 나타남으로써 비로소 성과를 가져온다. 물론 이들이 각각 성과에 직접적인 영향을 주겠지만, 이러한 영향은 어디까지나 보조적인 역할을 하는 데 그칠 뿐이다.

주체, 즉 지도자가 기업의 경영성과에 미치는 직접적 영향을 보면 그 역할이 보조적인 데 그침을 알 수 있다. 스티브 잡스(Steve Jobs, 1955년 2월 24일 ~ 2011년 10월 5일)가 자신이 1976년 창업했던 애플컴퓨터(Apple Computer)의 CEO로 1997년 금의환향했을 때 증권시장에서는 잡스 회장의 창조적 능력을 긍정적으로 평가했다. 당시 25달러 하던 애플 주가는 잡스 회장의 취임으로 인해 35달러까지 올랐다. 그러나 그 효과는 오래 가지 않았고 연말에는 오히려 21달러 수준으로 떨어졌다. 잡스 회장은 이에 아랑곳하지 않고 1998년에 아이맥(iMac) 컴퓨터, 2001년에 휴대용 미디어플레이어인 아이팟(iPod), 2003년에 디지털음악판매시스템인 아이튠스(iTunes), 2007년에 휴대폰인 아이폰(iPhone), 2010년에 태블릿 PC인 아이패드(iPad) 등 지속적으로 매력적인 제품을 시장에 출시해서 소비자들의 마음을 샀다. 그 결과 1997년 말 23억 달러에 불과하던 애플의 시가총액은 2011년 10월 5일 잡스가 타계한 후에도 계속 올라가 2012년 2월 29일 5천억 달러를 찍고, 2015년 5월 1일 기준으로 7,429억 달러를 기록하여 세계에서 가장 가치가 높은 회사로 등극했다. 그 후에도 애플은 승승장구하여 2022년 1월에는 3조 달러를 돌파하여 가장 가치가 높은 회사의 명예를 획득했다. 그러나 이러한 성과는 잡스 회장 혼자서 올린 것이 아니다. 잡스 회장과 2011년 8월에 그를 이어 CEO가 된 팀 쿡(Tim Cook)이 주체로서의 역할을 나름대로 한 것은 틀림없다. 그러나 애플이라는 조직에 체화된 메커니즘을 무시해서는 안된다. 급변하는 디지털환경 속에서 애플은 내부 자원인 디자인 능력을 이용해서 새로운 트렌드에 열광하는 신세대의 기호를 충족시킬 수 있는 제품 시리즈를 출시하면서 성공적인 마케팅을 할 수 있는 신제품 개발 메커니즘을 갖고 있기 때문이다. 잭 웰치도 2001년 9월 GE의 CEO직을 은퇴하면서 메커니즘의 중요성을 다음과 같이 강조했다. “GE는 차기 회장이 취임한 바로 다음날 순식간에 넘겨받을 수 있는 운영시스템을 갖고 있어요. 이멜트 회장이 이미 물려받았죠. 제가 되었든 이멜트 회장이 되었든 CEO가 그 메커니즘을 이끌어 나갈 수 있어요.”

환경 변화도 마찬가지로 보조적인 역할에 그친다. 2001년 중국이 WTO에 가입했다는 사실은 수많은 기업의 경영성과에 간접적으로 영향을 미쳤겠지만, 2002년에 후발주자로 중국 자동차시장에 진출한 현대자동차가 10년 만인 2012년에 중국에 있는 50여 개 자동차 회사 중에서도 판매량 기준 4위를 차지한 원인은 외부환경 보다 메커니즘으로 설명하는 것이 더 설득력이 있다. 현대자동차는 일반적인 제조업체들이 가진 고정관념인 제조비용을 생각한다면 상상할 수도 없는 중국의 심장부인 북경에 시와 5:5 합작으로 북경현대기차라는 합작법인을 세웠다. 그리고는 북경에 공장을 세워서 일자리가 없어 고민하는 북경시 주민들에게 일자리 15만 개를 제공하였다. 북경현대공장이 들어선 북경시 순이구(顺义区) 지역의 황량하던 벌판에 백화점, 공원, 음식점 등을 조성했고, 현대라는 브랜드를 중국 지도자층에 널리 알렸으며, 현지에 맞게 신차를 개발하고 이미 개발된 차는 현지화하는 등 끊임없는 연구개발을 통해 시진핑 정부가 기대하는 "기업의 사회적 가치 창조"를 솔선수범하는 모범기업이 되었다. 공장규모도 계속 늘려, 2002년의 제1공장 설립을 시작으로 2008년 제2공장, 2012년 제3공장을 준공하여 연간 140만 대의 생산능력을 갖췄고, 2016년에는 113만 대 판매로 중국내 점유율을 7%까지 올렸다. 그러나 2017년 중국의 사드(THAAD) 보복으로 현대자동차는 매년 점유율이 하락했다. 특히 2022년에는 현대차의 중국 판매량이 25만 6400대까지 줄어들었다. 이 같이 현대가 2002년부터 2016년까지 중국시장에서 높은 경영성과를 올린 이유는 정몽구 현 회장이 현대자동차의 총 투자예산 중 절반이 넘는 재원을 중국에 투자하면서 중국 정부로부터 긍정적 평가를 받고, 중국 소비자에 밀착하는 시장 메커니즘을 구축했기 때문이다. 반면 2017년부터 실적이 부진한 이유는 사드라는 정치적 환경 변화와 함께 전기차로의 급속한 시장 변화를 현대자동차가 따라잡지 못한 탓이다.

자원 변화 역시 그 역할이 보조적일 뿐이다. 일본 벤처캐피탈업계 1위인 소프트뱅크가 풍부한 벤처투자 자금을 가지고 있다고 해서 자동적으로 성공적인 벤처기업을 발굴할 수 있는 것은 아니다. 소프트뱅크의 창업자인 손정의(일본명 손마사요시) 회장이 투자결정을 내리는 심사기준을 창업자 40%, 창업팀 30%, 엔젤

20%, 사업모델 10%라고 정한 독특한 벤처사업발굴 모델을 가지고 잠재력이 높은 벤처기업을 발굴하는 메커니즘을 구축했기에 높은 경영성과를 올릴 수 있었다.

BMW, 삼성전자 등의 제조기업을 비롯하여, 세븐일레븐(Seven Eleven), 스타벅스(Starbucks)와 같은 서비스 기업은 R&D, 생산, 마케팅, 기획, 서비스, 품질관리 등 다양한 배경을 가진 사람들로 연구 개발팀을 구성하여 신제품 및 서비스 개발단계를 통합적으로 운영하고, 관련 산업과의 밀접한 관계를 통해 공동으로 프로젝트를 운영하면서 새로운 제품과 서비스를 지속적으로 시장에 출시했다. 이러한 성공사례는 지식활용과 지식탐색을 조화시키는 메커니즘이 기업 성공에 이바지할 것이라는 가설을 뒷받침하고 있다.

반면 무선 전화기를 처음 시장에 내놓은 모토롤라(Motorola)는 혁신적인 제품개발로 시장에서 선도적인 위치를 확보했지만, 그 후 많은 경쟁자가 비슷한 제품을 출시함에 따라 경쟁우위를 계속 유지할 수 없었다. 다시 말해서 모토롤라의 신제품 개발 과정이 메커니즘으로 회사 안에 체화되기도 전에 노키아, 삼성 등의 경쟁자들이 벤치마킹이나 리버스 엔지니어링(Reverse-engineering) 등을 통해 모토롤라가 가진 제품개발에 대한 경쟁우위를 모방하고 궁극적으로 추월한 것이다.

한국에서 1991년 이래 가장 성공적으로 성장하고 있는 삼성전자는 2023년 12월말 기준으로 시가총액 519조원(4,015억 달러)를 달성했다. 삼성전자가 괄목할 만한 성과를 얻게 된 핵심에는 메모리 반도체 사업이 있다. 이 사업의 성공 원인으로 주체기반관점론자들은 1987년에 작고한 삼성그룹의 창업자 이병철 회장(1910년 2월12일 ~ 1987년 11월 19일)이 가졌던 미래에 대한 비전과 고 이건희 회장(1942년 1월 9일 ~ 2020년 10월 25일)이 가졌던 반도체 산업에 대한 통찰력, 그리고 혁신적인 자세를 든다. 반면 반도체 산업의 전문가들로 구성된 환경기반관점론자들은 시대환경을 원인으로 지적한다. 1986년 인텔 CEO로 취임한 앤디 그로브(Andrew Grove) 회장은 메모리 반도체를 포기하고 마이크로프로세서를 중심으로 한 비메모리 반도체 사업을 특화하기로 했다. 1991년에는 미국 정부의 압력으로 일본 정부가 메모리반도체 회사들로 하여금 자율적수출규제(Voluntary Export Retraint) 조치를 받아들이도록 했고 그 결과 일본으로부터 수입된 메모리 반도체 물량이 급격히 감소했다. 반면 당시 미국 컴퓨터 시장은 퍼스널 컴퓨터의 수요가 폭발적으로 증가하던 때였다. 이같이 미국 시장에서 메모리 반도체 공급은 급감하고 수요는 급증하는 상황이었던 1991년 삼성전자는 메모리 반도체의 대량생산을 개시했다. 그 결과 삼성전자는 1995년까지 메모리 반도체에 대해 부르는 게 값인 상황에서 그때까지의 모든 투자액을 회수하고도 남는 성과를 올렸다.

자원기반관점으로 한국 재벌을 연구한 학자들은 삼성그룹이 가지고 있는 독특한 지배구조를 삼성전자의 성공이유로 든다. 반도체 산업은 무어의 법칙(Moore's Law)과 황의 법칙(Hwang's Law)에서 보듯이 매 18개월, 그리고 2000년대에 와서는 12개월마다 신세대 제품을 출시하는 특징을 가지고 있다. 그러나 신제품이 개발되는 정확한 시점은 아무도 모른다. 반도체 제조업체들은 신제품이 나오는 즉시 이를 생산할 수 있는 공장을 짓기 위해 2 ~ 4조원의 자금을 조달해야 하지만, 현금을 항상 확보할 수 없기 때문에 이를 조달하는 과정에서 최소한 3 ~ 6개월을 소모하게 된다. 그러나 삼성전자는 삼성그룹의 계열사인 삼성생명을 비롯한 여러 금융계열사에서 필요한 자금을 즉각적으로 조달할 수 있기 때문에 시간을 낭비하지 않고 공장을 지어서 신제품을 다른 경쟁자보다 빨리 출시할 수 있었다.

그러나 내부 경영자들은 메커니즘기반관점에서 삼성전자의 성공원인을 찾는다. 즉 삼성전자는 신제품 개발을 위해 태스크포스 팀을 하나가 아니라 둘을 두고 신제품 개발에 먼저 성공하는 팀에게 승진을 포함한 모든 혜택을 줌으로써 두 팀 간의 치열한 경쟁을 유도한다. 이와 동시에 삼성그룹의 독특한 경영철학인 철저한 평가를 기반으로 한 메커니즘이 작동하기 때문에 팀 구성원들은 신제품 개발기간 동안 모든 개인적 삶을 포기하고 제품 개발에 매달리게 된다. 이런 경쟁 메커니즘, 보상 메커니즘 속에서 삼성전자는 신제품 개발에서 메모리 제품명 256kb D램을 시발점으로 해서 1992년부터 30년이 지난 지금까지 선도적인 위치를 고수하고 있다.

삼성전자 반도체 사업부문 사례는 기업의 성공원인이 초기의 주체에서 환경, 자원으로 넘어온 다음 메커니즘으로 귀착되는 모습을 적나라하게 보여주고 있다. 종합해 보면, 경쟁우위의 원천으로서의 메커니즘은 기존의 자원기반관점 연구에서와 같이 특수한 조건을 갖춘 자원으로 경쟁우위를 설명하는 것뿐만 아니라 각 기업이 보유한 차별화되지 않은 자원을 가지고 남다른 성과를 보이는 이유도 설명해 주고 있다. 각 기업이 보유한 메커니즘이 서로 다르고, 그렇게 다른 메커니즘이야말로 해당 기업이 가진 경쟁우위의 원천이기 때문이다.

3.3. 메커니즘과 유사 개념의 비교

메커니즘은 추상적인 개념을 표현하는 용어이기 때문에 프로세스(process), 루틴(routine), 시스템(system)과 같이 다른 일반적이면서 추상적인 용어와 혼동되는 경우가 많다. 이들 용어는 일반적인 상황에서라면 메커니즘 대신에 사용해도 전혀 어색하지 않다.

또한, 경영전략학자, 그중에서도 자원기반관점 학자들은 자원이 가진 한계, 즉 "자원은 물고기에 불과하기 때문에 경영자에게 물고기를 잡는 방법을 가르쳐 주어야 한다"는 자원기반관점에 대한 비판론을 극복하기 위해 자원이란 개념을 확장해서 '자원을 만들어 내는 역량(resource-creating capability)'을 자원에 포함하거나 자원과 역량을 병렬적으로 묶어서 '자원과 역량(resource and capability)'이라는 용어를 쓰고 있다. 자원기반관점 학자들은 여기서 더 나아가 '역량을 만들어 내는 역량'을 '동태적 역량(dynamic capability)'이라고 표현해서 자원의 범주를 넓혀가고 있다. 그러다 보니 주체론에서 주장하는 CEO는 물론, 환경론에서 주장하는 산업환경도 특정산업을 선택했다는 의미에서, 그리고 저자가 내세우는 메커니즘마저도 역량 또는 동태적 역량의 하나라는 주장을 하게 된다. 다시 말해서 자원기반관점 학자들은 이 세상의 모든 독립변수가 자원이라고 주장하고 있다. 그러나 이는 철학이나 논리학에서 말하는 항진(恒眞)명제(tautology)[2], 즉 아무것도 말하는 것이 없는 상황이 된다. 이는 엄밀성을 강조하는 과학적 접근방법에서 금기시하는 잘못된 행태이다. 따라서 메커니즘이 가진 구조적 특징을 이해하고 이 개념에 과학적으로 접근하기 위해서는 자원론에서 사용하는 자원 또는 이와 관련된 개념과 엄밀하게 구별할 필요가 있다.

3.3.1. 프로세스, 루틴, 시스템과의 차이

1) 메커니즘과 프로세스

메커니즘이란 조직의 주체가 변화하는 환경에 대응하여 자원을 결합하고 조직이 목적을 달성하도록 반복적인 과정을 일으키는 핵심원리이다. 반면 프로세스는 메커니즘이 조직 안에 구축되면 자연스럽게 이 메커니즘으로부터 창출되는 일련의 연속적인 활동이다. 따라서 메커니즘은 조직에서 일어나는 모든 프로세스를 발생시키는 원천으로 이해할 수 있다.

공학적인 관점에서 메커니즘의 개념과 프로세스의 개념을 비교해 보면 프로세스는 작업의 순서 또는 일이 이루어지는 과정이고 흐름(flow)의 개념이 강하며 통제를 통해 원하는 결과를 생성하는 데 초점을 맞추고 있는 데 반해, 메커니즘은 조직 내 구성요소 간의 상호작용과 각 요소의 구동 원리가 강조된다. 메커니즘은 프로세스와 달리 과정 하나하나를 거쳐 가면서 진행하는 내용 그 자체보다 전후 과정의 짜임새와 상호작용이 일어나는 원인을 설명한다.[3]

---

2 항진명제는 "A는 A이다"에서 보는 바와 같이 항상 진리가 되는 명제를 말하며 동어반복이라고도 한다.

3 이 내용은 조동성, 한재훈(2005), "Literature reviews for mechanism", 서울대학교 메커니즘 연구회 working paper series의 내용을 인용하여 작성했다.

프로세스는 특정 출발점에서 시작해서 다른 문제나 활동의 결과에 도달하는 활동들의 순차적인 흐름이고, 메커니즘이란 특정 시스템 내에서 발생하는 프로세스가 그렇게밖에 일어날 수 없는 이치이다.

자동차라는 시스템을 구성하는 동력 메커니즘을 예로 들어보자. 4-행정기관(4-stroke engine)을 가진 내연기관 자동차의 경우, 엔진 안에서 일어나는 흡입 → 압축 → 폭발 → 배기라는 4가지 사이클이 프로세스이다. 즉, 엔지 실린더 내에서 휘발유가 폭발하면서 생기는 공기의 팽창을 이용해서 피스톤이 4가지 사이클을 일으키고, 크랭크 축이 두 번 회전해서 하나의 사이클을 완성시킨다. 좀 더 구체적으로 설명하면 휘발유가 실린더에 주입된 다음 점화플리그가 실린더 내의 유증기를 폭발시키면 폭발력에 의하여 피스톤을 밀어내려 피스톤과 연결된 커넥팅로드가 크랭크샤프트(축)에 동력을 전달하여 피스톤의 직선운동이 회전운동으로 바뀐다. 이어서 캠샤프트에 의해 배기밸브가 열리고 피스톤이 위로 올라오면 고온고압의 배기가스가 실린더 밖으로 나가고 배기밸브가 닫힌다. 다시 크랭크샤프트의 회전력에 의하여 실린더가 아래로 내려가 실린더 내의 공기압력이 낮아지고 캠샤프트에 의하여 흡기밸브가 열려 새로운 공기가 유입되고 이어서 크랭크샤프트의 회전운동이 반대로 컨넥팅로드에 전달되어 직선운동으로 바뀌어 피스톤을 다시 밀어올림으로써 실린더 내의 공기를 압축하여 압력을 올린다. 그리고 또 다시 휘발유가 실린더에 주입되어 똑같은 프로세스를 반복적으로 일으키게 된다.

이처럼 프로세스가 시간에 따라 일정한 순서로 진행되는 일련의 과정 또는 흐름이라면, 메커니즘은 시간의 순서에 따른 변화보다 특정 프로세스가 일어나도록 하는 원리로서 조직의 다양한 요소들 간의 상호작용과 운영 원리를 보여준다는 점에서 프로세스의 실행 원리라고 할 수 있다.

2) 메커니즘과 루틴

루틴은 조직행동을 설명하는 데 있어서 광범위하게 사용되는 용어이며, 조직행태를 설명하는 데 강점이 있다. 루틴은 조직에 있어서 반복되는 행위나 개인적인 기술, 혹은 조직이나 개인이 올리는 성과의 일상적인 효과성을 의미하기도 한다(Nelson & Winter, 1982). 매번 반복되는 상황임에도 불구하고 매번 대응해야 한다면 비용 부담이 커지게 된다. 이러한 비용 부담을 줄여 주는 것이 바로 루틴이다. 즉, 조직이 특정 상황에 대한 경험을 축적하여 그와 유사한 상황이 발생하는 경우 신속하게 그 경험을 활용할 수 있게 된다면 루틴이 형성된 것이다. 따라서 루틴이 없다면 조직은 집단행위를 위한 효율적인 구조가 될 수 없다. 결국 루틴이란 프로세스를 반복하는 가운데 형성되는 경험의 축적물이다.

루틴은 조직 내 행동의 반복된 패턴을 의미하지만, 메커니즘은 그러한 루틴을 발생시키고 변화시키는 조직의 근본 원리를 의미한다는 점에서 차이가 있다. 즉 주체, 환경, 자원의 결합인 메커니즘은 루틴의 형성과 변화를 가능하게 하는 원천이다. 또한 루틴은 한번 형성되어 지속되다가 환경에 적합하지 않게 되면 사라지지만, 메커니즘은 조직의 영속적 발전을 포함한 변화를 가능하게 하는 필요조건이다.

3) 메커니즘과 시스템

시스템은 서로 관련된 부분들 또는 요소들이 모인 집합체이다. 이것은 기계 시스템이든 생물 시스템이든 사회 시스템이든 모든 시스템에 다 적용되는 사실이다. 모든 시스템은 적어도 2개 이상의 요소로 구성되어 있으며, 이들 요소는 서로 관련되어 있다. 메커니즘은 시스템의 구성요소이다. 시스템이 특정 목적을 달성하기 위해 다양한 메커니즘을 활용할 때, 그 시스템 역시 발전한다.

3.3.2. 메커니즘과 동태적 역량(Dynamic Capability)의 관계

자원기반관점에서 발전된 동태적 역량 이론은 기업의 이질성이나 그에 따른 지속적 경쟁우위를 설명하는 핵심적인 이론으로 주목을 받고 있으며, 환경 변화가 급격히 일어나는 동태적 시장에서의 지속적인 경쟁우위를 설명하고 있다. 동태적 역량의 개념에 관해서는 학자별로 서로 다른 표현을 사용하고 있다. 아이젠하트와 마틴(Eisenhardt & Martin, 2000)은 동태적 역량을 동태적 시장에서 지속적인 경쟁우위를 창출하는 능력이라고 정의했고, 졸로와 윈터(Zollo & Winter, 2002)는 자원을 획득하는 역량이라고 정의하면서 기업의 성과를 개선하기 위해 일정한 생산과정을 정형화하고 수정해 나가는 통합적 활동의 전략적 형태라고 표현했다. 또한, 헬펫과 피터래프(Helfat & Peteraf, 2003)는 변화하는 시장 상황에 대응하여 신제품과 새로운 프로세스를 창출하는 능력으로 "역량을 만들어 내는 역량"이라고 동태적 역량을 정의했다. 이와 같이 학자들마다 다양한 표현을 통해 동태적 역량을 정의하고 있다. 그러나 지속적인 경쟁우위를 창출하는 능력이든 역량 획득을 위한 역량이든 또는 전략적 형태이든 관계없이, 동태적 역량의 기본적인 정의는 기업이 보유하고 있는 내·외부 자원을 통합하고 구축하며 재구성하여 급변하는 환경에 대처하는 기업의 역량이다(Teece, Pisano & Shuen, 1997).

기업의 지속적인 경쟁우위의 바탕이 된다는 측면에서 동태적 역량은 메커니즘과 종종 혼동을 가져오기도 한다. 그러나 동태적 역량과 메커니즘은 엄연히 다르다. 동태적 역량은 기업의 가시적 성과 및 지속적인 경쟁우위의 바탕이고, 메커니즘은 동태적 역량을 존재하게 하는 원천이다.

앞서 1장에서 언급된 동양철학에서 "물(物)로서 나타나는 기(氣)의 작용이 이(理)를 기반으로 하므로 이(理)가 있어야 비로소 기(氣)가 있게 된다"는 이(理), 기(氣), 물(物) 사이의 상호관계를 이해한다면 기업에서의 메커니즘과 동태적 역량 그리고 기업 성과 간의 관계를 알 수 있어 기업 경영의 요체 역시 이해할 수 있다. 메커니즘이 이(理)라면 동태적 역량은 기(氣)에 해당하고, 기업 성과는 물(物)이 되는 셈이다. 따라서 메커니즘이 추구하는 1단계 목표는 동태적 역량이고 궁극적 목표는 기업 성과라고 할 수 있다.

요약

3장에서는 전략경영의 발전 단계를 과정 연구 → 내용, 연구 → 통합 연구로 나눠서 검토한 후, 메커니즘기반관점 역시 같은 과정 연구 → 내용, 연구 → 통합 연구 맥락으로 전개되는 모습을 살펴봄으로써 메커니즘이 등장한 배경과 그 기원을 파악했다. 그 다음으로는 지속가능한 경쟁우위의 원천이 주체, 환경, 자원이라는 세 가지 원소 중 하나만으로 이루어지는 것이 아니고, 3원소가 결합하여 만들어지는 제4원소인 메커니즘이라는 것을 삼성전자 반도체 부문 사례를 통해 확인해 보았다. 마지막으로는 메커니즘과 프로세스, 루틴, 시스템등 유사한 개념들을 비교하여 메커니즘의 개념을 명확히 했다. 또한 메커니즘과 자원기반관점에서 사용하고 있는 동태적 역량을 비교하여 메커니즘이 동태적 역량의 원천임을 설명했다.

PART II

메커니즘 이론

04장 메커니즘의 본질은 무엇인가?

4장에서는 메커니즘 자체에 대해서 알아보자. 이를 위해 기업에 투입되는 세 가지 원소(Element)인 주체(Subject), 환경(Environment), 자원(Resource)을 검토한 다음, 이 3원소를 구성요소로 해서 원하는 메커니즘을 만드는 방법(Method)인 조합(Combination), 순열(Permutation), 시간(Time)에 대해서 알아본다. 그 다음에는 기업에서 메커니즘이 동태적으로 발휘하는 주요 기능(Function)인 조정(Coordinating), 학습(Learning), 균형(Balancing)에 대해 연구하고, 마지막으로 메커니즘이 가진 속성(Attribute)인 가치중립성(Value-greeness), 경로의존성(Path dependency), 인과적 모호성(Causal ambiguity)을 살펴본다.

기업은 주체, 환경, 자원이 투입됨으로써 설립한다. 주체인 경영자가 원하는 환경을 선택해서 자원을 확보해서 기업을 만든 다음, 기대하는 목표를 향해서 경영해 나가는 것이다. 이 때 주체와 환경 자원이 어떻게 조합되고 그 순서가 어떻게 배열되며 어떤 시간적 관점에서 진행되느냐에 따라 그 기업은 독특한 메커니즘을 만들어 낸다.

기업에는 다양한 메커니즘이 존재하고, 각각의 메커니즘에는 여러 가지 기능이 있지만, 그 중 대표적인 기능으로 조정, 학습, 균형을 꼽을 수 있다. 기업은 조정기능을 통해 주체, 환경, 자원 간에 최적의 관계를 설정하고, 그 과정을 학습해서 얻어진 지식을 내부화하며, 여러 대안 중 최적의 관계를 선택하여 바람직한 조직의 균형을 구축할 수 있다. 그런 의미에서 조정, 학습, 균형은 기업 조직을 능동적으로 변화 발전시키는 주요 기능이고, 경영자가 갖춰야 할 핵심 능력이다.

메커니즘의 특징은 내용(Content), 과정(Process), 시간(Time)이라는 세 가지 측면으로 접근할 수 있다. 내용 측면은 메커니즘을 독립된 객체로 접근하는 것으로서 '가치중립성'에 대해 논의한다. 과정 측면에서는 조직의 모든 경영 행위를 프로세스로 보면서 경영에 내재한 원리를 밝혀내는 관점으로 메커니즘의 '경로의존성'에 대해 검토한다. 시간 측면에서는 경영 행위의 원인과 결과 간에 존재하는 논리직 관계를 디루머, 메커니즘의 '인과적 모호성'에 대해 알아본다.

4.1. 기업에 투입되는 3원소[1]

4.1.1. 주체(Subject)

전략경영이 일반이론으로 구성된 과학으로 자리 잡기 이전인 1960년대부터 기업 성공의 핵심요인으로 가장 자주 거론되던 요소는 기업 주체(Subject), 즉 조직의 전략을 수립하고 집행하는 최고 의사결정자였다.(Child, 1972; Hambrick & Mason, 1984; Westley & Mintzberg, 1989; Nanus, 1992) 기업의 성공 여부에서 최고 의사결정자의 역할의 중요성은 학문 연구에 있어서뿐만 아니라 실제로 기업의 조직 운영에서도 마찬가지이다. 왜냐하면 최고 의사결정자는 전략 수립과 실행 및 조직구조 설계와 구성에 영향을 미치는 동시에(Chandler, 1962; Child, 1972) 기업의 비전 수립 및 조직원의 적극적인 참여를 유도하여 기업 발전과 성장에 공헌하기 때문이다.(Westley & Mintzberg, 1989; Nanus, 1992) 러니드와 그의 동료

1 이 절은 조동성(2004년) "Critical review on the Subject–, Environment–, and Resource-Based View" Annual Researchers Meeting, University of Tokyo, Japan에서 발표한 논문을 발췌, 요약했다.

는 경영정책, 즉 오늘날의 경영전략을 "관리자의 기능과 책임 그리고 관리자의 관점에서 기업의 성공과 특성에 영향을 미칠 수 있는 요인에 관해 연구하는 학문"으로 정의하고 있다.(Learned, Christensen, Andrews & Guth, 1965; 1969) 또한 주체에 관한 연구는 햄브릭과 메이슨(Hambrick & Mason, 1984) 및 핀켈스테인과 햄브릭(Finkelstein & Hambrick, 1990) 등이 기업의 최고경영집단(top management team; TMT)을 과학적인 접근과 분석으로 연구하여 '상위계층 관점(upper echelons perspective)'이란 명제를 제시함으로써 주목을 끌게 되었다. 이 연구에서는 전략과 효과성으로 대변되는 조직 성과와 최고경영자 간의 관계 및 최고경영자의 배경, 경험과 가치 등과 같은 속성이 강조되었다. 또한 조직 행위의 특성을 이해하기 위해서는 최고경영자의 속성을 규명하는 것이 필요하다고 주장했다.

전략계획 수립 시 최고 의사결정자들의 경영학지각 정도는 조직의 실행, 직무만족과 몰입 정도에 긍정적인 영향을 주고 있다.(Oswald, Mossholder & Harris, 1994) 바와 그의 동료(Barr, Stimpert & Huff)의 1992년 연구에서는 조직의 구조조정과 혁신에서 최고 의사결정권자들의 끊임없는 관심과 지각은 성공의 핵심 열쇠라고 주장하고 있다. 이와 같이 최고 의사결정권자의 기업 경영에 관한 깊은 지식은 조직의 구성원이나 성과와 매우 밀접한 관련이 있다.(Mintzberg, Ahlstrand & Lampel, 1998) 그 외에도 조직 배경과 성과 또는 기업 가치에 미치는 주요 요인으로 주체의 특성, 행위, 비전, 관리 프로세스 그리고 TMT 구성 요인 등과의 상호 관계와 중요성을 강조하는 많은 연구가 있다.(Pearce, 1981; Weick, 1987; Hurst, Rush & White, 1989; Ghoshal & Bartlett, 1994)

주체에 관한 연구로 각광받고 있는 주제는 리더십이다. 리더십은 앞에서 논의된 '상위계층 관점(upper echelon perspective)' 연구 중 TMT 구성에서 중요한 요소의 하나로 주목받았다가 독립된 하나의 주제로 발전되었다. 주체의 리더십 관련 연구는 최고 의사결정권자에 집중되어 있으며 상징적인 행위 또한 포함하고 있다.(Hambrick & Pettigrew, 2001; Goleman, Boyatzis & McKee, 2001; Vera & Crossan, 2004)

기업 행위에 대한 분석이나 이론에서 기업 최고 의사결정권자가 중요하다는 것은 모두 잘 알고 있다. 특히 기업에서 최고경영자는 기업의 운명을 좌지우지한다. 독보적인 존재였던 대기업들이 창업 2세대들의 경영능력이나 윤리의식 부족에 의해 문을 닫거나 경영권을 넘겨 주고 마는 현실 세계를 살펴보면 주체의 중요성을 쉽게 파악할 수 있다. 또한 미국의 GM, 포드, 일본의 마쓰시타, 소니, 한국의 삼성, LG, 현대자동차와 같은 대기업 사례에서 창업자의 성향에 따라 특유의 기업 색깔과 성장과정이 나타나는 경우도 주체의 역할과 중요성을 설명하는 좋은 사례이다. 주체는 기업의 비전을 수립하여 향후 나아갈 청사진을 제시하고 조직 구성, 사업분야 결정, 인사 등 기업의 제반 활동과 관련된 의사 결정 및 기업의 핵심 활동에 관여하며 또한 모든 궁극적인 책임을 진다. 주체라는 기업의 첫 번째 원소가 기업경영의 기본 원리가 되는 메커니즘의 구성 요소 중 하나로 반드시 고려되어야 함을 알 수 있다.

4.1.2. 환경(Environment)

기업에 투입되어 조직의 성장과 생존을 결정하는 두 번째 원소로 기업이 속한 환경을 강조하는 이론에는 세 가지가 있다.

첫째 이론은 산업조직론(Industrial organization theory)이다. 산업조직론은 논리를 전개하는 데 있어 SCP, 즉 '구조(Structure)－행동(Conduct)－성과(Performance)'를 핵심요소로 본다. 기업을 연구하는 데도 '구조', 즉 기업을 둘러싸고 있는 환경 속에서 기업의 모습을 바라본다. 그 다음으로 '행동', 즉 기업이 선택하는 전략과 전략에 따른 행위를 분석하면 '성과', 즉 기업이 추구하는 결과를 파악할 수 있다고 본다. 이같이 산업조직론 관점은 개별 기업이 가진 특성을 관찰하는 것이 아니라, 시장과 산업을 독립변수로 놓고 이에 의해서 영향을 받는 일반적인 기업을 연구한다는 점에서 환경기반관점에 속한다.

둘째 이론은 조직생태론(Population ecology theory)이다. 조직생태학에서는 조직이 생성, 발전, 소멸 과정을 거치면서 각각의 환경에 적합한 조직만이 생존할 수 있다고 본다. 조직생태론은 산업조직론과 마찬가지로 개별 기업이 가진 특성보다는 변화하는 환경 속에서 기업이 어떻게 적응하는가를 관찰한다는 점에서 환경의 중요성을 강조한다.

셋째 이론은 제도주의론(Institutionalism)이다. 제도주의론은 기업을 사회 제도 중 하나로 보고 사회 속에서 기업이 차지하는 역할, 그리고 사회를 구성하는 다른 조직과의 관계를 연구한다. 이 연구도 기업의 특성보다는 사회 제도라는 환경을 독립변수로 본다는 점에서 환경기반관점에 속한다.

경영학은 사회학이나 지리학 같은 사회과학처럼 환경요인 자체를 연구하는 것이 아니라 환경을 독립변수로 놓되, 기업을 환경에 의해 영향을 받는 종속변수로 본다는 점에서 차이가 있다. 1990년대에 자원기반관점이 나타난 이후부터는 환경기반관점을 취하던 학자들도 환경만을 다루지 않고 환경과 자원의 조합을 보다 관심 있는 연구주제로 선택하고 있다.(James, 1994; Henriques & Sadorsky, 1996; Newton & Harte, 1996; Rugman & Verbeke, 1998) 구체적으로 위 세 가지 학파가 환경과 자원의 조합을 각각 어떻게 접근하는가 살펴보자.

첫째, 산업조직론 관점에서는 기업의 전략 및 행위는 기업이 속한 산업구조에 의해 영향을 받도록 정해진다. 포터(Porter)는 그의 연구(1980, 1990)에서 산업구조의 중요성과 각 기업의 경쟁 전략은 산업 내에서 고유의 위치(Position)를 찾아내는 것을 목표로 해야 한다고 주장하고 있다. 또한 수동적으로 산업구조 내에서 위치를 찾는 노력도 중요하지만 보다 적극적으로 산업구조를 변화시켜 기업이 경쟁우위를 선점할 수 있도록 해야 한다고 주장하고 있다. 이와 같은 포터의 연구는 기업이 속한 산업, 즉 환경의 중요성을 인정하면서도 환경을 변화시키는 기업의 전략을 강조한다.

둘째, 해난과 프리만(Hannan & Freeman, 1977; 1984)의 연구로 대변될 수 있는 조직생태학 분야에서는 조직이 환경에 적응하는 것이 아니라 다윈의 진화론과 같이 주어진 환경에 의해 선택된 조직만이 살아남는다고 주장하며 환경의 중요함을 강조하고 있다. 즉 환경결정론적인 관점에서 환경이 최적의 조직만을 남겨둔다는 논리이다. 또한 오래된 조직이 퇴출되는 현상을 조직 내부에 형성된 관성 때문에 급격히 변화하는 환경에서 살아남지 못하는 것이라고 설명함으로써 환경결정론적인 주장에서 한 걸음 물러나 환경을 조직 생존의 중요한 요인 중의 하나로 인정하고 있다.

셋째, 기업이 처한 환경의 중요성을 강조한 제도주의 이론은 기업의 전략, 행위 또는 조직구조 등을 기업 내부의 의사결정으로 보지 않고, 주변 환경에서 불확실성을 최소화하고 정당성을 확보하기 위해 선택한 의사결정으로 본다. 이 이론에서 가장 중요한 논의는 동형화(Isomorphism) 현상이며 이는 강압적 동형화, 규범적 동형화, 모방적 동형화라는 세 가지 큰 축으로 구성된다.(Scott, 2001) 그러나 이 이론은 기업의 내부적인 의사결정 시스템을 간과하고 있다.

이상과 같이 환경적 요인은 기업 또는 조직의 의사결정과 행위에서 매우 중요한 요인이며 경영학 연구의 주된 주제이다. 기업의 전략 수립이나 중장기 계획 수립 시 제일 먼저 고려되는 사항도 기업이 속한 시장과 산업에 대한 분석이다. 기업경영자들은 환경적 제약이나 조건 하에서 기업의 역량을 최대화 시킬 수 있는 방안을 찾기 위해 고민한다. 또한 산업조직론과 같은 학문은 일찍이 기업의 행위나 성과를 산업 특성이나 제약과 연관지어 분석했다. 기업 행위에 있어서 환경적 요인의 예로는 1973년과 1978년 두 차례의 석유위기, 2008년의 세계금융위기, 2020년에서 3년간 진행된 코로나 팬데믹, 그리고 2023년 전세계를 강타하면서 사무직 인력의 대폭 감원사태를 가져오고 있는 ChatGPT를 들 수 있다. 이러한 환경적 요인의 변화에서 더욱 번성한 기업이 있는가 하면 변화를 극복하지 못하고 시장에서 사라진 기업도 있다. 이와 같이 같은 산업 또는 비슷한 환경에 처한 모든 기업의 성과가 동일하지 않으므로 환경 요인 하나만으로 기업의 구성, 행위 또는 성과를 설명하기에는 무리가 있음을 알 수 있다. 또한 기업 내부적인 요소를 전혀 고려하지 않는다는 취약점을 발견할 수 있다.

4.1.3. 자원(Resource)

기업이 성과를 추구하는 데 있어서 기업에 투입되는 세번째 원소인 자원이 가진 중요성은 아무리 강조해도 지나침이 없다. 여기서 논의하는 자원이란 자본금으로부터 시작해서 건물, 공장, 인력, 지식, 기술, 특허 등 기업 활동에 필요한 모든 유무형의 기업 고유 요소들이다. 경영학 연구에서도 자원은 1990년대 이후 가장 활발한 연구 주제가 되었고 환경과 같이 기업 외부에 관심을 기울였던 학자들도 다시 기업 자체와 그 내부에 관심을 기울이기 시작했다.

이론 상으로는 기업이 보유하고 있는 가치 있는 기업 특유의 자원에서 기업의 경쟁우위가 생성된다고 한다. 그러나 현실적인 경영 상의 복잡함에 비추어 보면 기업 특유의 자원을 어떻게 구별할 것인가와 기업 특유의 자원과 성과와의 관련 정도를 어떻게 밝혀낼 것인가는 쉬운 문제가 아니다. 자원기반관점의 연구에서 항상 지적받듯이 기업 특유의 자원은 무엇이며 과연 그 자원이 성과우위의 진정한 요소인가에 대한 명확한 답은 아직도 나오지 않았다. 이와 같이 기업 특유의 자원이 기업활동에 있어서 필수적인 요소임은 틀림없으나 성과 또는 경쟁우위의 원천이라는 주장에 대해서는 한 번 더 생각할 필요가 있다.

자원에 대한 학문적 접근은 지금까지 세 단계를 거쳐 발전되어 왔다.

첫 단계의 자원기반연구는 자원의 이질성에 대한 연구였다. 워너펠트(Wernerfelt, 1984)는 자원을 기업의 강점과 약점이 될 수 있는 모든 것으로 규정하면서 내부자원이 기업의 경쟁우위를 유지할 수 있게 해 준다고 주장했다. 디어릭스와 쿨(Dierickx & Cool, 1989)은 기업 내에 축적된 자원에 의해서 기업 활동을 위한 관련 프로세스가 선택될 수 있다고 주장했다. 바니(Barney, 1991)는 기업 특유의 자원이 가지고 있어야 하는 특성으로 앞에서 언급한 VRIN 조건을 제시했다. 프라할라드와 하멜(Prahalad & Hamel, 1990)은 핵심역량을 강조하며 내부자원의 중요성을 강조했다. 이와 같이 첫 단계에서는 기업성과의 차이를 기업의 이질성 때문으로 설명하면서 기업의 이질성이 기업이 보유한 고유한 자원에서 나온다고 주장했다.

두 번째 단계의 자원기반관점 연구는 기업이 보유한 유형의 자산이라는 단순한 개념을 넘어서 무형의 자산까지 자원으로 포함했다. 그랜트(Grant, 1991)는 기업의 경쟁우위는 기업이 보유한 자원이 아닌 기업의 역량(capability)에서 생성된다고 주장하면서, 단순한 자원이 아니라 자원을 포함한 역량을 강조했다. 그는 역량이 인력과 다른 자원 간의 복잡한 형태의 조정을 통해 형성된다고 주장했다. 또한 역량은 조직으로 하여금 학습할 수 있게 해 준다고 했다. 루틴은 역량의 저장소로 보았고, 루틴과 다른 루틴 간에 이루어지는 상호작용에 의하여 역량이 발휘되므로 기업은 대규모의 루틴 네트워크라고 정의했다.(Nelson & Winter, 1982) 진화경제학(Evolutionary economics)에서는 루틴을 기업의 학습, 성장, 핵심역량의 원천으로 보고 있다.

자원기반관점에서는 루틴 또한 기업 고유의 자원으로 보기도 한다. 또 다른 기존 연구에서는 핵심역량의 네 가지 축으로 임직원의 지식과 기술, 기술제도, 관리제도, 가치와 규범을 선정하여 기업 내부자원의 중요성을 역설하고 있다. 레너드바튼(Leonard-Barton, 1992). 또한 프라할라드(Prahalad, 1993)는 기업이 보유한 역량이 생존에 반드시 필요하긴 하지만 핵심역량과는 달리 경쟁우위를 보장하거나 만들어 주지 못한다고 주장하면서 기업이 보유한 자원과의 차별화를 주장했다. 다른 연구에서는 조직역량을 급변하는 환경 속에서 기업의 성과를 창출하는 가장 근본적인 요인으로 간주하고 기업의 가용자원의 모음과 역량이 이윤 창출을 가능하게 한다고 주장했다.(Amit & Schoemaker, 1993) 기업 내부자원에 관련한 2014년까지의 연구에서는 기업 특유의 자원, 역량, 루틴 등을 강조하고 있지만 그러한 요인들이 어떻게 형성되고 성과에 영향을 주는가에 대한 논의는 부족한 실정이다.

세 번째 단계의 자원기반관점 연구는 조직학습과 관련되어 있다. 콜리스(Collis, 1994)는 경쟁자보다 앞서서 자원과 전략 구상을 하는 것이 보다 근본적이고 가치 있는 자원이 될 수 있다는 점을 강조했다. 마호니(Mahoney, 1995)는 경영관리와 자산의 조합이 중요함을 역설하며 이질적인 기업 특유 자원과 관리기술 등이 경쟁력을 유발한다고 주장했다.

이상으로 기업을 구성하는 세 번째 요소인 자원의 중요성을 강조하는 이론을 살펴보았다. 유형의 자원으로부터 자원의 조합인 역량과 무형의 자산인 지식, 기술, 명성 등으로 확장된 자원은 기업 구성과 행위에서 필수요소이다. 자원에 대한 사례는 우리 주변에 무궁무진하다. 삼성전자의 경우 세계 제일을 다투는 반도체 부문의 기술이나 핸드폰 분야의 디자인과 성능에 대한 기술 등은 삼성전자가 세계 제일의 기업으로 발돋움하는 데 꼭 필요한 최고의 기업 자원이며 자산이다. 또한 인재제일주의를 추구하는 삼성그룹은 뛰어난 인재를 많이 보유하고 있다. 인재, 기술 역량 등 기업이 추구해야 하는 자원 외에 LG의 인간적인 기업문화 역시 기업 생존에서 중요한 자원이다.

그러나 기업 특유의 자원이든 보편적인 자원이든 자원 자체만으로 기업의 생존이나 경쟁우위 창출의 원천이 될 수는 없다. 우리나라 속담에 구슬이 서말이어도 꿰어야 보배라고 하듯이, 아무리 가치 있는 자원이 많아도 그것을 어떻게 활용하느냐에 따라서 기업 성과의 차이는 명백하게 달라질 것이다.

지금까지 기업을 구성하는 가장 중요한 세 가지 원소인 주체, 환경, 자원을 각각 살펴보았다. (1) 기업의 비전 및 전략과 같이 기업 활동에서 핵심적인 분야에 대한 의사결정이 가능한 주체(Subject), (2) 산업구조, 제반 거시환경 그리고 경쟁기업, 경쟁관계 및 관련 신기술 출현 등을 포함하는 환경(Environment), (3) 유형자원과 무형자원 및 이들 자원 간의 결합 형태로 존재하는 자원(Resource)이라는 세 가지 원소는 각각 따로 역할과 작용을 하는 것이 아니라 상호관계를 맺으며 긴밀하게 얽혀서 작용한다. 따라서 앞으로의 경영학 연구는 세 가지 원소를 동시에 바라볼 수 있는 통합적 시각을 가져야 하며 이와 동시에 표면적인 현상에 대한 인과관계의 분석이 아닌, 관찰 가능한 인과관계에 내재된 원리, 즉 메커니즘에 관심을 가져야 한다.

4.2. 기업의 3원소를 이용해서 메커니즘을 만드는 방법

메커니즘기반관점을 적용해 특정 기업이 높은 성과를 낸 원인, 또는 경쟁우위를 창출하게 된 원인을 탐구하려면, 해당 기업의 특정 활동이나 프로젝트에서 주체(Subject), 환경(Environment), 자원(Resource) 간의 상호작용 원리를 고찰하여 그 특징을 찾아내는 접근방식을 취해야 한다. 메커니즘을 창출하는 원리란 바로 이러한 요소 간의 다양한 상호작용 방식을 설명하기 위해 상호작용의 근본을 이루는 단위 요소들을 개념화한 것이다. 기업의 메커니즘을 형성하는 주체, 환경, 자원이 상호작용을 하는 원리는 첫째, 조합(Combination), 둘째, 순열(Permutation), 셋째, 시간(Time)으로 설명할 수 있다.

4.2.1. 조합(Combination)

조합(Combination)은 메커니즘을 구성하는 3가지 원소의 결합을 지칭한다. 메커니즘기반관점에서는 개별 메커니즘의 형성 조건으로 주체, 환경, 자원이라는 기업에 투입되는 3원소 간에 이루어지는 상호작용을 전제로 한다. 메커니즘의 조합(Combination)이란 이러한 개별 메커니즘을 구성하는 주체, 환경, 자원의 각 내용을 획득하는 과정이다. 조합의 중요성은 다양한 사례에서 찾을 수 있다. 얼굴 화장을 예로 들어보자. 주체와 자원의 조합을 보면, 건성피부를 가진 사람과 지성피부를 가진 사람, 밝은 피부톤을 가진 사람과 어두운 피부톤을 가진 사람, 민감한 피부를 가진 사람과 그렇지 않은 사람이 주체가 되어 사용하는 화장품이란 자원은 당연히 다르다. 또 환경과 자원의 조합을 보더라도, 야회로 소풍을 나가는 경우와 실내에서 진행하는 회의에 참석하는 경우, 파티에 가는 경우 사용하는 화장품 역시 다르다. 주체와 환경의 조합도 마찬가지다. 산을 좋아하는 사람, 물을 좋아하는 사람이 있는가 하면, 방에서 나가는 것을 싫어하는 코쿤 족이 늘어나고 있다.

4.2.2. 순열(Permutation)

순열(Permutation)은 주체, 환경, 자원의 상호작용에서 우선순위를 지칭한다. 기업의 메커니즘 구성에서 주체, 환경, 자원 중 무엇이 앞서고 무엇이 뒤따르는지 각 원소의 작동 순서를 파악하는 개념이다. 즉 주체, 환경, 자원 중 어느 요소가 가장 먼저 변화를 일으켰고, 그 다음으로 변화를 일으킨 요인은 무엇이며, 가장 나중에 변화한 요인이 무엇이었느냐에 따라 각 메커니즘의 순열(Permutation)을 파악해 볼 수 있다. 이러한 순서의 차이에 의해 기업들은 동일한 속성을 가진 요소를 활용하더라도 제각기 다른 메커니즘을 만들어 내게 된다.

순열의 중요성 역시 다양한 사례에서 찾을 수 있다. 앞에서 언급된 얼굴 화장을 할 때 화장품 바르는 순서에 따라 화장품이 흡수되는 정도가 달라진다. 예를 들어 로션을 먼저 바르고 스킨을 바를 경우 로션의 유분막이 얼굴을 덮어 그 다음에 바르는 스킨은 피부 속으로 침투되기 어려워진다. 일반적으로 스킨(토너) → 에센스 → 아이크림 → 로션 → 보습크림 → 메이크업 베이스 → 자외선차단제 순서로 발라야 한다. 초등학교 1, 2학년에서 학생들이 덧셈, 뺄셈, 곱셈, 나눗셈 순서로 배우는 것도 순열의 예이다.

4.2.3. 시간(Time)

시간(Time)은 순열(Permutation)이 정해진 후 이러한 순서가 작동하는 데 소요되는 시간에 관련된 이슈이다. 조직이 주체, 환경, 자원을 활용하는 순서를 결정했다 하더라도 얼마나 멀리 내다보고 진행하느냐, 얼마나 빠른 속도로 진행하느냐, 어느 시점에 진행하느냐, 어느 기간 동안 진행하느냐, 시간 간격을 얼마나 두고 진행하느냐 등의 문제가 생기는데, 이러한 시간 개념을 8가지로 구분해 보자.

(1) 전망(Vista, Time Perspective): 메커니즘을 만들 때 메커니즘의 효과가 얼마나 지속할 것인가에 대한 효과 길이의 장, 단기 여부이다.

(2) 시점(Timing, Starting time, Moment of occurrence): 메커니즘을 만든 다음 작동이 시작되는 시점이다. 작동이 즉각적으로 이루어지는 메커니즘이 있는가 하면 시행착오 등의 이유로 시간을 두고 신중하게 작동시켜야 하는 메커니즘도 있다.

(3) 속도(Speed, pace): 메커니즘이 만들어지고 실행되는 속도가 얼마나 빠른가이다.

(4) 기간(Duration, Length of period), 또는 일몰 조건(Sunset condition, Termination time): 메커니즘 효과가 지속되고, 작동이 종료되는 시점까지의 기간이다. 작동 종료 규정이 없이 지속되는 메커니즘과 일정 기간 후에는 작동을 멈추는 일몰(Sunset) 메커니즘이 있다.

(5) 간격(Interval): 메커니즘이 작동, 실행되는 시간 간격이다. 연속적으로 작동되는 메커니즘이 있는가 하면, 단속적으로 작동되는 메커니즘도 있다.

(6) 단-복 여부(Singularity-Plurality): 한가지(singular) 메커니즘만 진행되는가, 여러가지(plural) 메커니즘이 함께 진행되는가로 나눌 수 있다.

(7) 동시성-순차성(Concurrence-Sequentiality): 여러가지 메커니즘이 함께 진행되는 경우, 한 메커니즘이 다른 메커니즘과 동시에(concurrent) 진행되는가, 다른 메커니즘과 선후관계(sequential)로 이어지는가로 나눌 수 있다.

(8) 전업 여부(full time-part time): 메커니즘에 참여하는 구성원들의 시간 몰입 정도가 전업(full time)인가 부분 참여(part time)인가로 나눌 수 있다.

시간의 중요성을 설명하는 사례 역시 많다. 앞에서 예로 든 얼굴화장에 있어서도 순서 못지 않게 시간이 중요하다. 스킨을 바르는 최적의 시간은 세안 후 30초~1분 이내이다. 물기를 제거한 다음 피부 표면의 수분이 다 증발되기 전 수분을 공급해 주는 것이 좋기 때문이다. 메이크업 베이스 크림이 피부에 흡수되는 데 걸리는 1분 동안 크림이 완전히 흡수된 후 자외선 차단제를 발라야 한다. 자외선 차단제가 피부를 보호하기 위한 얇은 막을 형성하는 데는 20분 정도가 필요하므로 외출하기 20분 전에는 발라야 한다. 그 외에도 원자력발전과 원자핵폭탄은 핵분열 속도의 차이, 도가니에서 굽는 토기와 자기는 지속시간의 차이로 양자 간의 차이를 설명할 수 있다. 이러한 사례에서 조합과 순열 못지 않게 시간이 우리 삶에 서로 다른 메커니즘을 가져오는 원인이 될 수 있다는 것을 깨달을 수 있다.

1) 조리법(Recipe)의 예

메커니즘 창출이 무엇을 의미하는지 이해하기 위해 쉬운 예로 최근 세계적인 인기식품이 된 라면 요리를 생각해 보자. 머리말에서 언급했듯이 라면은 앞서 설명한 메커니즘을 창출하는 원리에 해당하는 조합, 순열, 시간이라는 3가지 요소를 모두 포함하고 있다. 조합은 요리에 필요한 재료를 구비함과 동시에 요리 과정에서 이들이 한데 어우러지는 것을 의미한다. 라면은 주재료인 곡물이 식물성이고 기름기가 많다. 따라서 동물성 재료인 달걀 한 개와 기름을 중화시키는 파 한 뿌리를 곁들이면 훨씬 균형이 잡힌 라면을 만들 수 있다. 여기서 라면을 끓이기 위한 물, 면, 수프, 달걀, 파 등이 재료의 조합이다. 순열은 요리를 완성하기 위해 넣어야 하는 재료의 순서를 말한다. 냄비에 라면과 수프, 달걀, 파를 한꺼번에 넣고 끓이는 사람은 드물 것이다. 대개 처음에 물을 끓이고, 그 다음에 면을 넣고, 수프를 넣고, 달걀을 넣고, 마지막에 파를 넣는 순서로 진행되는데, 이것이 바로 순열이다. 시간은 요리 도중 현재의 순서에서 다음 순서로 진행하는 시간을 말한다. 라면을 맛있게 만들려면 순서만 맞추는 것이 아니라 각 재료를 몇 분 간 끓일 것인가도 고려해야 한다. 한 순서에서 오래 있거나 빠르게 지나가는 것에 따라서 음식의 맛은 판이해진다. 대개 라면은 3~4분 정도 끓이면 된다. 달걀은 너무 설익어도 안 되지만 너무 딱딱해져도 안 되니 30초 정도가 적당하다. 파는 너무 오래 끓이면 눅눅해질 뿐 아니라 색이 노릿해진다. 따라서 살짝 데치듯 5초 정도 끓이면 된다. 이렇게 재료의 조합(Combination)을 물, 면, 수프, 달걀, 파로 하고 요리의 순열(Permutation)을 물 → 면 → 수프 → 달걀 → 파로, 면, 달걀, 파를 끓이는 시간(Time)을 각각 3~4분, 30초, 5초로 하면 집에서 어머니나 배우자가 만들어 주는 라면 다음으로 맛있는 라면 요리가 나오지 않겠는가?

이 세상 어떤 나라의 어떤 음식이라도 조합, 순열, 시간이라는 삼박자가 상호작용하지 않으면 요리할 수 없다. 요리사별로 이 삼박자가 차이를 보이면서 나름의 독특한 조리 메커니즘을 만들어 내고 그 결과 음식의 맛이 틀려지게 되는 것이다. 또한 같은 요리지만 요리의 재료를 다르게 하고, 이들을 추가하는 순서와 시간을 기존의 것과 달리하는 경우 요리의 맛을 새롭게 변할 수 있다. 이렇게 다양한 요리를 맛보기 위해 우리는 레서피(recipe)라 부르는 조리 설명서를 참조하게 된다. 조리 설명서에는 요리를 만드는 데 필요한 재료의 조합과 이들을 첨가하는 순서, 그리고 현재 순서에서 다음 순서를 진행해야 하는 시간이 표시되어야 한다. 〈표 4-1〉은 토마토 스파게티를 만드는 조리법을 보여주고 있는데, 표현은 다소 다르지만 조합, 순열, 시간이 모두 사용되고 있는 것을 알 수 있다.

조직이 궁극적으로 갖게 되는 고유의 프로세스를 완성된 요리라고 본다면 이를 완성하기까지는 요리나 마찬가지로 일련의 구성요소들의 상호작용이 일어나는데 이러한 상호작용의 원리를 규정하는 것이 메커니즘이다. 요리를 만드는 과정에서 사용하는 조합, 순열, 시간에 따라 요리 맛이 달라지듯이 조직도 메커니즘을 만드

표 4-1 ▸ 토마토 스파게티 조리법

▸ 재료(의 조합):

스파게티 360 g, 올리브 오일 3 T, 양파 1개, 마늘 3쪽, 샐러리 1대, 당근 1/2개, 소금 1 T + 1/4 t, 후추 1/4 t, 토마토 500 g, 월계수 잎 1장.

▸ 만드는 방법

순서	만드는 방법(순열)	시간
1	토마토의 아랫부분에 칼로 열십자 모양으로 칼자국을 낸 다음 끓는 물에 1분 간 데쳐 낸다.	1분
2	토마토 껍질을 벗기고 다진다.	3분
3	팬에 올리브 오일을 중불에서 데운 후 다진 양파와 마늘을 넣고 양파가 투명해질 때까지 볶는다.	5분
4	3에 다진 샐러리와 당근을 넣고 소금과 후추로 밑간을 한 후 채소가 익을 때까지 볶는다.	4분
5	잘게 부순 토마토에 월계수 잎을 넣고, 약한 불에서 냄비의 뚜껑을 덮지 않은 채로 소스가 걸쭉해질 때까지 조린 후 소금과 후추로 간을 맞춘다.	15분
6	끓는 물에 소금을 넣고 스파게티가 익을 때까지 끓인다. 삶은 스파게티를 건져 내서 소스와 함께 버무려서 낸다.	12분

출처: The Silver Spoon, Phaidon, 2005.

는 과정에 따라 메커니즘의 내용과 효과가 달라지고, 그 결과 메커니즘에서 나오는 경영프로세스가 달라져, 궁극적으로 조직의 성과가 달라지게 된다.

4.3. 메커니즘이 발휘하는 기능

메커니즘기반관점이 기업조직에서 발휘하는 주요 기능으로는 내용 차원에서 조정(Coordinating), 과정 차원에서 학습(Learning), 시간 차원에서 균형(Balancing)을 들 수 있다. 〈표 4-2〉의 그림은 메커니즘의 세 가지 기능을 동태적으로 보여준다. 즉, 특정 시점의 환경 조건 하에서 주체가 자원을 활용하면서 작동하는 조정 메커니즘은 경험과 지식을 학습하는 메커니즘을 통해서 진화하고, 시간이 흐름에 따라 새롭게 직면하는 환경에 의해 전략적으로 선택, 변환, 적응하면서 균형을 이루는 메커니즘으로 진화한다. 비록 동일한 산업, 동일한 초기상태에서 시작

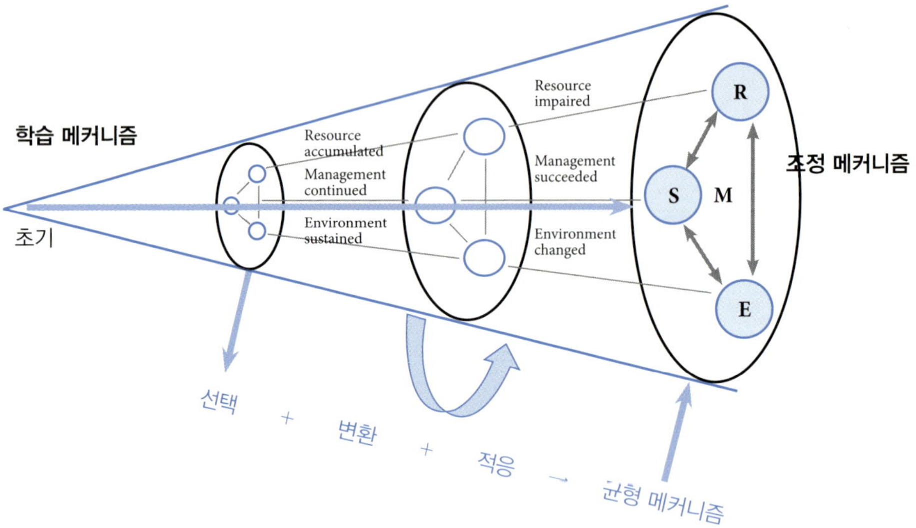

표 4-2 ▸ 메커니즘의 동태적 기능

한 두 기업이라 할지라도 서로 다른 조정, 학습, 균형을 거치는 가운데 시간이 흐르면서 서로 다른 메커니즘을 갖게 된다.

4.3.1. 내용 차원: 조정 메커니즘(Coordinating Mechanism)

기업은 기업가나 경영자와 같은 의사결정의 주체가 환경변화에 대응해서 기업이 보유한 자원을 활용하는 과정을 통해 효율적인 자원배분을 달성한다. 이러한 관점에서 기업의 본질은 시장을 대신해서 여러 가지 경제적 활동을 조정하는 메커니즘이다(〈표 4-3〉 참조). 그런데 기업마다 직면한 환경, 의사결정의 주체, 보유하고 있거나 활용할 수 있는 자원 등이 상이하기 때문에 이들에 의해 형성되는 메커니즘도 기업마다 차이가 있다. 이는 특정 기업이 다른 기업보다 경제활동을 훨씬 효율적으로 조정할 수 있다는 뜻이다. 즉, 주체가 환경변화에 대응해서 자원을 활용하는 메커니즘이 경쟁기업보다 효율적인 기업은 지속적으로 경쟁우위를 유지할 수 있는 것이다.

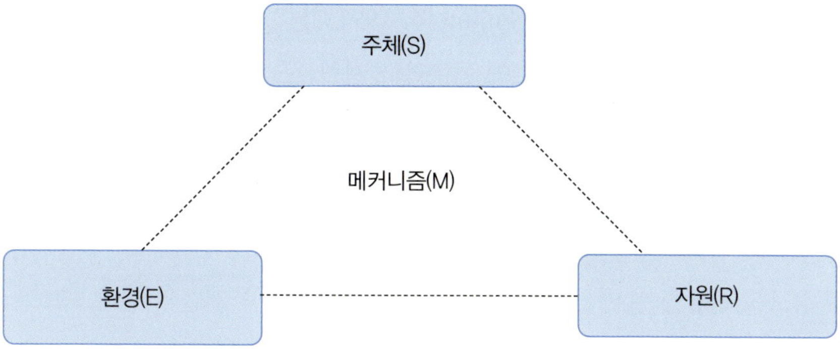

표 4-3 ▸ 메커니즘의 조정기능

한 기업 내에는 여러 개의 메커니즘이 존재한다. 특히 한 기업이 여러 개의 전략사업단위(SBU)를 가지고 있는 경우에는 의사결정의 주체, 직면한 환경, 활용할 수 있는 자원이 전략사업단위마다 다르기 때문에 각기 별도의 메커니즘이 형성된다.

지속적인 경쟁우위의 원천이 바로 기업이 보유한 특유의 메커니즘임을 보여주는 예를 들어보자. 이타미, 노나카, 타케우찌(Itami, Nonaka & Takeuchi, 1985)가 후지제록스(Fuji-Xerox), 혼다(Honda), 캐논(Canon), NEC, 엡슨(Epson)의 신제품 개발과정을 연구한 결과를 보면, 이들 기업이 경쟁사보다 유연하고 신속한 신제품 개발을 할 수 있었던 것은 촉매자로서의 최고경영자의 역할, 자율적인 프로젝트팀, 중복된 개발단계(Overlapping development phases), 지속적인 학습, 정교한 통제체제, 부품업체나 외부 R&D 기관과의 유연한 관계 등의 요인들 때문이었다. 특히 대부분의 미국 기업들이 순차적(sequential)인 단계에 따라 신제품 개발과정을 진행시킨 반면 이들 기업은 신제품 개발단계를 중복(concurrent)시킴으로써 신속하게 신제품을 개발할 수 있었다. 일반적으로 신제품 개발단계를 중복시키면 부서 간의 갈등이나 마찰 때문에 개발속도가 늦어질 수 있지만 일본 기업들은 이들 부서를 효율적으로 조정하는 메커니즘을 정립함으로써 오히려 신제품을 빨리 시장에 출시할 수 있었다.

클라크와 후지모토(Clark & Fujimoto, 1991)가 자동차산업의 신제품 개발과정을 대상으로 한 연구에서도 위의 연구와 유사한 결과를 발견할 수 있었다. 신제품을 개발하는 과정이 중복적이고 쌍방적 커뮤니케이션 경로를 갖고 있으며 대면접촉을 통해 그때그때 정보를 전달하는 메커니즘을 가진 기업이 순차적이고 일방적 커뮤니케이션 경로를 갖고 있으며 서류(컴퓨터 네트워크 포함)를 통해 한꺼번에 정보를 전달하는 메커니즘을 가진 기업보다 신제품 개발의 원가, 속도, 품질면에서 우수했다. 자동차 기업 간의 이러한 차이는 오랜 시간에 걸쳐 축적된 기업 특유의 요인 때문에 생긴 것으로, 쉽게 변하지 않는 성질을 갖고 있었다. 이러한 연구들은 결국 기업 특유의 메커니즘이 지속적인 경쟁우위의 원천임을 입증하고 있다.

4.3.2. 과정차원: 학습 메커니즘(Learning Mechanism)

메커니즘은 주체가 환경변화에 대응하여 자원을 활용하는 과정에서 학습되고 이 학습과정에 의해 진화하게 된다. 여기서 말하는 학습에는 개인의 학습(Individual learning)과 조직의 학습(Organizational learning)이 모두 포함된다. 예컨대 의사결정의 주체가 최고경영자 한 사람이라면 개인 학습과정을 거치지만, 습득되는 경험과 지식이 조직에 전파되어 메커니즘에 체화된 후에는 조직 학습과정을 거친다.[2] 앞서 3장에서 다룬 아이젠하트와 마틴의 연구에서도 동태적 역량의 개념을 분석함에 학습 메커니즘을 언급한 바 있으며(Eisenhardt & Martin, 2000), 졸로와 윈터의 연구에서도 동태적 역량의 근원을 학습에 의한 지식 학습과 이전으로 규정하고 조직 내의 학습 관련 모든 과정을 학습 메커니즘으로 분류하여 접근했다.(Zollo & Winter, 2002) 이처럼 학습 메커니즘은 환경변화에 대응해서 주체

2 이때 개인의 학습이 두뇌에 저장되는 반면 조직의 학습은 규칙, 절차, 전통, 정책 등 제도적 메커니즘에 축적된다.(Stata, 1989) 또한 개인의 학습 결과가 축적되는 장을 '도식(schemata)'이라고 하는 반면, 조직의 학습 결과가 축적되는 제도적 메커니즘을 '루틴 (routine)'이라고 한다.(Nelson and Winter, 1982)

가 기존의 자원을 이용하는 지식활용(Exploitation) 과정에 의해 형성될 수도 있고, 기존 자원의 새로운 배합(Recombination)이나 실험(Experimentation)을 통해 새로운 자원과 능력을 개발하는 지식탐색(Exploration) 과정에 의해 형성될 수도 있다.(March, 1991) 이때 지식활용 과정은 기업이 이미 보유하고 있는 자원을 활용하므로 새로운 자원을 개발하는 지식탐색 과정보다 상대적으로 투입에 대한 결과를 확실히 예측할 수 있고 효과도 빨리 나타난다. 따라서 단기적으로는 기존 자원을 활용하는 것이 새로운 자원을 개발하는 것보다 비용이나 효과 면에서 훨씬 유리하다. 반면에 새로운 자원을 개발하는 지식탐색 과정을 갖지 못한 기업은 장기적으로 새로운 지식을 가진 기업과의 경쟁에서 도태되는 법이다.(Hannan & Freeman)

노나카(Nonaka)는 서구 경영학자들이 초점을 둔 정보유통(Information process) 과정 대신에 정보창출(Information creation) 과정을 제시하고, 일본 기업들이 세계시장에서 성공할 수 있었던 것은 새로운 지식을 창출하는 그들만의 독특한 경영 메커니즘 때문이라고 주장했다.(Nonaka, 1991) 마츠시타, 혼다, 캐논과 같은 기업들은 R&D뿐만 아니라 생산, 마케팅, 기획, 서비스, 품질관리 등 다양한 배경을 가진 사람들도 신제품 개발팀에 참여시켜 신제품 개발단계를 순차적이 아닌 중복적으로 운영하며 부품업체와 밀접한 관계를 통해 공동으로 프로젝트를 운영하는 경영을 통해 새로운 제품을 지속해서 시장에 출시할 수 있었다.[3] 이러한 노나카의 연구에서 일본 기업의 성공사례를 통해 지식활용과 지식탐색의 조화가 기업 성공의 주요 원인이 되는 것을 알 수 있다. 지식활용과 지식탐색이라는 상반된 학습과정을 거친 메커니즘은 학습과정을 통해 '자기강화(Self-reinforcing)'되

[3] 노나카는 지식창출의 근본요인을 '정보여유(information redundancy)'라는 개념으로 설명했다. 정보여유란 개인이나 그룹 혹은 조직이 자신의 기능을 수행하는 데 필요한 최소한의 정보량을 초과한 상태를 말한다.(Morgan, 1986; Nonaka, 1990) 그의 주장에 따르면 이러한 정보 여유는 정보유통의 관점에서는 불필요한 것으로 간주되지만, 정보창출의 관점에서는 정보여유가 지식을 창출하는 근본요인이 된다.

는 특성이 있다. 특정 시점에서 의사결정 주체가 환경변화에 대응해서 자원을 활용한 결과가 긍정적이면 이러한 경험은 피드백되어 메커니즘을 강화한다. 그러나 만약 결과가 부정적이라면 이러한 경험은 피드백되어 메커니즘을 약화한다. 이러한 자기강화 현상은 경쟁력이 있는 능력을 더욱 강화하고 경쟁력이 없는 능력은 계속 약화하므로 학습이 진행됨에 따라 메커니즘은 더욱 정교하게 특화되고 제도화되며 궁극적으로는 루틴화된다.

한 기업 내에 여러 개의 메커니즘이 존재할 경우, 학습과정을 통해 메커니즘 간에 차이가 발생할 수도 있는데, 이는 같은 기업 내에 존재하는 메커니즘들은 각기 직면한 환경과 의사결정 주체, 자원 등이 조금씩 다르므로 별도의 진화과정을 거치지만 같은 주체나 공동의 자원을 사용할 경우는 서로 영향을 미치게 됨을 의미한다.(Dierickx & Cool, 1989) 학습과정이 진행됨에 따라 환경변화에 적합한 메커니즘[4]은 강화되고 환경변화에 부적합한 메커니즘은 약화된다.(Levinthal & March, 1993) 따라서 학습과정은 시간이 흐름에 따라 메커니즘들을 서로 차별화하고 이들 간의 격차를 벌려 놓을 것이다. 학습과정으로서의 메커니즘은 급속하게 변하기보다 점진적으로 변하는 특성을 갖고 있다.(Levitt & March, 1983) 외부 충격에 의해 급작스럽게 변하기보다는 의사결정 결과에 의해 파생된 경험과 지식이 축적되면서 조금씩 변하는 것이다. 잭 웰치는 메커니즘이 구축되어 있는 기업에서는 최고경영자가 가진 아이디어를 메커니즘에 넣으면 저절로 원하는 결과를 가져올 수 있는데, 그것이 바로 '지적 교류 메커니즘' 또는 '학습 메커니즘'이라고 했다. 실제로 GE에서는 크로톤빌(Crotonville)이라는 연수원을 통해 회사 안에 학습 메커니즘을 구축하고 최고경영자가 가진 비전을 전 구성원이 받아들여 필요한 새로운 능력을 개발하도록 한다.

4 잭 웰치가 말하는 지적 교류 메커니즘은 이 책에서 제시하는 학습 메커니즘과 같은 개념이다.

저자와 GE 전 회장 잭 웰치(Jack Welch)와의 대담 2: "지적 교류 메커니즘"[4]

조: "한 시스템에 몇 가지 다른 메커니즘이 존재한다는 것을 알게 되었습니다. 하나는 조정을 해 주는 메커니즘입니다. 흔히 경영이라고 부르죠. 그렇지만 그것 자체가 굉장히 엄격한 메커니즘을 요하는 것이더군요. 두 번째는 평가 메커니즘입니다. 고과체계를 어떻게 제도화할 것인가 같은 것입니다. 세 번째는 어떤 지배 메커니즘입니다. 그것이 기업의 특징을 보여주는 또 하나의 메커니즘인 것 같아요. 그리고 네 번째는 네트워크 메커니즘입니다."

잭: "가장 중요한 것이 빠졌어요. 지적 교류 메커니즘이 있습니다. 조직의 지적 수준을 어떻게 올릴 것인가? 어떤 메커니즘을 통해 각 사업과 각 활동의 우수성을 다른 활동에까지 확산시킬 것인가? 이런 교류는 어떻게 일어나는가? 그 메커니즘, 그게 식스 시그마가 처음에는 자그마하게 시작했다가 나중에는 이렇게 커지게 만든 것입니다. 혹은 자그마하게 시작한 비즈니스를 나중에 엄청나게 커지게 만들기도 합니다. 제가 이만큼 커지게 하는 방법을 알고 있기 때문에 일어나는 게 아닙니다. 30만 명의 직원들 중 누군가 사용하기 시작했을 때 하나에서 다음으로 확산시킬 수 있는 메커니즘이 있어야 일어납니다".

조: "그것을 저는 학습 메커니즘이라고 부릅니다."

잭: "마찬가지죠. 언급만 안 하신 거죠."

조: "사실, 저는 정적인 메커니즘에서 시작을 한 것입니다. 그 다음이 바로 동전의 다른 한 쪽인 선택 메커니즘이 되는 거죠. 학습이라는 것이 재미있는 게, 어떤 질서가 있어야 합니다. 조직 내에. 그래서 그 조직이 개선될 수 있도록 잔가지를 쳐 낼 수 있어야 합니다. 그렇게 해서 그것이 메커니즘의 또 다른 부분이 되는 것입니다."

잭: "맞습니다. 어떤 비즈니스든 우리는 미지의 공간을 걸어요. 여러 번, 여러 곳에서. 그러다가 또 새로운 분야가 나타나죠. 모든 것이 새로운 건 마찬가지예요. 그런데 어느 시점에서 이건 멈추고 다른 길로 가겠다는 결정을 내려야 해요. 그게 학습 메커니즘인 거죠. 저는 GE에 가장 큰 도움이 되었던 것이 그 학습문화였던 것 같습니다."

"제가 그 이야기를 여기에서 한 25번쯤 강조하는 것 같습니다. 인간이 더 나아지고자 하는 욕망은 끝이 없는 거예요. 그리고 제가 한 보상 메커니즘도 이것에 기반을 두고 있습니다. 아까 보상에 대해 말씀을 하셨는데요. 메커니즘의 차원에서 보자면 모든 인센티브(보상, 평가) 제도는 바로 그 탐구를 지속시키기 위해 존재하는 거예요. 우리는 아이디어를 찾아서 확산시키는 사람들에게 보상을 줍니다. 아이디어를 만든 사람보다 더 크게 보상을 해 줘요. 왜냐하면 그게 욕망이거든요. 이 지적 확산을 전사적으로 이루고자 하는..."

조: "이런 메커니즘의 특징은 외부에서 쉽게 파악해 내지 못한다는 것일 것 같습니다. 내부인은 어떤 메커니즘을 개발할 건지, 현재 어떤 메커니즘이 있는지 잘 알고 있어요. 그렇지만 경쟁사는 GE에 어떤 메커니즘이 있는지 파악해 내기가 상당히 힘들 것입니다. 그렇지만, 회사의 입장에서는 다른 경쟁사의 메커니즘을 파악해야 하지 않나요?"

잭: "그렇죠. 그런데 우리 경쟁사는 대부분 전통적인 편이에요. 전체가 아닌 하나하나의 사업단위에 초점을 두는 식이죠. 대부분이 학습문화를 갖고 있지 못해요. 대부분이 개개인의 실적을 평가하죠. 사실 제가 아는 사람들 거의가 그렇게 하고 있어요. GE에서는 전체를 봐요. 개별 단위는 그렇게 중요하지 않아요. 예를 들어보죠. 보너스를 줄 때 어떤 특정 사업단위가 굉장히 성적이 좋았어요. 그런데 회사 전체는 좋지 않았어요. 그럼 아무도 보너스를 받지 않아요. 그런데 GE 전체가 성적이 좋았어요. 그리고 어떤 사업단위는 목표에 못 미쳤어요. 그럼, 그 사업단위 직원들은 당초 보너스의 최소한 반은 받아요. 그러니까, 모든 것이 전체에 초점이 맞추어져 있는 거예요."

조: "그렇군요. 그것이 회장님께서 창안하신 메커니즘이군요. 그리고 회장님께서 후임을 선택하기 위해 까다로운 프로세스를 취하신 이유도 이 메커니즘이 제대로 돌아가게 하려면 누가 적임자일까 하는 생각을 하신 것 같은데요."

잭: "맞아요! 학습문화! 그것이 바로 GE의 경쟁우위예요."

4.3.3. 시간차원: 균형 메커니즘(Balancing Mechanism)

균형 메커니즘은 급격한 경영환경 변화에서 살아남기 위해 기업의 핵심 자원을 능동적으로 선택해 가는 전략적 과정을 의미하며, 전략적 선택, 전략적 변환, 전략적 적응으로 이루어진 세 가지 하부구조를 가진다.

1) 전략적 선택(Strategic Selection)

시간 차원에서 메커니즘의 본질은 선택 과정이다. 메커니즘은 환경변화에 적응하기 위해서 주체가 자원을 활용하는 과정에서 형성되고 학습을 통해서 진화하지만, 장기적으로는 환경에 의해 선택된다. 환경에 의한 메커니즘의 선택은 학습과정에 내재하는 자기 파괴적(self destructive)인 특성 때문이다. 앞서 설명한 바와 같이 메커니즘은 기존의 자원을 활용(exploitation)하는 과정과 새로운 자원을 탐색(exploration)하는 과정을 거쳐 형성된다. 자원활용은 단기간에 경쟁우위를 확보하기 위해서 필요하며, 자원탐색은 장기적으로 경쟁우위를 유지하는 데 필요한 과정이다. 따라서 기업이 성공하기 위해서는 이 두 가지 과정이 적절한 균형을 유지해야만 한다. 여기서 자원활용과 자원탐색을 조화시킨다는 것은 결국 단기와 장기, 확실성과 불확실성, 효율성과 유연성의 문제를 적절하게 조화시킨다는 뜻이다.

그러나 자원활용과 자원탐색은 본질적으로 상반된 특성이 있다. 자원활용은 주체가 이미 보유하고 있는 자원을 활용하는 것이므로 투입에 대한 결과를 비교적 확실하게 예측할 수 있고 효과도 단기간에 빨리 나타난다. 반면에 자원탐색은 주체가 아직 알지 못하는 자원을 개발하는 것이므로 투입에 대한 결과를 예측하기 힘들고 효과도 장기간에 걸쳐 서서히 나타난다. 따라서 제한된 합리성을 가진 의사결정 주체들은 미래의 불확실한 높은 성과보다 현재의 낮지만 확실한 성과를 선호하게 되고 이에 따라 메커니즘도 자원탐색보다는 자원활용이 지배하게 된다.(March, 1991) 결국 현재 기업이 보유하고 있는 자원을 활용해서 단기간의 성과를 지향하는 자원활용에 의해 형성된 메커니즘이 새로운 환경에 적합한 자원탐색 메커니즘을 대체하게 되는 것이다.

자원활용이 자원탐색을 지배하는 경우 이외에도 메커니즘은 학습이 가지는 축적(cumulativeness)이라는 특성 때문에 환경 변화에 유연하게 대응하기가 어렵다(Levinthal, 1993). 앞서 살펴본 바와 같이 자원활용이든 자원탐색이든 간에 학습과정은 자기강화하는 특성이 있다. 자기강화란 환경변화에 대해 탄력적으로 대응하는 대신 내부 구성원들이 원하는 방향으로 스스로를 강화시키는 것을 의미한다. 따라서 주체-환경-자원 간의 상호작용에서 나온 결과들은 피드백되어 기존의 메커니즘을 강화시키는데, 이러한 상호작용의 결과들이 축적될수록 메커니즘은 전문화, 특화, 제도화된다. 그러나 메커니즘이 특화되면 될수록 효율성은 증가하지만, 환경변화에 대한 유연성은 떨어지므로 새로운 환경변화에 의해 도태될 가능성이 높아진다.(Hannan & Freeman, 1989) 노나카도 캐논과 혼다 사례를 들면서 정보여유(information redundancy)가 지식을 창출하는 요인이지만 지나친 정보여유는 집단사고를 유발해 오히려 창조적 사고를 방해할 뿐만 아니라 높은 원가 부담과 구성원의 탈진(exhaustion)이라는 부작용을 초래해 오히려 지식창출을 저해한다고 주장했다.(Nonaka, 1990)

2) 전략적 변환(Strategic Transformation)

전략적 변환은 그 조직의 문화와 사업을 수행하는 과정에서 생기는 경영환경의 극적 변화에 필요한 것들을 기업이 제품과 경영 전반에서 계속적으로 재창조하고 변화시켜 나아가는 과정을 의미한다. 앞서 설명한 선택 부분이 수동적이라면 전략적 변환은 보다 적극적인 개념이다. 바틀렛과 고샬은 기업이 리엔지니어링과 같은 경영 프로세스의 변화를 통해 자원활용과 자원탐색을 추구하기 전에 먼저 기업 구성원들의 행동적 맥락(Behavioral Context), 즉, 그들의 태도와 문화를 바꿔야 한다고 주장했다.(Bartlett & Ghoshal, 1995)

바틀렛과 고샬에 의하면 기업의 변환 과정은 합리화(Rationalization), 활성화(Revitalization), 재생(Regeneration)이라는 세 가지 구성요소로 이루어진다. 첫째, 합리화는 현재의 좋은 성과를 달성하는 데 사용되었던 운영체계를 정제하기 위한 것이다. 둘째, 활성화는 기존에 존재하는 게임의 법칙을 변화시키기 위해 새로운 역량과 사업을 창조하는 것이다. 이때 합리화 과정은 활성화하는 데 필요한 자원을 제공하는 반면 활성화 과정은 합리화하는 데 필요한 에너지를 창조하는 역할을 한다. 셋째, 재생은 스스로 보충하고 새롭게 해 나가는 과정을 의미하는 것으로, 잭 웰치의 경우 자생력을 가지고 조직 내부의 문제와 갈등을 해결하고 더 나아가 조직 간 갈등에 있어서도 스스로 조율해 나갈 수 있는 조직을 개발하기 위해 노력했다고 한다. 슘페터(Schumpeter) 또한 변환과 관련된 혁신의 중요성을 강조한 바 있다. 그는 생산과정은 생산능력의 조합(combination of productive capacity)으로 설명될 수 있으며 혁신은 바로 생산능력의 조합에 의해 일어나는 변화라고 정의했다.

3) 전략적 적응(Strategic Adaptation)

전략적 적합성은 경영자가 다음 세 가지 환경 변화에 어떻게 대처하는가에 관한 것이다. ① 조직의 편견 또는 나쁜 프로세스를 어떻게 없앨 것인가? ② 새로운 경영 관점과 경영 메커니즘을 어떻게 만들 것인가? ③ 새로운 경영과정을 얼마나 빠르게 조직에 알맞게 적용할 수 있을 것인가?

① 조직의 편견 또는 나쁜 프로세스를 어떻게 없앨 것인가?

첫째, 잘못된 문화를 먼저 제거해야 한다. 바틀렛과 고샬(Bartlett and Ghoshal, 1998)은 조직의 문제점을 전략적 장벽(strategic barriers), 조직적 장벽(organization barriers), 문화적 장벽(cultural barriers)으로 분류했다. 그리고 기업이 성공하기 위해서는 성공적인 전략과 조직을 설계하기 전에 세 번째 요소인 잘못된 문화를 먼저 제거해야 한다고 주장했다.

② 새로운 경영 관점과 경영 메커니즘을 어떻게 만들 것인가?

둘째, 변화 과정을 빨리 진행해야 한다. 메커니즘에 문제가 발견되면 그 메커니즘을 없애고 새로운 메커니즘을 만들어야 한다. 이 과정에서 세 가지 조건이 필요하다. 첫째는 정당해야 하고, 둘째는 새롭게 형성되는 메커니즘을 빨리 진행해야 하며, 셋째는 새로운 메커니즘의 영향을 확장시켜야 한다.(Bartlett & Ghoshal, 1995)

③ 새로운 경영과정을 얼마나 빠르게 조직에 적용시킬 수 있을 것인가?

첫째와 둘째가 변화를 추구하는 단계라면, 셋째는 새로운 메커니즘을 안정시키는 단계다. 새롭게 만들어 낸 균형 메커니즘을 지속적으로 유지하는 것이 필요하다.

4.4. 메커니즘이 가진 속성(Attribute)

내용 차원에서 조정, 과정 차원에서 학습, 시간 차원에서 균형이라는 기능을 발휘하는 메커니즘은 이로부터 파생되는 네 가지 속성을 갖고 있다.

4.4.1. 인과적 모호성(Causal Ambiguity)

메커니즘은 환경-주체-자원 간의 복잡한 상호작용에 의해 형성된다. 미시경제학에서는 경제주체들이 완전한 합리성, 완전한 정보를 가진 것으로 가정한다. 다시 말해 미시경제학의 세계에서 경제주체들은 그들과 관계되는 모든 경제적, 기술적 정보를 가지고 있으며 과거와 현재는 물론 미래도 정확히 예측할 수 있다.(Kreps, 1990)

그러나 전략이론의 세계에서 의사결정 주체는 제한된 합리성을 갖고 있다. 따라서 그들은 미래의 환경변화를 정확히 예측할 수 없을 뿐만 아니라 과거의 역사나 현재 환경으로부터도 정확하게 정보를 추론하거나 분석할 수 없다.(Amit and Shoemaker, 1993) 또한 주체는 기업이 보유한 다양한 자원을 정확히 파악할 수도 없다.[5]

특히 시간이 흐름에 따라 학습이나 선택을 거쳐 진화하거나 도태되는 과정에서 살아남은 메커니즘은 점점 더 복잡해지고 이에 따라 인과적 모호성도 더욱 증가하게 된다. 이처럼 특정 시점에서 환경, 주체, 자원 등 세 가지 요인이 어떤 과정을 거쳐 어떻게 메커니즘을 형성한 것인지를 인과적으로 규명하는 것은 매우 어렵다.

이러한 인과적 모호성 때문에 경쟁자들이 적어도 단기적으로 성공한 기업이 보유하고 있는 메커니즘을 완벽하게 모방하는 것은 불가능하다. 따라서 단기적으

5 자원의 종류를 물리적 자원, 인적자원, 조직자원으로 나눌 때(Barney, 1991), 공장, 원재료, 자금 등 물리적 자원은 파악하기 쉬운 반면, 개인에 체화된 기술이나 경험 같은 인적자원과 계획, 조정, 통제 들과 같은 조직자원은 상대적으로 파악하기 어렵다.

로 메커니즘은 인과적 모호성이라는 특성 때문에 경쟁자들과 차별화되는 경쟁우위를 유지할 수 있는 기반이 된다. 그러나 만약 특정 시점에서 형성된 메커니즘을 지속적으로 개선하지 않는다면 경쟁자들이 성공요인을 모방하기 위해 기업의 행동을 계속 관찰하고 추론하는 과정에서 메커니즘이 내포하고 있는 인과관계가 점차 밝혀질 것이다.

무선전화기를 처음 시장에 내놓은 모토로라나 휴대용 녹음기 워크맨(Walkman)을 처음 발명한 소니의 경우, 혁신적인 제품개발로 각각의 산업에서 선도적인 위치를 확보했지만 그 후 많은 경쟁자들이 비슷한 제품을 출시하는 바람에 경쟁우위를 계속 유지할 수 없었다.(Williams, 1992) 이들 기업이 경쟁우위를 계속 유지할 수 없었 던 이유는 혁신적인 아이디어가 신제품을 탄생시켰지만 이러한 신제품 개발과정이 메커니즘에 체화되기도(embedded) 전에 경쟁자들이 벤치마킹이나 리버스 엔지니어링(reverse-engineering) 등을 통해 경쟁우위를 모방했기 때문이다.

따라서 메커니즘에 기반을 둔 경쟁우위가 지속적으로 유지되기 위해서는 메커니즘을 개선하는 끊임없는 투자와 노력이 필요하다. 만약 특정 시점에서 형성된 메커니즘이 환경변화에 대응해서 지속적으로 개선되지 않는다면 시간이 흐름에 따라 인과적 모호성의 정도가 낮아지고 경쟁자들도 쉽게 모방할 수 있다.

4.4.2. 경로의존성(Path Dependence)

메커니즘은 저마다 기업 고유의 역사를 갖고 있는데, 학습과정을 통해 과거의 메커니즘이 현재의 메커니즘에 영향을 미치므로 메커니즘은 경로의존성이라는 특성을 갖게 된다.

미시경제학에서는 제품 가격이나 생산요소 가격이 변하면 기업도 자신의 이익을 극대화하는 방향으로 민첩하게 생산방식과 기술을 바꿀 수 있다고 가정한다. 그러나 실제적으로 환경-주체-자원의 상호작용에 의해 형성된 메커니즘은 과거의 경험, 과거의 투자 등에서 나온 결과에 의해 현재의 메커니즘이 영향을 받기때문에 급격한 환경변화에 쉽게 적응할 수 없다. 세 살 버릇이 여든까지 간다는 속담이 있듯이 환경이 변하더라도 과거에 해 온 습관이나 스타일은 쉽게 변하지 않는다.

메커니즘이 경로의존성이라는 특징을 갖게 된 원인 중 하나는 의사결정 주체가 가진 몰입(commitment) 현상 때문이다. 의사결정 주체는 완전한 합리성을 갖지 못하기 때문에 자신이 내린 과거의 의사결정에 얽매이게 된다. 예컨대 대규모 신규 투자를 할 경우 프로젝트가 진행되는 과정에서 프로젝트에 경제적 타당성이 없는 것으로 결론이 내려졌다 할지라도 과거에 투자된 대규모 매몰비용(sunk cost) 때문에 경영자가 프로젝트를 포기하기 어렵다.

메커니즘의 경로의존성은 경쟁자들이 성공기업을 모방하는 것을 어렵게 만드는 요인 중 하나이다. 다시 말해서 경쟁자들이 현재 시점에서 성공기업의 메커니즘을 분석한다고 할지라도 그 기업의 메커니즘을 충분히 이해할 수는 없다. 왜냐하면, 메커니즘은 기업 역사의 산물이기 때문이다. 현재의 메커니즘을 이해하기 위해서는 과거에 그 기업이 어떻게 해 왔는지도 분석해야 한다.

메커니즘의 경로의존성이 내포하고 있는 또 다른 전략적 시사점은 기업이 결정하는 현재의 의사결정이 단순히 현재에만 영향을 미치는 것이 아니라 미래에도 영향을 미친다는 것이다. 특히 현재 시점에서 시행되는 대규모 투자의 경우는 전통적으로 재무관리에서 고려하는 회수기간이나 할인기간보다 훨씬 오랫동안 기업의 전략에 영향을 미치게 된다.

4.4.3. 관성(Inertia)

관성은 메커니즘의 경로의존성과 관련이 있다. 메커니즘은 과거의 행동에 제약을 받기 때문에 쉽게 기존 경로에서 다른 경로로 변화하기가 힘들다. 또한, 과거에 투자된 매몰비용도 메커니즘을 쉽게 변할 수 없게 만드는 요인 중의 하나이다. 메커니즘은 학습과정을 통해 환경에 적응하는 과정에서 특화되고 메커니즘이 특화되면 될수록 효율성은 증가하나 환경변화에 대한 유연성은 떨어지므로 환경변화에 대한 관성은 높아지게 된다.[6]

메커니즘이 가지고 있는 관성이라는 특성은 기업 차원뿐만 아니라 사회 전체적인 차원에서 시사점을 던져 준다. 우선 기업 차원에서는 특정 시점에서 형성된 메커니즘이 시간이 지남에 따라 관성을 갖게 되므로 환경 변화에 적응하지 못하게 된다. 이 때 기업이 지속적으로 경쟁우위를 유지하려면 메커니즘이 끊임없이 변화할 수 있도록 메커니즘의 관성을 제거하고 유연성을 강화시켜야 한다. 특히 지식활용보다는 지식탐색에 노력을 기울임으로써 지식활용에만 의존하는 메커니즘의 관성을 방지하고 새로운 환경에 적응하는 데 필요한 지식과 자원을 확보할 수 있도록 메커니즘을 변화시켜야 한다.

사회 전체적으로 볼 때 관성은 한 가지 메커니즘에 의존하는 기업에 의해 시장이 지배되는 것을 방지한다. 기업 내에 형성된 메커니즘은 관성을 가지기 때문에 그 기업은 환경변화에 민감하게 대응할 수 없다. 따라서 환경변화가 일어나면 새로운 환경에 선택되기 위해 서로 다른 메커니즘을 가진 기업 간에 경쟁이 일어난다.

만약 기존 시장에서 지배력을 가진 기업의 메커니즘이 지속적으로 혁신을 하지 않는다면 그 기업은 환경변화에 따라 더욱 적합한 것으로 판명된 새로운 메커니즘을 가진 기업에 의해 대체된다. 이처럼 기업 메커니즘이 가진 관성은 한 기업이 장기적으로 시장을 지배하는 현상을 환경변화를 통해 파괴시킨다. 다시 말해서 메커니즘의 관성은 사회를 지배하는 메커니즘을 새롭게 창출시켜서 사회 전체적인 효용을 증대시킨다.[7]

---

6 자세한 내용은 Hannan and Freeman (1984)을 참조

7 자세한 내용은 Schumpeter (1942) 및 Hannan and Carrol (1992)을 참조

4.4.4. 가치중립성(Value-Freeness)

메커니즘은 가치중립적 개념이다. 즉, 기업에 좋은 성과를 가져다주는 긍정적인 메커니즘(Positive Mechanism)도 있고, 기업의 성과를 저해하거나 기업의 영속성을 위협할 수 있는 부정적인 메커니즘(Negative Mechanism)도 있다.

자원기반관점에서 핵심주제로 삼고 있는 동태적 능력은 좋은 역량을 전제로 이러한 기업의 역량이 좋은 성과를 거둘 것이라는 긍정적인 측면만을 고려하는 가치를 내포한 개념이다. 이와 달리 메커니즘기반관점에서는 좋은 메커니즘이 기업 성과에 미치는 영향뿐만 아니라 나쁜 메커니즘을 좋은 메커니즘으로 변화시키는 동인이나 과정 등에 대한 분석도 중요한 연구주제로 삼는다. 따라서 메커니즘은 동태적 능력보다 연구 대상의 범위가 훨씬 넓고 그 분석방법 역시 동태적이다.

특히 기업의 부정적인 메커니즘은 지속적으로 조직에 악영향을 미칠 수 있으므로 기업의 성장 및 영속성을 위해서는 이를 제거하거나 긍정적인 메커니즘으로 변화시키는 주체의 주도적인 역할이 중요하다. 그 이유는 주체, 환경, 자원이라는 3가지 요소 중 능동적이고 자발적인 노력으로 메커니즘을 변화시킬 수 있는 역할은 주체만이 할 수 있기 때문이다.

물론 기업이 속해 있는 산업환경이나 각종 제도적인 환경의 변화도 기업 메커니즘을 변화시키는 원인으로 작용한다. 그러나 이러한 환경적 요인은 주체의 능동적이고 자발적인 활동과 비교하면 조직의 외부로부터 주어지는 요인에 수동적으로 반응하게 된다는 점에서 주체의 역할과는 큰 차이가 있다. 또한 환경은 주체에 의해서 창조되거나 변화될 수 있는데, 이러한 현상 역시 환경 자체의 내재적인 힘에 의해서 유발되는 것이 아니고 주체가 적극적으로 개입해서 환경 자체를 변화시킨 결과이므로 주체의 능동적이고 자발적인 역할 차원에서의 환경 변화로 이해해야 한다.

이처럼 주체의 역할을 강조하다 보면 메커니즘기반관점과 상위계층이론(Upperechelon theory: Hambrick & Mason, 1984)[8]의 차이점이 무엇인가라는 의문이 제기된다. 상위계층이론에서는 주체가 변화된 환경에 대응하기 위해서 기업 내의 관련 메커니즘을 변화시킬 필요가 있다고 인식할 때 관련 자원을 동원해서 메커니즘을 변화시킨다고 본다. 그리고 새롭게 만들어진 메커니즘은 주체 의존적, 즉, 주체가 존재하는 범위 내에서 존속한다고 본다. 그러나 메커니즘기반관점에서는 주체가 없어지더라도 메커니즘의 지속성이 유지된다고 본다.

메커니즘이 변화된 다음에 메커니즘 변화를 주도했던 주체가 교체될 경우, 그 변화된 메커니즘은 어떻게 되는가를 생각해 보자. 메커니즘은 기업에 체화된 것이기 때문에, 비록 경영층이 교체되더라도 한번 만들어진 메커니즘은 존속하게 된다.

이러한 점에서 메커니즘기반관점은 최고경영층에 따라 조직의 전략이나 성과가 달라진다는 점을 강조하는 상위계층이론과 근본적인 차이가 있다. 또한 연구방법론에 있어서도 상위계층이론은 최고경영층의 특성이나 최고경영층에 대한 대우와 같은 요인과 조직의 성과 간의 관계를 연구하는 데 초점을 두고 있는 반면(Carpenter, 2004), 메커니즘기반관점은 최고경영층뿐만 아니라 환경요인과 자원요인까지 모두 고려한다는 점에서 실증연구에서 다루어야 하는 변수가 많아지기 때문에 양적인 분석을 하는 경우에 다변량분석(Multivariate analysis)이 필요한 경우가 많고, 양적인 분석보다는 사례연구와 같은 질적인 분석이 메커니즘의 규명에 좀 더 효과적이라는 차이가 있다.

이제부터 빅데이터에 의한 AI를 연구방법으로 활용하게 되면 주체, 환경, 자원으로 구성된 독립변수와 각종 기업 성과를 종속변수로 선택한 연구에서 그 중간에 위치한 매개변수로서 블랙박스적인 요소가 많은 메커니즘에 대한 연구가 활성

8 기업 경영에서 최고경영층의 역할이 가장 중요하다고 강조하는 이론

화될 것으로 기대된다. AI는 우리가 현장에 대한 이해를 기반으로 해서 뽑아 내는 메커니즘에 대한 가설 외에는 찾아내지 못했던 다양한 메커니즘을 찾아줄 것이다.

4.5. 메커니즘기반관점을 적용할 수 있는 분야

메커니즘기반관점은 사업 차원에서 경쟁전략, 기업 차원에서 다각화, 국가 차원에서 산업정책 등 다양한 연구주제에 적용될 수 있다.

4.5.1. 사업 차원의 경쟁전략

포터(Porter, 1980)에 의하면 두 가지 본원적 전략인 원가우위 전략과 차별화 전략은 양립될 수 없다. 왜냐하면 원가우위 전략은 낮은 원가를 유지하기 위해 추가적인 제품특성이나 서비스를 없앤 표준화된 제품을 소비자에게 제공해야 하지만 차별화 전략은 소비자에게 독특한 혜택을 제공하기 위해 추가적인 비용이 필요하고 차별화된 이미지를 유지하기 위해서는 상대적으로 시장점유율이 낮을 수밖에 없기 때문이다.

그러나 경쟁우위가 시장지배력에 의해 창출된다는 산업조직론이나 기업이 처한 상황과 전략 간의 적합성(fitness)에 의해 기업의 성과가 결정된다는 상황론(contin gency)적 관점과 달리 메커니즘의 관점에서 보면 원가우위와 차별화 전략은 일시적이 아니라 지속적으로 양립될 수 있다.

원가우위와 차별화 전략은 단순히 기능별 전략이 아니라 기업구성원의 공감대, 조직 구조, 업무 절차, 제도 등 전사적인 지원이 필요한 전략이다. 즉, 경영자가 경쟁우위를 확보하기 위해 기업이 보유한 내부여건을 일관성 있게 활용해서 원가를 낮추거나 차별화를 달성하는 전략이다. 따라서 특정 시점에서 원가우위나 차별화 전략을 개발 · 실행하면 원가우위나 차별화 전략에 적합한 기업의 메커니즘이 형성된다.

이런 상황에서 고객의 선호가 저가격에서 고품질 또는 그 반대로 변하거나, 아니면 자신의 전략을 모방하는 경쟁자가 나타난다면 그 기업은 자신의 경쟁적 위치를 유지하기 위해 기존의 경쟁우위를 계속 유지하든지 아니면 전략의 변화를 통해 부족한 경쟁우위를 추가로 확보하고자 한다. 예컨대 원가우위 전략을 성공적으로 실행해서 원가우위를 획득한 기업은 자신의 전략을 모방하는 경쟁자나 차별화를 추구하는 경쟁자로부터 자신을 보호하기 위해 계속 원가절감에 힘쓰든지 아니면 차별화를 추구하게 된다. 마찬가지로 차별화를 달성한 기업도 차별화를 계속 추구하거나 연계, 규모의 경제, 학습 효과 등에 의해 원가를 절감하려고 한다.

이때 기업은 자신이 보유하고 있는 경쟁우위를 바탕으로 다른 경쟁우위를 추구할 수 있으며 이 과정에서 메커니즘이 갖는 경로의존성과 관성의 특성 때문에 하나의 경쟁우위가 다른 경쟁우위에 의해 대체되는 것이 아니라 두 가지 경쟁우위가 상호보완적으로 결합된다. 예컨대 원가우위를 추구해 온 기업은 규모의 경제 효과를 계속 누리면서 다양한 품목을 생산하는 문제, 수직적 통합을 추구하면서 조직의 유연성을 제고시키는 문제, 재고비용을 줄이면서 고객의 욕구에 즉각 반응하는 생산시스템을 구축하는 문제 등 서로 모순되는 문제점에 봉착하게 된다. 이러한 문제점들을 끊임없는 실험을 통해 고안된 새로운 문제해결방법에 의해 해결하는 과정에서 차별화 우위를 습득한다.

결국 기업이 개발 · 실행한 본원적 전략은 환경변화에 대응하는 과정에서 변하게 되고 이러한 전략의 변화과정에서 두 가지 본원적 전략이 새로운 메커니즘에 의해 통합되는 것이다. 원가우위나 차별화 전략을 성공적으로 수행하는 데 필요한 조직구조, 기능별 전략, 업무절차, 제도 등이 각기 다르듯이 원가우위와 차별화 우위를 동시에 달성하는 과정에서 형성된 메커니즘도 한 가지 본원적 전략을 실행하는 데 필요한 메커니즘과는 다른 새로운 메커니즘일 것이다.

이처럼 산업조직론적 패러다임에서 바라보는 경쟁전략과는 달리 메커니즘기반 패러다임에서는 환경변화에 따라 경쟁우위를 쉽게 확보할 수 있다는 가정을 배격한다. 또한 원가우위와 차별화 우위가 서로 양립할 수 없다는 가정도 부인한다. 메커니즘기반 패러다임에 따르면 한 번 확보한 경쟁우위는 메커니즘의 특성상 쉽게 변하지 않는다. 다만 자신에게 부족한 경쟁우위를 확보하는 노력에 의해 두 가지 경쟁우위가 대체되는 것이 아니라 결합되면, 이때 새로운 메커니즘이 나타나는 것이다. 이 메커니즘에 의해 두 가지 경쟁전략은 동시에 추진될 수 있다.

4.5.2. 기업 차원의 다각화 전략

기업을 연구하는 학자들 간에 가장 관심이 있는 연구주제 중 하나는 다각화에 관한 연구다. 특히 1973년 석유위기 이후 산업조직론적 시각에서 진행된 전략이론(Theory of strategy)은 다각화 연구를 통해 기업의 본질과 행동, 즉, 기업의 성장원리를 규명하는 데 초점을 두었다. 이러한 연구경향에 따라 새로운 시장에 진입하거나 기존 시장에서 철수하는 기업의 행동원리를 분석하는 연구가 관련 · 비관련다각화(diversification), 기업인수와 합병(merger & acquisition), 리스트럭처링(restructuring) 등 다양한 제목 하에 연구되었다.(Chang, 1992) 다각화에 관한 기존 연구는 루멜트(Rumelt, 1974) 이후 지금까지 두 가지 유형으로 진행되어 왔다.

첫째 유형은 다각화의 유형을 원인으로, 기업성과를 결과로 설정했다.[9] 다각화의 유형(type)을 관련다각화와 비관련다각화로 나눈 다음 유형별로 기업의 성과를 살펴본 것이다. 다각화 연구의 주류를 이루는 이러한 연구들은 주로 관련다각화가 비관련다각화보다 높은 성과를 가져온다는 가설을 증명하고자 했다. 이 연구는 다각화에 대한 기업계의 관심을 학계가 받아들였다는 긍정적 평가가 있었

9 자세한 내용은 Rumelt (1974), Bettis and Hall(1982), Montgomery and Singh (1984), Singh and Montgomery (1987)를 참고

던 반면, 세 가지 문제점을 야기했다. 첫째, 다각화 유형을 구분하는 방법, 성과를 측정하는 방법, 조사대상 산업에 따라 검증 결과가 서로 달랐고, 그 결과 일반론을 도출하지 못했다. 특히 기존기업과 다각화 대상기업의 관련성 여부를 각국 정부가 과세 해당기업의 세율을 결정하기 위해 작성하고 발표하는 표준산업분류표(Standard Industrial Classification)에 의거하다보니 기업이 다각화할 때 고려해야 하는 관련성 기준 대신 정부가 사용한 기준을 원용하는 넌센스가 나타난 것이다. 정부가 산업을 분류할 때 사용하는 세 가지 기준은 최종제품 및 서비스의 물리적 성격, 제품 및 서비스의 종류와 용도, 제품 및 서비스의 생산과정이나 적용기술이다. 이러한 정부 기준이 다각화를 시도하는 기업이 다각화대상인 기업으로부터 얻고자 하는 기대효과와 일치하지 않는다면 표준산업분류표를 관련다각화의 기준으로 사용한 연구방법 자체가 잘못된 것이다.(Cho and Lee, 1998) 둘째, 다각화의 결과만을 다루었을 뿐, 다각화의 원인 혹은 근본적인 원동력(driving forces)을 규명하지 못했다. 셋째, 대부분 연구가 이질적인 산업에 속한 기업들을 대상으로 횡단적(cross-sectional)인 분석에 치중했기 때문에 다각화를 추구하는 기업의 행동원리를 설명하지 못했다.

둘째 유형은 다각화의 유형을 결과로, 기업이 가진 독특한 자원을 원인으로 설정했다.(Chattejee and Wernerfelt, 1991) 예컨대 자원을 기계설비와 같은 물적자원(physical resource), 기술이나 마케팅 노하우와 같은 지식자원(knowledge-based resource), 내부 유보금이나 부채와 같은 재무자원(financial resource) 등 세 가지 유형으로 구분할 때, 물적 자원, 지식 자원과 기업 외부에서 조달된 재무자원은 관련다각화와 관련이 깊고 기업 내부에서 조달된 재무자원은 비관련다각화와 관련이 깊다는 식의 연구결과를 도출했다. 둘째 유형도 자원의 유형을 구분하고 이들과 다각화 유형 간의 관계를 살펴 본 것이기 때문에 기본적인 분석틀은 첫째 유형과 다를 바가 없고, 지적된 세 가지 문제점도 똑같이 적용된다. 이같이 지금까지의 다각화 연구는 자원과 다각화 유형, 그리고 다각화 유형과 성과 간의 상관관계를 규명하는 데 그치고 있을 뿐 다각화를 하는 기업의 행동원리를 규명하는 데는 실패했다.

메커니즘기반 경영전략 패러다임은 다각화하는 기업의 행동원리를 종합적이고 동태적으로 파악하는 데 유용하다.[10] 메커니즘기반 패러다임에서는 다각화를 단순히 사업영역을 넓히거나 축소시키는 과정이 아니라 기업이 보유한 메커니즘을 이전시키거나 새로운 메커니즘을 습득하는 과정으로 파악한다. 따라서 관련다각화와 비관련다각화도 전혀 다른 의미를 가진다. 관련성 여부를 단순히 표준산업분류표에 나온 각 산업의 분류번호에 의존할 것이 아니라, 각 기업이 고려하는 다각화의 판단기준에 맞춰서 새롭게 판단해야 하는 것이다. 구체적으로 관련다각화는 제품이나 기술, 마케팅 등의 측면에서 유사한 산업으로 진출하는 것뿐 아니라, 기업이 보유하고 있는 메커니즘을 활용할 수 있는, 혹은 기존 기업에 필요한 메커니즘을 확보할 수 있는 산업으로 진출하는 것을 뜻한다. 반면에 비관련다각화는 기업이 새로운 메커니즘을 습득하거나 기업이 보유한 메커니즘과 다른 새로운 메커니즘을 확보할 수 있는 산업으로 진출하는 것을 뜻한다. 예컨대 학습지 사업으로 시작한 웅진그룹이 한때 진행했던 다각화 사업인 주스 등의 드링크, 정수기, 생명보험, 화장품 등은 표준산업분류표에서 전혀 다른 산업으로 분류되지만 방문판매라는 동일한 마케팅 채널을 사용한다는 점에서 관련산업다각화로 해석할 수 있다.

메커니즘기반 패러다임은 정부의 정책 결정자들에게 기업의 다각화를 바라보는 새로운 시각을 제공해 줄 수 있다. 2000년대 초반에 IMF위기를 극복하기 위해

---

10 전통적인 다각화 연구와 달리 자원을 활용하거나(관련다각화) 새로운 자원을 습득하는(비관련다각화) 과정으로 다각화 현상을 설명하는 이론들이 있다.(Chang, 1992) 이들 연구는 기업의 행동원리로써 다각화를 다루고 있다는 점에서 메커니즘기반관점과 유사한 연구방향을 제시하고 있다.

정부가 추진했던 '업종전문화정책'의 주된 내용은 공학적 업종분류에 의해 관련다각화와 비관련다각화를 구분한 후 관련다각화는 장려하고 비관련다각화는 규제하는 것이었다. 그러나 실제 기업 입장에서 중요한 것은 공학적인 업종 분류가 아니라 기업이 가지고 있는 메커니즘이다.[11] 공학적 분류에 의해 비관련다각화로 분류되는 산업이라 할지라도 산업에 진출하는 데 필요한 메커니즘이 유사하다면 이는 관련 다각화로 보아야 한다. 반대로 공학적 분류에 의해 관련다각화로 분류되는 산업이라도 산업에 진출해서 경쟁하는 데 필요한 메커니즘이 서로 다르다면 이는 비관련 다각화로 간주하는 것이 타당하다. 이처럼 메커니즘기반 패러다임은 눈에 보이는 제품공학적 분류가 아니라 눈에 보이지 않는 메커니즘에 의해 관련다각화와 비관련다각화를 구분한다.

4.5.3. 국가 차원의 산업정책

1960년대 이후 미국, 영국을 비롯한 선발 선진국들의 장기적인 경기침체와 일본의 급격한 경제성장, 한국, 대만, 싱가포르 등 당시 개도국들이 시도한 정부주도 경제개발의 성공 등의 이유로 선 · 후진국을 막론하고 산업정책에 관한 관심이 급속히 확산되었다. 특히 1980년대 일본의 눈부신 경제발전과 1990년대 중국의 산업화는 산업정책에 관한 논의를 전 세계적으로 확산시켰으며, 학자들 간에도 산업정책의 유용성에 관한 논쟁을 불러일으켰다.(Cho and Lee, 1994) 2000년대에 들어오면서 산업정책은 베트남, 말레이시아, 인도네시아 등 동남아시아로 확산되었고, 세계 모든 개도국가들의 공식적인 경제정책이 되었다.

그러나 산업정책에 대한 연구는 아직 피상적인 연구에 머물러 있다. 정부의 역할을 경시하는 신고전학파 경제학의 영향으로 산업정책이 별도의 연구주제로 자리잡지 못했을 뿐만 아니라 산업정책을 분석하는 이론적 틀도 개발되지 못했기

11 자세한 내용은 Johnson (1984), Okimoto (1989), Thompson (1989)를 참고

때문이다. 메커니즘기반 패러다임은 산업정책 연구에 있어 개념적인 연구의 틀을 제시해 준다. 메커니즘기반 패러다임에 의하면 산업정책은 정부라는 산업정책의 주체가 국내외 환경변화에 대응해서 국가가 보유하고 있는 자원을 활용해서 특정 산업이나 기업을 성장시키는 메커니즘이다. 이때 산업정책의 메커니즘은 각 국가의 문화, 국민성, 역사 등에 영향을 받으므로 국가마다 차이가 있다.

국가별 산업정책 메커니즘의 차이는 한 · 일 산업정책 비교연구 결과에서 극명하게 드러난다. 한 · 일 양국의 산업정책은 산업정책의 핵심부서, 주요 산업정책의 내용, 관보에 명시된 정책목표 등 겉으로 드러난 모습은 많은 유사점을 가지고 있지만, 산업정책의 내용을 좀 더 세밀히 살펴본 결과 정책을 개발하고 집행하는 메커니즘에서 큰 차이가 있었다.(Cho, Lee, Rue, Cho, and Kim 1996) 예컨대 일본의 산업정책은 세분 산업 단위별로 정책이 개발 · 시행되었다는 점, 또한 개발된 정책은 기술의 발달 정도에 따라 탄력적으로 개정되었다는 점, 경제의 효율성을 추구하는 산업구조정책 내에 공동행위와 독과점 인정조항이라는 형평성 관련 정책이 포함되었다는 점, 정책 실행과정에 관련 협회의 역할이 두드러졌다는 점, 한국과 달리 일본은 여러 부서가 함께 주관하는 산업정책이 존재한다는 점 등이 대표적인 차이점이었다. 구체적으로 한국정부는 각 부처 간에 사전조율이 없이 정책을 개발하는 데 반해, 일본정부는 여러 부처 간의 협업을 통해서 정책을 개발하는 메커니즘을 발견할 수 있었다. 정부 관련 부처와 기업 간에 존재하는 산업정책을 집행해 나가는 데 필요한 조정도 일본만이 가지고 있는 독특한 메커니즘이었다.

앞으로 산업정책에 관한 연구는 개별정책이 각국 산업에 미친 문제점을 살펴보는 피상적인 연구에서 벗어나 산업정책이 개발되고 실행되는 국가별 메커니즘에 초점을 맞춰 나가야 한다. 이는 한 · 일 산업정책 비교연구 결과에서도 알 수 있듯이 산업정책의 개발과 실행 메커니즘의 차이에 따라 산업정책의 성과가 결정되기 때문이다.

4.5.4. 메커니즘 적용의 시사점

메커니즘기반 패러다임은 기업의 본질을 탐구하는 패러다임이다. 기업은 최고 경영자의 특성만 반영한 실체도 아니고, 기업이 보유한 자원도 아니다. 기업은 환경 변화에 대응해서 주체가 자원을 활용하는 과정에서 형성된 메커니즘의 묶음이다. 따라서 전략연구에 있어 분석단위는 최고경영자도 아니고 자원도 아닌 기업이 성장하는 과정에서 형성된 메커니즘이어야 한다. 메커니즘기반 패러다임은 환경, 주체, 자원이라는 세 가지 요소를 중심으로 구성된 동태적 이론이며, 사업단위 연구인 경쟁전략, 기업단위 연구인 다각화 연구, 국가단위 연구인 산업정책 연구에도 적용될 수 있다.

메커니즘기반 패러다임이 기업경영자에게 주는 시사점은 다음과 같다.

첫째, 경쟁자를 단순히 모방하는 것만 가지고는 장기적인 관점에서 경쟁우위를 가질 수 없다. 최고경영자의 뚜렷한 비전 하에 당면한 환경과 가능한 자원을 활용해서 기업 특유의 메커니즘을 구축하는 기업만이 그 산업을 이끌어가는 선도기업이 될 수 있다.

둘째, 기업의 지속적인 경쟁우위는 단기간에 형성되는 것이 아니라 끊임없는 노력을 통해 형성된다. 메커니즘이 단기간에 형성될 수도 있지만, 이것이 지속적인 경쟁우위를 갖기 위해서는 경쟁자가 모방할 수 없고 새로운 환경 변화에도 적합할 수 있도록 끊임없이 메커니즘을 개선시켜야 한다. 특히 경영자들은 지식활용과 더불어 지식탐색을 통해서 새로운 지식과 자원을 꾸준히 확보해야 한다.

셋째, 진정한 혁신경영은 메커니즘을 혁신시킴으로써 비로소 달성된다. 수많은 기법들이 혁신경영을 실제 경영에 적용한다. 그러나 단순히 종업원을 해고하고 부서를 통폐합시키며 생산라인을 재조정한다고 혁신경영이 달성되는 것은 아니다.

이러한 접근법은 부분을 수정할 수 있을지 몰라도 전체를 근본적으로 변화시킬 수는 없다. 기업의 행동을 결정하는 메커니즘을 바꾸어야만 진정한 혁신경영이 이루어질 수 있다.

'한 송이 국화꽃을 피우기 위해 봄부터 소쩍새는 그렇게 울었나 보다'라는 시의 한 구절처럼 이제 전략 이론가들이나 기업경영자, 정부 정책 담당자들이 주목해야 할 영역은 눈에 보이는 국화꽃이 아니라 눈에 보이지는 않지만, 국화꽃을 피우게 만든 자연의 섭리를 포함한 전략 메커니즘이다.

05장 메커니즘은 자원과 어떻게 다른가?

5장에서는 메커니즘이 기존의 자원기반관점 학자들이 강조해 온 자원과 어떤 점에서 차이를 갖고 있는지 고찰해 보자. 구체적으로 자원기반관점과 메커니즘기반관점 간의 비교를 통해 자원기반관점이 주장하는 자원의 경쟁 원천인 VRIN이 다루지 못하는 현실 사례를 검토해 보자. 그 다음 조합, 순열, 시간을 이용해서 창출된 메커니즘이 기업의 경쟁우위를 가져오는 모습을 한국의 재벌그룹과 일본의 종합상사 사례를 통해서 파악해 보자.

5.1. 자원기반관점의 기본적 가정[1]

자원기반관점은 기업이 가진 경쟁우위를 설명하기 위해 자원에 대해 두 가지 기본적인 가정을 한다. 첫째, 펜로즈(Penrose, 1959)가 언급한 "기업은 자원의 집합체(Afirm is a bundle of resources)"라는 명제를 택하고 있다. 본질적으로 기업마다 보유하고 있는 자원은 모두 이질적인데, 이것으로부터 자원의 집합체인 기업은 결국 각각 특징적인 성격을 갖게 되어 이질적이 될 것이라는 유추를 할 수 있다. 따라서 자원기반관점은 자원의 이질성(Heterogeneity)이라는 가정을 채택하

1 이 절은 조동성(2005) "Antithesis to Barney's Definition of Resources" 서울대학교 메커니즘 연구회 working paper series의 내용을 발췌, 요약하여 번역했다.

고 있다. 둘째 가정은 셀즈닉(Selznick, 1957)이 취한 관점으로, 이들은 기업이 보유한 자원 중 특정 자원은 모방에 소요되는 비용이 매우 높거나 공급 채널이 한정되어 비탄력적인 성격을 가진다고 보았다. 따라서 자원기반관점은 기업이 가진 자원은 비이동성(Immobility)을 갖고 있다는 가정을 채택하고 있다.

바니(Barney, 1991)는 이러한 두 개의 기본적인 가정을 결합하여 만약 (1) 기업이 소유하고 있는 자원이 그 기업으로 하여금 기회를 활용하게 하거나 위협을 감소시킬 수 있게 해 준다면, (2) 이러한 자원들이 소수의 경쟁기업에 의해서만 소유된다면, 그리고 (3) 이 자원들에 대한 모방비용이 높거나 공급에서 비탄력적이라면, 이러한 자원들은 기업의 강점이 될 수 있으며, 따라서 경쟁우위의 잠재적 기반이 될 수 있다고 주장했다.

5.2. 자원의 특징

자원기반관점을 지지하는 학자들은 자원을 다음과 같이 재무 자원, 물적 자원, 인적 자원, 조직 자원의 4가지로 분류하고 있다.(Barney, 1991)

첫째, 재무 자원은 기업이 전략을 수립하고 실행하기 위해 사용할 수 있는 모든 금전적 자원들을 지칭한다. 기업가로부터의 자본, 주식 소유자로부터의 자본, 채권 소유자로부터의 자본, 그리고 은행으로부터의 자본, 유보이익 등이 포함된다.

둘째, 물적 자원은 기업에서 사용되는 물리적 기술을 포함하는 것으로 공장, 설비, 입지조건, 원재료에 대한 접근성을 포함한다. 나아가 기업이 보유한 컴퓨터 소프트웨어 등의 기술도 포함되어 있다.

셋째, 인적 자원은 기업 내 경영자들과 종업원들 각각의 훈련, 경험, 판단, 지능, 관계, 통찰력 등을 포함한다. 인적 자원은 기업가 또는 최고경영층에만 한정되는 것이 아니다. 기업의 모든 구성원이 지식을 습득하고 역량을 높임으로써 인적 자본으로서의 가치를 높일 수 있다.

넷째, 조직 자원은 개인들의 집합이 가진 속성으로서, 기업의 보고체계, 공식 및 비공식적 계획, 통제 및 조정 시스템, 문화와 명성, 기업 내 집단 간의 비공식적인 관계, 기업 간 관계 및 기업과 환경과의 관계 등을 포함한다.

바니(1991)는 자원, 능력, 역량을 이론적으로 구분할 수는 있지만 현실에서 이들을 나누는 것은 거의 불가능하다는 전제 하에 유사한 개념들을 통합하여 '자원'으로 일원화시키고 있으며, 이렇게 통합적으로 사용되는 자원이 가진 특징을 가치, 희소성, 모방가능성, 조직화(Value, Rareness, Inimitability, Organization: VRIO)라는 네 가지 요소로 구성된 분석틀로 설명하고 있다. 즉, 네 가지 개념을 기반으로 하는 질문을 통해 각 자원이 기업의 지속적인 경쟁우위의 요소가 될 수 있는지를 판단하는 것이다. 또한 VRIN이라는 개념을 자원의 특징분석에 사용한다. VRIN은 VRIO에서 조직(organization: O)을 빼고 대체불가능성(non-substitutability: N)을 경쟁우위를 가진 자원이 가져야 할 특징으로 포함한 것이다. 이 절에서는 VRIN을 사용하여 메커니즘기반관점과 비교한다.(〈표 5-1〉 참조)

바니(Barney, 1991)는 'VRIN'이야말로 기업이 지속적인 경쟁우위를 유지하는데 필요한 자원이 갖추어야 할 필수적인 특징이라고 주장한다. 자원기반 학자들은 바니의 주장을 긍정적으로 받아들여 왔다. 자원의 차별적 가치는 프라할라드와 하멜(Prahalad & Hamel, 1990)의 핵심역량에 대한 연구나 노나카(Nonaka,

표 5-1 ▸ VRIN을 통한 경쟁우위 요소 파악

VRIN 구분	분석 질문
가치(Value)	기업의 자원과 능력이 환경위협과 기회에 대응하게 해 주는가?
희소성(Rareness)	얼마나 많은 경쟁기업들이 가치 있는 특정의 자원과 능력을 이미 소유하고 있는가?
모방불가능성 (Inimitability)	자원이나 능력을 가지고 있지 않은 기업이 자원이나 능력을 이미 가진 기업에 비하여 자원과 능력을 획득하는 데 비용열위에 직면하는가?
대체불가능성 (Non-Substitutability)	기업이 소유하고 있는 자원과 능력이 대체 자원을 통해 경쟁 기업들의 쉬운 추격을 허용하는가?

출처: 바니(Barney, 1991)

1991)의 지식경영 연구에서도 기본적인 전제로 사용되었다. 즉, 다른 기업에 비해 차별적인 가치를 지닌 자원을 보유해야만 지속적인 경쟁우위를 확보할 수 있다는 생각이 자원기반관점의 기반이 된 것이다. 1990년대 말에 등장한 동태적 역량 역시 결국 기업이 지속적인 경쟁우위를 달성하기 위해서는 자사의 자원, 역량을 환경의 변화에 맞춰 항상 차별화할 수 있어야 한다는 자원의 가치 차별화를 전제로 한다.

즉, 자원기반관점은 자원의 가치를 우선적으로 판단한 다음, 이 가치가 희소성, 모방불가능성, 대체불가능성(이하 'RIN')을 가지고 있는가에 대한 분석을 통해 해당 자원의 경쟁우위 요소 가능성을 파악하려는 관점이다. 자원기반관점의 특징은 기업이 초기에 동일한 또는 유사한 자원을 보유하는 경우, 'RIN'의 전제를 훼손하기 때문에 해당 기업은 다른 경쟁 기업들보다 높은 성과를 거두기 어려우며, 지속적인 경쟁우위를 확보할 수도 없다는 판단을 내리게 해 준다.

5.3. 자원기반관점과 메커니즘기반관점의 차이점

"기업들이 가지고 있는 자원들이 서로 유사한 경우, 'RIN' 조건에 부합하지 않기 때문에 경쟁우위를 확보할 수 없다고 단언할 수 있겠는가?"

자원기반관점과 메커니즘기반관점의 차이점에 대한 설명은 위 질문으로부터 시작된다. 모든 자원은 차별성 보유 여부를 떠나 자원으로서 순수한 가치를 갖고 있다. 이를 기업 특유의 것으로 만들어 주는 것이 'RIN' 조건의 역할이다. 그러나 메커니즘기반관점은 자원의 가치를 차별화해 주는 'RIN' 조건의 역할과 관계없이 자원이 유사하거나 동일한 상황에서도 메커니즘의 창조과정을 결정하는 세 가지 요소, 즉, 메커니즘 구성요소의 조합, 구성요소의 순열, 각 구성요소를 집행하는 기간을 달리함으로써 제각기 다른 메커니즘을 구축할 수 있고, 이를 통해 궁극적으로 기업의 경쟁우위를 창출할 수 있다고 본다.

자원기반관점에서 보았을 때 조합, 순열, 시간의 특징을 갖는 메커니즘은 자칫 기업 내부 프로세스로 인식될 수 있다. 그러나 메커니즘은 프로세스를 만들어 내는 원동력이기 때문에 자원기반관점에서 바라보는 자원과는 다르다. 기업은 특유한 메커니즘을 창조하는 유사한 자원을 가진 상황에서도 조합, 순열, 시간을 이용해서 기업 경쟁우위의 원천을 확보할 수 있고, 그 결과 기업 특유의 성장과 발전을 이루어 낼 수 있다. 즉, 메커니즘기반관점은 자원의 차별적 우위가 기업 경쟁우위의 근원이 된다는 자원기반관점의 주장만으로는 미처 설명하지 못하는 현상, 즉, 차별적 우위를 가진 자원이 없는 기업도 경쟁력을 가질 수 있는 현상을 설명해 준다.

5.4. 메커니즘 구축 모델

기업이 동일한 출발점, 즉, 자원의 차별적 우위가 존재하지 않은 시점에서 자원의 구성(조합), 자원의 획득 순서(순열), 각 자원을 획득하는 시점(시간)의 차이에 따라 다양한 경쟁역량을 가진 메커니즘을 구축하는 과정을 체계화시켜 보자. 저자는 기업이 메커니즘을 구축하는 행동을 체계화하기 위해 〈표 5-2〉와 같은 3차원의 정육면체를 통해 기업 자원 활용 모델을 고안했다. 이 그림에서 기업의 출발점은 하나의 꼭짓점(O)에서 출발하고 이후의 자원 선택은 세 축으로 나누어지는 모습을 하고 있다. 이 세 축은 조직적 자원의 축, 재무적 자원의 축, 인적 자원의 축이다.

1) 메커니즘기반관점 모델의 전제

기업 자원 활용 모델에서 기업들의 순차적인 경로를 확인하기 위해 다음과 같은 몇 가지 전제들을 설정했다.

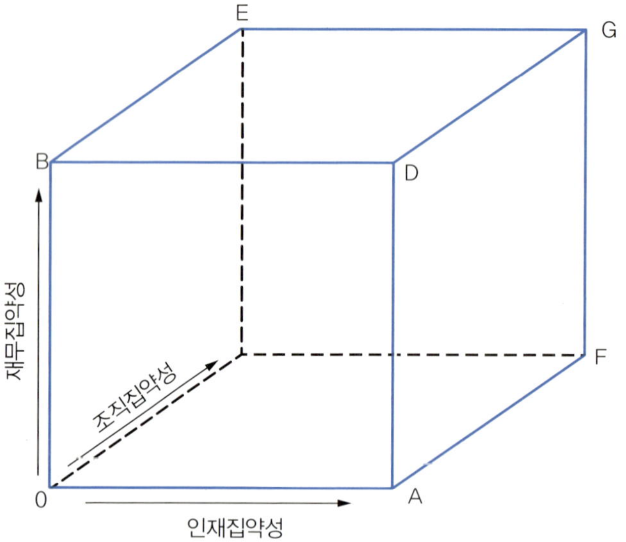

표 5-2 ▸ 메커니즘기반관점 모델 I

(1) 기업 자원 활용 모델이 적용되는 모든 기업은 하나의 출발점에서 시작한다. 이 출발점에서 기업들은 어떠한 자원에 대해서도 활용 경험이 있지 않다.

(2) 기업 자원 활용 모델이 적용되는 모든 기업은 출발점에서 정확하게 같은 종류와 규모의 자원을 보유하고 있다. 이를 테면, 각각 한 단위의 인적(Human: H), 재무적(Financial: F), 조직적(Organizational: O) 자원을 보유하고 있다.

(3) 각각의 자원들은 그 속성과 관계없이 한 단위 상승에 따른 성과가 동일하게 나온다.

(4) 각각의 자원 단위들이 가진 속성의 차이와 관계없이 단위를 높이기 위한 경영자 노력은 시간의 제약을 받는다.

(5) 기업들이 사업을 발전시키는 과정은 세 개의 기간으로 구성되어 있다. 각각의 기간에서 경영자는 시간적 제약을 받기 때문에 한 기간에서 경영자는 하나의 자원만을 사용할 수 있고, 이어지는 다음 기간에서도 하나의 자원만을 사용할 수 있다.

(6) 기업은 더 좋은 성과를 내기 위해 어떤 자원을 사용할지에 대해 지식을 갖고 있지 못하다. 그러므로 기업은 각각의 기간에서 무작위적으로 자원을 선택하게 되며, 이때 목적과 관계없는 자원을 선택할 수도 있다.

(7) 각 기업은 자원을 흡수하고 자사의 역량으로 전환하는 능력에 한계를 갖고 있다. 다시 말해 자원 전환과정에 한계효용체감의 법칙이 적용된다. 이것은 기업의 능력에 대해 동질적인 자원이나 이질적인 자원 모두에 적용된다. 예를 들어 육즙이 풍부한 스테이크를 처음 한 입 먹을 때가 배부른 상태에서 먹을 때보다 맛을 더욱 잘 느끼게 된다. 배가 부른 상태에서 먹는 음식의 가치는 그 효용이 떨어지게 된다. 즉, 이전의 자원을 100% 흡수했다면 다음 기간에서 흡수하는 자원은 이전 자원의 영향으로 인하여 100% 흡수되기 어렵다.

(8) 기업은 기간 1에 제시된 세 개의 자원 중 하나를 사용한다. 이와 동일하게 기간 2, 기간 3에서도 하나의 자원만을 사용하게 된다. 기업의 한계역량 내에서 흡수된 세 개의 자원은 각 자원을 획득한 순서에 따라 상대적인 효용성 차이가 존재한다. 첫 번째 기간에 처음으로 선택된 자원이 기업의 경영활동 방식에 가장 큰 영향을 미치며, 이 영향은 자원이 선택된 순서대로 크기가 결정된다. 또한 나중에 흡수된 자원들은 선행 자원의 50% 수준의 흡수율을 가진다.

(9) 각각의 기업들은 정육각형의 변을 따라 움직인다. 기업의 한 꼭짓점에서 다른 꼭짓점으로 이동하는 경우 더 높은 경영 역량을 보유하게 되는 것을 말한다. 시점 1에서 기업은 처음 시작점인 꼭짓점 'O'에서 3개의 꼭짓점으로 이동할 수 있다(A, B, C). 시점 2에서 기업은 시점 1에서 이동한 3개의 꼭짓점에서 각각 두 개의 다른 꼭짓점으로 이동할 수 있다(A → D, F; B → D, E; C → E, F). 시점 3에서는 모든 기업이 꼭짓점 'G'를 향하게 된다. 〈표 5-3〉은 3차원의 정육면체에서 한 기업이 꼭짓점 'O'에서 꼭짓점 'G'로 이동하는 데 거치게 되는 각각의 시점을 보여주고 있다.

위의 내용을 정리하면, 우리는 꼭짓점 'O'에서 꼭짓점 'G'로 이동하는 데 거치게 되는 6가지 경로를 생각해 볼 수 있다.

1. O–A–D–G

2. O–A–F–G

3. O–B–D–G

4. O–B–E–G

5. O–C–E–G

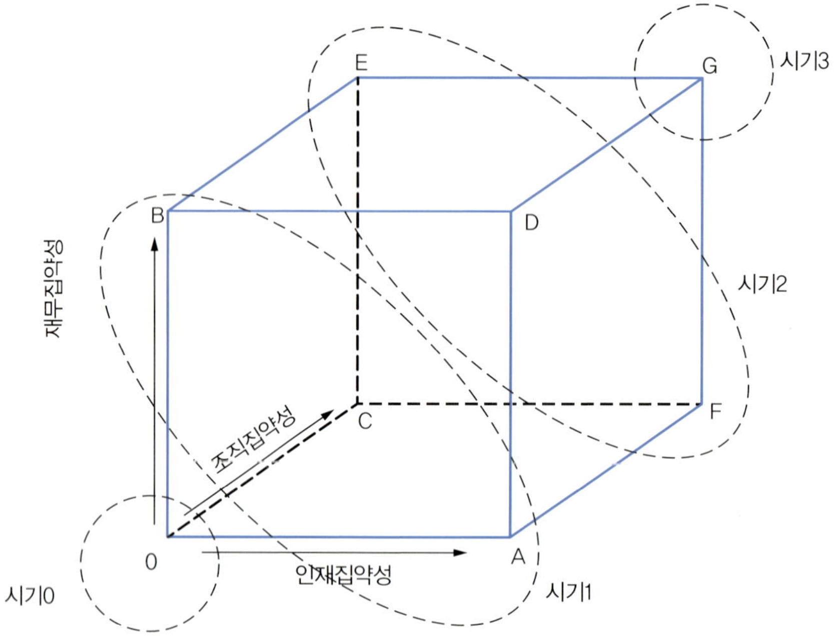

표 5-3 ▸ 메커니즘기반관점 모델 II

6. O−C−F−G

이를 일반화하면 경로의 개수(P)는 자원의 개수(n) 또는 기간의 개수(n)와 관련이 있다는 것을 알 수 있으며, 다음과 같이 표현할 수 있다.

P = n!

P: 기업이 조합할 수 있는 모든 경로의 수

n: 자원의 수 또는 기간의 수

앞서 제시한 전제를 기반으로 기업이 취할 수 있는 6개의 성장 경로에 따라 기업 역량의 속성은 〈표 5−4〉와 같이 변화하는 것으로 예측할 수 있다.

제시된 모델은 기업이 취하는 어떤 특정 경로가 다른 경로에 비해 더 우월하다는 것을 보여주기 위한 것은 아니다. 6개의 경로 중 어느 경로도 기업에게 가장 높

표 5-4 ▸ 기업 역량 속성의 변화

선택	자원 배분	경로	역량 배분
1	H:1, F:1, O:1	0-A-D-G	H:1, E:1/2, O:1/4
2	H:1, F:1, O:1	0-A-F-G	H:1, E:1/4, O:1/2
4	H:1, F:1, O:1	0-B-E-G	H:1/4, E:1, O:1/2
5	H:1, F:1, O:1	0-C-E-G	H:1/4, E:1/2, O:1
6	H:1, F:1, O:1	0-C-F-G	H:1/2, E:1/4, O:1

은 수준의 지속적인 경쟁우위를 가져다 줄 가능성이 있다. 이 모델은 기업이 획득한 자원을 자사의 역량으로 바꾸는 과정이 일정한 경로와 순서를 따르고 있으며, 기업의 성과에 다음과 같은 두 가지 제약을 통해 영향을 미친다는 것을 보여주고 있다. 첫째, 기업은 다양한 자원을 완전하게 흡수할 역량을 갖고 있지 못하다. 둘째, 기업은 경영 역량을 구축하는 과정에서 자원에 대한 한계효용체감의 법칙을 경험하게 된다. 기업은 차례대로 자원을 획득하며, 이 과정에서 한계효용체감으로 인해 흡수된 자원의 효과가 차이를 보이게 되고 이 때문에 각 기업의 경쟁 역량이 달라지는 것이다. 이 모델에서 한 기업의 자원은 자원의 'RIN' 충족 여부와 관계없이 적용될 수 있다.

5.5. 사례1: 한국 재벌의 성장과 변화

한국에서 1960년대 이후 40년이 넘는 시간 동안 재벌 집단은 급속한 성장을 경험했다. 특히 삼성, LG, 현대, 대우는 가장 크게 성장한 재벌들이었다. 이들 재벌은 각각 다른 출발점을 가졌다. 삼성의 설립자인 고(古) 이병철 회장은 1938년 27세의 나이로 정미소 운영을 통해 처음 사업을 시작했다. LG의 창립자인 고(古) 구인회 회장은 1947년 40세의 나이로 화장품 제조를 통해 사업을 시작했으며, 현대의 설립자인 고(古) 정주영 회장은 1947년 32세의 나이로 건설업을 시작했다. 재벌 기업 중 가장 짧은 역사를 가진 대우의 설립자인 고(故) 김우중 회장은 1967년 31세의 나이로 국제 무역 사업을 시작했다. 이러한 한국 재벌 기업들의 성장 유형은 정부가 경제 발전에서 주도적인 역할을 했다는 것과 60년대 초 변화의 시작점에서 적은 양의 자원을 보유하고 있었다는 점에서 거의 비슷한 자원의 구조로 시작한 기업들이 자원의 구성, 획득 순서, 시간 요소에 따라 어떻게 다른 성과를 낼 수 있는지에 대한 좋은 사례를 제공하고 있다. 아래에서 이를 자세히 고찰해 보자.

박정희 대통령을 수반으로 하는 한국 정부는 경제 성장에 많은 관심을 기울였고 정책적인 지원을 하기 위해 경제 개발 5개년 계획을 수립하여 지속적으로 추진했다. 1868년 일본의 메이지 정부와 유사한 방법으로 국내 기업가들을 동원하여 경제발전을 이끌어 가는 원동력으로 삼았다. 각각의 경제 개발 5개년 계획에서 정부는 국가 경쟁력을 위한 전략 산업으로 2개의 산업을 선택하여 집중적으로 육성했다. 1962년부터 1966년까지 처음으로 시행된 5개년 계획에서 정부는 비료와 정유 산업을 국가 전략 사업으로 선정했다. 당시에는 농산물과 석유 제품의 수입을 대체하는 대체산업 육성이 한국 경제 성장에 매우 중요한 사안이었다. 정부는 2개 사업에 대해 세제혜택을 제공하고, 최저가격을 유지할 수 있도록 보장했다. 또한 정부에 의해 선택된 각각의 독점사업에 투자할 수 있는 필요 자본을 추가적으로 지원했다. 이후 시행된 두 번째 경제 개발 계획(1967~1971)에서는 섬유와 신발 산업이 정부의 수출 장려 산업으로 선택되었다. 세 번째 경제 개발 계획(1972~1976)에서는 전자 산업과 자동차 산업이 전략적으로 집중 지원을 받았다. 네 번째 경제 개발 계획(1977~1981)에서는 중공업 및 석유화학 제품 산업이 선택되었다. 모든 기업은 성장과 이윤이 확실하게 보장되는 절호의 기회를 얻기 위해 앞다투어 지원했다. 자연스럽게 한국 내 역량 있는 모든 기업은 사업기회가 제시될 때마다 지원서를 제시하게 되었다. 그러나 기업들은 사업자 선정에 있어 오로지 정부의 선택에만 의존하는 상황이었으며 그 누구도 정부 지원의 최종 수혜자를 예상하거나 영향을 줄 수 없었다.

1962년 첫 경제 개발 5개년 계획이 시작된 이후 20년 동안 삼성, 현대, LG, 대우는 정부가 제안하는 모든 사업에 적극적으로 참여했다. 이들 4개의 재벌 기업들은 사실상 정부가 지원하는 사업을 독식했다. 어떤 사업이 한 재벌 기업에게 배정되면 나머지 사업은 다른 재벌 기업들에게 배정되는 식이었다. 정부의 경제 개발 정책에서 가장 큰 수혜자는 바로 이들 4대 재벌 기업이었다. 정부의 정책적 산업 지원의 첫 수혜자는 삼성이었다. 삼성은 비료와 섬유 부분에서 사업권을 획득했다. 이후 전자 산업과 석유화학 산업에서도 사업권을 얻었다. 현대는 자동차와 중공업, 전자, 석유화학의 사업권을 확보했다. LG는 전자와 석유화학 산업에서 사업권을 받았으며, 대우는 자동차와 중공업 분야의 사업권을 부여받았다. 정부의 사업 배정 정책의 결과 4개 재벌그룹은 1950년대 국제적인 기준에 크게 못 미치던 자사의 역량을 획기적으로 개선할 수 있었으며, 한국 경제의 중추적인 역할을 감당하는 주도 세력으로 성장했다. 그리고 결과적으로 글로벌 시장에서도 역량을 확보할 수 있었다. 이렇게 국가 주도적인 경제 개발 계획이 추진되는 상황에서 기업의 성장에 필요한 자원은 다음과 같이 충원되었다.

재무적인 자원은 정부에 의해 지원되거나 정부의 보증을 통해 해외 차관을 들여올 수 있었으며, 인적 자원은 국가적으로 풍부했다. 현재도 그렇지만 당시 유교 문화의 영향을 받은 한국의 부모들은 높은 교육열을 갖고 있었기 때문에, 자녀들에게 대학 수준의 교육을 하는 것이 일반적이었다. 고등학교 졸업생의 82%가 대학교에 진학할 정도였다. 조직구조 자원은 군대 기반의 정권인 박정희 대통령 정부의 관리들이 군에 있던 시절 미군 사관학교의 현대적인 관리 기술과 노하우를 전수받았으며 이를 민간 기업들에게 전달하면서 확보되었다.

삼성, 현대, LG, 대우는 각각 기업들의 설립 당시에 다른 모습을 갖고 있었다. 그러나 이러한 차이는 이후 한국 사회와 정부로부터 지원받은 재무적, 인적, 조직적 자원을 통해 급속한 성장과 발전을 달성한 것을 감안했을 때 매우 미미한 차이였다. 다시 말해 정부에 의해 주도된 한국의 사업 환경은 4개의 주요 재벌그룹에 완전히 동일하지는 않지만 현실적으로 같은 사업 기회와 자원을 제공했다. 물론 재벌그룹의 설립자들이 1960년대 초반 한국 경제 성장을 일깨울 수 있었던 기업가 정신과 재능을 갖고 있던 것은 사실이다. 그러나 정부가 경제 개발 5개년 계획을 통해 5년마다 특정한 재벌 기업을 선택하여 전략적인 산업을 육성할 수 있는 책임과 권한을 준 것 또한 사실이었으며, 한 재벌 기업이 선택되는 것은 정부로부터 기업의 성장과 이윤에 대한 보장을 해 주는 포괄적인 지원과 특혜를 암묵적으로 받는 것을 의미하는 것이었다.

정부에 의해 선택된 4개의 재벌은 1962년부터 30여 년 동안 성장 전략에 있어 각각 다른 유형을 보였다. 1961년부터 1979년까지 집권했던 박정희 정부로부터 가장 많은 혜택을 받은 재벌 기업은 현대였다. 정부의 특혜로 인해 조선, 자동차, 원자로와 같은 중공업 분야 및 건설과 플랜트 설비 분야와 같이 자본의 집약도가 높은 특징을 가진 산업 분야에 폭넓은 확장을 할 수 있었다. 삼성은 박정희 정권의 관심을 그다지 받지 못했다. 그러므로 기업의 확장 과정에서 자본의 집약도가 높은 산업에 진출하지 못했다. 대신 소비재 산업에 주로 진출했는데 식품 및 섬유 제조와 같은 경공업 분야에 집중했다. 또한 백화점 운영 및 국제 무역과 같은 인적 자원의 집약도가 높은 산업에 진출했다. 구씨와 허씨 일가의 협업으로 출발한 LG는 전통적으로 기업 운영에 시스템적인 접근과 인화를 강조했다. 이것은 LG가 한 명의 리더가 소유한 개인적 창의성보다 강력한 조직력을 바탕으로 하는 구조적인 역량을 중요시한다는 것을 보여주었다. 이러한 성향으로 인해 LG는 자연스럽게 석유 정제산업, 전자 및 석유화학과 같이 시스템적 접근에 기반을 두고 사전 계획을 하거나 역량을 활용해야 하는 산업으로 확장하면서 다른 재벌과는 차별적인 성장 경로를 선택했다. 4개의 재벌그룹 중에서 가장 늦게 출발한 대우는 국제

무역, 섬유, 중공업 및 자동차 산업에 인수합병을 통해 진출했다. 인수합병이 진행될 때마다 대우 창업자 김우중 회장은 정부의 승인을 얻기 위해 넓은 인맥을 구축하고 집약적인 노력을 했다. 이는 CEO의 역량에 집중된 기업의 특성이라고 볼 수 있었다.

1970년대 중반부터 20년 동안 한국 정부는 독점체제에서 과점체제로 정책을 바꾸기 시작했다. 1973년과 1979년의 두 차례 에너지 위기를 경험하면서 한국 정부는 주요 산업을 이끌어 왔던 독점체제를 과점체제로 바꾸고 제한된 경쟁체제를 도입했다. 이때 각 재벌은 자신들의 사업 영역을 넘어 다른 재벌의 사업 영역으로 진입하기 시작했다. 삼성은 LG가 이미 진출한 전자산업에 진입한 이후 반도체, 자동차, 중공업, 석유화학, 국제 플랜트 설비 및 건설 사업으로 진출했다. 현대는 LG와 삼성이 이미 진출한 전자, 반도체, 석유화학, 석유정제 산업에 진입했다. LG는 삼성이 먼저 진출한 반도체 산업으로 들어갔고, 대우는 삼성, LG에 이어 현대까지 진출한 전자는 물론, 원자로, 국제 플랜트 설비 및 건설 산업 등 현대가 이미 진출한 분야로 영역을 넓혀갔다. 그 결과 1990년대 중반에 들어서면서 4개 재벌은 이미 거의 같은 사업 포트폴리오를 갖게 되었다. 국제 무역, 건설, 전자산업 부분은 4개 재벌 모두가 서로 경쟁하고 있었으며, 석유화학과 반도체 산업에서는 삼성, 현대, LG가 경쟁했다. 자동차와 중공업 산업에서는 삼성, 현대, 대우가 경쟁했다. 〈표 5-5〉과 〈표 5-6〉는 이들 4개 재벌그룹이 1960년대 초반부터 30여 년간 걸어온 성장 경로의 차이를 보여주고 있다. 1990년대 중반에 들어 4개 재벌그룹은 전체적인 사업 형태에서 같은 모습을 보이고 있다. 다양한 산업으로 확장하는 가운데 거의 모든 산업의 진입에 있어 정부 지원이 제공되었다. 한국 경제에서 4개 재벌의 비중이 급격하게 증가하면서 국내의 어떤 기업도 이들에게 감히 도전할 수 없게 되었다. 결국 4개 재벌 기업은 서로 간의 경쟁을 통해 다른 기업들과 차별화된 경쟁우위를 만들어 냈다.(Chang & Hong, 2000)

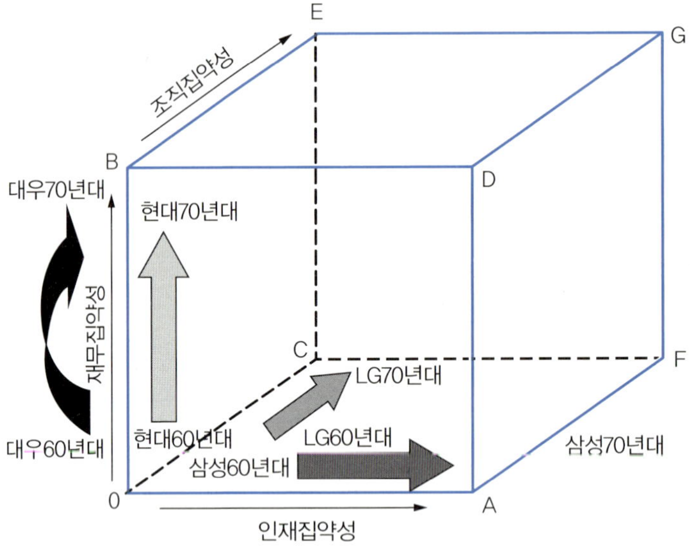

표 5-5 ▸ 한국 재벌그룹의 경쟁우위 구축경로 I

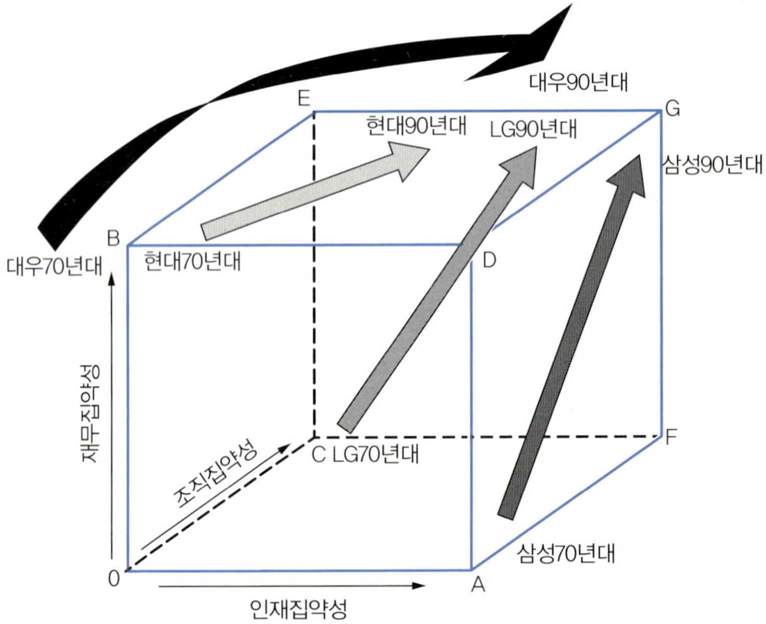

표 5-6 ▸ 한국 재벌그룹의 경쟁우위 구축경로 II

4대 재벌의 성장과정을 분석해 보면 자원기반관점이 주장하는 경쟁우위 창출 자원으로는 설득력이 부족하다는 것을 알게 된다. 1990년대 초반까지 급속한 발전을 이루어 낸 4개 재벌 기업이 사업 초기에 보유한 자원과 그 이후 발전과정에서 선택한 인적 자원, 재무적 자원, 조직구조적 자원들은 그 성격이 특별히 자원기반관점이 주장하는 'RIN' 조건을 가진다고 볼 수 없기 때문이다.

1997년 말 한국이 경험한 경제위기는 이들 재벌 기업이 지속 가능한 경쟁우위를 갖고 있을 것이라는 일반적인 생각을 뒤엎었다. 1995년 한국은 세계무역기구(World Trade Organization: WTO)에 창립멤버로 가입했고, 이어서 1996년에는 선진국들의 모임으로 알려진 경제협력개발기구(Organization of Economic Co-operation and Development: OECD)에 가입했다. 이 두 국제조직에 가입하는 조건으로 한국 정부는 외국에 대한 차별대우를 철회할 수밖에 없었다. 구체적으로 해외 기업들의 국내 시장 진입에 대한 규제를 완화하고, 특정 산업과 기업에 대한 보조금 지원을 비롯한 산업정책을 철회한 것이다. 이러한 정책은 즉각적으로 해당 산업에서 재벌들의 시장 지배력을 약화시켰다. 이듬해인 1997년부터 재벌들의 계열사들이 적자를 내면서 하나 둘 시장에서 퇴출당하기 시작했다. 재벌들이 사업에서 누리던 흑자는 내부적인 부가가치 창출에 의한 이익(profit)이 아니라, 정부 지원과 폐쇄적인 시장 구조를 등에 업고 독과점적 지위 속에서 누리고 있었던 지대(rent)였던 것이 밝혀졌다. 정부지원을 비롯한 외부적 환경은 특정 시점에서만 유효했고, 환경 변화, 즉, 시장 개방과 정부의 보호 완화와 같은 새로운 환경에서는 재벌그룹에게 경쟁우위를 제공해 줄 수 있는 이익의 원천이 될 수 없었다.

1997년부터 시작한 경제위기에서 삼성, LG, 현대, 대우 등 4개 재벌그룹은 환경적으로 동일한 어려움을 겪었다. 그러나 위기에 직면했을 때 각 재벌의 대응은 제각기 달랐고 그 결과도 천차만별이었다.

4대 재벌 중 가장 큰 피해를 입은 재벌은 김우중이라는 CEO에 대한 의존도가 가장 높았던 대우그룹이었다. 결국 대우는 파산했고, 그룹은 완전히 분해되었다. 단지 각 시장에서 경쟁력을 보유하고 있었던 대우건설, 대우조선해양, 대우전자 등 몇 개 계열사만이 대우의 명맥을 유지했다. 그 후 생존한 계열사들은 현재 재벌의 계열사로 있을 때보다 더욱 강력한 기업으로 거듭나서 시장을 선도하고 있다.

현대그룹도 많은 어려움을 겪었다. 파산을 면하기는 했지만 그룹의 구심점이었던 정주영 회장이 타계하면서 기업의 지도자가 대폭 교체되었다. 결국 그룹은 3개로 분할되었다. 이 중 하나인 현대자동차 그룹은 위기를 벗어나 현재 한국에서 삼성그룹과 함께 국내 경제를 대표하는 기업이 되었다.

LG는 위기 상황에서 자사의 반노체 사업 부문을 현대에 매각힘으로씨 안정적인 관리에 성공했다. 이후 지주회사로 전환하면서 재무적인 안정성을 도모하는 전략을 선택했다.

삼성은 경제위기를 그룹 전체가 회생하기 위한 절호의 기회로 활용하여 재빠른 구조조정 프로세스를 진행했으며, 전자, 금융, 유통의 3개 산업을 기업의 중심축으로 삼아 그룹을 재편성했다. 그 결과 삼성그룹의 시가총액은 2023년 9월 말 기준으로 632.9조 원을 달성하여 국내 최대그룹의 위상을 유지했다. 그 중 삼성전자는 2023년 12월 말 기준으로 519.8조 원을 차지했고, 2022년 총 매출 302.2조 원, 영업이익 43.4조 원을 기록하면서 재계 및 전자산업계에서 가장 성공적인 기업 중 하나가 되었다. 또한 세계적인 브랜드 컨설팅 업체인 인터브랜드가 2012년 11월에 발표한 '글로벌 톱 100 브랜드' 순위에서 삼성전자의 브랜드 가치는 914억 달러(약 117.6조 원)로 평가되면서 애플, 마이크로소프트, 아마존, 구글에 이어 4년 연속 5위를 차지했다. 삼성전자는 세계 최대기업 중 하나로 도약한 것이다.

1997년 경제위기 이후 2023년에 이르는 기간 동안 앞서 언급한 한국의 4대 재벌그룹 중 대우를 제외한 3개 재벌그룹은 전혀 다른 기업집단이 된 것이다.

어떻게 이런 일이 가능했을까? 삼성그룹, LG그룹, 현대자동차그룹이 1960년

대부터 1990년대 후반까지 이루어 낸 변신에 대한 해답은 이들 재벌이 선택한 자원 결합 순서를 통해 찾을 수 있다. 1960년대 초반에 후진국에서 벗어나기 위해 정부주도의 경제성장책을 채택한 한국 정부는 당시 몇 안되는 기업가들에게 정부가 제시하는 경로를 따라올 것을 명령했다. 정부는 기업들에 정부의 정책적인 지원이 보장된 매력적인 사업 기회를 기업에 배정하는 권한을 행사함으로써 기업의 사업 성장 프로세스에 전반적으로 개입했다. 결국, 이 당시 재벌그룹의 설립자들은 정부정책의 집행자였다. 이러한 정부 주도형 사업 배정이 지속되면서, 각 재벌그룹은 사업에 대한 실패나 파산에 대해 걱정을 하지 않아도 되었다. 필요한 자금은 얼마든지 정부가 제공하는 융자와 외국 자본에 대한 보증을 통해 동원할 수 있었기 때문이다. 설령 파산한다 하더라도 정부가 부채에 대해 지불보증을 했기 때문에 정작 재벌그룹은 걱정할 필요가 없었다. 1970년대 중반 이후 정부는 독점을 용인하고 장려하는 산업정책과 기업정책을 변화하기 시작했다. 각 재벌에게 다른 재벌들의 고유 사업영역에 진출하도록 하여 독점보다는 복점과 과점을 허용하기 시작했다. 이러한 정책이 시행된 결과 4개 재벌 그룹은 서로 비슷한 기업 구조를 형성하게 되었다. 큰 규모와 국민총생산(GNP)의 2~5%를 차지하는 경제적 비중, 정부의 전략적 육성 산업으로 지정한 모든 사업으로 진출하는 성향 등은 4개 재벌 기업에서 공통으로 드러나는 모습이었다. 그 결과 이들 재벌그룹은 1960년대와 1970년대에는 각자의 고유 산업 영역을 배정받아 분산되었다가 1980년대와 1990년대 초반에 동일한 산업 영역을 공유하면서 동질화된 유형을 보였다. 그러나 이들 재벌 기업이 취한 자원 결합 순서는 매우 상이하다. 'RIN'이 적용되지 않는 평범한 자원을 갖고서도 자원 결합 순서의 차이에 따라 각 재벌의 성과가 제각기 달라진 것이다.

삼성그룹은 창업 초기부터 인적 자원에서 튼튼한 기반이 있었다. 그 후 삼성이 재무적, 조직구조적 자원에 의존하게 되는 상황에서도 인적 자원이라는 고유의 경쟁우위로 그 위치를 지켜 왔다. 이같이 삼성은 인적 자원을 강조했지만 다른 재벌그룹들이 따라할 수 없을 정도로 'RIN' 조건을 만족하는 것은 아니었으며, 자원기반관점에서 말하는 경쟁우위를 창출하는 자원이라고 볼 수는 없었다. 그러나 삼성은 다른 재벌 기업보다 앞서서 인적 자원을 자사에 내재화시킴으로써 우위를 확보할 수 있는 요소로 활용했다.

LG그룹은 조직구조적 자원에 대해 지속적으로 관심을 가졌다. 이러한 성향은 변화하는 환경에 적응하기 위해 자사의 지배구조를 재편성하는 결정을 자연스럽게 받아들일 수 있게 했다. LG의 조직구조적 자원 또한 자원으로서 가치는 갖고 있었지만 다른 재벌들이 따라할 수 없을 정도로 'RIN' 조건을 만족하는 것은 아니었으며, 자원기반관점에서 말하는 경쟁우위를 창출하는 자원이라고 볼 수 없었다. 그러나 LG는 다른 재벌 기업에 앞서 조직구조적 자원을 자사에 내재화시킴으로써 우위를 확보할 수 있는 요소로 활용했다.

현대그룹은 사업 초기부터 재무적 자원에 의존하는 형태를 보이고 있었다. 이러한 사업 구조는 1997년 초부터 정부의 재정적 지원과 보호가 사라지게 되자 경쟁력을 급속하게 잃어버리는 원인이 되었다. 그러는 와중에 1997년 말 소위 IMF 경제위기가 시작되고, 2001년 3월 21일 정주영 회장이 타계하면서, 현대그룹은 정몽헌 회장으로 경영권이 넘어갔다. 그러나 정몽구 회장이 지배하던 현대자동차와 정몽준 회장이 지배하던 현대중공업이 현대그룹으로부터 분리하면서 현대그룹은 결국 셋으로 그룹분할이 되었다. 현대그룹의 재무적 자원은 자원으로서 가치는 갖고 있었지만 다른 재벌들이 따라할 수 없을 정도로 'RIN' 조건을 만족하는 것은 아니었으며, 자원기반관점에서 말하는 경쟁우위를 창출하는 자원이라고 볼 수 없었다. 그러나 현대는 다른 재벌 기업보다 앞서서 재무적 자원을 자사에 내재화시킴으로써 우위를 확보할 수 있는 요소로 활용했다. 기업 시스템에 내재화되는 첫 자원으로 재무적 자원을 선택한 것은 판단의 적절성에 대해 생각해 볼 문제이다. 1960년대 현대그룹이 조선, 자동차, 중공업과 같은 자본집약적인 산업 분야에서 다른 재벌들을 따돌리고 정부의 선택을 받은 것과 이 선택이 40년 후에 현대에 좋지 못한 상황을 초래한 것은 누구도 예상하지 못한 새옹지마의 상황이었다.

대우는 역동적인 CEO였던 김우중 회장의 통찰력과 리더십에 의존하는 기업이었다. 그러나 1997년 말에 시작된 경제위기 속에서 김우중 회장의 독선적 판단에 의해 무차별적 확장을 계속하던 대우그룹은 1999년 8월 워크아웃, 즉, 기업구조개선작업에 들어가면서 와해되었다. 그 과정에서 채권단에 넘겨진 대우전자, 대우조선해양 등 몇몇 건실한 계열사들을 빼놓고는 모두 파산하고 말았다. 대우가 보유한 CEO 자원 또한 자원으로서 가치는 갖고 있었지만 다른 재벌들이 따라 할 수 없을 정도로 'RIN' 조건을 만족하는 것은 아니었으며, 자원기반관점에서 말하는 경쟁우위를 창출하는 자원이라고 볼 수 없었다. 그러나 대우는 초기에 CEO 자원을 기업 시스템에 내재화시킴으로써 경쟁우위를 확보할 수 있었다.

〈표 5-5〉는 4개 재벌이 1960년에 정부 지원을 통해 사업확장을 시작하던 당시 기본적으로 같은 환경에서 같은 자원을 보유하고 출발했음을 보여준다. 이후 그들은 4개의 다른 경로를 따라 움직였다. 이들 4개의 경로를 통해 선택되는 자원들은 'RIN' 조건을 충족하는 성격의 것이 아닌 보편적인 자원이었다. 자원의 선택에 영향을 미친 것은 한국 정부의 선택과 지원이었다. 〈표 5-6〉에서 보듯이 지난 1975년부터 기업들의 유형이 동질화되기 시작했다. 그러나 기업들은 각자가 밟아온 경로와 자원 결합 순서가 달랐기 때문에 겉모양은 유사할지 모르나 산출되는 성과나 지속적인 경쟁우위의 보유 여부 등에서 많은 차이를 보였다. 그러므로 이들 재벌 기업의 지속적인 경쟁우위의 원동력은 성장의 출발 단계나 성장과정에서 얻어지는 자원이 'RIN' 조건을 갖고 있기 때문으로 볼 수 없다. 즉, 삼성과 LG가 소규모의 기업에서 재벌로 성장하게 된 것과 지속적인 경쟁우위를 확보하게 된 원동력은 기업의 확장과정에서 밟은 자원의 획득 순서로 볼 수 있다.

표 5-7 ▸ 한국 재벌그룹의 순차적 발전과정에 따른 1997년 위기 대처 성과

재벌그룹	순열	성과
삼성	HR → FR, OR	최선
LG	OR → FR, HR	차선
현대	FR → HR, OR	그룹분할
대우	CEO → HR, FR, OR	해체

〈표 5-7〉에서 보듯이 기업 자체의 의지와 한국 정부의 지원으로 삼성은 인적 자원에 집중하는 경영으로 창업했으며, 이를 기반으로 확장 순서를 구축했다. 즉, 삼성은 인적 자원 이후 조직구조 자원과 재무적 자원을 포함했으며, 이러한 경로는 가장 좋은 결과를 제공했다. LG는 조직구조 자원에 집중하는 경영을 토대로 사업을 시작했으며, 이를 출발점으로 확장 순서를 만들어 갔다. 이후 LG는 재무적 자원과 인적 자원을 순차적으로 자사의 경영에 내재화시켰다. 이러한 LG의 확장 순서 또한 적절한 것으로 보인다. 현대는 재무적 자원에 집중하는 경영을 통해 사업을 시작했다. 이후 인적 자원과 조직구조적 자원을 경영 자원으로 포함했다. 현대의 순차적 확장과정은 하나의 과정으로 인정할 수 있지만, 개선의 여지가 있다. 대우의 경우 CEO에 집중된 경영 방식을 토대로 기업을 시작했고 순차적인 발전을 했다. 그러나 대우의 파산이 증명하듯 이러한 발전과정은 그 적합성이 떨어진다.

5.6. 사례2: 일본 종합상사의 발전

일본 산업이 급속한 변화를 거치는 가운데 동일한 자원을 가진 기업들이 취한 자원 구축 과정을 살펴보자. 1868년 메이지 유신 전까지 일본은 200년 넘게 쇄국정책을 지속했으며, 일본을 이끌어 가고 있던 막부의 정치적 영향력은 계속해서 약화하였다. 이런 와중에 1853년 페리(Matthew C. Perry) 제독의 미국 함대가 도쿄 근처 요코하마 항구에 접근하여 강압적인 문호 개방 및 수교가 이루어졌고, 이후

15년 동안 일본은 국제교역량의 95.4%가 미국과 영국의 기업들에 의하여 독점되면서 열강에 의해 경제적 종속국이 되어 버렸다. 이에 대해 불만을 가진 젊은이들은 1868년 무력해진 막부정권을 전복시키고 메이지 천황을 옹립하면서 새로운 정부를 구성했다. 새로운 정부는 미국과 유럽 무역회사들과의 식민주의적인 관계를 청산하고 경제적 독립을 추구하기 위해 노력했고, 이러한 노력의 일환으로 추진한 정책은 유럽에서 식민지를 개척하기 위해 만든 동인도 회사와 같은 무역상사를 모방한 기업을 세우는 것이었다. 이 정책은 일본 내 전통적인 국내 교역에 기반을 둔 상인들이 일본판 국제 무역 상사인 종합상사(總合商社, Sogo-shosha)로 탈바꿈하는 기회를 제공했다. 종합상사로 전환되는 과정에서 미쓰이부싼(三井物産, Mitsui & Co.)과 미쓰비시쇼지(三菱商社, Mitsubishi Corporation)가 주요한 종합상사로 떠올랐다. 이 두 기업은 메이지 유신 이전부터 일본 내 시장에서 강력한 세력을 유지하고 있었으며, 곡식과 포목 산업을 장악하고 있었다. 그러나 정부는 이들 기업에게 시장 영역을 국제 시장으로 바꾸고 사업 영역을 모든 제품과 서비스로 확대할 것을 요구였으며, 이후 1세기가 넘는 시간 동안 이 두 기업은 연 매출 1,500억~2,000억 달러를 올리는 일본의 대표적인 기업으로 성장하게 되었다.

역사적 관점에서 이 두 기업은 유사한 모습을 갖고 있을지 모르나 실제로는 상당한 차이를 보인다. 미쓰이부싼는 79개가 넘는 국가에 564개의 지점을 확보하여 광범위한 지정학적 시장을 확보했으며, 이를 통해 국제 시장에 대한 축적된 지식과 전문가를 보유한 것으로 알려졌다. 반면에 미쓰비시쇼지는 제품 포트폴리오의 다각화 차원에서 유명세를 얻었다. “라면에서 미사일까지”는 일본의 종합상사가 가진 제품 포트폴리오의 범위가 얼마나 넓은지 잘 설명해 준다. 이 두 기업의 19세기 말엽 확장 전략은 〈표 5-8〉과 같이 요약할 수 있다. 19세기에 시장다변화를 추구한 미쓰이부싼과 제품다각화를 추구한 미쓰미시쇼지는 20세기에 들어오기 전에 이미 일본을 대표하는 양대 종합상사로서 확고부동한 위치를 차지했다. 그

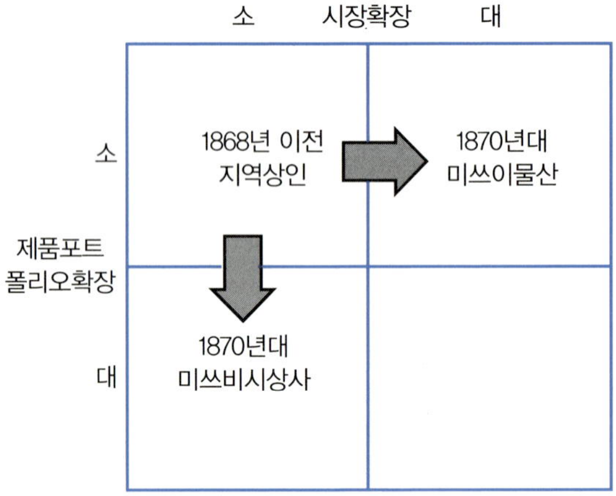

표 5-8 ▸ 일본 종합상사의 확장 전략의 변화 I

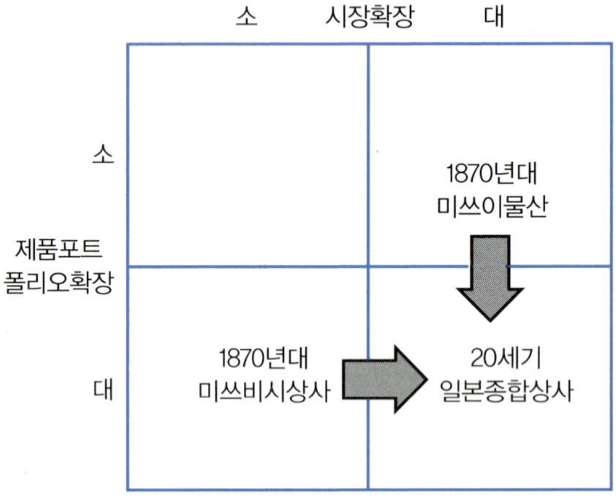

표 5-9 ▸ 일본 종합상사의 확장 전략의 변화 II

러나 〈표 5-9〉에서 보듯 이 두 기업은 20세기에 들어서면서 19세기에 진행했던 확장 형태를 서로 맞바꾸어 진행했다. 미쓰이부싼은 제품다양화를 추구하여 섬유제품에 집중되었던 자사의 거래 품목을 모든 제품과 서비스로 확장했다. 반면 미쓰비시쇼지는 지역다변화를 추구하여 80개국에 500개의 영업소를 거느린 기업으로 성장했다. 그러나 이러한 표면적 변화는 두 기업의 실제적인 특성이나 이들 기업의 최고경영진에 의해 선택된 각각의 확장 전략을 제대로 드러내는 것으로 볼 수 없다. 이들의 변화과정에서 빠질 수 없는 것이 정부의 정책적인 지원과 개입을 통한 산업 발전 정책이었다.

종합상사로 아직 변화하지 않은 1870년대 이전에 미쓰이부싼과 미쓰비시쇼지는 서로 상이한 리더십 스타일과 자원이 있었다. 그러나 이는 기업의 존립에 필수적인 자원이었을 뿐, 두 기업이 이후 130년 간 정부의 지원이라는 특혜를 통해 일본 정부와 사회로부터 획득한 막대한 자원에 비한다면 너무나도 작은 규모에 불과해 1870년대 당시 두 기업의 자원은 유사했다고 볼 수 있다. 단지 다루는 제품에 차이가 있었다.

두 기업은 국내 시장의 소규모 상인에서 다국적 종합상사로 전환하면서 지정학적 시장의 확장과 제품 포트폴리오의 확장이라는 각각 다른 두 개의 방향을 선택했다〈표 5-8 참조〉. 두 기업의 최고경영자 중 누구도 앞날에 펼쳐질 급속한 변화를 예측할 수 없었다. 그리고 그들은 더 좋은 성과를 가져올 수 있는 기업의 성장과정을 알 방법도 없었다. 이러한 정황을 감안했을 때 두 기업은 기본적으로 같은 경영상황에서 변신을 시작한 것이다. 즉, 같은 양의 자원과 같은 외부환경을 보유한 상태에서 전환이 이루어진 것이다. 그러나 성장경로의 차이로 인해 두 기업의 현재 경영 방식은 매우 다른 모습을 보이고 있다. 매출액 차원에서 이들의 성과는 비슷하게 보인다. 그러나 이윤은 환경에 따라 달라진다. 그 예로, 미쓰이부싼의 성과는 글로벌 시장의 트렌드에 따라 바뀌지만 미쓰비시쇼지의 성과는 산업 성향에 따라서 정해진다. 두 기업은 제각기 지속적인 경쟁우위를 갖고 있다. 그러나 경쟁우위의 근원은 매우 다르다.

일본의 미쓰이부싼과 미쓰비시쇼지가 사업 초기부터 자원기반관점에서 지속가능한 경쟁우위의 원천으로 볼 수 있는 'RIN'의 요소를 가진 자원을 보유했던 것은 아니다. 그들이 보유했던 자원 중 가장 중요한 자원은 정부의 정책적인 지원이었다. 정부가 지원한 정책자금은 두 기업에게 모두 주어진 동일한 자원이었다. 두 기업은 이를 토대로 자신이 보유한 자원의 배열 순서를 계획했다. 미쓰이부싼과 미쓰비시쇼지가 처음으로 흡수한 자원은 각각 시장포트폴리오와 제품포트폴리오였다. 이후 미쓰이부싼은 제품포트폴리오 확대를 추진했고, 미쓰비시쇼지는 시장포트폴리오의 확장을 추진함으로써 두 기업 나름대로 자원 배열 순서를 구축했다. 자원 배열 순서가 내부에서 각 단계로 전환된 시점은 정부의 정책이 변한 시점이었고, 두 기업은 정책 변화 시점에서 자원의 적절한 변화를 추진했다. 즉, 미쓰이부싼과 미쓰비시쇼지는 동일한 초기 자원 상황과 이후 획득한 자원이 'RIN' 조건에 성립하지 않는 상황에서 자원의 구성, 자원 획득 순서와 자원 획득 시점을 통해 각자 차별적인 경쟁우위를 확보할 수 있었으며, 그 결과 현재 지위에 오른 것이다.

5.7. 한일 기업 사례분석

1) 자원 조합(Combination)

미쓰이부싼과 미쓰비시쇼지의 사례를 보면, 설립 당시에는 서로 상이한 자원 구성을 바탕으로 시작했고 궁극적으로는 같은 자원을 보유하게 되었으나 자원 획득 순서와 획득 시점에서 차이를 보였다. 즉, 초기 사업모델은 달랐으나 인적, 물적으로 유사한 자원을 보유한 상태로 볼 수 있다. 미쓰이부싼은 글로벌 유통망 확보를 우선적으로 선택하면서 이를 위한 자원을 확보하게 되었고, 미쓰비시쇼지는 제품의 다양성을 우선적으로 선택하면서 이를 위한 자원을 확보하게 되었다. 그러나 종국에 이 두 기업은 각자 부족한 요소를 확보하기 위한 행동에 들어가게 되고 미쓰이부싼은 제품라인을, 미쓰비시쇼지는 글로벌 유통망을 확보하려고 노력하게 되면서 둘 다 궁극적으로 성공적인 기업 성과를 얻을 수 있었다.

삼성그룹, 현대그룹, LG그룹, 대우그룹 등의 한국 재벌그룹들도 이와 유사한 상황을 보이고 있다. 이들 그룹이 보유한 인적, 재무적, 조직적 자원의 조건은 동일하거나 유사했다. 따라서 이들 그룹의 성과 차이는 자원 자체에 있다기보다는 순서와 시점이 함께 작용할 때 좌우되는 것으로 파악할 수 있었다. 즉, 자원의 구성 자체는 정해진 자원의 결합일 뿐 그 자체의 차별적인 우위가 존재한다고 볼 수 없으며, 기업의 경쟁우위에 결정적인 영향을 미친다고 보기도 어렵다.

2) 자원 획득 순열(Permutation)

기업이 어느 한 시점에 다양한 자원을 한꺼번에 흡수하는 데에는 한계가 있다. 그러므로 특정한 자원에 대하여 선택적 흡수에 집중하면서 다른 자원들의 흡수는 잠시 유보하게 된다. 이러한 과정에서 기업 특유의 독특한 자원 결합 순서를 형성하게 된다. 그리고 자원 결합 순서가 진행되면서 한계효용체감 법칙이 작용하기 때문에 기업이 결합 순서에 따라 자원의 흡수를 진행하는 과정에서 형성되는 역량은 이질적이며, 이 때문에 각 기업 경쟁우위의 차이가 발생한다. 즉, 자원의 차별적 우위가 아닌 자원 결합 순서로 인해 경쟁우위가 생성되는 것이다. 이는 자원기반관점으로는 설명하지 못하는 부분이지만, 앞서 말한 것처럼 메커니즘기반관점의 속성인 자원 결합 순서의 개념으로는 설명할 수 있다.

그러나 획득 순서 자체의 개념은 이질적인 자원들의 집단에서 특정한 방법에 의지하지 않고 임의로 구조화시키는 개념이기 때문에 가치중립적인 성격을 가진다. 따라서 앞서 제시한 모델처럼 인적 자원, 재무적 자원, 조직구조적 자원의 세 가지를 통해 6가지 자원 결합 순서를 만들어 낼 수 있다. 여기서 순서는 자원기반관점이 경쟁우위의 원천이 되는 자원의 속성으로 제시한 'RIN'의 속성을 갖지 않는다고 볼 수 있다. 그러나 순서가 적절한 조합을 따르는 경우 지속 가능한 경쟁우위를 달성할 수 있도록 하는 강력한 기반이 되기도 하고, 그렇지 못한 경우 취약한 기반이 되기도 한다. 1997년 외환 위기 이후 일어난 한국 4대 재벌의 부침 사례는 이런 상황을 잘 보여준다. 이 사례에서 자원기반관점으로 설명할 수 없는 상황, 즉, 자원이 'VRIN'을 갖추지 못하는데도 불구하고 지속가능한 경쟁우위를 창출하는 요소로 작동하는 상황을 메커니즘기반관점으로 설명할 수 있다.

3) 자원 획득 시점 (Time)

자원 획득 시점은 성과에 영향을 미친다. 기업경영자는 자원의 적절한 조합과 순열뿐 아니라 조합과 순열을 진행하는 순간순간의 자원 획득 시점이 적절하게 맞아 들어가도록 노력해야 한다. 대우를 제외한 삼성, 현대, LG는 정부의 적극적인 산업 육성 정책의 시점에 발맞추어 자사의 획득 순서를 형성했다. 또한, 모든 기업이 크게 시련을 겪었던 1997년도 외환위기는 기업들에 극단적인 위기상황이었지만 한편으로는 자사의 자원 획득 순서를 통해 형성된 역량을 발휘할 수 있는 절호의 시점이기도 했다. 이 시점을 제대로 활용한 기업들은 성공적인 글로벌 기업으로 성장했다. 그러나 시점은 순서와 적절한 관계를 갖고 있을 때 그 효과를 발휘할 수 있다. 대우의 경우에는 3개 기업과 같은 출발선상에 있지 않았다. 후발 주자로서 CEO의 적극적인 리더십과 글로벌 경영이라는 화두를 제시함으로써 스스로 시점을 만들어 가는 행동을 통해 급속도로 성장할 수 있었다. 그러나 외환위기라는 시점에서 제대로 갖춰지지 못한 순서의 한계를 드러내며 몰락하게 되었다.

기업은 조합, 순열, 시간으로 구조화된 메커니즘을 통해 고유의 경쟁력이 배어 있는 프로세스를 만들어 낸다. 기본적으로 메커니즘의 구조를 이루는 세 개의 축은 가치중립적이다. 그러나 일본 종합상사와 한국 재벌그룹 사례에서 보았듯이 이러한 중립적 요소는 변화한다. 가치중립적인 메커니즘이 결국 어느 시점에 이르렀을 때 정(+)이든 부(−)이든 가치를 만들어 내게 되는 것이다. 이는 메커니즘의 구조가 한계효용체감의 법칙에 의해 영향을 받게 되는 것을 말한다. 각 기업의 자원 획득 순서 차이에 따라 각 자원의 효용성이 감소하게 되기 때문이다. 이는 자원의 차별성이 감소하는 것과는 다른 개념이다. 궁극적으로 같은 자원을 구성하게 되어도 순서와 시점에 따라 기업이 갖게 되는 경쟁우위 요소가 달라지는 것이다.

요약

5장에서는 메커니즘이 설명될 수 있는 여러 이론 중에서 자원기반관점(Resource-based view)과 차이가 나는 부분을 설명하고 있으며, 자원기반관점의 주요 가정 및 자원의 개념과 특징을 다루고 메커니즘과의 차이점을 VRIN (Value, Rareness, Inimitability, Non-Substitutability)으로 구분하여 다루고 있다. 특히, 메커니즘은 자원기반관점에 대해 RIN에 관한 접근이 다르며 유사한 자원을 가진 상황에서 기업 특유의 차별적 우위가 다르게 발생되는 것을 설명하는 데 우위를 가지고 있다는 점을 보여주고 있다. 4장에서 설명된 조정, 학습, 균형이라는 메커니즘의 기능을 가지고 살펴보면, 메커니즘관점은 차별적 우위를 가진 자원이 없는 기업도 경쟁력을 갖게 되는 현상을 설명할 수 있게 된다.

한국 재벌그룹의 발전해 온 과정은 자원기반관점보다 기업마다 가지는 고유한 메커니즘이 작동하여 경쟁력이 발생된 것으로 이해할 수 있다. 일본의 종합상사 발전도 한국 재벌그룹의 발전과 유사한 맥락에서 설명할 수 있다. 즉, RIN적 요소를 보유하지 않았던 기업들도 조합, 순열, 시간을 이용해서 경쟁우위를 가지게 된 것이다.

06장 메커니즘에는 어떠한 유형이 있는가?

우리는 앞장에서 메커니즘의 여러 이론으로부터 메커니즘의 속성과 원리를 연구했다. 이번 장에서는 이러한 이론적 토대를 바탕으로 실제 경영 환경에서 경영자가 원하는 메커니즘을 만들고 사용하는 실제적인 지침을 다뤄 보자.

6.1. 메커니즘 구축 방법

모든 조직이나 인간은 자기만의 독특한 메커니즘을 가지고 있다. 같은 프로젝트나 사업을 수행하는 데 있어서도 기업이나 부서, 혹은 개인마다 독특한 메커니즘을 만들고 활용해서 서로 다른 성과를 낸다. 이러한 메커니즘의 차이가 어디에서 나오는지 알 수 있다면 우리는 원하는 메커니즘을 체계적으로 만들고, 그 메커니즘으로부터 원하는 경영 성과를 거둘 수 있다. 〈표 6-1〉에 있는 인과관계 B가 지난 장까지 설명한 메커니즘의 응용에 해당한다면, 인과관계 A는 바로 이 장에서 설명하고자 하는 메커니즘을 만드는 방법을 보여준다.

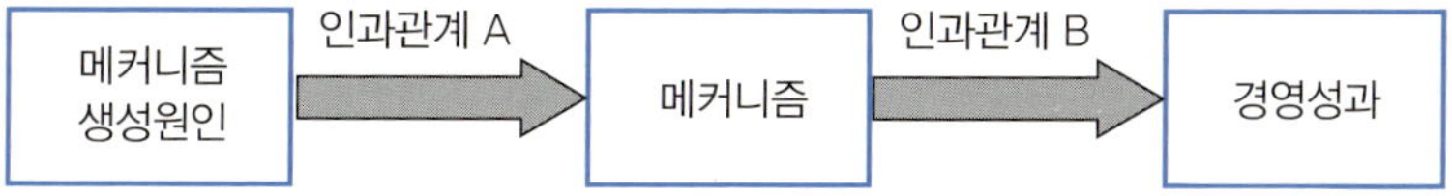

표 6-1 ▸ 메커니즘에 관한 두가지 인과관계

4장에서 메커니즘의 다양성은 조합(Combination), 순열(Permutation), 시간(Time)이라는 세 가지 축의 차이에서 생겨난다는 것을 확인했다. 다시 말해 주체, 환경, 자원이 각각 어떤 내용으로 구성되어 있고, 어떤 순서로 상호작용하며, 어떤 시간적 방식에 따라 도입되는지에 따라 메커니즘이 달라진다. 즉, 조합, 순열, 시간과 관련된 변수를 조절함으로써 원하는 메커니즘을 만들 수 있다. 이해를 돕기 위해 전쟁상황을 가정해 보자.

먼저 전쟁에 참가하는 군대의 조합을 생각해 보자. 전 군의 지휘권을 행사하는 총사령관, 무용을 자랑하는 장군, 전략을 구사하는 참모진 등은 군대의 주체이다. 숲, 평야, 도심가 등 전장의 지형적 요소는 환경이다. 전쟁을 수행하는 데 필요한 각종 병기와 물자, 군대의 훈련 수준, 사기 등은 자원이다. 이러한 주체, 환경, 자원을 구성하는 다양한 요인 중에서 어느 것에 중점을 두느냐에 따라 군대의 메커니즘을 이루는 조합(Combination)이 달라진다. 하나의 예로서, 어떤 군대의 메커니즘을 고안하는 과정에서 주체 중에서 전략가를 선택하고, 환경 중에서 기병에 유리한 지형인 평야를 선택하며, 자원 중에서 막강한 화력을 자랑하는 기마전차를 선택해 보자.

선택된 이들 세 요인에서 어떤 것을 강조하느냐에 따라 순열(Permutation)이 달라진다. 전략가의 역할을 1순위로, 지형의 유리함을 2순위로, 화력의 우수성을 3순위로 놓아서 주체, 환경, 자원 순으로 중요성을 강조할 수 있고, 지형의 유리함을 다른 요인에 우선하도록 배치해서 환경을 강조할 수도 있다. 화력의 우수성을 앞세워 자원을 강조하는 순열 역시 가능하다.

이렇게 해서 조합과 순열이 완료되면 마지막으로 시간(Time)을 결정하게 된다. 궁극적인 승리를 위한 장기적인 전략을 염두에 두는지 당면한 전장에서 승리하기 위한 전망 면에서 단기적 전술에 집중하는지(long-term perspective or short-term perspective), 시점 면에서 선제공격인지 방어인지(early or late), 속도

면에서 속전속결인지 시간을 두고 싸우는지(fast or slow), 기간 면에서 끝없는 전쟁인지 끝이 있는 전투인지(infinite or finite), 간격 면에서 지구전인지 탐색전인지(continuous or intermittent), 그리고 전쟁에만 집중하는지 외교와 전쟁을 동시에 구사하는지(singular or concurrent)와 같은 다양한 종류의 선택 중 하나를 시간 차원에서 선택할 수 있다.

이렇게 세 축의 변수들을 고려하고 선택하는 과정을 채워 나가면 원하는 메커니즘을 만들어 낼 수 있다. 앞에서 예시한 군대에서 주체 요인으로 선정된 전략가가 전쟁을 주도하면서 기마 전차부대를 내세워서 평야 전투를 수행하되, 시간 차원에서 속전속결의 선제공격 및 단기 총력전을 진행하는 것을 내용으로 하는 메커니즘을 창조하고 이를 군대의 전 구성원이 공유하고 있다고 가정하자. 이렇게 형성되고 공유된 메커니즘은 전 군의 전쟁에 임하는 방식과 전쟁 프로세스에 영향을 미치고, 종국적으로는 최종 성과, 즉, 전쟁의 승패 면에서 차이를 이끌어 낸다.

이러한 메커니즘이 전군에 완벽하게 공유된다면 이 군대는 근처에 평야 지형이 있는지를 파악하기 위해 지역주민들을 길잡이로 활용하게 되고, 지리에 능한 자가 중요한 직책에 임명될 것이다. 또한 전면전으로 유도하기 위해 적장을 도발하는 작전을 세울 것이며 선제공격의 이점을 살리기 위해 기마병을 앞세운 진형을 갖추게 될 것이다. 전투 예정지인 평야에 적이 도착할 때까지 전 군은 적의 동향을 끊임없이 탐색하면서 근방에서 대기하겠지만, 설령 정찰을 통해 발견된 적의 병력이 소수로 추산되어도 평야가 아니라면 선불리 공격을 감행하지 않을 것이다. 그랬다가 적이 평야에 당도하는 순간 모든 병력을 한꺼번에 진군시켜 선제공격을 감행할 것이다.

결국 전쟁의 승패는 전장에서 군대가 처한 상황에 맞추어 체계적으로 전략을 수립하고 수행하는 데 달려 있다. 이는 조합, 순열, 시간의 세 축의 변수를 활용해 원하는 메커니즘을 창조하고 이를 전 구성원과 공유하여 실행함으로써 가능해진다.

독자가 배속된 군대는 어떤 메커니즘을 가지고 있는지를 다음 절에서 파악해 보자.

6.2. 기존 메커니즘에 대한 검토

이 절에선 독자가 이미 참여해서 현재 실행되고 있는, 혹은 과거에 실행된 적이 있는 메커니즘의 성격을 설문지를 통해 간략히 분석해 본다. 주체, 환경, 자원의 각 요소에는 분석 수준이나 상황에 따라서 다양한 내용이 들어갈 수 있다. 그러나 분석의 편의와 활용성을 위해 해낭 메커니즘과 가장 연관성이 높은 주체, 환경, 자원을 각각 하나씩만 고려하기로 하자.

다음 질문에 답변해 주십시오.

이름: ______________________

소속조직: ______________________

직책: ______________________

프로젝트: ____

1. 이 프로젝트를 실제로 주도한 인물은 다음 중 누구였습니까?

① 조직의 대표 ② 담당 중역 ③ 팀장 ④ 실무자 ⑤ 기타

2. 이 프로젝트에 영향을 준 가장 중요한 외부 요인(환경)을 하나만 고른다면 무엇입니까?

① 정부 ② 사회 ③ 경쟁자 ④ 협력사 ⑤ 고객 ⑥ 공급자 ⑦ 기타

3. 이 프로젝트에 영향을 준 가장 중요한 내부 요인(자원)을 하나만 고른다면 무엇이었습니까?

① 인력 ② 자본 ③ 기술 ④ 설비 ⑤ 시스템 ⑥ 조직문화 ⑦ 기타

4. 1, 2, 3번의 답변 중 이 프로젝트를 시작하게 된 가장 중요한 동인을 하나만 고른다면 무엇입니까?

① 주도자의 선도적 비전과 의지(주체)

② 기업 외부요인(환경)

③ 기업 내부요인(자원)

5-1. 문항 4에서 ① 주도자의 선도적 비전과 의지를 선택한 경우, 주도자가 이 프로젝트를 위해 먼저 활용한 수단은 무엇이었습니까?

① 기업 외부요인(환경) ② 기업 내부요인(자원)

5-2. 문항 4에서 ② 기업 외부요인을 선택한 경우, 외부환경에 따라 먼저 변화한 대상은 무엇이었습니까?

① 주도자의 선도적 비전과 의지(주체) ② 기업 내부요인(자원)

5-3. 문항 4에서 ③기업 내부요인을 선택한 경우, 내부요인이 먼저 변화를 준 대상은 무엇이었습니까?

① 주도자의 선도적 비전과 의지(주체) ② 기업 외부요인(환경)

6. 이 프로젝트는 장기적 안목으로 진행되었습니까, 단기적 안목으로 진행되었습니까?

① 장기적 안목 ② 단기적 안목

7. 이 프로젝트는 즉각적으로 시작되었습니까, 시간을 두고 신중히 시작되었습니까?

① 즉각적으로 시작되었다. ② 시간을 두고 신중히 시작되었다.

8. 이 프로젝트는 빨리 진행되었습니까, 단계를 밟아가며 천천히 진행되었습니까?

① 빨리 진행되었다. ② 단계를 밟아가며 천천히 진행되었다.

9. 이 프로젝트는 기한 없이 꾸준하게 진행되었습니까, 예정된 종료시점에 끝났습니까?

① 꾸준하게 진행되었다. ② 예정된 종료시점에 끝났다.

10. 이 프로젝트는 지속적으로 진행되었습니까, 단속적으로 진행되었습니까?

① 지속적으로 진행되었다. ② 단속적으로 진행되었다.

위의 질문 중 1, 2, 3번에 대한 답변으로부터는 세 가지 요소의 구성, 즉, 조합(combination)을 파악할 수 있다. 질문 4, 5번에 대한 답변으로부터는 세 가지 요소의 결합 순서인 순열(permutation)을 파악할 수 있다. 질문 6, 7, 8, 9, 10번에 대한 답변으로부터는 구성요소가 결합하는 데 있어서의 시간을 파악할 수 있다. 6번 질문으로부터 전망, 즉, 장기적 관점인지, 단기적 관점인지를 알 수 있고, 7번 질문으로부터 시점, 즉, 바로 시작되었는지 시간을 두고 추진되었는지를 알 수 있다. 또한, 8번 질문으로부터는 속도, 즉, 빠르게 실행했는지, 느리게 실행했는지를 파악할 수 있고, 9번 질문으로부터는 기간을 파악할 수 있으며, 10번 질문으로부터는 시간 간격, 즉, 지속적으로 진행되었는지 단속적으로 진행되었는지를 파악할 수 있다.

독자는 이 설문에 대한 답변을 통해 독자가 속한 조직이 수행한 프로젝트의 메커니즘에 대해 더욱 명확한 진단을 내릴 수 있다. 그 메커니즘은 효과적이었다고 평가할 수도, 그렇지 않을 수도 있다. 그러나 진단으로부터 어떤 메커니즘을 가졌는지는 알 수 있다. 다만 현재 메커니즘으로 원하는 성과를 올리지 못했거나, 설령 성과를 올렸다 할지라도 이에 대해 불만이 있다면 기존 메커니즘을 바꾸고 새로운 메커니즘을 창조할 때가 온 것이다. 이제 현재 진행되고 있는 메커니즘에 대한 분석을 종이 한 켠에 적어둔 채, 어떤 조합과 순열, 시간을 가진 메커니즘을 개발해 나갈 것인지 고려해 보자.

6.3. 조합(Combination)

여기서는 보다 정교하게 메커니즘을 창조할 수 있도록 조합(Combination), 즉, 주체, 환경, 자원 각각에 대하여 고려해야 할 요소들을 살펴보자. 조합(Combi-na-tion)은 메커니즘을 구성하는 각 요소의 결합을 지칭한다. 메커니즘기반관점에서는 단위 메커니즘의 형성 조건으로 주체, 환경, 자원의 상호작용을 전제로 한다. 기업마다 주체의 특성이 다르고 처한 환경이 다르며 가진 자원이 다르므로 결과적으로 다른 메커니즘을 형성한다. 주체, 환경, 자원을 달리하면 창출되는 메커니즘 또한 달라지는 것이다.

6.3.1. 주체(Subject)와 관련된 요소

1) 리더십 스타일

권위적이고 독재적인 리더십을 행사하는 주체와 자율성을 존중하고 민주적인 방식으로 의사결정 과정을 진행하는 주체는 최종적으로 형성되는 메커니즘에 전혀 다른 영향을 미칠 것이다.

2) 조직 구조 내에서 주체가 가지는 위치

최고경영자(CEO)의 지휘 아래 전사적인 수준에서 진행될 프로젝트인지, 담당 중역 혹은 팀장, 실무자 수준에서 진행될 프로젝트인지에 따라 메커니즘의 성격이 달라질 것이다.

6.3.2. 환경(Environment)과 관련된 요소

1) 정부

정치가와 행정관료, 관련 법률은 기업의 외부환경과 활동 범위에 대한 제약 조건을 결정하므로 메커니즘을 형성하는 데 있어 중요하게 고려되어야 할 사항이다.

2) 사회

기업이 속해 있는 사회의 통념과 이슈는 사회가 기업에 요구하는 책임 수준을 결정하므로 기업윤리의 기준이 된다. 이러한 윤리적 틀 안에서 메커니즘이 창조되어야 함은 두말할 나위가 없을 것이다.

3) 경쟁자

동종 산업 내의 경쟁자 또는 잠재적인 대체재를 생산하는 기업의 행보는 수익성 등 시장 환경을 직접 변화시키는 요인이자 향후 전략을 수립하는 데 가장 중요하게 고려되어야 할 요인 중 하나이다.

4) 협력사

전략적 제휴나 합작투자를 통해 함께 프로젝트를 진행하고 있는 협력사 또한 시장의 판도에 영향을 미치는 잠재적인 요인이다.

5) 고객

고객의 취향, 구매력 등은 제품과 서비스에 대한 수요를 형성하고 수익성을 결정하기 때문에 마케팅 전략 수립의 근간이 된다.

6) 공급자

원자재나 부품의 조달에 있어 공급자가 가진 교섭력은 생산에 따르는 비용을 결정하는 요인으로 작용한다.

6.3.3. 자원(Resources)과 관련된 요소

1) 인력

사내 인력의 교육 및 훈련 수준, 동기부여 수준 등은 (특히 노동집약적 산업에 속한) 기업의 생산성을 결정하는 중요한 요인이며 인력의 수준에 따라 적용 가능한 메커니즘 또한 달라질 것이다.

2) 자본

유상증자 또는 투자유치 등을 통한 기업의 자금 조달 능력에 따라 선택할 수 있는 전략의 범위가 결정되기도 한다.

3) 기술

기업의 연구개발 수준에 따라 구현 가능한 제품이 달라지며, 이는 목표 소비자층에, 종국적으로는 메커니즘에 차이를 가져올 것이다.

4) 설비

설비의 차이는 제품 생산의 효율성과 생산 가능 제품의 종류 및 수량에 차이를 가져올 수 있으므로 자원에서 주요한 고려요소가 된다.

5) 시스템

시스템이란 기업에서 활용되는 제도, 투입물을 산출물로 변환시키는 통합적 체제를 의미한다. 바람직한 제도 및 체제는 가치있고 희귀한 자원으로 볼 수 있다. 메커니즘을 창조하는 데 있어서 시스템을 지렛대로 활용할 수 있다.

6) 조직문화

조직문화란 조직 구성원이 공유하는 가치관, 신념, 사고방식을 의미하며, 메커니즘이 기업에 체화되는 데 관여한다. 긍정적인 조직문화는 환경을 창조하는 수단으로 사용될 수도 있다.

6.4. 순열(Permutation)

순열(Permutation)은 주체, 환경, 자원의 각 요소가 상호작용을 하는 데 있어서 우선순위를 결정한다. 기업의 메커니즘 구성에서 주체, 환경, 자원 중 무엇이 앞서고 무엇이 뒤따르는지에 대한 각 요소의 작동 순서를 파악하는 개념이다. 주체, 환경, 자원의 어느 요인이 가장 먼저 변화했으며, 그 다음으로 변화한 요인은 무엇이며, 가장 나중에 변화한 요인이 무엇이었느냐에 따라 각 메커니즘의 순열(Permutation)을 파악해 볼 수 있다. 이러한 순서의 차이에 의해 기업들은 동일한 속성을 가진 요소를 활용하더라도 제각기 다른 메커니즘을 만들어 낼 수 있다.

6.4.1. 6가지 순열 메커니즘

이 절에선 순열에 의해 형성되는 6가지 메커니즘, 즉 '6가지 순열 메커니즘' 살펴보고, 이들이 각각 어떤 상황에서 활용도가 높은지에 대해 검토해 보자. 그리고 시간이 흐름에 따라 메커니즘의 순열이 어떻게 변화되는 것이 좋은지 그 성공모델을 조명해 보자. 이런 논의를 통해 바람직한 메커니즘을 형성하는 선순환 구조를 만들어 낼 수 있을 것이다. 6가지 순열 유형을 'S'의 위치에 따라 3종류로 나누면 아래와 같다.

1. S가 순열의 앞에 있는 유형

제1유형: SER---환경창조 메커니즘

제2유형: SRE---자원창조 메커니즘

2. S가 순열의 중간에 있는 유형

제3유형: ESR---환경혁신 메커니즘

제4유형: RSE---자원혁신 메커니즘

3. S가 순열의 뒤에 있는 유형

제5유형: ERS---환경적응 메커니즘

제6유형: RES---자원적응 메커니즘

6가지 순열 유형을 그림으로 그려보면 〈표 6-2〉와 같다.

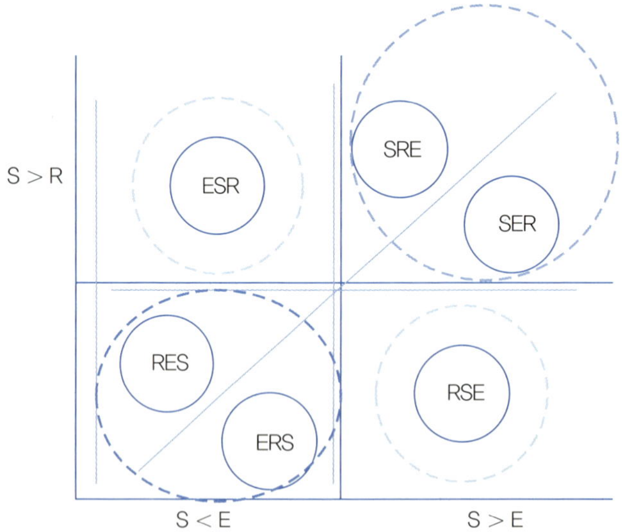

표 6-2 ▸ 메커니즘의 6가지 유형

다음에서는 순열의 차이에 따라 나타나는 메커니즘 각각의 특징을 살펴보고 대표적 사례를 통해 실제 응용에 대한 이해를 돕기로 한다.

1) 환경창조 메커니즘: 주체(S) – 환경(E) – 자원(R)[무에서 유를 창조하는 창업가형]

환경창조 메커니즘은 주체가 강력한 비전으로 새로운 환경을 창출하는 창조형 메커니즘이다. 창조된 환경은 주체가 필요한 자원을 획득하는 데 기여한다. 스티브 잡스(Steve Jobs)라는 주체가 창의적인 발상으로 역대 누구도 시도해 본 적이 없는 새로운 시장을 발굴한 애플(Apple)이 대표적인 환경창조(SER) 메커니즘의 예에 해당한다.

현대그룹의 창업자 정주영 회장을 보자. 그는 두메산골인 강원도 통천에서 태어나 초등학교만 나왔다. 그는 공부를 하라는 부모의 뜻을 거역하고 4차례나 가출을 거듭하면서 "맨땅에 헤딩"하는 식으로 사업을 시작했다. 그가 벌인 사업은 하나하나가 "무에서 유를 창조"하는 성과를 창조하여, 한국의 해외건설, 조선, 자동차 등 새로운 산업을 만들어냈다. 그 결과 현대그룹이라는 세계적 기업이 탄생한 것이다. 정주영 회장 역시 전형적인 환경창조(SER) 메커니즘의 예이다

SER 메커니즘의 대표사례: 스티브 잡스(Steve Jobs) CEO 체제 하에서의 애플(Apple)

애플은 1976년 스티브 잡스, 스티브 워즈니악, 로널드 웨인에 의해 공동창업되었으며, 개인용 컴퓨터의 보급과 운영체제인 매킨토시를 통해 20세기 IT 발전에 한 획을 그은 기업이다. 그러나 1985년 경영권분쟁으로 인해 공동창업자 중 한 명인 스티브 잡스가 퇴사했고, 1990년대 중반에 이르러 극심한 경영난을 겪게 되었다.

애플은 1997년에 경영난을 타개하기 위해 스티브 잡스를 다시 임시 CEO로 맞아들였다. 스티브 잡스는 탁월한 경영수완을 발휘해 1997년 10억 달러의 적자를 냈던 애플의 처참한 경영실적을 한 해 만에 4억 달러에 가까운 흑자로 바꾸어 놓았다. 그 후 애플은 스티브 잡스의 주도하에 끊임없는 혁신으로 거듭나게 되고 2000년대 후반에 이르러서는 아이폰을 통해 스마트폰 시대를 연 명실상부한 선구적 기업이 되었고, 그 결과 2015년 5월 1일 현재 시가총액 7,429억 달러에 달하는 세계 최대기업을 일구어 냈다.

애플의 성공은 많은 부분 스티브 잡스 개인의 비전과 창의성에 기인했다고 볼 수 있다. 스티브 잡스는 사업가로서의 역량도 뛰어났지만, 미래의 소비자들이 열광할 새로운 제품 개념을 구상하거나 매력적이고 감각적이며 실용적인 제품 디자인과 인터페이스를 고안하는 데 있어서 타의 추종을 불허했다. 스티브 잡스 하의 애플은 경쟁사 제품에 대한 벤치마킹과 모방을 통해 성장하는 기업이 아니었다. 항상 전에 없던 새로운 개념의 제품을 개발하여 시장에 일대 혁명을 일으키곤 했다.

즉 스티브 잡스의 애플은 CEO 스티브 잡스의 천재적인 창의성과 영감(S)을 기반으로 신개념의 혁신적 제품 구상을 통해 애플에 우호적인 새로운 시장(E)을 창조하고 그에 따라 다양한 유형의 인적 자원 등 회사의 내부자원(R)을 지속적으로 획득할 수 있었다는 점에서 SER(환경창조형) 메커니즘으로 분류된다.

2) 자원창조 메커니즘: 주체(S) – 자원(R) – 환경(E)[초기 자본을 확보한 창업가형]

자원창조 메커니즘은 주체가 강력한 비전을 통해 조직 내부에 새로운 자원을 창출하는 창조형 메커니즘이다. 이렇게 창조된 자원은 주체가 환경을 유리하게 구성하는 데 기여한다. 이 메커니즘 역시 무에서 유를 창조한다는 점에서는 환경창조(SER) 메커니즘과 같다. 그러나 창조하는 내용이 외부환경이 아니라 내부자원이라는 점에서 차이가 있다. 삼성그룹의 창업자 이병철 회장이 창업을 위해 같은 고향의 만석꾼 아들인 조홍제 회장(후일 삼성그룹에서 분가해서 효성그룹의 창업자가 됨)의 자금을 끌어들인 사례는 자원창조(SRE) 메커니즘의 좋은 예이다. 또한 이병철 회장의 후계자인 이건희 회장이 창조한 삼성전자의 메커니즘은 지금까지 어디에도 존재하지 않던 효율적인 연구개발과 경영관리 역량을 가진 대표적인 자원창조(SRE) 메커니즘의 예이다.

SRE 메커니즘의 대표사례: 이건희 회장 체제 하에서의 삼성그룹

1990년대 중반까지만 해도 삼성은 한국 재계 내에서 여러 상위권 재벌그룹 중 하나 정도로만 인식되었다. 창업 이후 수십 년간 가파른 성장세를 유지하며 경쟁력을 키워 왔음에도 불구하고 삼성은 당시 최대 재벌그룹의 지위를 줄곧 유지하던 현대그룹의 그늘에 가려져 있었다.

그뿐만 아니라, 현재 삼성의 최대 계열사인 삼성전자가 당시 가지고 있던 목표는 벤치마크 대상인 Sony 등의 일본 전자기업들을 따라잡는 정도였다.

그러나 1997년 한국 경제를 강타한 경제위기로 이러한 판도는 순식간에 역전되었다. 현대가 구조조정과 경영권분쟁으로 인해 여러 계열사로 나뉜 데 반해, 삼성은 이건희 회장의 확고한 리더십 하에 합리적인 구조조정과 함께 효율적인 경영체계를 구축함으로써 삼성만의 효율적인 조직자산을 다지고 새로운 도약의 발판을 마련했다. 그 결과, 삼성은 현재 한국 재벌 서열 1위 자리를 굳혔을 뿐만 아니라 전 세계 사람들이 인정하는 글로벌 기업으로 자리매김했다. 특히 최대 계열사인 삼성전자는 반도체, TV, 스마트폰 부문에서 세계 1위를 차지했고, 스마트폰 시장에서 애플과 삼성의 경쟁구도는 세계 모든 이들의 관심사가 된 지 오래다.

'아내와 자식만 빼고 모두 바꾸라'는 그의 말에서도 알 수 있듯이, 이건희 회장은 뼈를 깎는 변화를 지속적으로 강조하여 현재 삼성이 누리고 있는 영광을 일구어 냈다. 한국이 개발도상국의 위치에서 벗어나지 못하고 있던 1990년대에 반도체 시장에서 일본을 꺾겠다는 원대한 비전을 세우고, 삼성전자의 경쟁력을 끌어올리기 위해 막대한 자금을 R&D에 쏟아 부었다. 그뿐만 아니라, 철저한 성과급제와 전사적인 사내경쟁체제를 구축함으로써 경영효율성을 극대화했다. 이건희 회장의 비전으로 삼성은 뛰어난 조직역량을 보유하게 되었고 그 결과 15년이 채 안 되어 반도체 시장에서 일본 기업들을 추월했으며, 전자산업의 선두주자로 등극했다.

이건희 회장은 또한 위기를 강조하면서 "삼성전자의 앞날을 예측할 수 없으며, 앞으로 10년 이내에 삼성전자를 대표하는 대부분 제품이 사라질 것이므로 다시 출발해야 한다"고 역설한 바 있다. 그는 끊임없이 미래에 높은 부가가치가 예상되는 사업군을 발굴하고, 그러한 부문에 계열사를 설립하여 사전에 상당한 자본을 투자하곤 한다. 기존 사업과 관련성이 낮지만 향후 잠재력이 확실시되는 바이오 및 의약 산업에 막대한 자본을 투자한 것이 대표적인 사례라고 할 수 있다. 이렇듯 주체가 끊임없이 비전을 강조하면서 조직역량을 창조하고, 이렇게 창조된 조직역량을 이용해서 사업과 제품 면에서 꾸준히 다각화를 추진하는 전략이야말로 삼성이 가진 지속적 경쟁우위의 원천이다.

이건희 회장 치하의 삼성그룹은 이건희 회장의 선도적인 비전과 리더십(S)을 통해 효율성과 경쟁력이 제고된 인력, 기술 등 삼성 고유의 자원(S)을 창조했고 그 결과 우호적인 외부환경(E)이 구성되었다고 볼 수 있으므로, SRE(자원창조형) 메커니즘으로 분류된다.

3) 환경혁신 메커니즘: 자원(R) – 주체(S) – 환경(E)[사내창업가형]

환경혁신 메커니즘은 기존 자원을 주어진 조건으로 하여 주체가 환경을 적극적으로 혁신하는 메커니즘이다. IBM에서는 내부적으로 확보한 우수한 인력과 브랜드가치를 활용하여 하드웨어 중심 컴퓨터 시대가 지는 환경 속에서 소프트웨어로 고객이 가진 문제점을 해결해 주는 고객 중심 서비스산업을 창조했다.

대부분의 기업들은 내부성장과 함께 외부성장을 추구한다. 내부성장은 기존 사업에서 매출액을 늘이는 방법이고, 외부성장은 흡수합병(M&A)이나 사내 창업을 통해서 매출액을 늘이는 방법이다. 특히 외부성장은 기존 사업이 속한 산업 이외의 다른 산업으로 진출하게 되므로, 그 기업이 속한 산업구조를 혁신하게 된다. 외부성장 중에서도 사내 창업을 추구하는 기업은 보통 신규사업개발부를 설치하고 이 부서에게 일정한 예산을 주어서 사내창업을 시도한다. 사내창업은 먼저 자원을 확보한 다음 새로운 산업으로 진출해서 사업구조를 혁신한다는 의미에서 환경혁신(RSE) 메커니즘에 해당한다.

RSE 메커니즘의 대표사례: 우수한 기술 및 인적자원을 활용한 IBM

1911년 설립된 후 IBM은 메인프레임, PC, e-비즈니스 등으로 끊임없이 사업영역을 변화시켜 왔다. 역대 IBM의 대표적인 최고경영자들은 IBM의 컴퓨터 시대를 활짝 연 토머스 왓슨 2세(Thomas J. Watson, Jr.: 1956-1971), 단순한 소비재와 비슷해져 버린 PC 사업부를 과감히 포기하고 IT 관련 서비스/컨설팅 제공 기업으로 탈바꿈시킨 루 거스너 2세(Louis V. Gerstner, Jr.: 1993-2002), 그리고 30년의 변화를 지켜보며 고객 중심 개념으로 'e-business on demand'를 정착시킨 샘 팔미사노(Samuel J. Palmisano: 2002-2011)이다. IBM은 오랫동안 컴퓨터 업계에서 1위를 하면서 주체의 강한 신념과 리더십을 통해 성공적으로 변화했다. 환경적인 요인을 살펴보면, IBM은 단순히 좋은 산업구조를 활용하는 것이 아니라 서비스산업, 고객중심산업 등의 경영환경을 끊임없이 혁신하면서 경쟁우위를 얻어왔다.

결국, IBM은 전통적으로 기업이 보유한 기술, 직원 등의 자원(R)을 잘 인식한 최고경영자(S)들이 기존 자원을 활용하여 PC사업부에서 서비스산업, 고객중심산업으로 외부 경영환경(E)을 지속적으로 탈바꿈시키는 RSE(환경혁신형)의 순열에 따라 운영됐음을 알 수 있다.

4) 자원혁신 메커니즘: 환경(E) - 주체(S) - 자원(R)[정부지원사업가형]

자원혁신 메커니즘은 기존 환경을 주어진 조건으로 하여 주체가 자원을 적극적으로 혁신하는 메커니즘이다. 앞서 환경혁신 메커니즘이 기존 자원을 활용하여 주체가 조직 외부의 환경을 혁신하는 반면, 자원혁신 메커니즘에서는 주체가 기존 환경 범위 내에서 필요한 자원을 혁신적으로 획득한다. 델의 창업자인 마이클 델(Michael Dell)은 급변하는 PC시장 안에서 전통적인 유통조직을 고객과 본사가 직접 연결되는 혁신적인 고객 중심 조직으로 바꾸었다.

계획경제형 국가는 경제성장을 정부가 주도한다. 이런 국가는 특정 산업을 전략적으로 선택한 다음, 공기업, 또는 정부가 적극적으로 지원하는 기업에게 독점적 지배권을 준다. 이러한 지배권을 가진 기업은 주어진 산업환경 속에서 필요한 자원을 확보하면서 사업을 영위한다. 1968년 한국 정부가 포항제철을 설립하고 박태준 초대 회장에게 이 사업에 필요한 자원을 조달하게 한 경우는 전형적인 자

ESR 메커니즘의 대표사례: 소비자 취향의 변화를 감지한 델(Dell)

1989년 델(Dell)은 PC시장에서 고성능 하이엔드 제품보다는 편리하고 저렴한 제품을 원하게 된 소비자 욕구의 변화를 경시한 채 첨단 기술력을 활용해 올림픽 PC라는 이름으로 고성능 데스크탑과 워크스테이션을 준비했다. 델은 올림픽 PC의 생산과 홍보에 많은 비용을 들였으나 결과적으로 이 제품은 델 역사상 가장 큰 실패작이 되었고 1993년 델은 구조조정의 위기에 직면했다.

이와 같은 실패를 통해 회장 마이클 델(Michael. S. Dell)은 고객을 비롯한 외부환경의 중요성을 인식, 고객과 시장의 요구 변화 시 이에 즉각적으로 대처할 수 있는 능력을 지닌 고객 중심 조직을 만들겠다는 신념을 가지고 사업모델에 근본적인 변화를 가져왔다. 종전의 중간판매자와 대리점으로 이어지는 유통망을 간소화하여 고객과 본사가 직접 연결되는 다이렉트 모델을 추진했다. 델의 다이렉트 모델은 유통비의 절감을 가져와 제품가격을 하락시켰고 본사와 고객의 접점이 가까워져 고객의 욕구를 보다 신속하고 정확하게 파악할 수 있는 기반이 되었다. 또한 유통망의 폭을 좁히는 대신 공급자와 효율적인 공급망관리(Supply Chain Management: SCM) 시스템과 적기공급생산(Just In Time: JIT) 시스템을 구축한 결과 재고비용까지 절감하는 효과가 있었다.

그 결과 델은 1994년 전 세계 PC시장 점유율 2.7%에서 2001년 세계 PC판매시장 점유율 1위, 2002년 일반소비자 PC 1위 등 2005년 시장점유율이 18.2%까지 성장했고 미국 내 서버 시장에서 주도권까지 갖게 되었다.

당시의 델은 급속한 소비자 취향의 변화(E)를 절감한 창립자 마이클 델이 고객 중심 조직으로 혁신하겠다는 신념(S)을 내세움에 따라 다이렉트 모델을 추진하고 여기에 효율적인 SCM을 가미함으로써(R) 성공적인 환경혁신을 이끌어 낸 자원혁신형(ESR) 메커니즘에 해당한다.

원혁신(ESR) 메커니즘에 해당한다.

5) 환경적응 메커니즘: 환경(E) – 자원(R) – 주체(S)[행운아형]

환경적응 메커니즘은 기존 환경을 주어진 조건으로 하여 주체가 자원을 소극적으로 보수 및 활용하는 적응형 메커니즘이다. 한때 전자산업을 주도하던 소니는 후발업체가 모방을 통해 바짝 쫓아오는 환경 속에서 가지고 있던 우수한 인적자원과 풍부한 자원을 보수적으로 활용하면서 상황변화에 적응하는 데 그쳤다.

우리 주변에서 찾을 수 있는 “행운아”를 보자. 행운아는 좋은 운수를 만나 일이 뜻대로 잘되어 가는 사람이다. 평화로운 시대에 부유한 나라에서 태어나는 것을 비롯해서 가족, 친구, 배우자, 직장 등에서 다양한 운이 따르는 사람이다. 운도 실력이란 말이 있지만, 행운아가 많은 사람의 부러움을 받는 것은 사실이다. 행운아는 기업 중에서도 있다. 구조적으로 수익성이 높은 산업구조를 가진 분야에서 리스크 없이 안정적인 사업을 하는 기업은 행운아라고 할 수 있다. 이런 기업은 환경적응(ERS) 메커니즘에 해당한다.

ERS 메커니즘의 대표적 사례: 급변하는 환경 속의 소니(Sony)

ERS 유형은 소니(Sony)의 위기극복을 위한 노력을 잘 나타낸다. 한때 첨단기술 산업에 있어 세계 최고의 반열에 올랐던 일본 기업인 소니는 꾸준한 R&D를 통해 기술력에 있어 절대적인 우위를 자랑했었다. 1990년대 후반까지만 해도 전자산업을 둘러싼 환경은 소니의 이러한 기술적 우위를 위협하기에는 그 변화속도가 빠르지 않았다. 하지만, 후발주자인 삼성이 공격적인 R&D와 모방을 통해 기술력으로 소니를 따라잡으면서 소니의 부진은 시작되었다. 소니의 혁신적인 신제품 출시와 삼성의 경쟁제품 출시 사이에 존재하는 시간 격차는 점차 줄어들었고, 소니의 실적은 악화일로를 걷기 시작했다. 소니는 충분한 기술력과 우수한 인적 자원, 풍부한 자본을 보유하고 있었음에도 불구하고 지나치게 비대화되고 관료화된 비효율적인 조직, 장기적인 전략과 비전의 부재 및 무사안일주의 등으로 인해 삼성의 추격을 뿌리치지 못했다. 게다가, 애플의 선전으로 인해 소니의 시장점유율 하락은 가속화되었다. 결국 삼성과 애플에 추월당한 소니는 깊은 적자의 수렁에 빠져들었고, 이러한 어려움을 타개하기 위해 하워드 스트링거(Howard Stringer) 前 CEO 시절부터 현재에 이르기까지 다양한 경영혁신을 시도하는 등 부단한 노력을 기울였지만, 약세를 극복하고 과거의 영광을 되찾는 데는 한참 역부족이었다. 결국, 작금의 소니는 경영층의 부단한 노력에도 불구하고 경쟁사인 삼성과 애플이 전자기기 시장에서 절대적인 우위를 보이고 있는 데다가 엎친 데 덮친 격으로 지속되는 엔화 강세로 인한 수출 악화, 2011년 일본 대지진에 의한 피해 등 악재가 겹쳐 몇 년째 심각한 적자를 기록하고 있다. 이에 대해 불만을 가진 이사회에서는 2012년 4월 1일자로 스트링거를 해임하고 새로운 CEO로 카주오 히라이(平井 一夫)를 선임했다.

소니는 21세기에 들어서기 전까지만 해도 환경에 적합하도록 풍부한 기술력과 고능률 인적 자원을 유지 및 보수하여 활용하는 ERS(환경적응형) 순열을 활용했다. 이는 당시의 낮은 불확실성의 환경에서는 리스크가 낮으며 매우 효율적인 측면이 있는 순열이었다. 그러나 21세기에 들어 나타난 급격한 경쟁적 환경은 더 이상 기존의 자원을 보수하고 활용만 해서는 지속적인 생존이 어렵게끔 유도했다. 환경은 열 발자국씩 움직이고 있는데, 환경적응형 메커니즘은 자원을 한발자국씩 움직이게끔 한다. 즉, 소니는 '부자몸조심'과 같은 ERS 유형을 과감하게 버리고 무사안일주의와 관료화된 비효율적인 조직과 같은 조직 내부의 자원을 혁신적 메커니즘으로 재탄생시켰어야 했다. 2012년 CEO로 취임한 카주오 히라이에 이어 2020년에 CEO로 취임한 요시다 켄이치로는 소니를 환경혁신형 메커니즘인 ESR로 전환하려는 시도를 하고 있다. 환경혁신형 메커니즘은 주체의 선도적 비전과 역량을 필요로 하므로, 그러한 능력을 가진 경영자를 찾기 위해 소니 경영진의 교체가 자주 발생한 것이다.

6) 자원적응 메커니즘: 자원(R) – 환경(E) – 주체(S)[금수저형]

자원적응 메커니즘은 기존의 자원을 주어진 조건으로 하여 주체가 소극적으로 환경을 활용하는 메커니즘이다. 자원적응 메커니즘은 고객선호가 급변하는 시장에서는 적절하지 않으나, 선호가 일정히 유지되는 시장에서는 오히려 비용효율적인 장점이 나타난다. 코카콜라는 120년이 넘은 기간에 구축한 브랜드가치를 활용하여 주어진 환경 속에서 보수적인 시장유지 전략을 쓰고 있다.

금수저 형은 부유하거나 사회적 지위가 높은 부모 밑에서 풍요로운 경제적, 사회적 자원 조건을 누리는 사람이다. 태어날 때 부모를 잘 만난 사람이라는 점에서는 환경을 잘 만난 행운아의 한 유형이다. 다만 여기서는 부모를 시대나 사회와 같은 환경과 달리 자원으로 분류하기로 하고, 금수저를 자원적응(RSE) 메커니즘의 예로 든다.

RES 메커니즘의 대표사례: 주력제품에 의존하는 코카콜라(Coca Cola)

코카콜라는 1886년 애틀랜타의 약제사인 J.S. 펨버턴 박사가 고안한 코카의 잎, 콜라의 열매, 카페인 등을 주원료로 하는 청량음료인 '코카콜라'의 제조법을 지금까지 사용하고 있다. 전 세계 사람들은 한 세기가 넘는 기간 동안 코카콜라 특유의 달콤하면서 동시에 떫고 톡 쏘는 맛에 길들어 왔다.

한때 코카콜라는 새로운 콜라 제조법을 고안하여 만들어 낸 'New Coke'를 선보이기도 했다. 1985년 4월에 판매에 들어간 New Coke는 블라인드 테스트에서 경쟁사인 펩시콜라나 기존의 코카콜라보다 소비자들로부터 맛이 더 좋다는 평가를 받았다. 결국, 당사는 기존 코카콜라 제품을 New Coke로 전면 대체하고자 했는데, 소비자들의 반응은 매우 부정적이었다. 100년 가까이 기존 제조법에 의해 생산된 코카콜라의 맛에 길들어 있었던 소비자들은 옛 코카콜라를 그리워했고 결국 당사는 다시 기존 코카콜라 제품에 주력할 수밖에 없었다. 그 결과 New Coke는 역사의 뒤안길로 사라졌다.

이렇듯 한 세기가 넘는 동안 코카콜라의 핵심 제품군인 콜라에는 코카콜라 제로 등의 후속 제품이 등장한 것을 제외하고는 큰 변화가 없었으며, 다른 부문에서도 환타 등의 기타 청량음료가 제품 포트폴리오에 추가된 점 정도가 그나마 변화라고 부를 만한 것이었다. 후발주자인 펩시와의 마케팅 경쟁과 전 세계적인 체인망 확대절차를 제외하면 경영환경에 있어 불확실성은 미미했다고 볼 수 있으므로 변화가 적었던 것은 당연한 일인지도 모른다. 코카콜라의 맛이 지닌 중독성과 가격경쟁력, 대중성은 고객충성도에 의한 지속적인 독점력의 원천이었으므로 생산과 판매 증대가 회사의 초점일 수밖에 없었다.

코카콜라는 매력적인 주력 제품(R)을 보유하고 있어, 이러한 자원의 이점을 최대한 활용할 수 있도록 환경(E)을 적절히 보수 및 활용하는 모습을 보인다. 즉, 근본적으로 사업 영위 분야를 새롭게 개척하거나 새로운 고객층으로 교체하는 것이 아닌, 종래의 고객층을 조금씩 확장해 나가는 전략을 구사한 것이다. 이는 자원을 기반으로 하여 환경을 적절히 보수 및 활용하는 RES(자원적응형) 메커니즘이다.

6.4.2. 6가지 순열 메커니즘의 특징과 활용

앞에서 제시한 6가지 순열 유형은 각기 독창적인 메커니즘을 만드는 데 기여한다. 그러나 이들의 성격은 〈표 6-3〉과 같이 크게 창조형, 혁신형, 적응형 메커니즘으로 재분류할 수 있다. 즉, SER과 SRE는 창조형 메커니즘으로, RSE와 ESR은 혁신형 메커니즘으로, RES와 ERS는 적응형 메커니즘의 성격을 가진다. 창조형 메커니즘의 특징은 주체(S)가 환경(E)과 자원(R)을 선도한다는 점이다. 반면 혁신형 메커니즘의 특징은 주체(S)가 환경(E)과 자원(R) 사이에서 중간자 역할을 한다는 점이다. 마지막으로 적응형 메커니즘의 특징은 주체(S)가 환경(E)및 자원(R)의 역할에 이끌려 수동적인 모습을 보인다는 점이다.

주체가 제일 앞에 나와서 환경과 자원을 창조하는 창조형 메커니즘은 기존의

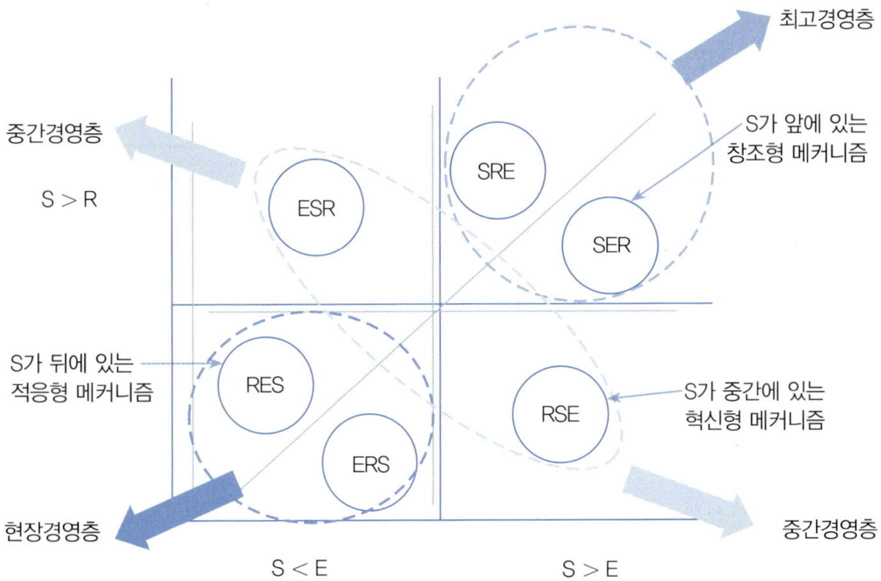

표 6-3 ▸ 경영층이 사용하는 메커니즘의 분포: 전통적인 견해

주어진 것과 무관하게 새로운 것을 만든다는 측면에서 무(無)에서 유(有)의 창조이다. 즉, 기존의 것을 새로이 한다는 의미인 혁신(革新)과는 다르다. 창조형 메커니즘에는 환경을 먼저 창조한 다음 자원을 뒤따라오게 하는 환경창조(SER) 유형과 자원을 먼저 창조한 다음 환경을 뒤따라오게 하는 자원창조(SRE) 유형이 있다.

창조형 메커니즘이 주체가 가진 강력한 비전으로 환경 및 자원을 새롭게 창조하는 유형을 지칭한다면, 혁신형 메커니즘은 주어진 환경 혹은 자원을 바탕으로 주체가 기존의 자원 및 환경을 혁신하는 경우를 가리킨다. 즉, 무(無)에서 유(有)의 창출이 창조형 메커니즘에 해당한다면, 구(舊)에서 신(新)으로의 쇄신이 혁신형 메커니즘에 해당한다. 혁신형 메커니즘에는 주어진 환경 아래에 기존 자원을 혁신하는 자원혁신(ESR) 유형과, 주어진 자원을 활용하여 기존 환경을 혁신하는 환경혁신(RSE) 유형이 있다.

창조형 메커니즘이 무(無)에서 유(有)의 창조, 혁신형 메커니즘이 구(舊)에서 신(新)으로의 혁신이라면, 적응형 메커니즘은 구의 유지 및 활용을 의미한다. 혁신형 메커니즘은 기존의 환경이나 자원을 새로운 것으로 재탄생시키는 반면, 적응형 메커니즘은 환경과 자원 중 하나를 유지하면서 다른 하나를 활용한다. 적응형 메커니즘에는 주어진 환경 하에 기존 자원을 유지, 활용하는 환경적응(ERS) 유형과, 주어진 자원을 활용하여 기존 환경을 유지, 활용하는 자원적응(RES) 유형이 있다.

이 6가지 순열 메커니즘은 그룹에 따라 기대 성과에 상대적 차이가 있다. SER, SRE 유형과 같이 주체가 선도적으로 환경 혹은 자원을 창조하는 창조형 메커니즘을 운용하는 기업은 높은 성장성을 보인다. ESR, RSE 유형과 같이 주어진 환경이나 자원의 기반 위에서 주체가 자원이나 환경을 크게 변화시키는 혁신형 메커니즘을 운용하는 기업은 수익성에 집중하는 성향을 보인다. E-R-S, R-E-S 유형과 같이 주어진 환경과 자원의 기반 위에서 주체가 수동적으로 상황에 맞추는 적응형 메커니즘을 운용하는 기업은 창조적이거나 혁신적이기보다는 보수적인 활동을 이끌기 때문에 안정성에 집중하는 성향이 있다.

이 6가지 메커니즘은 제각기 전사적인 수준에서 활용될 수 있다. 그러나 실제 기업에서는 다양한 수준에서 적합한 메커니즘이 활용되는 것이 보통이다. 전통적인 견해로는 CEO를 위시한 소수의 임원으로 구성된 최고경영층의 전사적 수준에서의 전략적 의사결정에 창조와 관련된 순열로 분류되는 환경창조(SER) 메커니즘과 자원창조 (SRE) 메커니즘이 주로 사용되는 데 반해, 관리자들로 이루어진 중간경영층은 관리적 효율성의 개선과 관련된 환경혁신(RSE) 메커니즘과 자원혁신(ESR) 순열을 주로 사용한다. 기업 내의 절대 다수를 구성하는 실무담당자들은 최고경영층의 전략적 의사결정과 중간경영층의 관리계획에 의해 설정된 성과 수준을 지속적으로 충족시키고 유지하기 위한 환경적응(ERS) 및 자원적응(RES) 메커니즘에 따라 업무를 처리하게 된다.

그러나 〈표 6-3〉에 보인대로, 경영층의 위계에 따라 메커니즘의 선택이 달라진다는 주장은 전통적인 견해에 불과하다. 최고경영층만 창조형 메커니즘을 사용하고 중간경영층이나 현장경영층은 창조형 메커니즘을 사용할 수 없다는 단정적 견해는 오늘날과 같이 창조가 일상용어가 된 상황에서 받아들이기 어렵다. 중간경영층이나 현장경영층에서도 창조형 메커니즘을 활발하게 사용해서 창조적 행위를 얼마든지 일으킬 수 있다. 혁신형 메커니즘 역시 중간경영층이 독점할 필요도 없고 독점해서도 안된다. 최고경영층이라 할지라도 새벽부터 밤까지 창조적 행위만 하는 것은 아니다. 이들도 혁신적 행위, 적응형 행위를 끊임없이 일으킬 것이다. 따라서 〈표 6-4〉에서 보듯이 최고경영층, 중간경영층, 현장경영층 관계없이 모든 경영자가 사용하는 다양한 메커니즘을 분류해 보면 창조형 메커니즘이 일부, 혁신형 메커니즘이 일부, 적응형 메커니즘이 일부가 될 듯하다.

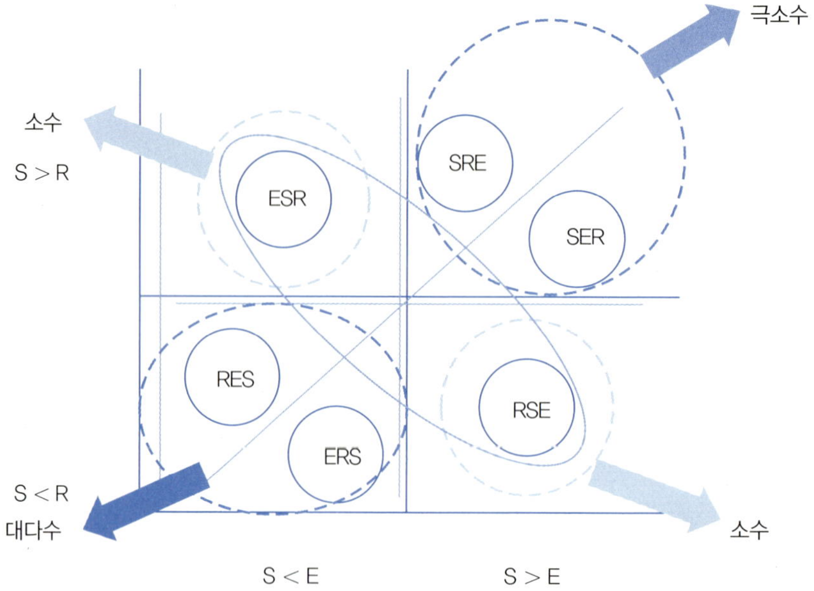

표 6-4 ▸ 경영층이 사용하는 메커니즘의 분포: 새로운 견해

6.4.3. 6가지 순열 메커니즘의 공간적 연계

이번에는 최고경영자, 중간경영자, 현장경영자로 구성된 피라미드형 위계조직 안에 동시에 존재하는 여러 가지 메커니즘이 상하로 연계되는 모습에 대해 검토해보자.

6가지 순열 메커니즘은 앞에 내세운 환경과 자원을 기준으로 두 그룹으로 나눌 수 있다. 편의상 여섯 가지 메커니즘에 (1) ~ (6)의 번호를 붙이자. 그러면 환경을 앞세운 (1) 환경창조 메커니즘, (3) 환경혁신 메커니즘, (5) 환경적응 메커니즘이 첫째 그룹, 자원을 앞세운 (2) 자원창조 메커니즘, (4) 자원혁신 메커니즘, (6) 자원적응 메커니즘이 둘째 그룹이 된다. 이 두 가지 그룹을 '환경주도 메커니즘'과 '자원주도 메커니즘'으로 부르자. 그리고 각 메커니즘에 해당하는 주체에 1에서 6까지 번호를 붙이자. 즉, (1) 환경창조 메커니즘의 주체는 주체1, 같은 방식으로 해서 (6) 자원적응 메커니즘의 주체는 주체6이 된다.

피라미드형 위계조직에서는 두 그룹의 메커니즘 중 하나가 주도할 때 안정적이고 효율적인 경영이 이루어진다. 우선, 환경주도 메커니즘이 지배적인 환경주도형 조직을 보자. 이 조직의 최고경영자인 주체1이 (1) 환경창조 메커니즘에 기반을 둔 비전을 가지고 창조적인 산업 환경을 개척한 결과 새로운 조직 자원을 창조적으로 개발하면(SER), 주체1의 산하에 있는 중간경영자인 주체3은 주체1이 창조적으로 개발한 조직 자원을 활용해서 시장 환경을 혁신적으로 개척한다(RSE). 주체3의 산하에 있는 현장경영자인 주체5는 주체1이 창조적으로 개척한 산업 환경과 주체3이 혁신적으로 개발한 조직 자원을 활용해서 현장에 적응한다(ERS).

다음으로, 자원주도 메커니즘이 지배적인 자원주도형 조직을 보자. 이 조직의 최고경영자인 주체2가 (2) 자원창조형 메커니즘의 기반을 둔 비전을 가지고 창조적인 조직 자원을 개발한 결과 새로운 산업 환경을 창조적으로 개척하면(SRE), 주체2의 산하에 있는 중간경영자 주체4는 주체2가 창조적으로 개척한 산업 환경 속에서 새로운 자원을 혁신적으로 개발한다(ESR). 주체4의 산하에 있는 현장경영자인 주체6은 주체2가 창조적으로 개발한 조직 자원과 주체4가 혁신적으로 개척한 산업 환경을 활용해서 현장에 적응한다(RES).

이같이 피라미드형 위계 조직에서 이루어진 6가지 순열 메커니즘 간에 연계에서 다음과 같은 모델이 만들어진다.

모델 1: 환경주도형 조직 내의 메커니즘간 연계

환경주도형 조직 내의 메커니즘간 연계: 주체1이 (1) 환경창조 메커니즘(SER)으로 만든 자원(R)을 기반으로 해서 주체3이 (3) 환경혁신 메커니즘으로 환경(E)을 만들어 내면(RSE), 주체5가 (5) 환경적응 메커니즘으로 적응한다(ERS).

모델 2: 자원주도형 조직 내의 메커니즘간 연계

주체2가 (2) 자원창조 메커니즘(SRE)으로 만든 환경(E)을 기반으로 해서 주체4가 자원혁신 메커니즘으로 자원(R)을 만들어 내면(ESR), 주체6이 (6) 자원적응 메커니즘으로 적응한다(RES).

6.4.4. 6가지 순열 메커니즘의 시간적 전환

〈표 6-5〉는 메커니즘이 SER → ERS → RSE → SER, 또는 SRE → RES → ESR → SRE로 변화하는 성공적인 메커니즘 전환과정을 보여준다. 주체(S)의 비전에 의한 환경창조(SER) 메커니즘은 새롭게 만들어진 환경(E) 속에서 자원을 주체가 소극적으로 활용하는 환경적응(ERS) 메커니즘으로 이어지고, 이 과정에서 확보한 자원(R)을 활용해서 그다음 단계에서 환경혁신(RSE) 메커니즘으로 나아가게 된다.

성공적인 변화과정의 또 다른 예를 보자. 주체(S)가 철저한 준비를 해서 자원(R)을 창조적으로 확보한 후 그 결과에 의하여 환경을 창조하는 자원창조(SRE)

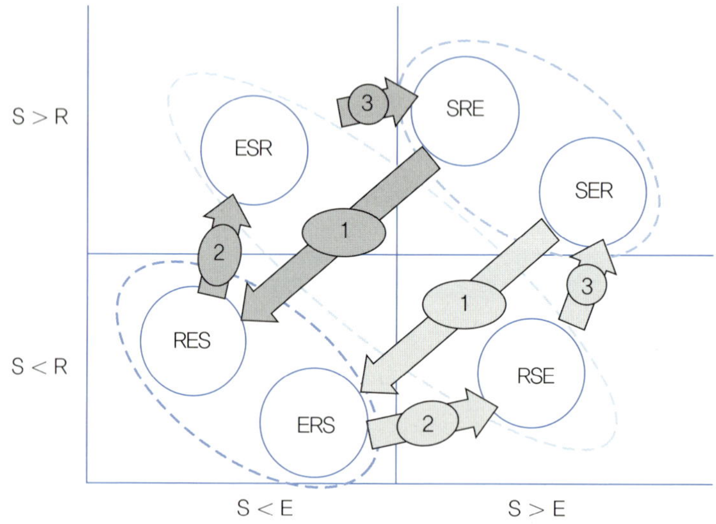

표 6-5 ▶ 메커니즘의 변화 유형: 성공 모델

메커니즘은 새롭게 갖추어진 자원을 활용하여 주체가 새롭게 창조한 환경을 소극적으로 활용하는 자원적응(RES) 메커니즘을 거쳐서 확보된 환경을 활용하여 주체가 적극적으로 자원을 갖추는 자원혁신(ESR) 메커니즘으로 나아가게 된다.

메커니즘이 전환하는 유형에도 성공 모델이 있는가 하면 실패 모델도 얼마든지 있다. 〈표 6-6〉에 보인 것처럼 환경창조(SER)나 자원창조(SRE)로 시작한 창조형 메커니즘이 환경적응(ERS), 자원적응(RES)이라는 적응단계를 거친 다음 환경혁신(RSE), 자원혁신(ESR)이라는 혁신형 메커니즘으로 전환하지 못하고 환경적응(ERS), 자원적응(RES)이라는 적응형 메커니즘에서 머물고 만다면 그 기업은 서서히 쇠락하거나 언젠가 갑작스러운 위기를 만났을 때 좌초하고 말 것이다.

〈표 6-5〉와 〈표 6-6〉에 나타난 여섯 가지 메커니즘의 위치, 그리고 이를 기반으로 나타난 다양한 메커니즘의 전환과정은 경영자들에게 어떤 순열에 의한 메커니즘을 구축하는 것이 바람직하고, 이를 위해 어떤 노력을 기울여야 하는지 등에 대한 중요한 시사점을 준다.

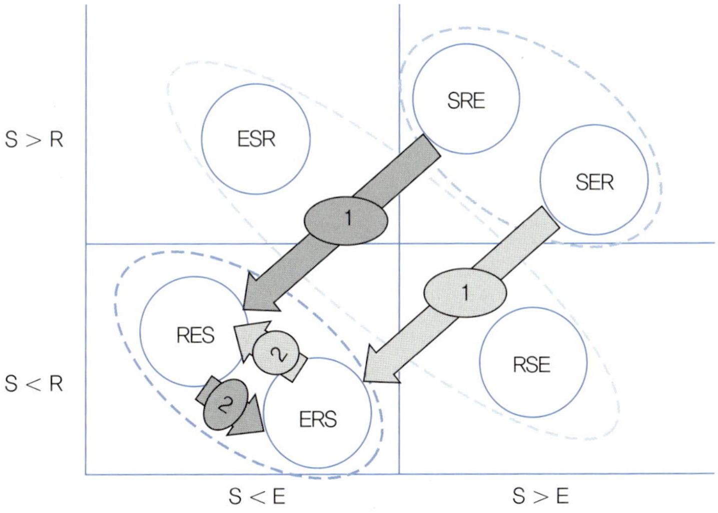

표 6-6 ▸ 메커니즘 변화 유형: 실패 모델

이번에는 중국이 삼국시대였던 기원 3세기 초반에 있었던 적벽대전이란 역사적 사건을 사례로 이용해서 다양한 메커니즘이 어떻게 활용되고 부딪쳤는지 살펴보자.

삼국지를 통한 메커니즘의 고찰

중국 후한 말엽, 대륙 패권을 걸고 위(魏) · 촉(蜀) · 오(吳) 세 국가가 반 세기에 걸쳐 벌인 수많은 전쟁은 〈삼국지연의(三國志演義)〉로 잘 알려졌다. 이 절에선 독자에게 익숙한 3개 국가의 전반적인 메커니즘을 분석하고 특히 적벽대전에 초점을 두어 메커니즘기반관점으로 전투의 양상을 해석해 보자.

삼국의 전반적 메커니즘

위(魏) · 촉(蜀) · 오(吳) 삼국의 전반적인 메커니즘을 분석한 결과는 다음과 같다.

위(魏)군의 전투 메커니즘은 환경혁신(RSE) 유형에 해당한다. 다수의 지상전 경험으로 단련된 정병, 뛰어난 무력을 지닌 장수, 회유한 적장과 세작으로부터 얻은 풍부한 정보를 토대로 조조와 그 참모진은 전략을 수립하여 환경을 창조해 왔다. 황건적의 난이 발생했을 때 황건군에 비해 우세한 군세를 보유하고 있었던 조조군은 병력상의 우위를 활용하기 위해 전면전을 감행하기보다 회유하는 전략을 구가하여 피해 없이 다수의 적병을 휘하에 귀속시켰다. 서기 199년 압도적인 병력을 지닌 원소군이 관도에서 파상적인 공세를 가했을 때도 조조군은 장료와 관우라는 불세출의 명장을 지니고 있었기에 전면전을 피하면서 양 군의 대표적인 장군 간의 1대1 대결을 유도했고 그 결과 적장 안량과 문추의 목을 베어 원소군 선봉을 막았다. 후에 적군의 고위 참모인 허유가 원소군 식량 저장소 위치와 수비하는 적장의 성격에 대한 정보를 가지고 귀순하자 조조군은 식량창고를 급습함으로써 전투를 승리로 이끌 수 있었다.

그에 비해 촉(蜀)은 환경창조(SER) 유형의 메커니즘을 지녔다. 유비는 사람을 감복시키는 인간미가 있었으며 한왕조의 정통 혈통의 후손이었다. 유비의 매력과 정당성은 민심을 그의 편에 서게 했다. 조조가 신야의 유비를 토벌하고자 백만 정병과 함께 출진했을 때 제갈량은 세력의 불리함을 알고 성을 버리고 피난 가야 함을 유비에게 건의했다. 조조에 비하면 유비는 보유한 병력도 일천했고 미래도 불투명했지만 백성은 유비를 믿고 생활터전을 버리고 떠남에 주저하지 않았다. 이처럼 유비를 따르는 백성 덕택에 촉군은 병력을 모집하고 유지하는 데 수월했으며 여러 군웅은 유비군에게 주둔지를 제공하는 등 호의를 베풀었다. 즉, **촉군은 주체 유비의 개인적 특성 덕분에 형성된 우호적인 민심과 같은 환경을 활용하여 자원, 즉, 병력과 주둔지를 창조했다.** 촉은 다른 두 나라에 비해 병력, 무기, 거점이 부족했기 때문에 주로 환경을 활용하는 전략을 수립하고 실행했다. 이같이 촉의 메커니즘은 주체, 환경, 자원 중 주체에 큰 비중을 두었다. 제갈량의 기발한 전략, 유비의 신념이 환경이나 자원에 우선했다. 신야로부터 피난을 떠날 당시 유비의 휘하 장수들은 백성들과 함께 피난하면 이동속도를 더디게 하여 본대를 위험에 빠트릴 우려가 있으므로 백성을 신야성에 두고 이동해야 한다고 주장했으나 유비는 그들의 의견을 받아들이지 않았다. 이처럼 환경과 주체 중 주체의 의견이 크게 반영되는 경우는 촉의 사례에서 다수 찾아 볼 수 있다.

마지막으로, 손권 치하의 오(吳)군은 전형적인 자원혁신(ESR) 메커니즘을 따른다. 오군은 손권의 형인 손책이 강동을 제패한 이래, 장강으로 둘러싸인 이 지역의 지형적 이점을 십분 활용하는 전략을 구가하여 수성(守城)과 수전(水戰)에 초점을 맞춘 병력 체제를 발전시켜 왔다.

메커니즘기반관점에 입각한 적벽대전의 재해석

적벽대전은 위(魏)가 서기 208년 촉(蜀) · 오(吳) 연합군을 정벌하기 위해 백만 정병을 이끌고 장강(長江)을 통해 남하를 시도했으나 실패했던 전투이다. 위군은 모든 함대를 쇠사슬로 고정하는 연환지계(連環之計)를 사용했으므로 화공(火攻)에 취약했다. 이 사실을 간파한 촉 · 오 연합군은 시의적절하게 화공을 펼쳐 위군에 괴멸에 가까운 타격을 입혔다. 결국 위군이 군대를 돌려 한중으로 퇴각함으로써 적벽대전의 막이 내렸다. 기업이 운영하는 메커니즘이 활동과 성과를 결정하듯이 앞서 서술된 세 국가의 메커니즘은 이러한 적벽대전의 세부적 양상과 승패를 결정했다. 먼저 적벽대전의 줄거리를 약술해 보면 다음과 같다.

조조는 천하제패를 위해 백만 병력으로 신야의 유비군을 공격했다. 유비는 두 번에 걸친 방어전에서 승리했음에도 불구하고 막대한 전력차이로 인해 강하로 퇴각했다. 유비를 꺾은 조조는 손권에게도 항복을 종용했으나 제갈량이 강남으로 건너가 손권을 설득하여 위군과 대적하게끔 했다.

잘 훈련된 수군을 보유한 오군은 전투 초기 몇 차례의 소규모 전투에서 승리를 거뒀으나 상당한 병력차이로 인해 전투는 곧 지구전으로 접어들었다. 조조는 휘하 장수 장간이 주유의 옛 친구임을 알고 적진으로 그를 보내 내응하게 했으나 주유는 이 계략을 간파했다. 주유는 오히려 채모와 장윤이 오군과 내통하고 있다는 거짓 정보를 장간 편으로 흘려 보냈고 거짓 정보에 속은 조조는 채모와 장윤이 수전에 조예가 깊음에도 불구하고 그들을 참수했다.

조조는 장간을 재차 적진으로 보냈고 주유는 그를 방통과 만나게 했다. 장간을 통해 조조와 마주하게 된 방통은 뛰어난 언변으로 조조의 마음을 샀고 수중전에 익숙하지 않은 위군의 특성을 강조하며 연환계를 수행하도록 조조를 설득했다. 마침내 연합군이 바라던 바대로 위군의 함대는 모두 사슬로 연결되었다. 주유는 한 덩어리로 연결된 위군 함대가 화공에 취약함을 간파하고 화공을 감행하려 했으나 풍향의 한계로 뜻을 이루지 못하고 있었다.

이때 제갈량은 시기적절하게 남동풍을 불러일으켜 연합군의 화공 수행이 가능해졌다. 이에 따라 주유는 고육지책을 꾀해 조조가 황개의 거짓항복을 믿게끔 했다. 조조군에 항복을 고하며 접근한 황개는 휘하의 20척 전선 내부에 기름과 섶을 가득 채웠다. 이윽고 사슬로 밀접하게 연결된 위군의 함대는 황개의 화공에 전멸에 가까운 타격을 입었다.

적벽대전에서 삼국이 사용한 메커니즘

전술했듯이, 위군은 주어진 병력과 정보 등의 자원에 적합한 전략을 수립 및 활용하여 환경을 창조하는 환경혁신(RSE) 유형의 메커니즘을 운용했다. 이처럼 주어진 병력, 정보에 적합한 전략을 수립하는 메커니즘은 적벽대전에서도 큰 예외 없이 지속되고 있음을 확인할 수 있다. 휘하 장수 장간이 적 총사령관의 오랜 친우라는 사실을 알게 된 조조는 그를 세작으로 삼아 적진에 보냈다. 내통자가 있다는 정보를 얻은 조조는 보안을 위해 내통 혐의가 있는 채모와 장윤을 참수했다. 또한 휘하 병력이 수상전에 익숙하지 못하여 멀미에 시달리고 있자 연환계를 수행했다. 환경혁신(RSE) 유형 메커니즘을 기반으로 한 조조군의 활동은 패배의 동인으로 작용했다.

유비군의 메커니즘은 주체의 선도적 비전과 전략의 토대 위에서 적절한 환경을 이용하여 원하는 자원을 형성하는 환경창조(SER) 유형의 메커니즘이었다. 적벽대전 당시 유비군은 병력도 거점도 보잘것없는 수준이었다. 이에 유비군의 실질적 주체라 할 수 있는 제갈량은 기회를 기다리기보다 동맹을 형성하여 대항해야 한다는 능동적 판단으로 직접 손권이라는 외부 세력을 설득하여 조조군과 맞설 조력자로 삼았다. 제갈량은 병력도 거점도 부족한 촉의 이용가치를 제고하고 오군의 본영으로부터 탈출할 시간을 벌겠다는 목적으로 해당 지역의 풍향과 같은 환경을 활용하여 제를 지내 오군의 믿음을 얻고 시간을 벌었다.

오군은 외부로부터 주어진 기회나 위협을 활용 보완하는 전략을 수립하는 ESR 순열의 메커니즘을 운용해 왔다. 장간이 세작으로 찾아왔음을 간파한 주유는 이를 오히려 기회로 삼아 조조군에 거짓 정보를 흘려 수전에 능한 두 적장을 손쉽게 제거했다. 다시금 장간이 찾아오자 그를 통로로 삼아 방통을 조조와 연결시켰다. 남동풍이 불기 시작하자 고육지책과 화공을 연이어 고안하여 조조군의 함선을 불태웠다.

자원을 토대로 환경혁신(RSE) 메커니즘에 기반을 둔 전략을 수립해 왔던 위군과 달리 오군과 촉군은 환경을 전략의 주된 소재로 활용했다는 점에서 그 공통점을 찾을 수 있다. 다만 오(吳)의 주체는 촉(蜀)에 비해 환경에 대해 수동적인 역할을 견지해 왔다. 주유가 바라는 환경이 주어질 때까지 기다리는 수동적 주체였다면 제갈량은 우선 목표와 계획을 세우고 적합한 환경을 찾아내 활용하는 능동적 주체였다. 이러한 환경에 대한 주체의 자세를 메커니즘 분석에 반영하면, 오군을 자원혁신(ESR) 메커니즘, 촉군을 환경창조(SER) 메커니즘으로 분류할 수 있다.

이와 같이 적벽대전의 사례를 통해 위 · 촉 · 오 삼국의 서로 다른 메커니즘이 전쟁의 양상과 성패에 영향을 주었음을 확인해 볼 수 있다.

6.5. 시간(Time)

시간(Time)은 순열(Permutation)이 정해진 후 이러한 순서가 작동하는 데 관계되는 시간에 관련된 이슈를 의미한다. 4장 '4.2.3 시간'에서 언급한 대로, 기업이 나름의 순서를 결정한 이후 (1) 어느 기간의 관점에서 진행하는가, (2) 어느 정도의 속도로 진행하는가, (3) 어느 시기에 진행하는가, (4) 언제 끝낼 것인가, (5) 시간 간격을 얼마나 두고 진행하는가, (6) 한가지만 진행되는가, 여러 가지가 함께 진행되는가, (7) 여러 가지가 함께 진행되는 경우, 여러 가지가 동시에 진행되는가, 선후관계로 이어지는가, (8) 메커니즘에 참여하는 구성원들의 시간 몰입 정도가 전업인가 부분 참여인가, 이 절에서는 1번에서 5번까지의 시간 관련 이슈를 집중적으로 다룬다. 이 다섯 가지 개념은 〈표 6-7〉에 정리되어 있다.

표 6-7 ▸ 시간(time)의 다섯 가지 개념

시간 축		선택	
1	전망(Vista)	장기적 관점(Long-term)	단기적 관점(Short-term)
2	시점(Timing)	이른(Early), 선도적인(Initiating)	늦은(Late), 후발적인(Following)
3	속도(Speed)	빠른(Fast), 즉각적인(Prompt)	늦은(Slow), 지연되는(Delayed)
4	기간(Duration)	무한하게(Infinite), 지속되는(Continued)	유한하게(Finite), 끝나는 (Discontinued)
5	간격(Interval)	연속적(Continuous)	단속적(Intermittent)

6.5.1. 전망(Vista, Time Perspective)

조직이 해당 메커니즘을 통해서 추구하는 목적이 장기적인 관점(long-term)에서 본 것인가, 아니면 단기적인 관점(short-term)에서 본 것인가에 따라 메커니즘을 나눌 수 있다.

(1) 장기적 관점(long-term perspective): 메커니즘은 장기적 관점에서 접근하는 것이

일반적이다. 클린턴 대통령이 1999년에 폐기한[1] 글래스-스티걸 법(Glass-Steagal Act: 상업은행이 투자은행과 합병되는 것을 막는 장치로 은행예금을 보호하기 위한 법)을 2009년에 미국 정부가 다시 살리려고 시도했는데[2] 이는 미국 금융산업의 재무건전성을 도모하기 위한 장기적 목적의 메커니즘이었다.

(2) 단기적 관점(short-term perspective): 그러나 예외적으로 단기적인 관점에서 메커니즘을 구축하는 경우도 있다. 2009년 미국 오바마 대통령이 AIG를 비롯한 투자은행들에게 정부자금 870억 달러를 긴급 융자해 준 것은 당장의 금융위기가 파국으로 가는 것을 막으려는 단기적 목적의 메커니즘이었다.[3] 그러나 좀더 엄격히 해석한다면 장기적인 관점에서 시도한 메커니즘이 사전 계획과 달리 단기적인 효과만을 내거나 장기적인 효과를 내지 못한 경우가 더 많을 듯 하다.

6.5.2. 시점(Timing, Starting time, Moment of occurrence)

메커니즘이 작동하여 실행되는 시점이 이른가(early), 적절한가(timely), 늦은가(late)에 따라 메커니즘을 나눌 수 있다. 비슷한 개념으로 메커니즘이 작동하는 시점을 경쟁자와 비교해 볼때 선도적인가(initiating), 후발적인가(following)에 따라 메커니즘을 나눌 수도 있다.

---

1 Provisions that prohibit a bank holding company from owning other financial companies were repealed on November 12, 1999, by the Gramm-Leach-Bliley Act. http://en.wikipedia.org/wiki/Glass%E2%80%93Steagall_Act.

2 In mid-December of 2009, Republican Senator John McCain of Arizona and Democratic Senator Maria Cantwell of Washington State jointly proposed re-enacting the Glass-Steagall Act, to re-impose the separation of commercial and investment banking that had been in effect from the original Act in 1933, to the time of its initial repeal in 1999.[20] Legislation to re-enact parts of Glass-Steagall was also introduced into the House of Representatives. Banks such as Bank of America have strongly opposed the proposed re-enactment. On January 21, 2010, Barack Obama proposed bank regulations similar to some parts of Glass-Steagall in limiting certain of banks' trading and investment capabilities. The proposal was dubbed 'The Volcker Rule', for Paul Volcker, who has been an outspoken advocate for the reimplementation of many aspects of Glass-Steagall and who appeared with Obama at the press conference in support of the proposed regulations. http://en.wikipedia.org/wiki/Glass%E2%80%93Steagall_Act.

3 Treasury Secretary Timothy Geithner is telling Congress that the administration believes the final cost of the government's heavily criticized financial bailout effort could be as low as $87 billion. http://www.msnbc.msn.com/id/36742144.

(1) 이른 시점(early timing)

(2) 늦은 시점(late timing)

(3) 선도적 시점(initiating moment)

(4) 후발적 시점(following moment)

6.5.3. 속도(Speed, Pace)

메커니즘이 작동하여 실행되는 속도가 빠른가(fast), 느린가(slow)에 따라 메커니즘을 나눌 수 있다. 비슷한 개념으로 작동이 되자마자 실행이 즉각적으로(prompt) 이루어지는가, 작동은 되었는데 실행이 즉각적으로 이루어지지 않고 지연되거나(delayed) 느릿느릿하거나(sluggish) 게으르거나(laggard) 뜸을 들이면서 신중하게(prudent) 이루어지는가에 따라 메커니즘을 나눌 수도 있다. 전자는 실행 자체의 속도이고, 후자는 작동과 실행 사이의 간격이라는 점에서 엄밀하게 보면 다르지만, 후자에서 다루는 간격은 속도로 해석할 수도 있으므로 큰 범주에서 같이 볼 수도 있다.

'시점'이 추진하려는 메커니즘이 실제로 진행되는 시점이 조직에서 의사결정이 이루어진 직후인가, 시간이 어느 정도 흐른 후인가를 나타내는 개념인 반면, '속도'는 이미 진행중인 메커니즘이 추진되는 속도가 어떠한가를 나타내는 개념이다.

(1) 빠른 속도(fast pace): 현대그룹 창업자인 정주영 회장은 '속도 경영(Management By Speed: MBS)'으로 유명하다. 그는 아침 4시 반에 출근하여 5시에 중역회의를 소집한다. 중역들은 6시에 부하들을 모아 중역회의 결정사항을 알려준다. 부하직원들이 즉각 업무를 진행하면 근로자들이 출근하는 8시 전, 그리고 경쟁기업들이 회의를 시작하는 9시보다 훨씬 전에 업무진행 사이클이 한 차례 끝난다. 또 현대그룹의 경영자들은 최고경영자 눈치를 보지 않고 신속하게 의사결정에 임한다. 이런 메커니즘에 근거하여 현대그룹 내의 건설이나 조선 부문은 경쟁기업보다 빨리 공정을 진행하여 최종제품을 조기에 납품함으로써 고객에게 큰 가치를 제공해 주었다. 26만 톤급 유조선을 건조하는 데 걸리는 기간이 일반 조선회사들의 경우 40개월이

지만, 현대중공업은 24개월에 불과하다. 이러한 속도 경영을 통해 고객에게 완성된 배를 16개월 일찍 납품하면 현대중공업은 배를 짓는 과정에 잠겨 있는 시설, 인력, 원자재 재고 비용을 줄일 수 있고, 고객인 선주들은 배를 그만큼 먼저 현장에 투입함으로써 사업성과를 향상시킬 수 있다.

(2) 느린 속도(slow pace)

(3) 즉각적(prompt)

(4) 지연되는(delayed)

(5) 느릿느릿한(sluggish)

(6) 게으른(laggard)

(7) 신중한(prudent)

6.5.4. 기간(Duration, Length of period), 또는 일몰 조건(Sunset condition, Termination time)

메커니즘의 지속 기간은 메커니즘이 작동하여 실행된 다음 종료시점이 없이 무한하게(infinite) 지속되는(continued) 수도 있고, 일정 시점이 지난 후 유한하게(finite) 종료되어 끝나는(discontined) 수도 있다. 전자는 자연스럽게 만들어져 작동하는 메커니즘에서 볼 수 있고, 후자는 주체가 의도적으로 만든 메커니즘에서 볼 수 있다. 예컨대 조직 구성원들이 가진 생각과 보이는 행동으로 구성된 문화는 무한히 지속된다. 반면 한시적인 태스크포스 팀과 같은 부서에서 형성되는 메커니즘은 그 부서의 종료와 함께 사라지게 된다. 경우에 따라서는 의도적으로 메커니즘의 지속기간에 제한을 두는 일몰 조건을 둘 수도 있다.

(1) 무한한(infinite)

(2) (일정 시점이 지난 후에 끝나는) 유한한(finite)

(3) 지속되는(continued)

(4) (종료되어) 끝나는(discontined)

6.5.5. 간격(Interval)

메커니즘이 작동하여 실행되는 간격은 연속적(continuous)일 수도 있고 단속적(intermittent)일 수도 있다. 전자는 일상적인 업무에서 발견되는 반면, 후자는 거대 프로젝트와 같은 경우에서 나타난다. 거대 프로젝트가 일단 완료되면 해당 메커니즘은 비활성화되지만 유사한 프로젝트가 새로 시작될 때 다시 활성화될 수 있다. 이러한 경우를 특히 단속적이라고 할 수 있다.

경영자는 추진하려는 사업의 특성과 성격에 따라 5가지 시간 개념을 고려한 메커니즘을 구축해야 한다.

사례: 시간(Timing)

다음은 삼성과 애플이 급부상하고 노키아가 나락으로 떨어진 2007년부터 2012년 사이 휴대용 통신기기 시장을 살펴봄으로써 삼성, 애플, 노키아 각 사의 메커니즘을 메커니즘의 시간(timing) 차원에서 분석해 보자.

장단기 관점: 애플/삼성의 장기적(Long-term) 메커니즘, 노키아의 단기적(Short-term) 메커니즘

종전까지 휴대기기 시장을 주도했던 제품은 하드웨어 기능 중심의 피쳐폰이었다. 10년 이상의 기간 동안 노키아(Nokia)는 휴대용 통신기기 시장점유율의 절반 이상을 차지하며 피쳐폰의 일인자로 군림해 왔다. 그러나 이처럼 피쳐폰이 당연시되던 2007년 1월 당시 애플은 새로운 라인의 피쳐폰 대신 CEO 스티브 잡스의 비전에 따라 아이폰을 출시했다.

삼성 이건희 회장은 "우리가 영위하고 있는 사업은 10년 후면 사라지게 마련이다"라는 신념으로 현재보다 미래를 준비하는 자세를 강조해 왔다. 삼성전자 역시 현재 영위하고 있는 사업에만 고집과 신념을 가지고 집중하기보다 유망할 것으로 예상하는 다양한 사업분야에 진출해 왔고 그 과정에서도 R&D에 투자하기를 게을리하지 않았다.

노키아는 이미 2000년대 중반 스마트폰을 개발했을 정도로 미래를 내다보았지만 단기적인 메커니즘에 집착하여 피처폰에 집중함으로써 결국 도태되고 말았다.

시작 시점: 애플의 선도적(Early) 메커니즘, 삼성의 후발적(following) 메커니즘, 노키아의 늦은(Late) 메커니즘

2007년 1월 애플의 선도적인 아이폰 출시로 피쳐폰 중심이었던 휴대기기 시장은 스마트폰 중심으로 변화하기 시작했다. 삼성전자는 2008년 8월 옴니아를 출시하면서 애플에 뒤이어 후발적으로 스마트폰 제품 개발에 뛰어들었다. 노키아는 2000년대 중반 시범적으로 스마트폰을 개발하고 테스트해 본 결과 "소비자는 터치스크린을 좋아하지 않는다"는 결론을 이미 내린 탓에 삼성보다 대응이 늦었다. 노키아는 애플의 스마트폰 출시를 방관하고 있다가 실적이 갈수록 악화되었다. 2009년에 이르러서야 더 피처폰엔 희망이 없음을 지각하고 기존의 사업부에서 스마트폰 사업부를 분리하여 운영하기 시작했다.

스마트폰 뿐 아니라 태블릿 PC시장에서도 애플은 선두주자였다. 애플은 스마트폰의 성공에 안주하지 않고 축적된 기술력을 활용하여 2010년 4월 아이패드를 내놓으면서 태블릿 시장을 창조했다. 7개월 후인 2010년 11월 삼성은 갤럭시탭을 내놓으며 애플의 뒤를 따랐다. 이처럼 애플은 스마트폰 및 태블릿 PC시장에 타사보다 먼저 진출했고 삼성은 곧이어 이를 뒤따랐다. 노키아는 삼사 중 가장 늦게 진출했다. 애플의 메커니즘은 상대적으로 빠르고(early) 선도적(initiating)이었던 반면, 삼성은 후발적(following)이었고, 노키아는 가장 늦었다(latest).

속도: 삼성의 빠른(Fast) 메커니즘, 애플/노키아의 느린(slow) 메커니즘

애플 아이폰 3GS의 경쟁제품 삼성 갤럭시 S의 출시일, 아이폰 4의 경쟁제품 갤럭시 S2의 출시일을 각각 비교해 보면 시간이 경과함에 따라 삼성의 제품수준이 애플을 빠르게 추격했고 2011년 후반기부터는 애플의 수준을 넘어섰음을 확인할 수 있다. 애플은 2009년 6월 아이폰 3GS를 시장에 내놓았다. 그로부터 1년 후 2010년 6월 아이폰 3GS의 수준을 한 차원 뛰어넘은 아이폰 4를 출시했다. 아이폰 4 출시 1주일 후에야 삼성의 갤럭시 S가 출시되었는데, 갤럭시 S가 아이폰 3GS급으로 소비자에게 인식되는 점을 고려하면 2010년 당시 애플과 삼성의 제품 수준 차이는 일자로 환산할 경우 1년이 넘었다.

아이폰 4 출시 10개월 후인 2011년 4월 삼성이 갤럭시 S2를 선보이면서 2011년 전반기 양사 간 제품 격차는 10개월로 줄어들었다. 애플은 아이폰 4를 뛰어넘는 혁신적인 제품을 곧 출시할 것이라는 시장의 예상과는 다르게 2011년 10월에야 아이폰 4의 성능을 개선한 버전에 불과한 아이폰 4S를 출시했다. 그리고 삼성의 갤럭시 S2 LTE와 갤럭시 S2 HD가 보름 후 출하되면서 2011년 후반 삼성은 애플과 비등한 제품수준을 이루었다. 2011년 당시 삼성의 미국 특허등록건수 증가율은 8%로, 세계 1위 특허등록 업체인 IBM의 특허증가율인 5%의 두 배 가까운 수준이었다는 사실은 삼성이 빠른 메커니즘을 보유했다는 사실을 보여준다. 삼성은 100억 달러(10조 원)에 가까운 과감한 R&D 투자를 통해 애플과 같은 선두업체와의 기술 및 제품 격차를 재빠르게 줄일 수 있었다. 메커니즘 차이를 증명하는 또 하나의 예는 제품 출시 간격이다. 애플은 제품 하나를 제작하는 데 있어서 심혈을 기울여 오랜 준비기간을 들인다. 노키아 역시 마찬가지다. 각 사의 제품 출시일을 비교해 보면 메커니즘의 속도 차이는 보다 명확해진다. 삼성은 2008년 스마트폰 시장에 진입한 이래 평균 88일 간격으로 제품 하나를 출시한 반면 애플은 6개월 간격으로 제품을 출시했다.

2010년 무렵 노키아는 확장성에 한계가 있던 기존의 운영체제(OS)인 심비안을 포기하고 윈

도우로 OS를 전환할 준비를 하고 있었는데, OS 선택에 대한 종업원 간 내부 갈등이 불거지면서 신제품 개발 등이 지지부진했다. 위의 결과를 종합해 보면, 삼성은 빠른(fast) 메커니즘을 보유했던 반면 애플과 노키아는 느린(slow) 메커니즘을 지녔음을 확인할 수 있다.

지속 기간: 애플/노키아의 유한한(Finite) 메커니즘, 삼성의 무한한(Infinite) 메커니즘

2011년 10월 5일 스티브 잡스의 타계와 함께 애플은 잡스가 창출한 메커니즘을 버리고 팀 쿡(Timothy D. Cook)이 만들고 있는 새로운 메커니즘을 받아들이고 있다. 노키아 역시 2010년 9월 21일 올리-페카 칼라스부오(Olli-Pekka Kallasvuo)가 퇴임하고 스티븐 엘롭(Stephen Elop)이 새로운 CEO로 취임하면서 기존 메커니즘을 포기하고 2013년 9월 휴대폰 사업 전체를 마이크로소프트(Microsoft)에 매각했다.[4] 삼성전자는 그동안 CEO가 여러 차례 바뀌었지만 실질적인 지도자인 이건희 회장이 건재한 덕분에 같은 메커니즘을 장기간에 걸쳐 유지해오고 있다.

시간 간격: 삼성/애플의 단속적(Intermittent) 메커니즘, 노키아의 연속적(Continuous) 메커니즘

삼성과 애플은 기회가 보이는 곳에 재빠르게 진출했다. 피쳐폰 산업에서 스마트폰 산업으로, 데스크탑 PC에서 태블릿 PC로 사업을 전환하는 양 사의 모습은 기존 프로젝트의 연속성을 중시하여 피쳐폰을 고수했던 노키아와는 사뭇 다르다. 환경의 불확실성이 낮았던 과거 연속적 메커니즘은 보다 비용효율적인 측면이 있었다. 그러나 환경은 갈수록 급변하고 있으므로 기존 사업을 유지하다 기회를 잃을 수 있는 연속적인 메커니즘보다 새로운 방식으로 탈바꿈하는 단속적 메커니즘이 기업에 요구되고 있다. 다만 새로운 사업, 새로운 조직으로의 변화를 유발하는 단속적인 메커니즘에는 위험부담이 크다는 단점이 있으므로 이 메커니즘이 항상 옳은 답이라 보기는 어렵다.

위의 내용을 정리하면, 2007년부터 2011년 사이 애플은 Long-term/Early and initiating/Slow/Finite/Intermittent한 메커니즘, 삼성은 Long-term/Following/Fast/Infinite/Intermittent한 메커니즘, 노키아는 Short-term/Late/Slow/Finite/Contiunous한 메커니즘을 운용했으며, 이는 각 기업 성과에 의미있는 차이를 가져왔다.

(1) 연속적(continuous)

(2) 단속적(intermittent)

---

4 http://en.wikipedia.org/wiki/Nokia.

6.6. 사례로 보는 메커니즘 유형

위의 내용을 토대로 〈표 6-8〉에 있는 체크리스트의 빈칸을 채워 나가면서 메커니즘을 창조해 보고, 아래의 다양한 사례분석을 참조하여 메커니즘을 구체화해 보자.

표 6-8 ▸ 메커니즘 창조를 위한 체크리스트

체크리스트	요소	
조합 (Combination)	주체(S) -리더십 스타일 -리더의 위치 -기타	______
	환경(E) -정부 -사회 -경쟁자 -협력자 -고객 -공급자 -기타	______
	자원(R) -인력 -자본 -기술 -설비 -시스템 -조직문화 -기타	______
순열 (Permutation)	환경창조 메커니즘(SER)	□
	자원창조 메커니즘(SRE)	□
	자원혁신 메커니즘(ESR)	□
	환경혁신 메커니즘(RSE)	□
	자원적응 메커니즘(RSE)	□
	환경적응 메커니즘(ERS)	□
시간 (Time)	장기적 관점(long-term), 또는 단기적 관점(short-term)	
	이른(early), 선도적인(initiating), 또는 늦은(late), 후발적인(following)	
	빠른(fast), 즉각적인(prompt), 또는 늦은(slow), 지연되는(delayed)	
	무한하게(infinite),지속되는(continued), 또는 유한하게(finite), 끝나는(discontinued)	
	연속적(continuous), 또는 단속적(intermittent)	

이 절에서는 주체, 환경, 자원의 조합(combination), 6가지의 순열(permutation), 5가지의 시간(time) 선택을 통해 형성된 여러 메커니즘을 실제 사례에서 찾아보자. 여기에 소개되는 사례 14개는 독자가 소속된 조직에 필요한 메커니즘을 이해하고, 가장 바람직한 메커니즘을 창조하는 데 도움을 줄 것이다. 다만 독자들의 직관적인 이해를 돕기 위해 조합에서 세부적인 고려요소까지 분석하지 않고 시간도 5가지 차원이 아닌 장단기 전망과 속도 두 가지로 분석하는 등 조합과 시간은 가능한 한 간략하게 제시한다.

사례 01 포스코

포스코는 1968년 박정희 대통령의 임명을 받은 박태준 회장이 창업하여 한국의 산업화에 필요한 철강 자재를 공급하는 동시에 세계 철강산업에서 조강 기준으로 3위, 생산성으로 1위인 경쟁력 있는 기업으로 자리매김했다. 2013년 기준으로 매출액 61.9조 원과 순이익 3.3조 원을 올린 초우량 국민기업이다.

이 사례연구에서는 포스코 창립 이후부터 2014년까지 진행한 여러가지 프로젝트 중 사원 주택단지 조성 활동, 포스코건설 설립, 환경방침 제정, 중국 장가항 진출, 포스코 봉사단 창단, QSS 실행, CoP 실행 등 7가지를 골라 각 프로젝트에 내재하는 메커니즘을 분석한 후, 이를 종합해서 포스코 특유의 메커니즘을 찾아낸다.

1) 사원 주택단지 조성 활동:

1968년, 박태준 당시 포항제철 사장은 제철소 건설을 위해 500명이 넘는 고아와 노인들을 돌보던 예수 성심수녀회 수녀원을 헐어야 했다. 성직자들을 만나 최대의 복지는 절대 빈곤에서 벗어나는 것이고, 그러기 위해서는 꼭 제철소를 지어야 한다고 간곡하게 설득한 결과 성직자들은 길을 비켜주었다. 그때부터 박태준 사장은 복지 문제에 주의를 기울이기 시작했는데, 당장 급한 것이 사원 복지였다. 사원 복지의 핵심이라고 할 수 있는 의식주와 교육 중에서 주택과 교육은 급여로 해결되지 않는 것이었다. 박태준 사장은 주거가 안정되어야 직원들이 정상적인 업무를 할 수 있고, 직원들이 긴 건설기간 동안 안심하고 현장에 머무를 수 있도록 하기 위해서는 주택 문제와 자녀 교육 문제를 근원적으로 해결해야 하며, 그 방법은 자가주택 제도의 시행뿐이라고 관계기관을 설득하여 자가주택 건립 허가를 받아 내었다.

그러나 당시 포항제철은 운영자금 고갈로 인해 직원들에게 봉급을 지급할 자금도 충분하지 않았기 때문에 사원 주택 부지를 매입할 자금이 없었다. 당시 박태준 사장은 명함 한 장만 들고 은행들을 찾아다녔으나 담보가 없어 퇴짜만 맞았다. 유일하게 한일은행(현 우리은행)의 하진수 행장만이 박태준 사장의 열정을 믿어주어 포항제철은 공장 말뚝도 박기 전에 사원 주택 부지 20만 평을 매입할 수 있었다. 고급 인력 확보와 안정적 근무 여건 마련이라는 박태준 사장의 의지에 따라 주택단지 조성은 적극적으로 추진되었고, 그 결과 만들어진 주택단지는 생산성 향상의 원동력이 되었고 이상적 주거시설의 모델이 되었다.

▶ 유형분석: SER / Long-Fast

박태준 창립 회장(S)이 주거환경 안정이 곧 생산성으로 이어진다는 신념하에 사원 복지에 대한 의지를 갖고 자금이 부족한 상황(E)에서 은행 대출 자금을 이용해 사원 주택단지를 조성함으로써 직원들을 위해 안정적인 근무여건(R)을 마련한 본 메커니즘은 환경창조(SER) 유형으로 볼 수 있다. 또한 자가주택 제도 및 녹지 조성 등 장기적 관점에서 고용 안정과 진정한 사원 복지 혜택을 위한 취지로 시행되었고(Long-term) 자금 조달 및 건축 등 진행 과정에서 강력한 추진력을 바탕으로 빠르게(Fast) 실행했다는 점에서 Long-Fast 유형으로 구분해 볼 수 있다.

2) 포스코건설 설립:

포스코건설은 포스코그룹의 국제화, 세계화 전략의 일환으로 이뤄졌다. 포스코는 당시 UR 타결과 WTO체제 출범에 따른 국제화 세계화라는 시대적 조류에 신속하게 대응하기 위해 1994년 7월 '포스코 비전 2005(POSCO VISION 2005)'를 확정하고 전략사업군 간의 안정적인 성장 체제를 구축함으로써 2005년까지 세계 100대 그룹에 진입하는 것을 목표로 했다. 철강, 엔지니어링건설, 정보통신 부문을 3대 기축사업으로 육성해 매출 34조 원을 달성, 국가 경제의 선진화를 실현하는 데 이바지하겠다는 포스코그룹의 10년 후 미래상을 제시한 것이었다. 이러한 계획에 따라 김만제 회장 시절, 포스코의 엔지니어링본부와 건설본부, 건설 계열사인 거양개발, 엔지니어링 계열사인 포스코엔지니어링(PEC)의 통합작업이 본격적으로 추진되었다. 포스코건설의 출범은 포항과 광양 제철소 건설과정에서 축적한 엔지니어링 및 건설 경험과 인력을 활용해 국내 최초의 종합 E&C(Engineering & Construction) 회사를 설립, 우리나라 엔지니어링 건설산업 발전에 이바지하겠다는 의지의 표명이었다.

▶ 유형분석: SRE-Long / Fast

포스코의 성장이라는 주체의 비전하에 광양제철소 건설 이후 우수한 엔지니어링 인력을 바탕으로 건설업에 진출한 이 경영활동은 김만제 회장의 성장 의지(S)로 시작하여 제철소 건설 경험이 있는 우수 유휴 인력(R)을 활용해 건설업이라는 새로운 시장에 진입하여 시장과 고객을 창출한(E) 자원창조(SRE) 유형으로 분류할 수 있다. 또한 포스코 비전 2005에 근거한 장기적 관점에서 지속적인 성장을 추구하기 위한 활동이었고(Long-term), 계획 수립에서 통합 작업에 이르기까지의 일련의 활동들이 주체의 강한 추진력을 바탕으로 신속하게(Fast) 진행되었다는 점에서 Long-Fast 유형으로 구분해 볼 수 있다.

3) 환경방침 제정:

1992년 브라질의 리우데자네이루에서 개최되었던 UN환경개발회의(UNCED)에서 채택된 리우환경선언을 계기로 환경문제가 지구촌 최대의 현안으로 부각되었다. 특히 1995년 세계무역기구(WTO)가 출범한 이후 환경 문제를 무역과 연계하여 규제하려는 움직임이 전개되면서 기후변화협약 등의 국제적인 환경규제와 국내 환경규제에 대처할 필요성이 높아지게 되었다. 이에 따라 1995년 김만제 회장은 구매부터 서비스에 이르기까지 모든 활동 과정에서 포항제철이 환경보전을 우선으로 한다는 내용의 환경방침을 제정하고 표준화된 환경경영체제를 구축하기로 했다. 전담 추진반을 구성하여 환경관련 업무절차를 표준화한 환경매뉴얼 20개와 환경규정 30개를 제정하고, ISO9002에 따라 운영 중이던 품질규정 중 환경부문에 공통적으로 적용되는 31개 규정을 개정했다. 또한 환경개선의지를 담은 환경방침과 환경목표를 제정하고 이를 이행하기 위한 환경영향분석작업을 거쳐 중장기 환경개선계획을 수립, 추진했다. 환경경영체제의 기틀을 마련한 포항제철은 1996년 환경경영체제 요건에 대한 국제표준 환경규격인 ISO14001 인증을 획득했고, 환경경영체제의 실행을 통해 경쟁력을 강화했을 뿐만 아니라 환경친화적인 기업이미지도 구축했다.

▶ 유형분석: ESR / Long-Fast

리우환경선언을 계기(E)로 광범위하고 체계적인 환경보전 대책이 요구됨에 따라 환경방침을 제정하는 등 체계적인 환경경영의 기반을 구축(R)한 본 경영활동은 환경 보전에 대한 사회적 인식의 증가에 따라 주체가 이러한 환경 규제에 대응하기 위해 환경 방침을 제정한 자원혁신(ESR) 유형으로 분류해 볼 수 있다. 또한 단기적인 문제 해결 관점이 아닌 장기적 관점에서 추진된 지속적인 환경 개선을 위한 활동이었고(Long-term), 환경 방침 제정 및 사내 교육 등 일련의 활동이 신속하게(Fast) 진행되었다는 점에서 Long-Fast 유형으로 구분해 볼 수 있다.

4) 중국 장가항 진출:

1990년대 중반부터 중국 철강 수요가 급격히 증가함에 따라 포스코는 진출 타당성을 조사하기 위해 장가항 프로젝트 추진반을 결성했다. 당시 포스코는 포항제철소에서 만들어 낸 코일을 배로 직접 수송해 해외 자회사로 보냈기 때문에 항구에 공장을 위치시키는 것이 비용 절감에 좋은 방법이었다.

양쯔강이 가진 천혜의 조건에 주목하고 있던 차에 중국 사강집단에서 부지를 제공하겠다고 나섰다. 포스코는 바오스틸을 비롯한 중국 4대 철강회사들이 강하게 반발할 가능성에 대비하여, 사업 범위를 STS 부문으로 줄여 진출하기로 결정을 내렸다. 1996년 7월, 김만제 회장은 포스코와 사강집단 간의 합작계약을 맺었다. 국내 STS 수요보다는 중국 시장의 매력 자체를 보고 내린 결정이었다.

초기에 파견되었던 6명의 포스코인들은 현지 경영자인 정길수 사장뿐만 아니라 리더십을 가진 중국인 직원들도 교육시켜, 장가항을 포스코 중국 사업의 교두보로 만들었다.

▶ 유형분석: ESR / Long-Fast

급성장하는 중국 시장(E) 공략을 위해 주체(S)가 중국 STS 수요 성장을 염두에 두고 자사의 자금 및 인력 자원을 활용(R)하여 장가항에 가공판매법인을 설립한 이 경영활동은 급변하는 중국 시장의 성장과 중국 정부의 진출 제의에 따라 경영진이 부지선정 및 합작사 결정 등 전략적인 의사결정을 내리고 자원과 기술을 활용하여 공장을 설립했다는 점에서 자원혁신(ESR) 유형으로 분류해 볼 수 있다. 또한, 장기적 관점에서 중국 시장의 성장 가능성을 믿고 시작한 투자 의사 결정이었고(Long-term), 장가항 프로젝트 추진반 등을 결성하여 빠르게(Fast) 추진한 활동이었다는 점에서 Long-Fast 유형으로 구분해 볼 수 있다.

5) 포스코 봉사단 창단:

포스코는 기업의 사회공헌 활동에 대한 인식조차 거의 없던 1991년부터 포항과 광양 지역의 마을, 학교, 단체와 자매결연을 하고 봉사활동을 펼쳐 왔는데, 그러던 중 글로벌 기업으로 발돋움하기 위해 지속가능경영을 경영이념으로 채택하면서 보다 체계적이고 전략적으로 사회공헌 활동을 전개하고자 2003년 포스코 봉사단을 창단했다. 포항과 광양, 서울에 지역본부를 두고 해당 지역의 봉사활동을 총괄하도록 했으며, 각 지역 봉사팀과 부서는 자원봉사 중계센터를 통해 해당 지역에 필요한 봉사활동을 수행하도록 했다. 포스코 봉사단은 전사 차원의 봉사활동을 기획 조정하는 역할을 통해 자원봉사 분위기를 확산시켰으며 활동 범위도 전국으로, 또 해외사업장으로 확대했다.

▶ 유형분석: RSE / Long-Fast

포스코는 직원들이 자발적으로 해오던 봉사활동의 질적인 도약을 위해 봉사단을 창단함으로써 보다 다각적으로 사회공헌 활동을 전개할 기틀을 마련했다. 이 경영활동은 직원들이 자발적으로 시작했고(R), 이후 경영진의 인식(S)에 의해 확대되었으며, 결과적으로 포스코에 우호적인 외부환경이 조성(E)되었다는 점에서 환경혁신(RSE) 유형으로 분류해 볼 수 있다. 또한 장기적 관점에서 지속적이고 체계적으로 봉사활동을 수행하기 위한 활동이었고(Long-term), 봉사단 심벌 및 슬로건 제정 등 전사적인 차원에서 빠르게(Fast) 확산된 활동이었다는 점에서 Long-Fast 유형으로 구분해 볼 수 있다.

6) 학습동아리(Community of Practice: CoP) 실행:

2004년 7월 시작된 학습동아리 활동은 제철소를 중심으로 직원들의 자발적 활동에 기반 두어 활발하게 확산되었으며, 모든 직원이 지식근로로 활동하는 업무 추진의 인프라로 자리매김했다. 2005년 학습 동아리는 2,970여 개에 달했고, 가입인원은 5만 3천 명으로, 전 직원이 평균 2.7개의 학습동아리에 참여했다. 2006년 말 포스코 광양제철소에서만 학습동아리의 수가 480개를 넘었다. 학습동아리(Community of Practice: CoP)는 인터넷 카페처럼 직원들이 가입하면 정보를 공유하고 대화할 수 있는 커뮤니케이션의 장으로, 공통 관심을 가진 직원들의 자발적인 학습 공동체이다. 업무를 수행하면서 지식을 창출하거나 개인의 역량을 향상시킬 수 있다는 장점 때문에 학습동아리는 위에 설명한 QSS 활동 실천에서 가장 중요한 수행도구가 되어 왔다. 학습을 통한 활발한 커뮤니케이션을 바탕으로 낭비를 발견하고 이것을 학습활동으로 개선하는 선순환 구조가 만들어지면서, 포스코의 직원들은 누가 시키지 않아도 스스로 개선사항을 찾고 문제를 공유하고 해결하는 자율적인 참여문화를 구축하게 되었다.

▶ 유형분석: ERS / Short-Fast

혁신 체질화 및 변화관리를 중요시하는 시대적 요구(E) 하에 조직원의 자발적인 움직임(R)을 시작으로 각 부문 간에 활발하게 정보 공유가 이루어지면서 새로운 조직문화가 구축되었고, 이러한 결과를 본 경영진(S)에서 학습의 중요성을 더욱 인식하게 되었다. 이 경영 활동은 외부환경 변화에 따라 먼저 조직원의 변화 노력이 있었고 나중에 주체가 이것을 인식하게 된 환경적응(ERS) 유형으로 분류해 볼 수 있다. 또한 장기적 관점보다는 단기적이고 즉각적인 문제 해결을 목적으로 시작된 활동이었고(Short-term) 전 직원들 간의 공감대 형성과 적극적인 동참 하에 빠르게(Fast) 확산된 활동이었다는 점에서 Short-Fast 유형으로 구분해 볼 수 있다.

7) QSS (Quick Six Sigma) 실행:

일하는 방식의 변화를 위해 2002년 도입된 포스코의 6시그마는 제조 및 생산 부문에서 임원급으로 진행되는 경향을 보이면서 전 직원의 참여를 이끌어내거나 일상 개선 활동에 활용하는 데 어려운 점이 많았다. 이 같은 문제점을 개선하기 위해 포스코는 도요타의 TPS 방식을 벤치마킹하여 포스코만의 6시그마를 구축하고자 하는 노력을 시작했고, 그것이 바로 현장에서 쉽게 실천할 수 있는 QSS였다.

QSS는 2005년 먼저 4개의 모델공장을 중심으로 시범 운영한 뒤, 2006년 경영진에서 솔선수범하여 삼현주의(三現主義)[5]를 바탕으로 광양제철소를 중심으로 한

5 삼현주의(三現主義)는 현장 · 현물 · 현실을 중시하는 토요타의 철학이다.

전 제철소로 빠르게 확산시키면서 파일럿 단계를 벗어나 5S활동(정리, 정돈, 청소, 청결, 습관화)을 전사적 차원에서 강력히 실행하게 되었다. QSS는 5S활동과 학습, 그리고 즉실천이라는 3개 축을 중심으로 전개되어 나아갔으며, 이러한 3개 핵심 축을 중심으로 작업환경개선활동, 설비기본개선, 설비효율개선, 전원참여 방식을 목표로 하는 마이머신(My machine) 활동, 운전, 정비 통합화를 통해 전 조직원이 엔지니어 단계에 이르는 베스트플랜트(Best plant)로 발전되었다.

포스코는 글로벌 No.1 제조현장 만들기 마스터 플랜을 통해 실천력 있는 지식 근로자, 새것 같은 설비, 일하기 좋은 작업환경이라는 세 요인을 축으로 전원이 매일 개선, 실천하고 함께 학습하는 재미와 보람이 있는 제조현장을 만드는 것을 최종 목표로 하고 있다.

▶ 유형분석: SRE / Short-Fast

6시그마가 전 직원 참여에 적합한 툴이 아니라는 경영진의 판단(S)하에 포스코는 도요타의 TPS를 벤치마킹했다. 이 과정에서 포스코 현장 직원들의 자발적인 활동(R)으로 보다 융통성 있고 현실감 있는 방법론을 적용하여 자율적 기업환경을 확산시킴(E)으로써 이번에는 타 기업들이 포스코의 QSS를 벤치마킹하게 되었다.

이 경영활동은 경영진의 주도로 진행되었고, 직원들의 자율적인 활동으로 인해 타 기업의 모범이 되면서 새로운 혁신환경을 조성했다는 점에서 자원창조(SRE) 유형으로 분류해 볼 수 있다. 또한 기존 6시그마를 개선하기 위한 단기적 관점의 문제해결형 활동이었고(Short-term), 경영진의 솔선수범 하에 전사적인 차원에서 빠르게(Fast) 확산된 활동이었다는 점에서 Short-Fast 유형으로 구분해 볼 수 있다.

8) 포스코의 전반적 경영 메커니즘

이상에서 포스코의 시기별 경영활동 중 특정 유형에 해당하는 활동을 중심으로 메커니즘 유형을 분석해 본 결과, 1968년 창업 초기에는 사원 주택단지 조성 활동에서 보듯 무에서 유를 창조하는 환경창조(SER) 유형이 나타났다. 성장 시기에는 포스코건설 설립과 QSS 실행에서 보듯 내부 역량에 기반을 두는 자원창조(SRE) 유형이 지배적으로 나타났다. 1990년대 급격한 환경변화와 중국의 부상 속에서 포스코는 환경방침 제정과 중국 장가항 진출에서 보듯 변화에 대한 능동적 혁신을 추구하는 자원혁신(ESR) 유형과 포스코 봉사단 창단에서 보듯 환경혁신(RSE) 유형이 나타났다. 이러한 과정에서 CoP 실행과 같이 내부 구성원들이 자발적으로 새로운 메커니즘을 구축하는 환경적응 (ERS) 유형이 나타나, 포스코 내에 다양한 메커니즘의 생태계가 이루어진 모습을 보여준다.

시간 관점에서는 공기업으로서의 사명감으로 인하여 대부분 장기적 관점에서 의사결정이 이루어졌으며, 창업 초기 제철소 건설과정에서 형성된 메커니즘이 주축을 이루면서 스피드와 실행을 강조한 경영 방식이 메커니즘으로 자리잡았다.

사례 02 유한킴벌리

유한킴벌리는 미국의 다국적기업인 킴벌리클라크와 한국의 제약회사인 유한양행이 7대 3으로 지분을 나눠 가지고 있는 합작회사로서 1970년 출범한 이래 화장지, 기저귀, 여성 생리대를 포함해서 각종 생활건강용품을 판매하여 2013년 기준으로 매출액 1조 3660억 원과 순이익 1356억 원을 낸 초우량 회사이다. 나무를 심고 숲을 가꾸는 '우리 강산 푸르게 푸르게' 캠페인을 1984년부터 이어오며 대내외적으로 밝은 이미지를 선보였고, 양성평등, 산업재해 제로 등의 선진 경영으로 한국에서 가장 존경받는 기업으로 자리매김하고 있다.

이 사례연구에서는 기업 경영을 전략, 인사조직, 기업문화, 마케팅, 국제경영의 다섯 부문으로 나누어, 각 부분 안에 있는 유한킴벌리의 메커니즘을 분석한 후, 이를 종합해서 유한킴벌리 특유의 메커니즘을 찾아내자.

1) 전략부문:

1993년 기저귀와 생리대를 주 업종으로 하는 유한킴벌리의 CEO로 취임한 문국현 사장에게 당시 외부환경은 위협적이었다. 한국은 1995년 창립한 세계무역기구(WTO)의 창립멤버가 되었고, 1996년 경제협력개발기구(OECD)에 가입한 것이다. 이에 따른 국내시장 개방은 다국적 기업들로 하여금 국내에 진출케 했고, 그 선두에 P&G라는 동종업계의 세계적인 다국적 기업이 있었다. 곧 이은 1997년의 경제위기 속에서 유한킴벌리 종업원들은 감원에 대한 우려를 노조활동 강화로 방어했다. 이러한 사태로 인해 유한킴벌리의 시장 점유율은 35%나 하락했다. 특히 P&G의 적극적인 시장 공세로 인해 유한킴벌리는 여성용품 시장에서 사업중단의 위기에 직면했다. 코텍스라는 제품으로 여성용품시장에서 1970년대 시장점유율 100%를 차지했던 유한킴벌리는 P&G의 위스퍼라는 제품으로 인하여 시장점유율의 70%를 내주는 위기를 맞게 된 것이다.

이러한 전사적인 위기상황에서, 문국현 사장은 적극적인 R&D 투자를 하며 신제품 개발에 전력을 다했다. 약 100억 원을 제품 개발비에 투입하고, 소비자 조사를 20회 이상 진행하며, 시제품 생리대를 10만 개 이상 만들어 소비자들에게 사용케 하는 등 소비자에게 다가가는 일관성 있는 노력을 통해 1995년 신제품 화이트를 출시했다. 화이트는 한국 소비자들의 요구가 충실히 반영된 로컬제품으로 개발되었고, 기술 면에서도 그 흡수력이 특허로 등록될 만큼 탁월한 품질을 갖추었다. 이와 같은 노력의 결과로 유한킴벌리는 1998년 이후 생리대 시장에서 주도권을 되찾게 되었다.

▶ 유형분석: ESR / Long-Fast

P&G의 진입과 IMF 경제위기라는 기업 외부환경의 변화(E) 속에 문국현 사장은 막대한 R&D 투자를 통한 신제품 개발이라는 적극적인 시장 대응 의지를 가지고(S) 소비자들의 요구가 충실히 반영된 탁월한 품질을 갖춘 제품을 생산해 낸(R)

자원혁신(ESR) 메커니즘이라고 볼 수 있다. 이 과정은 장기적인 관점에서 진행되었고(Long-term), 그 과정에서 빠르게 대응했기 때문에 ESR / Long-Fast 유형이다.

2) 인사조직 부문:

1990년대 초 우루과이라운드(UR)협상이 본격화되면서 우리나라 상품시장이 개방되고 외국 다국적 기업의 공세가 시작되었다. 해외투자가 자유화되고 외국 기업의 직접투자가 증가하여 산업환경은 급격히 변화하기 시작했고, 유한킴벌리는 새로운 국면을 맞게 되었다. 유한킴벌리의 노동조합은 1994년에 결성되었다. 1990년대에 들어 위기를 겪으면서 임금의 증가가 둔화되고, 다른 기업의 임금수준이 노동조합의 활동으로 큰 폭으로 증가하면서 유한킴벌리 직원들은 상대적인 박탈감을 느끼게 된 것이다. 그러나 노조결성의 보다 근본적인 원인은 노동자들의 경영층과 관리자들에 대한 불신이었다. 직원들은 경영활동이 투명하지 못하다고 느꼈고, 경영자들이 자신들을 대우해 주지 않는다고 생각했다. 1996년 5월 노동조합의 본사 점거 농성으로 인해 유한킴벌리는 노사관계에 큰 위기를 맞았다. 회사의 근본적인 경영환경 변화를 위해 문국현 사장은 경영의 투명성과 윤리성을 강화하기 시작했다. 그 일환으로 매월 회사운영현황 및 경영정보를 설명하는 공개설명회를 실시함과 동시에 정기적으로 비디오사보를 발간하여 직원들에게 회사의 경영정보를 투명하게 공개했다. 경영정보의 공개를 통한 투명경영은 노사 간의 신뢰 구축에 크게 기여했다.

▶ 유형분석: ESR / Long-Fast

산업환경의 변화로 인해 경영환경이 열악해지고 고용시장이 불안해지자(E), 유한킴벌리 내부의 고용인력 역시 큰 우려를 나타내었다. 이러한 변화 속에서 문국현 사장은 노조에 정리해고는 없을 것이라고 약속하는 동시에 경영정보를 전 직원들과 공유하면서 기업의 투명성과 윤리성을 강화했다(S). 이러한 과정을 통해 직원들은 회사에 대해 깊은 신뢰를 가질 수 있었고, 불안한 외부환경에 동요하지 않고 자신의 업무를 수행할 수 있었다(R). 이 메커니즘 역시 자원혁신(ESR) 유형이다. 이러한 일련의 과정은 윤리경영과 투명경영이라는 장기적인 비전의 일환으로(Long-term) 진행되면서도 노사 간의 신뢰를 재빨리 회복하는 결과를 보였다(Fast). 따라서 이 사례의 메커니즘 유형은 ESR / Long-Fast에 해당한다.

3) 기업문화 부문:

1990년대 초반까지 폭발적인 성장을 했던 유한킴벌리는 P&G라는 막강한 경쟁사가 새로운 자재로 신제품을 개발하면서 무너지기 시작했다. 회사의 근본적인 변화가 필요한 시점이었다. 문국현 사장은 내외부적으로 회사 자체를 근본적으로 변화시켜야 한다는 혁신적인 인식을 가지고 직원들이 자율적으로 경영에 참여하여 회사의 성장을 이루어야 한다는 기업 문화를 고취했다. 본인의 경영철학을 비전 2000에 담고 QMP(Quality of Management Process)라는 혁신기법을 추진하면서 조직 역량강화에 힘을 쏟았다. 부문별로 부문 우수 팀(Functional Excellence Teams)을 구성하는 한편, 평생학습을 기치로 내걸고 조직원 역량 개발을 지원했다. 각 팀은 상호 업무협조를 통해 업무효율성, 혁신 및 창조성을 극대화할 수 있는 내부 협업체제를 구축했다. 유한킴벌리는 혁신을 통해 새로운 기업문화를 구축하고, 구성원의 역량강화로 재도약할 수 있는 기틀을 마련한 것이다.

▶ 유형분석: SRE / Long-Slow

문국현 사장(S)은 회사가 장기적 비전을 가지고 성장하기 위해서는 팀 전체의 역량 강화가 필요하다고 생각했다. 내부 협업체제를 성공적으로 구축하고, 체계적이고 꾸준한 직무교육을 통해 기업 체질을 강화함으로써(R), 경쟁이 심해진 시장 환경 속에서도 경쟁자들을 따돌리고 재도약한 것이다(E). 이 메커니즘은 자원창조(SRE) 유형이다. 이러한 일련의 과정은 문국현 사장의 장기적인 비전(Long-term) 위에서 기업 전반에 걸쳐 서서히(Slow) 일어난 변화였다. 그렇기에 이 사례의 메커니즘 유형은 SRE / Long-Slow 유형이다.

4) 마케팅 부문:

1990년대 마케팅 역량이 부족했던 유한킴벌리는 팬티형 기저귀인 풀업스와 토들러 팬츠 제품 런칭에 실패했다. 2000년에 들어 신생아 출산율 급감에 따라 기저귀 시장의 성장이 정지되자 기존 시장에서 새로운 활로를 개척해야 한다는 절박감과 의지가 팽배하게 되었다. 세 번째 도전인 만큼 유한킴벌리는 과거에 비해 철저한 준비를 하여 팬티형 기저귀 시장에 뛰어들고자 했다. 과거 이미 만들어진 시제품에 대한 평가에 집중했던 것과는 달리 제품 디자인, 브랜드, 제품 속성 등 다양한 시장조사를 거쳐 소비자가 팬티형 기저귀에 대해 어떠한 요구를 갖는지에 대해서 면밀히 검토하고, 제품 컨셉의 정제(Refinement) 조사를 하여 걸음마를 성장 개념의 핵심으로 도출했다. 걸음마의 컨셉 도출은 이후의 제품 개발과 제품 포지셔닝, 광고에도 영향을 미쳤다. 가격은 기존 제품과의 차별화를 도모하는 프리미엄급 시장으로 규정하여 일반 기저귀 대비 20% 정도 높게 판매했다. 이와 같은 노력은 결실을 보아 하기스 매직팬티로부터 14% 정도의 새로운 매출을 얻을 수 있었고, 프리미엄 전략으로 일반 기저귀에 비해 높은 투자수익을 달성할 수 있었다. 또한 과거 1~2%에 머무르던 팬티형 기저귀 시장을 17%로 개척하여 향후 지속적인 수익을 거둘 수 있는 계기를 만들게 되었다.

▶ 유형분석: SRE / Long-Slow

유한킴벌리는 기저귀 시장에서 두 번의 팬티형 제품 런칭 실패 끝에 고객의 요구를 충실히 반영한 획기적인 제품을 만들겠다는 각오로 사장단 이하 전 구성원이 의지를 가지고(S), 회사가 가지고 있던 소비자 조사, 신제품 개발, 제품 컨셉 개발, 가격 및 브랜드 정책 등의 마케팅 역량을 총동원하여(R) 경쟁환경을 변화시켰다(E). 이 메커니즘 역시 자원창조(SRE) 유형이다. 세 번의 도전이라는 장기적인 관점에서(Long-term) 이루어낸 결과였으며, 성공을 이끌어 내기 위해 서두르지 않고 서서히(Slow) 그리고 철저하게 시장을 분석하고 접근했다는 측면에서 SRE / Long-Slow 유형으로 볼 수 있다.

5) 국제경영 부문:

2003년 3월 1일, 문국현 사장이 한국, 일본, 중국, 대만, 홍콩, 몽골 등 동북아 6개국을 총괄하는 킴벌리클라크(Kimberly-Clark) 북아시아 경영협력체의 회장으로 선출됨으로써 유한킴벌리는 북아시아 지역의 지역선도기업으로 자리매김했다. 북아시아 경영에서 문국현 사장이 가장 강조한 것은 직원 교육이었다. 그는 직접 비디오사보에 출언하여 회사 구성원 모두에게 중국어공부 열풍을 불러 일으키는 한편 사내에 차이나 스쿨을 설립하여 중요한 경영 파트너로 부상할 중국 시장 진출 준비를 했다. 또한 본사에서 현지로 파견한 경영팀으로 하여금 경영컨설턴트의 임무를 수행하게 하면서, 현지의 자생력을 높였다. 현지 자생력 향상을 위해 마케팅과 생산능력을 우선적으로 강화했고, 경영성과 향상으로 인해 회사 전체의 사기가 회복되자 인사조직구조를 개편했다. 또한, 신뢰를 기반으로 한 변화관리를 시행했다. 이러한 변화관리 경영기법은 최고경영층에서 핵심 멤버 팀으로, 핵심 멤버 팀에서 다시 일반 팀 구성원의 순서로 회사 전체에 퍼져 나갔다. 일단 조직 내에 신뢰가 구축되자 이직률은 낮아졌고, 회사 구성원들은 상대방을 비난하는 분위기에서 서로를 신뢰하는 방향으로 탈바꿈하게 되어 올바른 조직문화를 구축할 수 있게 되었다.

▶ 유형분석: SRE / Long-Slow

2003년 킴벌리클라크의 북아시아 경영협력체 사장으로 선출된 유한킴벌리의 문국현 사장은 컨설팅 팀을 구성하여 해외업무의 총괄을 맡게 했다(S). 현지 시장 이해를 목적으로 현지 시장 환경의 교육 프로그램을 운영했고, 이를 바탕으로 체계적이고 효율적인 마케팅 전략을 수립하여 국외 법인들의 사기를 진작시켰다.

사기가 높아지자 구성원들 사이에는 신뢰가 형성되었으며, 이를 바탕으로 큰 갈등 없이 신속하게 조직구조 변화와 조직문화 변화를 이루어 내었다(R). 이로 인하여 킴벌리클라크 북아시아 경영협력체는 수년 연속의 적자에서 회생하면서 경영환경의 변화를 만들어 내었다(E). 이 메커니즘 역시 자원창조(SRE) 유형이다. 이러한 일련의 과정은 국제 경영에서의 신뢰형성이라는 장기적인(Long-term) 비전을 가지고 서서히(Slow) 기업을 변화시킨 결과로, SRE / Long-Slow 유형에 해당한다고 할 수 있다.

6) 유한킴벌리의 전반적 경영 메커니즘

다섯 가지 분야의 각 부문에 대한 사례분석 결과 유한킴벌리의 메커니즘은 전략부문, 인사조직 부문에서 변화하는 외부환경 속에서 끊임없이 내부혁신을 주도하는 환경혁신(ESR) 유형, 기업문화 부문, 마케팅 부문, 국제경영 부문에서 주체가 내부자원을 창조해서 환경을 원하는 방향으로 이끌어 가는 자원창조(SRE) 유형의 두 가지로 이루어져 있다는 것을 발견할 수 있었다.

전자와 후자 사이에는 문국현 사장의 취임이라는 중요한 사건이 존재했다. 변화하는 외부환경에 대응하는 방편으로 문국현 사장이 취임했고, 그는 탁월한 전략과 인사조직 역량으로 외부환경에 성공적으로 맞서 유한킴벌리의 기업체질을 변화시켰고 그 결과 높은 경영성과를 보였다. 1990년대 중반 경영환경의 변화가 급격히 일어났기에 문 사장의 대응 역시 신속했지만, 회사의 전반적인 체질을 변화시켜야 했기에 이러한 변화는 장기적인 관점에서 일어났다.

일단 전략과 인사조직으로 위기를 극복하고 뛰어난 성과를 달성한 문국현 사장은 과거보다 복잡해진 경영환경과 불확실성이 점점 커지는 경쟁상황에서 살아남기 위해 장기간에 걸쳐 기업문화를 강화해 나갔다. 문국현 사장은 창조적 발상과 중단없는 혁신을 통해 높은 재무성과와 더불어 높은 지속가능경영 지표들을 지닌 강건한 기업체질을 만든 것이다. 유한킴벌리의 내부 구성원들은 창조와 혁신이 필요한 이유에 대해 잘 알고 있었고, 조직 내부에는 신뢰를 기반으로 강한 유대의식과 건전한 직업의식이 갖춰져 있었다. 이는 신뢰를 기반으로 한 일관성 있는 회사의 비전이 존재했기 때문이며, 조직원들은 이러한 비전을 잘 이해하고 구현하기 위해 힘썼다. 이로 말미암아 회사는 변화하는 환경에 맞서 싸울 마케팅과 국제경영에서의 역량을 꾸준히 키울 수 있었다.

급격한 환경변화보다는 완만한 환경변화가 더 빈번하지만, 기업에 미치는 영향은 전자가 더 크다. 유한킴벌리에서 나타난 두 주요 메커니즘의 시간축을 보면 모두 장기적인 관점에서 이루어지지만 집행에서는 완급을 조절하는 지혜를 파악할 수 있다. 급격한 외부환경 변화 속에서는 빠른(Fast) 메커니즘이, 최고경영자가 자신의 주체적인 비전을 조직에 자원으로 내부화하는 과정에서는 점진적인(Slow) 메커니즘이 활용되었다. 이는 유한킴벌리가 꾸준히 기업의 핵심역량을 쌓아오면서도 급격한 환경변화에는 기민하게 대처해 온 것을 보여준다. 다시 말해서 유한킴벌리는 자원창조적이면서 장기적이고 점진적인(SRE / Long-Slow) 메커니즘의 바탕 위에 끊임없이 혁신을 지속하되, 파괴력이 높은 급격한 환경변화에서는 빠르고 과감하게 환경을 분석 · 판단 · 대처하는 환경혁신적이면서 장기적이고 빠른(ESR / Long-Fast) 메커니즘을 십분 활용했다.

사례 03 두바이(Dubai)

두바이는 아랍에미리트연방(United Arab Emirates)을 형성하는 7개 부족국가(emirate) 중 아부다비에 이어 두번째로 큰 4,114 km^{2}의 땅에 인구 211만 명으로 구성되어 있다. 두바이 창조경영의 주체는 1995년 당시 두바이 지도자(Ruler)이던 친형 셰이크 마크툼(Sheikh Maktoum bin Rashid Al Maktoum)에 의해 왕세자(Crown Prince)로 책봉되어 국정을 담당하다가 2006년 셰이크 마크툼의 서거와 함께 지도자가 된 셰이크 모하메드(Sheikh Mohammed, 정식 명칭은 Mohammed bin Rashid Al Maktoum)이다. 그는 아이디어 개발과 사고의 전환을 통해 창의적이고 혁신적인 도시국가 건설 계획을 추진했고, 열린 사고방식과 추진력을 바탕으로 두바이 성공을 이끌어 낸 핵심 주체이다. 두바이가 처한 환경 또한 두바이가 현재의 모습을 갖추는 데 결정적인 역할을 했다. 두바이가 가진 열악한 자연환경과 한정된 석유매장량으로 인해 석유의존경제에서 탈피해야 할 필요성이 절실했다는 점 등이 그것이다. 2010년 기준 확인된 40억 배럴의 석유매장량으로는 20년안에 석유가 고갈될 것으로 예측된 것이다.[6] 부족한 자원을 보충하기 위해 셰이크 모하메드는 해외에서 두뇌자원을 아웃소싱하여 싱크탱크로 삼고 국가발전의 원동력으로 삼았다. 두바이의 창조경영 메커니즘 주요 구성요소를 요약하면 〈표 6-9〉와 같다.

각 구성요소 간 순서를 차례로 비교하면 두바이 창조경영의 메커니즘이 어떤 유형을 따르는지 알 수 있다. 우선 주체와 환경(S-E)의 관계에서 시작해 보자. 두바이 창조경영의 주체인 셰이크 모하메드는 주어진 환경에 맞춰 전략을 수립한다기보다는 먼저 비전을 수립하고 이를 달성하기 위해 주어진 환경을 바꾸어 나가는 인물이었다. 팜 아일랜드, 스키장 건설 등 두바이에서 진행된 대부분의 프로젝트는 이러한 방식으로 추진되었으며, 두바이가 원래 가진 환경하에서는 달성하기 불가능하다고 생각한 일들이 현실화되었다. 이는 주체인 셰이크 모하메드가 주어진 상황에 굴하지 않고 강력한 의지와 비전을 가지고 국가발전계획을 수립하고 추진한 결과이다. 그는 시대가 만든 영웅이라기보다 새로운 시대를 연 영웅이다.

표 6-9 ▸ 두바이 창조경영 메커니즘의 구성요소

구성요소	주체(Subject)	환경(Environment)	자원(Resources)
해당 내용	지도자: 셰이크 모하메드	이슬람 문화권 UAE의 작은 토후국 열악한 자연 환경	한정된 석유자원 해외 두뇌 기반 싱크탱크(Think-tank)

6 http://gulfnews.com/business/oil-gas/oil-in-dubai-history-timeline-1.578333.

두 번째로 자원-주체(R-S)의 관계를 살펴보면, 주체가 새로운 자원을 창출하는 유형임을 알 수 있다. 석유의존 경제에서 탈피하기 위해 지도자인 셰이크 모하메드는 장기적인 관점에서 인프라 구축을 계획했고 이렇게 새로이 구축된 사회간접자본은 이후 두바이 발전의 밑거름이 되었다. 셰이크 모하메드가 국가발전계획에 필요한 새로운 자원을 능동적으로 구축하고 개발했기에 주체와 자원 중 주체가 선행했다고 할 수 있다.

환경과 자원(E-R)의 관계를 살펴보면, 두바이는 기존 자원을 이용하여 새로운 환경을 창조했다기보다는 기존 환경이나 새롭게 맞이한 환경에 필요한 자원을 조달했다고 볼 수 있다. 모든 프로젝트에서 살펴볼 수 있듯이 두바이는 다른 국가에 비해 환경적으로 열악한 상황에 놓여 있었고, 주어진 자원을 활용하여 주어진 환경을 개선하거나 새로운 사업환경을 창조했다기보다는 환경적 필요에 의해 새로운 자원을 창조하는 모습을 보여주었다. 두바이가 사막에 위치하여 척박한 자연환경을 가지고 있다는 점, 작은 국가 규모를 가지고 있으며 인구 규모가 작다는 점 등 태생적으로 지니고 있는 환경적 불리함이 끊임없이 새로운 자원을 창조해야 할 필요성을 불러일으켰으며 이를 위한 역발상적 사고와 창조력을 요구했다. 만약 두바이가 석유 고갈 위기에 처하지 않았거나 자연환경이 유리하고 기술환경이 잘 발달하여 있었거나 국가 규모가 방대했다면 지금의 두바이는 존재하지 않았을지도 모른다. 두바이는 새로운 자원을 개발하고 구축하기보다는 다른 중동국가처럼 석유 판매를 통해 국가를 유지하는 등, 보유한 자원을 활용하는 방안을 모색했을 것이다.

두바이의 창조경영을 시간 차원에서 분석해 보면, 두바이의 국가발전계획은 신중하게 장기적인 관점에서 계획되었다. 두바이 금융서비스위원회(Dubai Financial Services Authority) 의장(Chair)인 하비브 알 뮬라(Habib Al Muella)에 따르면 두바이의 국가계획은 최소한 수십 년, 길게는 수백 년 이상의 국가 미래를 고려하여 이루어진다고 한다.[7] 그리고 모든 단기적인 계획 역시 장기적인 계획의 일부일 때 그 실효성을 가진다고 했다. 두바이는 전체의 비전을 이끌어 갈 수 있는 장기적인 계획을 세웠고, 일단 계획이 수립되고 나면 빠르고 추진력 있게 실행했다. 일례로 2010년 완공된 세계에서 제일 높은 829.8 m 높이의 고층빌딩인 두바이의 부르즈 칼리파(Burj Khalifa)는 건설 당시 3일에 1층씩 올라갔다. 두바이를 모방하려고 하는 국가는 여럿이지만 신속하고 빠른 발전 속도 때문에 모방국 가운데 두바이를 앞지른 국가는 아직 없다. 앞에서 말한 것처럼 셰이크 모하메드는 강한 추진력의 소유자로, 아이디어와 계획을 누구보다 신속하게 실천에 옮겼다.

위의 분석을 종합해 보면, 두바이 창조경영의 메커니즘은 주체가 지닌 비전과 목표를 달성하기 위해 기존 환경을 개선하고 새로운 자원을 창출하는 환경창조(SER) 유형이며, 장기적인(Long-term) 관점으로 일을 계획하고 일단 계획된 것은 빠르고 신속하게(Fast) 실행에 옮기는 유형이다.

두바이 창조경영을 구성하고 있는 구성요소 중 모든 일을 계획하고 시작하는 것은 주체의 비전과 목표, 의지이다. 주어진 자원을 활용하는 방안을 찾기보다는 비전과 목표에 맞추어 새로운 환경을 창조하고 개선하는 데 필요한 자원을 구축하고 강화하는 유형을 보이고 있으며, 이 모든 과정은 장기적인 관점에서 계획되어 추진력 있게 이루어졌다.

두바이의 주요 프로젝트를 분석해 보면 공통으로 장기적인 관점하에 빠른 환경창조 메커니즘(SER / Long-Fast)을 발견할 수 있다. 두바이는 이러한 환경 창조 메커니즘을 통해 기존에 처해 있던 상황에서 벗어나 21세기를 선도하는 세계적인

7 2008년 2월 18일 저자와의 인터뷰에서 인용. 인터뷰 내용은 EBS "글로벌리더와 미래를 만나다"에서 방영되었다.

창조 도시로 거듭날 수 있었다. 이것이 바로 두바이의 성공 메커니즘이다. 두바이의 경쟁력은 위의 메커니즘을 기반으로 누구보다 빠른 속도로 새로운 아이디어를 현실화시키는 데서 나오는 것이다. 국가 경쟁력을 강화하려는 국가뿐 아니라 변화를 준비하는 기업들과 심지어 개인들도 두바이의 성공 메커니즘을 살펴봄으로써 각자의 경쟁력을 강화하는 방법을 모색할 수 있다.

사례 04 쓰리엠(3M)

쓰리엠은 2012년 기준으로 종업원 8.8만 명이 제품 5.5만 개를 개발하고 생산판매하여 매출액 296억 달러와 순이익 43억 달러를 올린 회사이다. 세계적으로 가장 혁신적인 기업의 하나로 손꼽히는 이 회사는 자원창조(SRE) 유형의 메커니즘을 가진 대표적인 기업이다. 1929년부터 1966년까지 무려 37년간 사장(President: 1929~1949)과 회장(Chairman: 1949~1966)으로 재직한 맥나이트(William L. McKnight)는 직원 개개인의 솔선적인 자세와 혁신(employee initiative and innovation)으로부터 나오는 독창적인 아이디어를 중요시하는 경영철학으로 오늘날까지 쓰리엠을 대표하는 독특한 메커니즘을 구축했다. 근무시간의 15%를 무조건 업무와는 전혀 상관없는 개인 연구 프로젝트에 사용해야 한다는 15% 규칙이 그 대표적인 예이다. 시간뿐만 아니라 비용 배분 측면에서도 상당부분을 R&D에 집중 투자해야 한다는 원칙이 쓰리엠에서는 불문률처럼 전해져 내려오고 있다. 맥나이트는 새로운 아이디어를 포상하는 골든 스텝 어워드(Golden Step Award) 제도를 도입했고, 부서 간 활발한 정보 및 아이디어 공유교환을 위해 기술포럼(Technical Forum), 연례 기술페어(Annual Technology Fair) 등을 정기적으로 개최하여 신제품 개발의 산실로 만들었다.

맥나이트에 의해 구축된 쓰리엠의 메커니즘은 레어(Lewis W. Lehr: 1979–1986), 재콥슨(Allen F. Jacobson: 1986~1991), 디사이몬(L. D. DeSimone: 1991~

2001)으로 이어지는 CEO 체제를 거치면서 더욱 공고해졌고, 그 과정에서 쓰리엠은 스카치라이트(Scotch-light), 포스트잇(Post-it)과 같은 제품으로 시장환경을 주도적으로 변화시켰다. 그러나 자원에서 환경으로의 변환과정이 항상 자연스럽게 이어진 것은 아니었다. 예컨대 포스트잇은 원래 실수로 잘못 만들어진 제품이었지만 쓰리엠 경영자들의 사고 전환을 통해 시장에 선을 보여 큰 성공을 거두었다. 포스트잇이란 획기적인 제품이 사장되지 않고 시장을 석권할 수 있었던 것은 실수를 적극적으로 포용하는 쓰리엠만의 고유한 문화가 있었기에 가능했다. 이러한 쓰리엠의 고유한 문화는 주체의 장기적인 비전이 오랫동안 기업 내에 축적된 결과물이었다.

맥나이트는 권한 분산에 대한 자신의 경영철학(S)을 바탕으로 구성원들이 자발적으로 창조적 연구와 제품개발을 하도록 하는 기업문화를 창조(R)했고, 그 과정에서 개발된 제품을 가지고 존재하지 않았던 새로운 시장을 창조하여 쓰리엠이 처한 환경(E)을 능동적으로 바꾸었다. 그리고 이 과정에서 구축된 자원창조(SRE) 메커니즘은 쓰리엠만의 고유한 운영 시스템이자 조직문화로 자리잡았다. 이는 맥나이트의 이념하에 도입된 15% 법칙과 같은 작은 발걸음을 시작으로 후대에 이어져 내려오면서 점차 공고해진 것으로, 오늘날 "지난 5년간에 개발한 상품의 판매에서 매출액의 1/3 (a third of its sales from products released in the past five years)"을 채우는 쓰리엠의 기업문화의 근간이 되었다. 이러한 쓰리엠 문화는 단기간에 형성된 것이 아니라 오랜 기간에 걸쳐(Long-term) 서서히, 그리고 꾸준히 전해져 내려왔기 때문에(Slow) 경쟁사들이 쉽게 모방할 수 없는 경쟁우위의 원천이 되었다. 따라서 맥나이트 시대를 이끌었던 메커니즘은 SRE / Long-Slow 유형이었다.

2001년 기업이 점차 방대해짐에 따라 효율성이 떨어지자, 쓰리엠은 그동안 지켜 온 CEO의 내부승진 전통을 포기하고 GE에서 잭 웰치(John Welch) 회장 자리를 두고 경쟁을 하던 맥너니(W. James McNerney, Jr.: 2001~2005)[8]를 새로운 회장으로 영입했다. 그는 쓰리엠의 전통이었던 개인의 창조적 발상과 혁신적 문화를 포기하고, GE에서 사용하던 식스시그마(Six Sigma) 기법을 도입하여 백만분의 일 단위 수준의 철저한 품질관리를 강조하였다. 동시에 수익을 보장하지 못하는 프로젝트를 초기에 중단시키고 11%에 이르는 대규모 감원을 단행하는 등,[9] 자원(R)을 효율성의 이름으로 재분배하는 자원혁신(ESR) 메커니즘을 시도했다. 그 결과 맥너니가 취임한지 4년 후인 2005년에 이르러 지난 5년간에 개발한 상품으로 채워진 쓰리엠의 매출액은 1/3에서 1/4로 떨어졌다. 2005년 맥너니가 보잉 회장으로 옮기면서 비게 된 쓰리엠의 CEO자리는 버클리(George W. Buckley: 2005~2012)라는[10] 또 다른 외부 영입 케이스로 충당되었다. 그는 전임자였던 맥너니가 시도했던 효율성 위주의 구조조정 전략을 포기하고, 해외시장을 적극적으로 공략하고 기업 흡수합병을 통한 신규사업 진출로 과거의 전통이었던 "매출액의 1/3을 지난 5년간의 신규사업에서 채우는 목표"를 달성하였다. 그러나 2008년 미국경제를 강타한 금융위기 속에서 주가가 41달러로 떨어지자, 버클리는 이를 극복하기 위해 2009년 대규모 감원을 단행하였다. 그 결과 그가 취임하던 2005년의 주가였던 79달러 수준은 그가 65세가 되어 회사 규칙에 따라 정년으로 퇴임하

---

8 맥너니(W. James McNerney, Jr.)는 GE에서 나델리(Bob Nardelli) 및 이멜트(Jeff Immelt)와 함께 당시 GE CEO이던 웰치(John Welch)의 후임 자리를 놓고 경쟁하다가 2001년 잭 웰치 회장이 제프 이멜트를 선정하자 GE를 나와 쓰리엠의 CEO 겸 회장이 되었다. 2005년 쓰리엠에서 퇴임한 후에는 보잉(The Boeing Company) 회장 겸 CEO로 재직했다. http://en.wikipedia.org/wiki/W._James_McNerney,_Jr.

9 http://investorplace.com/2012/02/5-plays-3ms-new-ceo-must-run-to-win/#.U4_5FZWKDIU.

10 버클리(George W. Buckley)는 영국 출신 경영자로서 Buckley는 2006년에 Black & Decker 이사회에 합류했으며 이후 두 회사가 합병된 후 2010년에 Stanley Black & Decker 이사회에 합류했습니다. 그는 3M Company의 전 회장, 사장 겸 CEO이자 Brunswick Group의 회장 겸 CEO입니다. 그는 현재 Smiths Group plc의 회장이자 Hitachi Ltd의 이사로 재직하고 있습니다. Buckley는 2017년 1월 Stanley Black & Decker 이사회 의장으로 선출되었으며 2015년 4월부터 2016년 12월까지 이사회의 수석 사외이사로도 재직했다. http://en.wikipedia.org/wiki/George_W._Buckley.

던 2012년에 회복되었다.[11]

맥너니와 버클리라는 외부인사가 쓰리엠의 CEO 역할을 하던 2001년에서 2012년까지의 기간에 쓰리엠은 과거와 달리 단기적 관점(Short-term)에서 사업 가능성을 접근하게 되고, 속전속결로(Fast) 구조조정을 하는 현상을 보이게 되었다. 그들의 ERS / Short-Fast 메커니즘은 한편에서 어쩔 수 없는 변화로 받아들여지고 있지만, 다른 한편에서는 쓰리엠 고유의 장기적이고 여유로운 자원창조(SRE / Long-Slow) 메커니즘을 변화시키게 되어 쓰리엠이 더 미국에서 가장 혁신적인 기업이라는 명성을 지킬 수 없을 것을 우려하는 목소리도 나오고 있다.

사례 05 IBM

2013년 기준으로 IBM은 43.5만 명을 채용하여 매출액 998억 달러와 순이익 165억 달러를 올린, 미국에서 가장 우량한 기업 중 하나이다.[12] 1911년 회사가 설립된 후 IBM은 메인프레임, PC, e-비즈니스, 컨설팅 등으로 끊임없이 사업영역을 변화시켜 왔다. IBM 변화의 주체(S)는 컴퓨터의 세계로 IBM을 끌고 간 토머스 왓슨 2세(Thomas Watson, Jr.: 1956~1971), 단순한 소비재와 비슷해져 버린 PC 사업부를 과감히 포기하고 서비스제공 기업으로 탈바꿈시킨 루 거스너(Louis V. Gerstner, Jr.: 1993~2002), 그리고 그러한 30년의 변화를 모두 지켜본 뒤 고객 중심 개념으로 'e-business on demand'를 정착시킨 샘 팔미사노(Samuel J. Palmisano: 2002~2011)이다. 특히 IBM은 오랫동안 컴퓨터 업계에서 1위를 하면서 주체의 강한 신념과 리더십을 통해 성공적으로 변화했다. 환경적 요인을 살펴보면, IBM은 단순히 좋은 산업구조를 포착하는 것이 아니라 서비스산업, 고객중심 산업이라는 새로운 경영환경을 창조하여 산업의 판도를 변화시키면서 경쟁우위를 선점

11 http://www.startribune.com/newsgraphics/138978864.html.

12 http://money.cnn.com/quote/quote.html?symb 5 IBM.

했다(E). 또한, 수십 년 동안 축적되어 온 전문적인 지식을 바탕으로 변화를 거듭하며 발전해 왔다(R).

IBM의 변화를 이끈 주체(S)는 기업이 보유한 기술, 직원 등의 자원(R)을 최대한 활용하여 유리한 외부경영환경(E)을 직접 창조해 내는 자원창조(SRE) 메커니즘을 갖추고 있었다. 자원을 활용해 환경을 창조해 나아갈 때도 단기적으로 이익을 극대화하거나 1위를 탈환하려는 전략을 선택한 것이 아니라 장기적으로 산업환경의 새로운 판도를 개척하는 전략을 선택했으며, 새로운 전략에 부응할 수 있도록 신속하게 조직을 변화시켜 더 큰 효과를 거두었다. 따라서 IBM이 1993년부터 2011년까지 채택한 성공 메커니즘은 'SRE / Long-Fast' 유형이라고 볼 수 있다.

사례 06 ABB (Asea Brown Boveri)

ABB는 스웨덴의 아세아(ASEA)와 스위스의 브라운 보베리(Brown Boveri Co: BBC)가 1988년 합병을 함으로써 탄생하여, 2012년 기준으로 100개 국가에서 15만 명이 매출액 400억 달러를 올린 세계적인 기업이다. ABB는 기업성장 전략의 측면에서 시기적으로 두 개의 상반된 전략을 실행했다. 1988년 유럽의 중전기 분야 선두기업이었던 ASEA와 BBC가 환경 변화에 대응하기 위해 합병을 한 뒤 퍼시 바네빅(Percy Barnevik)이 CEO로 재임했던 1996년까지가 팽창의 시기였다면 1997년 이후 2000년까지는 고란 린달(Goran Lindahl)이 이끄는 선택과 집중의 시기였다.

바네빅 재임시절 주체와 환경(S-E)의 관계를 보면, 환경적 요인으로 인하여 ABB가 탄생한 것은 사실이었지만, 그 이후 CEO가 강력한 리더십으로 ABB를 이끌어 간 것은 부정할 수 없는 사실이었다. 바네빅은 전력 송배전 부문을 아세아의 근거지인 스웨덴으로 특화하고, 발전설비 부문은 보베리의 근거지인 스위스로 특화했으며, 조직의 효율적 관리를 위해 메트릭스조직을 도입하여 합병 후 발생할 수 있는 문제점들을 전면적으로 차단했다.

자원-주체(R-S) 측면에서 보면, 바네빅은 웨스팅하우스 발전설비 부문을 합병한 것을 필두로 300건 이상의 기업 인수합병과 합작투자를 했다. 주체가 새로운 자원을 창출하는 유형임을 알 수 있다.

환경과 자원(E-R)의 관계를 보면, ABB는 경쟁사인 프랑스 알스톰이 프랑스 정부에서 추진했던 원자력발전소의 대량수주를 따냄으로써 기술력을 축적하고 가격 경쟁력을 형성하는 것에 대비해야만 했다. 또한 한국중공업(현재의 두산중공업)이 GE와 기술제휴를 맺고 발전설비 부문에 진출할 가능성도 대비할 수밖에 없었다. 철도 차량 부문에서도 한국정부의 주도 하에 한진중공업, 대우중공업, 그리고 현대정공의 철도사업부문을 통합하여 독자적으로 기술개발을 하던 시기였기 때문에 이와 같은 환경적 요인이 자원보다 전략 결정에 더 중요한 역할을 했다고 할 수 있다.

따라서 이때의 메커니즘은 주체의 강력한 리더십과 의사결정에 의하여 사업 환경을 구축하고, 경쟁환경에 대응하기 위해 조직의 정비를 신속하게 진행함으로써 신규 진입자의 위협에 대비하는 전략을 취했다는 점에서 환경창조적이고 장기적 관점에서 빠르게 실행에 옮기는 SER-L / F 유형이었다.

린달이 CEO로 임명된 1998년 이후의 시기는 ABB의 경영악화, 후발주자들의 본격적인 시장진입으로 인한 수지 악화로 인하여 경쟁력이 없는 부문을 매각하고 핵심역량이 있는 부문에 선택과 집중을 한 시기이다. 이 시기의 주체와 환경(S-E) 간의 관계를 보면, 발전설비 시장과 철도차량 시장의 악화로 인하여 이들 부문을 매각하지 않을 수 없었기에 환경의 변화가 주체를 이끌었다고 할 수 있다.

주체와 자원(S-R) 측면에서 보면, ABB가 핵심역량이 있는 자원에 집중함으로써 재무적 성과를 높였던 시기였고, CEO의 의사결정에 의해서 커다란 변화를 초래할 만한 사안들이 많지 않았다는 점에서 자원이 주체를 이끌었다고 할 수 있다.

환경과 자원(E-R) 관점에서 보면 고객의 로열티를 바탕으로 지속적인 연구

개발을 통해 시장을 창조했다는 점에서 자원이 환경을 창조했다고 할 수 있다. 따라서 이 시기의 경영 메커니즘은 장기적인 관점에서 지속 가능한 기업을 만들기 위한 토양을 마련했다고 할 수 있다. 메커니즘의 유형 측면에서는, 자원이 환경을 이끌었고, 주체는 이러한 환경과 자원을 지속가능하게 관리했다는 측면에서 자원유지(RES) 유형이다. 전략 수립의 시간적인 측면을 살펴보면, 경쟁력이 없는 부문을 매각하고 핵심역량이 있는 부문에만 집중하여 장기적으로 살아남을 수 있는 전략을 택함으로써 지속적인 연구개발을 통해 서서히 기술축적을 했기 때문에 이러한 점에서 이 시기의 ABB 메커니즘은 장기적이면서 지속적인 전략을 추구하는 자원유지 유형이고, 그 결과 RES / Long-Slow 유형이 보편적이었다.

ABB는 두 거대한 회사의 합병, 구조조정, 인수합병을 통한 기업 팽창, 경영수지 악화, 그리고 경쟁력 없는 부문의 매각 후 핵심역량이 있는 부문에 집중하는 경영유형을 보였다. 바네빅에서 린달로 넘어가며 환경창조를 강조하는 SER / Long-Fast 유형에서 자원유지를 추구하는 RES / Long-Slow 유형으로 바뀐 것이다. 다시 말하면, 1990년대 중반 ABB는 바네빅이라는 강력한 주체가 이끄는 메커니즘으로부터 주체의 존재여부에 크게 관계없이 장기적이면서 지속해서 경제적 수익을 낼 수 있는 메커니즘으로 바뀐 것이다.

사례 07 소프트뱅크(SoftBank)

소프트뱅크는 1981년 일본 도쿄에서 손정의(Masayoshi Son) 회장에 의해 창립된 기업으로 인터넷, 전자 상거래, 파이낸스, 기술 분야 등의 사업 포트폴리오를 가지고 있는 일본의 이동통신회사이다. 소프트뱅크는 2014년 4월 1일 기준으로 시가총액 920억 달러에 150개의 연결자회사를 가지고 있으며 종업원수는 2012년 기준으로 62,710명에 달한다.[13]

13 http://en.wikipedia.org/wiki/SoftBank.

소프트뱅크는 지속적인 경영혁신과 적극적인 M&A를 통해 자회사를 늘려가고 있으며, 휴대폰 계약자 수에 있어서 일본 1위를 유지하고 있다. 소프트뱅크의 시기별 메커니즘 유형을 보면 다음과 같다.

1980년대는 창업자 손정의(S)가 IT정보시대(E)라는 새로운 환경에 대한 대응으로 소프트웨어 개발로부터 IT서적에 이르기까지 IT비즈니스에 집중적으로 진입하면서 노하우(R)를 축적해 나간 시기였다. 소프크뱅크가 성장을 위한 준비를 했던 이 당시 손정의는 미국에서 공부하는 유학생이었기 때문에 자금이 넉넉하지 않아 장기적(Long-term)인 비전을 가지고 기업의 성장기반을 구축할 때까지 점진적으로(Slow) 기업을 운영했다. 따라서 이 시기의 메커니즘 유형은 자원창조적인 SER / Long–Slow로 분석된다.

1990년대는 손정의의 강력한 리더십(S) 하에 필요한 기술 등의 자원(R)을 얻기 위해 적극적으로 M&A를 추진하여 소프트뱅크가 지향하는 환경을 조성하기 위해 노력했던 시기로, 중장기적으로 아시아 최대 통신그룹이 되겠다는 목표(Long-term)를 세우고 그 목표를 달성하기 위해 신속하게 필요한 자원(Fast)을 획득한 시기였으므로 환경창조적인 SER / Long-Fast 유형을 보인다.

2000년대에 들어서 소프트뱅크는 새로운 도전을 시작했다. 손정의(S)는 소비자들이 불이익을 당하고 있다고 생각한 통신료나 인프라 그리고 휴대폰 통신료에 대한 조정활동을 하면서 1990년대부터 구축해 왔던 비즈니스 모델(R)로 기존 업계에 도전장을 내밀고 경영환경을 변화(E)시켰다. 이 시기의 소프트뱅크는 1990년대와 마찬가지로 세계최대 IT통신그룹으로 성장하겠다는 장기적인 목표(Long-term)를 계속 유지해 왔으나, 1990년대와는 달리 인수하고 싶은 기업의 규모가 커지면서 쉽고 빠르게 의사결정을 할 수 없었다. 많은 시간을 들여 신중하게(Slow) 향후 필요한 자원이 무엇이고 어떤 식으로 그 자원을 활용해야 할지 많은 고민을 하면서 자원창조적인 SER / Long-Slow 유형의 메커니즘을 보였다.

소프트뱅크의 전반적인 메커니즘을 보자면 소프트뱅크는 SER / Long-Slow 유형을 보이는 기업임을 알 수 있다. 소프트뱅크의 성공에는 첫째, 최고경영자인 손정의(S)의 역할이 컸다. 손정의는 미국 유학시절 IT혁명을 직접 목격하면서 향후 아시아에도 IT시대가 온다는 것을 직감했고, 그때부터 자신이 목표로 세웠던 비전을 달성하기 위해 노력해 왔다. 두 번째는 M&A를 통한 적극적인 자원획득이었다. 이 과정에서 수많은 M&A를 통해 인수한 기업들의 자원을 활용하여 시너지를 창출하고 새로운 자원을 강화하고 발전시켜 나가고 있다.

사례 08 삼성전자 반도체사업부

삼성전자는 1969년 이병철 회장에 의하여 설립된 회사로 가전제품, 반도체, 이동전화기 제조업의 세계적인 선두주자이다. 2022년 말 기준으로 74개국에서 27만 명을 고용하여 2023년 기준으로 매출액 258.9조 원과 순이익 15.5조 원을 올렸다.[14] 매출액 기준으로 LCD TV, LED TV, 메모리 반도체는 세계 1위, 비메모리 반도체는 세계 4위를 기록했다.

삼성의 반도체 사업 진출은 크게 1기와 2기와 3기로 나눌 수 있다. 1기는 불모지였던 반도체 사업에 진출한 1983년부터 1995년까지이고, 2기는 축적한 기술력을 바탕으로 세계 시장에 우뚝 서게 된 1995년부터 2008년까지이며, 3기는 2008년부터이다.

1기의 메커니즘은 환경창조(SER) 유형이었다. 주체(S)가 장기적인 관점에서 원하는 환경을 창조하고(E), 새로운 환경에서 핵심역량과 자원(R)을 만들어 낸 것이다. 1987년에 타계한 이병철 회장을 이어받은 이건희 회장은 반도체 부문을 미

14 https://images.samsung.com/kdp/ir/events/2023_4Q_conference_kor_01.pdf?_gl=1*lhp4hi*_ga*MTkzNzM5MjE2LjE3MTE0NjQwNjU.

래 주종산업으로 키우겠다는 전략을 세웠다. 향후 반도체가 모든 산업의 원동력이 될 것이라는 확신 하에 삼성을 반도체산업에서 세계 1등 기업으로 만들겠다는 장기적 목표(Long-term)을 가지고 미국 마이크론사와 기술협약 체결, 선진기업의 공장 내부 견학 등 발빠른 기업 운영을 통해(Fast) 반도체 산업에서 우뚝 서기 위한 역량(R)을 성공적으로 쌓았다.

2기의 메커니즘은 자원창조(SRE) 유형이었다. 주체(S)가 축적한 내부자원과 역량(R)을 활용하여 새로운 시장기회(E)를 창출한 이 시기에는 환경과 주체보다는 내부자원과 역량(R)이 더욱 중요한 의미를 갖게 되었다. 제1기에 이미 주체에 의한 전략 수립방향을 계승하되, 내부역량, 특히 R&D와 인재양성 등의 내부자원을 활용하여 세계시장을 장악했기 때문이다. 삼성전자는 세계 최고의 메모리 생산업체, 세계 최고의 기업이라는 장기적 비전을 가지고(Long-term) 변화에 신속하게 적응하여 변화를 선도했다(Fast). 삼성전자의 반도체사업 전략의 성공은 이를 지원할 자금과 내부역량이 구축되지 않았던 시절, 고부가가치 산업만이 승부수였던 시기에 피어난 맹아였다. 단순한 트랜지스터를 만들던 반도체 기술 불모지 한국에서 삼성은 후발주자라는 악조건 속에서도 웨이퍼를 통한 대량생산체제를 갖추었고 16메가 디램, 64메가 디램 등의 무어의 법칙으로 대변되는 일련의 성공을 통해 세계의 주목을 받게 되었다.

3기는 2008년부터 시작되었다. 이해 4월 이건희 회장에 대한 삼성특검을 계기로 삼성그룹은 회장 개인에 의존하지 않고 구조조정본부가 팀으로 의사결정과 책임을 지는 새로운 구조개혁안을 내놓았다. 삼성전자 역시 이건희 회장의 비전에만 의존하지 않고 전문경영자들을 전면에 배치하고 이들로 하여금 삼성전자가 가진 자금력, 기술력, 상표력, 규모의 경제 등을 활용하는 환경혁신(RSE) 메커니즘을 구축하여 장기적으로(Long-term), 그러나 서두르지 않고 체계적으로(Slow) 접근하고 있다.

사례 09 현대자동차

현대자동차는 1967년 현대그룹의 창업자인 고 정주영 회장에 의하여 설립되었다. 현대자동차는 최초의 국내 고유 모델인 포니 생산을 시작으로 하여 지속적으로 성장하고 있다. 2013년 기준으로 자동차 해외 누적 판매대수는 5천만 대를 넘어섰으며 국내 시장점유율은 70% 수준이다. 또한 세계 브랜드가치를 기준으로 100위 안에 선정되었다.

품질경영으로 유명한 현대자동차는 2003년을 기준으로 시기를 둘로 나누어 분석해 볼 수 있다. 1999년부터의 품질 향상을 위한 노력은 당면한 문제를 해결하기 위한 것이었고, 2003년부터 지속적으로 품질을 향상시킨 것은 세계적인 자동차를 만들겠다는 비전에 의한 것이었기 때문에, 내부 메커니즘이 서로 달랐다.

1999년부터 2003년의 품질경영은 자원혁신적이며 단기적 관점으로 빠르게 진행되는 (ESR / Short–Fast) 유형의 메커니즘이 바탕에 깔려 있다. 주체는 정몽구 회장이었으며, 품질경영에 역량을 집중하게 된 직접적인 동기는 미국시장에서의 품질 혹평이었다(E). 정 회장은 품질 향상의 필요성을 절감했고(S), 품질 향상을 위해 조직을 재정비하고 인력을 영입하는 등 내부 역량을 개선하는 데(R) 총력을 기울였다. 2000년대 초반의 품질경영은 당면한 문제를 해결하기 위한 것이었으므로 단기적 관점(Short-term)이라고 할 수 있고, JD 파워가 수십 년간 자동차 관련 조사를 해 왔어도 이렇게 빠른 기간 내에 획기적으로 품질을 향상시킨 사례를 거의 본 적이 없다고 말했을 정도로 변화는 빠르게 이루어졌다(Fast).

한편 2003년 이후 세계적인 자동차를 만들기 위한 품질 향상 메커니즘은 자원창조적이며 장기적 관점으로 빠르게 진행되는 SRE / Long-Fast 유형이다. 전사적 차원에서 보면 주체는 장기적인 관점에서 지속적으로 품질 향상에 박차를 가하여 세계시장에서 인정받는 자동차를 만들겠다는 정몽구 회장의 비전과 의지였다(S). 계속해서 품질 향상을 위해 자원 요소인 조직, 제도, 인력 등의 개선이 이루어졌으며(R), 그 결과 현대자동차에 대한 세계 시장의 평가 및 인식을 새롭게 바꾸어 놓았다(E). 15년 앞선 미래기술을 지향, 장기적 관점에서 투자를 했고(Long-term), 1999년부터 시작된 빠른 품질 향상 속도를 그대로 이어받아 지속적으로 빠른 기술개발을 이루어 내었다(Fast).

1990년대 후반까지만 해도 세계시장에서 천덕꾸러기 취급을 받았던 현대자동차가 5년도 채 되지 않아 세계가 주목할 만한 성과를 거두어 내었는데, 시장과 소비자를 우선 생각하는 정몽구 회장의 철학과 리더십, 그리고 조직의 빠른 실행 능력이 그 원인이었다. 현대자동차는 향후 50년, 100년 후에도 경쟁력을 발휘하는 기업이 되기 위해서 최고경영자 개인의 능력에 너무 많은 것을 의존하기보다는 그것을 조직에 체화하여 환경이나 경영자가 바뀌어도 크게 흔들리지 않고 경쟁우위를 유지할 수 있는 메커니즘을 구축하고 있다.

사례 10 Haier(海尔: 海.)

하이얼은 장루이민(張瑞敏: Zhang Ruimin) 회장이 1920년에 국유기업으로 만들어진 냉장고공장을 인수하여 1984년 중국 칭다오에서 창립한 가전제품 기업이다. 하이얼은 2011년에 백색가전 세계점유율에서 7.8%를 차지하여 1등을 차지했고,[15] 2013년에는 종업원 8만 명으로 매출액 295억 달러를 달성하며 중국 대표기업으로 성장했다.

하이얼의 메커니즘은 4단계로 나누어 분석해 볼 수 있다. 1단계는 1984년 하이얼의 창업 시기에 시작되었다. 당시 칭다오 시정부의 촉탁직원이었던 장루이민은 정부가 운영하던 냉장고공장의 경영을 맡았다. 그가 처음 마주친 상황은 소비자가 품질불량이라면서 반품한 냉장고를 교환해 주는 일이었다. 그는 창고에 있던 냉장고 400대를 검수한 결과 이 중 76대가 불량품이라는 것을 발견했다. 그

15 http://en.wikipedia.org/wiki/Haier.

는 공장 노동자들에게 망치를 주어 불량품을 모두 부숴 버리도록 한 후, 품질향상 전략을 세웠다. 그 방안으로 당시 중국에 진출하려던 독일 냉장고회사인 립헤르(Liebherr)사와 합작계약을 맺었다. 이 때 만들어진 냉장고의 상표가 립헤르의 중국 이름인 리보하이얼(利勃海尔: Libohaier)이란 이름을 붙인 칭다오-리보하이얼(琴岛—利勃海尔: Qindao-Libohaier)이었다. 이 냉장고는 우수한 품질을 기반으로하여 시장에서 1등을 차지했고, 장 회장은 1991년 회사 이름을 아예 이 제품의 제일 마지막 두 글자를 딴 하이얼로 변경했다. 이 시기에 장루이민 회장(S)은 품질을 기반으로 브랜드를 창출하는 내부자원 창출전략을 채택했고(R), 이를 기반으로 시장(E)을 만들어 냈다는 점에서 1단계 메커니즘을 자원창조(SRE) 유형으로 설명할 수 있다. 이 메커니즘은 시간 면에서 장기적인(Long-term) 관점으로 시장의 변화를 미리 파악하고 대비하는 전략이었다. 그러나 실질적 품질 향상은 수요가 급격히 증가된 다음에 다소 뒤늦게(Slow) 나타났다는 점에서 SRE / Long-Slow 유형을 보였다.

하이얼의 2단계 메커니즘은 1988년부터 나타났다. 이 해에 장루이민(S)회장은 1단계에서 확보한 자금을 가지고 M&A를 통한 다각화 전략을 실행하여, 마이크로웨이브를 생산하는 칭다오 일렉트로플레이팅회사(Qingdao Electroplating Company)를 인수했다. 1991년에는 칭다오에어컨공장(Qingdao Air Conditioner Plant)과 칭다오 냉장고공장(Qingdao Freezer)을 인수하고, 1995년에 칭다오 레드스타전자회사(Qingdao red star electronics co., LTD)를 인수했다.[16] 장 회장은 인수한 기업에 하이얼의 조직문화를 이전시킴으로써 회사 자원과 역량(R)을 재구축한 후, 사업 영역을 더욱 확장하여 더 큰 규모의 외부시장을 창조하는(E) 자원창조적인 SRE 유형을 채택했다. 종합가전 기업으로 성장해 나아가기 위한 다각화 전략은 장기적(Long-term)인 관점에서 수립되었으며, M&A 방식으로 신속

16 http://en.wikipedia.org/wiki/Haier.

하게(Fast) 시장에 대응했다는 점에서 이 시기의 메커니즘은 SRE / Long-Fast 유형으로 볼 수 있다.

하이얼의 3단계 메커니즘은 인도네시아에 진출한 1996년부터 나타났다. 1997년에는 필리핀과 말레이시아, 2000년에는 미국 사우스캐롤라이나의 캠덴(Camden)에 냉장고공장을 지었다. 당시 장루이민 회장(S)은 비록 당시에는 경쟁력이 부족하지만 세계시장(E)으로 진출해야 내부적인 경쟁력이 생기고(R) 그 결과 성공할 수 있다는 믿음 하에 외국 현지에 나가서 자원 및 기술을 확보하는 전략을 쓴 것이다. 이러한 국제전략은 경쟁력이 있어야 해외에 나가서 성공할 수 있다는 전통적인 국제경영 이론인 독점우위 이론(Theory of Monopolistic Advantage)과 정면으로 상충하였다. 그럼에도 불구하고 장루이민 회장은 하이얼이 국제시장을 창출하기 위한 메커니즘으로 환경창조적인 SER 유형을 쓴 것이다. 이 시기에 하이얼은 일단 해외로 나가 보자는 단기적인(Short-term) 관점으로 국제 M&A나 전략적 제휴 등의 수단을 활용함으로써 신속히(Fast) 선진국 시장을 공략했는데, 이런 점에서 이 시기의 메커니즘은 SRE / Long-Fast 유형을 보인다.

R&D로 제품의 고급화를 통해 차별화를 지향하는 하이얼의 4단계 메커니즘은 2012년부터 시작되었다. 뉴질랜드 가전업체인 피셔앤페이켈(Fisher&Paykel)의 경영권을 인수해서 고급프리미엄 가전제품에 대한 R&D능력을 확보했고, 2014년에는 일본 사이타마 현에 백색가전 R&D거점을 신설해서 일본의 우수인력을 확보한다는 계획을 세웠다. 하이얼은 중국의 저렴한 노동력과 효율적인 생산공정에 의한 원가경쟁력을 기반으로 해서 혁신적인 기업으로 발돋움한 것이다. 구체적으로 하이얼을 하나의 단일조직으로 만드는 대신 4,000여 개에 이르는 수많은 소기업의 연합체로 볼 정도로 사내창업을 활성화시켰다. 제품생산, 물류, 배송은 물론 재무, 인사까지도 독립기업으로 분사화(spin-off)시켰다. 보스턴컨설팅그룹(BCG)은 '2012년 글로벌 혁신기업 보고서'에서 하이얼을 세계 8위 혁신기업에 올려놓았

다. 소비재 부문에서는 상품력과 비즈니스 모델을 근거로 세계 1위 혁신기업으로 평가했다.[17] 장루이민 회장은 경영비전을 세계 제일의 제조 경쟁력을 기반으로 해서 세계 각국에 특화된 하이얼의 자원과 역량을 구축해 나아가는(R) 자원창조적 SRE 유형을 보였다. 또한, 하이얼을 세계적인 브랜드로 키워 나가겠다는 장기적인(Long-term) 비전을 바탕으로 현지화 전략을 통해 급변하는 글로벌 가전시장에 신속히(Fast) 대응했다는 점에서 이 시기의 메커니즘은 SRE / Long-Fast로 정리해 볼 수 있다.

이상으로 하이얼 성장단계별 경영 메커니즘을 분석해 본 결과, 하이얼의 메커니즘은 최고경영자인 장루이민의 독창적인 경영기법, 중국을 비롯한 세계 가전시장의 수요급증, 그리고 고품질 최신형 제품을 만들 수 있는 기술 노하우 등의 요소로 이루어졌으며, 대체적으로 SRE 유형, 부분적으로 SER 유형을 기반으로 발전해 왔다.

사례 11 Lenovo(聯想)

레노보는 컴퓨터 하드웨어 사업을 주 기반으로 하는 기업으로, 1984년 렌샹(聯想 Lianxiang, 영어로는 Legend)이란 이름으로 설립되었다. 2005년 IBM으로부터 인수한 개인용 컴퓨터(PC) 제조사업은 2013년에 이르러 판매 대수 기준으로 세계 최대 규모가 되었고,[18] 총매출액 역시 2013년 기준으로 340억 달러, 종업원 수 3만 5천 명에 달하는 대기업이 되었다.

중국과학원이 출연한 20만 위엔($ 25,000)으로 시작된 렌샹의 초대 CEO인 류촨즈(柳傳志: Liu Chuanzhi)와 창업동지 10명은 전원 중국과학원 계산기술연구

17 http://news.mk.co.kr/newsRead.php?year 5 2013&no 5 343953.

18 http://en.wikipedia.org/wiki/Lenovo.

소(中国科学院计算技术研究所: Institute of Computing Technology, Chinese Academy of Sciences) 출신이었다. 그들은 첫 사업으로 시작한 텔레비전 수입업이 실패함에 따라, 자신들의 장기를 살려 1985년 한자 입력 시스템인 한카(漢卡)를 발명했다. 렌샹은 컴퓨터 초보자도 쉽게 사용할 수 있는 티엔시(天禧) 시리즈를 출시하여, 낮은 가격, 무료 서비스 및 장비제공 등으로 중국 PC시장에 침투했다. 특히 안전 위주의 경영스타일로 품질경영을 강조하여, 중국시장을 점유하고 있던 외국계 PC업체들을 제치고 시장점유율을 지속적으로 증가시켰다.

이같이 레노보 성장 1단계의 경영 메커니즘은 창업동지들이(S) 중국과학원 재직 당시 자신들이 가졌던 능력을 적극적으로 활용하여(R) 중국 PC시장을 급성장시킨(E) 자원창조(SRE) 유형이었다. 또한 저렴한 가격으로 중국인의 특성에 맞는 PC제품 및 서비스를 개발하여 외국 PC업체에게 점유 당했던 중국 PC시장을 되찾아 온 과정은 단기적 관점(Short-term)에서 신속(Fast)하게 이루어졌으므로, 이 시기의 메커니즘은 SRE / Short-Fast 유형으로 분류된다.

2001년부터 레노보는 성장 2단계로 접어들었다. 류촨즈의 뒤를 이어 CEO가 된 양위안칭(楊元慶: Yang Yuanqing)은 류촨즈와는 달리 안정성장보다는 변화와 창의를 강조하는 경영스타일을 보였다. 양위안칭은 심화된 경쟁환경에 대응하여 구조조정을 감행했고, 최초 자본금을 출연한 중국과학원의 간섭을 배제하고 벤처형 기업으로서의 능동적인 성장을 도모했다. 양위안칭의 노력으로 렌샹은 중국 PC시장 점유율 연속 1위를 고수하면서, 사업분야를 이동 휴대설비, 서버, 주변기기 및 디지털 제품 등의 다양한 제품군으로 확장해 나갔다. 기술혁신을 지향하는 양위안칭은 2002년을 기술원년으로 선포하고, 2004년 회사명을 레노보(Lenovo)로 바꾸며 R&D에 역점을 두겠다고 선언했다. 뿐만 아니라, 중국과학원과의 산학연계로 인재 풀을 확보함으로써 레노보만의 역량을 구축했다.

레노보가 2단계로 진입하여 발전한 이 시기는 경쟁이 치열해진 중국 PC시장에 대응하기 위해(E) 2대 CEO 양위안칭(S)이 장기적인 관점(long-term)을 가지고, 고객 중심의 기술혁신 전략을 기반으로 산학연계를 통해 훌륭한 기술인력을 확보하고, 국제 M&A 등의 다양한 수단을 통해 신속(fast)하게 새로운 시장에 대응하여 기술경쟁력을 육성, 확보(R)하여 중국뿐 아니라 세계 PC시장의 유수 업체들과도 경쟁할 수 있는 기업으로 자리잡게 되었다. 따라서 이 시기의 메커니즘은 자원혁신적이고 장기적이며 빠른(ESR / Long-Fast) 유형으로 분류된다.

레노보가 3단계로 진입한 시기는 2011년이었다. 이 당시 글로벌 PC시장은 경쟁이 갈수록 치열해져 갔고, 세계 선두 PC제조사들 간의 M&A 활동은 산업의 판도를 바꾸어 놓기 시작했다. 2007년 8월 Acer와 Gateway의 M&A는 레노보를 세계 PC제조산업에서 4위로 물러나게 했다. 양위안칭 회장은 급변하는 산업환경에서 피동적으로 환경에 대응하는 것보다 최고경영자의 강력한 경쟁 마인드와 지속적인 성장의지가 필요하다는 믿음 하에 2011년 레노보 지분 8%를 매입하여 최대 개인주주로서의 입지를 구축하였다. 그리고 이러한 위치를 통해 새로운 기업문화를 창조하는 자원창조(SRE) 메커니즘 유형을 구축하고 있다. 또한, 레노보의 성장동력이 되었던 저가 전략이나 기술 및 브랜드 이전 전략 등은 더 이상 경쟁우위의 원천으로 볼 수 없다는 판단 하에 장기적으로(Long-term) 레노보만의 첨단기술을 개발하고 경쟁우위를 구축하여 레노보에게 유리한 기업환경이 자연스럽게 이루어지도록(Slow) 힘을 기울이고 있다. 따라서 2011년에 시작한 제3기에서는 SRE / Long-Slow형 메커니즘이 자리하고 있다.

사례 12 Huawei(華爲)

화웨이 그룹은 중국의 심천을 기반으로 하는 사기업으로써 창업자 런정페이(Ren Zhengfei) 회장이 2,1만 위안의 자본금으로 1987년에 창립하였다. 통신과 IT를 주 사업분야로 하는 화웨이는 2012년에는 에릭슨을 인수하며 2013년 기준 매출액 385억 달러, 순이익 46억 달러에 달하는 성장을 이루었다.

세계적인 통신설비제조업체인 화웨이의 핵심기술경쟁력은 런정페이 회장의 기술중시 경영에서 나왔다. 그는 기술독립 없이 공업독립과 민족독립이 없다고 강조하며 독자적인 기술 개발에 총력을 기울였고, 이를 위해 단기 수익보다는 R&D 투자에 치중했다. 그는 매년 매출액의 10% 이상을 연구 · 개발(R&D) 비용으로 투자했으며, R&D 비용의 10% 이상을 신기술 및 신제품 연구에 투자했다. 런정페이는 또한 늑대론으로도 유명한데, 그는 직원들에게 늑대처럼 과감한 공격정신을 가져야 한다고 강조했다. 런정페이의 장기적인 시각, 냉정한 판단, 선견지명은 지금의 화웨이를 만든 주요 요인이었다.

1987년 설립 당시 중국 정부는 민영기업인 화웨이에 적극적인 정책지원을 했다. 중국 정부는 중국통신의 현대화를 도모하기 위해 중국 전국 철도의 텔레콤 시스템의 설치작업과 주요 도시의 전화시스템 설치작업을 화웨이에 맡겼다. 또한 중국의 WTO 가입 후 통신시장 개방에 대비하여 세계적인 통신장비제조사와 경쟁할 수 있도록 시장 개방을 통해 외국의 선진기술을 유입시키는 정책(以市場換技術)을 실행함으로써 적극적인 정책지원을 했다.

이로써 화웨이는 조직내부역량과 외부의 우호적인 환경을 적절히 활용해 나가면서 짧은 시간 내에 업계의 선두 외국기업과 경쟁할 수 있는 기술과 역량을 키울 수 있었다. 또한 중국 국내시장뿐만 아니라 글로벌 시장에서도 경쟁할 수 있는 뛰어난 기술력과 연구 · 개발역량을 바탕으로 세계 통신산업에서 선두 위치에 자리 잡았다. 화웨이의 핵심역량은 세계 수준의 기술력이다. 통신산업이 가장 불황이었던 2002년에도 화웨이의 R&D 투자비용은 전체 매출의 17%를 차지했다. 또한, 런정페이는 고객에게 서비스를 제공해 주는 것이 화웨이의 유일한 존재 이유라고 강조하면서 고객지향적 마케팅을 강조했다. 화웨이의 또 다른 역량은 인재 중심의 경영철학에서 기인했다. 화웨이는 직원들 대부분이 자사 주식을 갖고 있는 중국에서는 아주 보기 드문 직원지주회사이며, 이직을 하거나 창업을 위해 회사를 나가는 사람에게도 화웨이 주식의 80%에 해당되는 화웨이 제품을 증여해 주는 격려 제도가 있다. 이로 인하여 화웨이는 직원들의 회사에 대한 강력한 로열티를 보유하게 되었고, 퇴사 후 창업을 하는 사람들도 대부분 화웨이의 파트너가 되어 화웨이의 발전에 이바지했다.

화웨이 성공의 주요 요인을 보면 최고경영자 런정페이의 강력한 추진력과 칼같이 확고한 경영스타일이 가장 두드러진다. 그는 이러한 지도력을 바탕으로 기술과 사람에 대한 과감한 투자를 통해 내부역량을 기르고 이를 활용하여 시장을 창출한 자원창조(SRE) 메커니즘을 구축하였다. 또한 장기적인 관점(Long-term)으로 전략을 수립하여 기술경쟁력을 구축했으며, 압강원칙(壓强原則)[19]에 근거하여 항상 남보다 빠르게(Fast) 상황에 대처하여 왔다. 따라서 화웨이는 SRE / Long-Fast 유형으로 분석된다.

메커니즘기반관점에서 화웨이를 분석해 볼 때, 몇 가지 전략적 이슈를 도출해 낼 수 있다. 첫 번째로, 2008년까지 화웨이는 주체가 주도하는 경영메커니즘으로 성공해 왔다. 앞으로는 런정페이를 이을 후임자가 화웨이의 독특한 기업문화와 핵심경쟁력을 지속적으로 유지해 나가는 것이 관건이 될 것이다. 두 번째는 화웨이의 현재 경쟁우위가 과연 미래에도 경쟁우위로 남을 수 있을 것인가에 관한 문제이다. 화웨이의 압강원칙에 입각한 군대식 기업문화가 글로벌화 및 문화적 다양성의 도전을 이겨 내는 것이 과제가 될 것이다. 화웨이가 기술집약적 산업에서 지속적으로 경쟁력을 유지하기 위해서는 기존의 군대식 조직문화와 함께 개인의 창의력과 역량을 중시하는 메커니즘이 필요할 것으로 보인다.

---

19 압강원칙(壓强原則)이란 결정적인 성공요소 및 전략성장점에서 경쟁사보다 더 많은 자원과 역량을 집중적으로 투입함으로써 경쟁사보다 먼저 핵심역량을 육성해 나가야 한다는 원칙이다.

사례 13 바오스틸(上海宝钢集团公司)

바오스틸(Baosteel)은 중국 상하이를 거점으로 한 중국 대표 국유기업 중 하나로서, 조강기준으로 아르첼로미탈(ArcelorMittal)에 이어 세계에서 두번째로 큰 철강회사이다. 중국이 문화혁명을 끝내고 개혁개방을 시작한 1978년에 창립된 바오스틸은 2013년 기준 영업이익이 307억 달러에 달하며, 포춘지가 선정한 500대 기업에 선정되었다.

바오스틸은 중국의 시장매력도를 협상카드로 삼아 적극적인 국제화를 진행하고 있다. 중국 철강산업의 기술력이 외국 선진 기술과 비교하여 부족했기 때문에 바오스틸은 초기에 신일본제철의 도움을 받아 용광로를 설치하는 등 외부의 환경을 적극적으로 활용했고, 더 빠른 성장을 위해 적극적인 제휴, 합작투자, 국제자원 확보 등의 국제화 전략을 진행했다. 세계 1위의 스테인리스강 생산업체인 독일 티센크룹(ThyssenKrupp) 사와 합작회사를 설립했고, 신일본제철 및 아르셀로미탈(Arcelormittal)과 공동 출자하여 우수한 품질의 자동차용 철판을 생산하는 공장을 설립했다.

초대 이사장은 리명(黎明) 전 중국 야금부 차관으로 1983년부터 상하이바오산철강총공장 공장장을 맡으며 1994년 바오산그룹으로 구조조정 한 후 초대 이사장으로 취임하였다. 리명은 중국 중앙정부 기업인 바오스틸의 초기 모습을 설립하는데 가장 큰 역할을 수행하였다.

바오스틸은 2004년 1월, 독일의 헨켈(Henkel)과 양해각서(MOU)를 체결하여 자동차용 철강의 페인트기술을 공동 개발하기도 했다. 당시 회장은 중국에서 '철강여인'으로 유명한 씨에치화(谢企华)이다. 씨에치화 이사장은 2004년 바오스틸의 이사장으로 취임하고 국제화를 위한 비전을 가지고 해외광산들과 원료 확보협상을 주도하고 기술공동연구개발과 관련된 전략적 제휴를 추진하였다. 이러한 일련의 과정은 바오스틸의 주체가 필요한 자원을 창조한 자원창조(SRE) 메커니즘을 장기적 차원에서(Long-term), 그리고 빠르게(Fast) 구현한 SRE / Long-Fast 유형이라고 볼 수 있다.

반면, 21세기에 들어와서 철강산업에 많은 변화가 일어나자 바오스틸의 경영진은 외부적 환경변화에 신속하게(Fast) 대응했다. 현재 바오스틸은 2010년에 취임한 허원보(何文波) 이사장의 지휘 아래 급변하는 환경변화에 대비하기 위한 노력을 기울이고 있다. 따라서, 바오스틸의 메커니즘은 높은 철강기술력을 구축하려는 주체의 장기적인 비전 하에 시장환경의 변화에 빠르게 대응하여 내부역량을 구축한 자원혁신적인 ESR / Long-Fast 유형임을 알 수 있다.

성공한 후발주자들의 메커니즘은 일반적으로 급격한 환경 변화에 적응하는 과정에서 주체가 적극적인 의지로 점차 내부역량을 구축하는 자원혁신(ESR) 유형을 선보인다. 선발주자들에 의하여 시장이 형성되어 있는 분야에 신규 진출하려는 기업들은 바오스틸의 이러한 성공사례를 벤치마킹하면서 자신들만의 새로운 성공 메커니즘을 찾아낼 수 있을 것이다.

사례 14 청콩(长江)그룹

청콩그룹의 대표기업(flagship company)인 청콩실업(长江实业: Cheung Kong Holdings)은 홍콩의 최대 재벌인 리카싱(李嘉誠)이 1950년에 세운 플라스틱 제조회사로서, 그 후 부동산, 바이오, IT, 통신 등의 다양한 사업에 진출하여 2013년 기준 총 매출액 45억 달러를 올렸다.

홍콩 재계의 자존심으로 일컬어지는 리카싱 회장은 1928년에 태어나 맨 손으로 중국, 더 나아가 아시아 최고의 거부가 된 입지전적 인물로서, 그가 지배하는 회사의 시가총액은 2009년 기준으로 홍콩 증시의 15%를 차지하였다.[20] 포브스(Forbes)에서는 2014년 6월 기준으로 52개국에서 27만 명을 고용하고 있는 이카

20 "The Miracle of Asia's Richest Man". Forbes. 24 February 2010.

싱 회장의 자산이 350억 달러로서 공식적으로는 세계 15위의 갑부이지만, 실제적으로는 이보다 훨씬 높을 것이라는 평가를 하고 있다.[21]

청콩실업을 주축으로 하여 건설업, 통신업, 생물과학 등 다양한 사업영역에서 활동하는 대기업집단인 청콩그룹의 발전은 3단계로 나눌 수 있다. 첫 번째 단계는 플라스틱 산업에서 출발한 초창기, 두 번째 단계는 건설산업으로 발전방향을 전환한 도약기, 세 번째 단계는 글로벌 기업으로 변화한 글로벌경영 기업이다.

리카싱은 교장선생님이던 아버지 사망 이후 가계를 돌보기 위해 15살에 플라스틱 무역업에서 판매사원으로 사회생활을 시작했다. 플라스틱 공장 운영에 대해 눈을 뜬 그는 22세였던 1950년에 친지들로부터 자금을 빌려 플라스틱 제조사업을 시작했다. 판매사원으로 있을 때 한편으로는 고객들로부터 낮은 품질에 대한 불만을 들으면서, 다른 한편으로는 이탈리아에서 만든 조화의 우수한 품질에 깊은 인상을 받았던 그는 이탈리아 기술을 도입하여 플라스틱에 다양한 색깔을 넣어서 실물과 유사한 조화(plastic flower)를 만들고, 홍콩 근로자들의 낮은 임금으로 가격경쟁력을 갖추어 시장을 키워 나가기 시작했다. 그는 이같이 우수한 제품을 빨리 출시하고 품질에 좋은 인상을 받은 해외 고객들과 우호적인 관계를 맺음으로써 세계 시장을 장악하는 데 성공하였다.

청콩그룹의 초기 메커니즘은 자원창조(SRE) 유형으로서, 창립자인 리카싱 회장이(S) 품질과 가격경쟁력에 촛점을 둔 조화 시장을 장악하고(R), 이를 기반으로 하여 세계 시장을 장악한 것이다(E). 리카싱은 조화 시장에서의 단기적인 성공을 위해(Short-term) 이탈리아의 기술을 도입하되 싼 값으로 덤핑하여 시장을 장악한 것은 신속한(Fast) 의사결정에서 기인한 것이다. 이같이 청콩그룹 발전의 초기 성장과정은 SRE / Short-Fast 메커니즘으로 설명할 수 있다.

1958년 자신이 운영하던 공장의 임대기간이 끝나면서 재임대가 불가능해지자

21 http://www.forbes.com/profile/li-ka-shing/.

리카싱은 공장을 짓기 위한 부지를 매입하면서 부동산 사업에 눈을 떴다. 1967년 홍콩에서 영국의 식민정책에 대해 반대하는 좌익계열에서 폭동을 일으키자 많은 사람이 홍콩을 떠나면서 부동산 가격이 폭락했다. 리카싱은 홍콩의 미래를 확신하고, 부동산을 대량으로 매집하면서 회사 이름을 장강실업으로 바꿨다. 그 결과 건설업은 청콩그룹의 핵심분야가 되었고, 장기간의 노력을 통해 시장에서 확고부동한 위치를 차지했다. 초기에는 자원 부족으로 인하여 홍콩 외곽지역에서 활동했지만, 홍콩의 미래에 대한 확고부동한 확신을 기반으로 해서 지하철 금종역 프로젝트에서 시장환경을 변화시키는데 성공했다. 다시 말해서 청콩그룹의 건설업 진입은 리카싱이 가진 비전 하에(S) 원하는 환경을 창조하는 과정에서(E) 장기적인 비전(Long-term) 하에 신중 하게(Slow) 진행되었고, 프로젝트를 진행하면서 건설업 분야의 경험과 자원을 구축해 굴지의 건설업체로 발돋움할 수 있었다(R). 이러한 일련의 과정은 SER / Long-Short 메커니즘을 통한 성과라 할 수 있다.

1979년 리카싱은 홍샹은행(HSBC)으로부터 허친슨왐포아(Hutchison Whampoa Limited)사를 인수했다. 이 회사는 컨테이너 항구 시설(container port facilities)을 홍콩, 중국, 캐나다 벤쿠버에 있는 델타포트, 영국, 로테르담, 파나마, 바하마 등 세계 각 지역에서 소유, 운영하고 있었다. 왓슨(Watson)이라는 자회사는 영국에서 수퍼드럭(Superdrug), 프랑스에서 마리오노(Marionnaud), 아시아에서 왓슨(Watson)이라는 브랜드로 7,800여 개 편의점을 운영하고 있었다. 이 회사를 통해 청콩그룹은 세계 각국에서 다양한 사업을 운영하는 글로벌 기업으로 변신했다.

당시 청콩그룹은 주체인 리카싱(S)의 비전에 따라 글로벌 시장에 진출하여 새로운 시장(E)을 창출하면서 근본적인 변화를 일으켰기에 이때의 메커니즘은 환경창조(SER) 유형이라고 볼 수 있다. 또한, 글로벌 경쟁에서 급변하는 환경을 장기적 관점(Long-term)에서 인식하면서도 신속하게(Fast) 대응했기에 이 시기의 메커니즘은 SER / Long-Fast라고 할 수 있다.

청콩그룹의 메커니즘은 자원혁신 유형에 기반을 두면서도 초창기에 단기적이고 빠른 SRE / Short-Fast유형에서 시작하여 도약 단계에서 밝은 홍콩이라는 미래환경을 꿈꾸는 비전 하에 장기적이고 신중한 SER / Long-Short 유형으로 변화했다. 그 다음 글로벌 경영기에 접어들면서는 원하는 환경을 장기적 관점에서, 그러나 재빠르게 이끌어 내는 SER / Long-Fast형태의 메커니즘으로 변화했다. 이상으로 청콩그룹을 세 단계로 나누어 분석했지만, 큰 틀에서는 주체가 장기적인 발전 방향을 제시하며 다양한 사업분야에서 기업 내부자원과 역량을 구축하는 2단계와 3단계의 SER 메커니즘 유형이 지배적이었다.

대부분 기업들이 대기업으로 성장한 후에는 풍부한 자원을 기반으로 활동하는 RSE, 또는 RES 유형으로 변화하는 것에 비해 청콩그룹은 리카싱 회장의 외부환경에 대한 통찰력을 근간으로 지속적으로 사업을 확장시키면서 각 사업분야에서 성공을 거둔 경우로, 주체가 현실에 안주하지 않고 SER 메커니즘을 통해 지속적으로 사업을 확장, 발전시킨 대표적인 사례이다. 청콩그룹의 사례는 내부자원과 역량이 풍부해진 시점에도 최고경영자의 비전과 환경에 대한 통찰력이 기업의 지속적 발전의 원천이 될 수 있음을 보여준다. 따라서 이 사례는 기업의 지속적 성장을 위해서는 우리가 기존에 중요하게 여겨왔던 자원이나 역량뿐 아니라 환경에 대한 경영자의 통찰력도 뒷받침되어야 한다는 시사점을 준다.

요약

6장에서는 메커니즘의 유형을 24개로 분류하고 14개의 실제 사례에 적용해 보았다. 이 중에서 13개는 기업이고 1개는 두바이라는 토후국이다. 〈표 6-10〉은 이들 기업과 국가에서 찾아낸 대표적인 메커니즘을 보여준다.

표 6-10 ▸ 14개 사례에서 찾아낸 대표적인 메커니즘

	조직	시기	경영자	프로젝트/사업	메커니즘 성격	
					순열	시간
1	포스코	1968	박태준	사원 주택단지 조성 활동	SER	Long-Fast
		1994	김만제	포스코건설 설립	SRE	
		1995		환경방침 제정	ESR	
		1996		중국 장가항 진출	ESR	
		2003	이구택	포스코 봉사단 창단	RSE	
		2004		학습동아리(CoP) 실행	ERS	Short-Fast
		2005		QSS (Quick Six Sigma) 실행	SRE	
2	유한 킴벌리	1993	문국현	전략부문	ESR	Long-Fast
		1993		인사조직 부문		
		1993		기업문화 부문	SRE	Long-Slow
		2000		마케팅 부문		
		2003		국제경영 부문		
3	두바이	1995	셰이크 모하메드	창조경영	SER	Long-Fast
4	쓰리엠	1929~2001	맥나이트, 레어, 재콥슨, 디사이먼	구성원 주도의 창조/혁신적 조직문화	SRE	Long-Slow
		2001~2012	맥너니, 버클리	효율성을 추구하는 구조조정	ERS	Short-Fast
5	IBM	1993~2011	거스너, 팔미사노	고객중심 서비스제공 산업	SRE	Long-Fast
6	ABB	1988~1996	바네빅	합병과 팽창	SER	Long-Fast
		1997~2000	린달	선택과 집중	RES	Long-Slow
7	소프트 뱅크	1980년대	손정의	창업과 IT노하우 축적	SRE	Long-Slow
		1990년대		적극적 M&A	SER	Long-Fast
		2000년대		통신산업에 대한 새로운 비즈니스 모델 구축과 실현	SER	Long-Slow

8	삼성전자 반도체 부문	1983~1995	이병철, 이건희	반도체산업진입과 수익창출	SER	Long-Fast
		1995~2008	이건희	반도체산업에서 선도체제 구축	SRE	Long-Fast
		2008~2014		구조 개혁	RSE	Long-Slow
9	현대 자동차	1999~2003	정몽구	자동차 품질혁신	ESR	Short-Fast
		2003~2014		세계적 자동차 만들기	SRE	Long-Fast
10	하이얼	1984~1987	장루이민	품질기반으로 브랜드 창출	SRE	Long-Slow
		1988~1995		다각화	SRE	Long-Fast
		1996~2011		국제화	SER	Short-Fast
		2012~2014		차별화	SRE	Long-Fast
11	레노보	1984~2000	류촨즈	단계적인 PC시장 진출	SRE	Short-Fast
		2001~2010	양위안칭	변화와 창조로 PC시장 선도	ESR	Long-Fast
		2011~2014		첨단기술로 경쟁우위 확보	SRE	Long-Slow
12	화웨이	1987~2014	런정페이	사람/기술에 대한 압강투자로 통신산업 선도위치 구축	SRE	Long-Fast
13	바오스틸	1978~2000		전략적제휴를 통한 국제화	SRE	Long-Fast
		21세기		환경변화 대비 내부역량구축	ESR	Long-Fast
14	청콩그룹	1950~1966	리카싱	세계 조화시장 장악	SRE	Short-Fast
		1967~1978		건설산업 진출	SER	Long-Slow
		1979~		세계화 다각화로 글로벌경영	SER	Long-Fast

〈표 6-10〉에는 14개 기업이나 국가에서 발견한 36개 메커니즘 유형이 소개되어 있다. 36개 메커니즘을 분류해 보면 환경창조형인 SER이 9개, 자원창조형인 SRE가 16개, 자원혁신형인 ESR이 5개, 환경혁신형인 RSE가 3개, 환경적응형인 ERS가 2개, 자원적응형인 RES가 1개이다. 창조형이 제일 많고, 혁신형이 그 다음이며 적응형이 제일 적은 이유는 14개 조직이 한국, 일본, 중국, 미국, 유럽, 그리고 중동의 대표적인 사례로서 창업과 성장기를 기준으로 해서 뽑은 것이기 때문이다.

위 14개 사례에서 보듯이 한 기업이나 국가에는 하나의 메커니즘 유형만 존재하는 것이 아니다. 시대 변화에 따라 서로 다른 메커니즘 구성요소가 존재하고, 그에 따라 서로 다른 메커니즘 유형들이 나타난다. 그럼에도 불구하고 각 조직의 대표적인 행동 방식을 분석해 보면 그 기업 혹은 국가의 대표적인 메커니즘 유형을 찾을 수 있고, 이를 통해 조직 간 메커니즘의 비교분석이 가능하고 전략적인 시사점도 이끌어 낼 수 있다.

PART III

메커니즘 응용

07장 메커니즘 경영1: 기업 국제화의 4가지 유형

7장에서는 경영전략과 관련된 메커니즘 중에서 저자가 창안한 '기업의 국제화 전략'을 중점적으로 검토하자.

국제경영의 기존 이론은 기업의 국제경영전략을 3~4가지 모델로 유형화하는 것이 보통이다. 전통적으로는 국내에서 생산과 판매가 이루어지는 국내기업과 생산과 판매가 국내를 벗어난 국제기업으로 나눈다. 국제기업은 다시 국내에서 생산한 제품을 해외로 수출하는 수출기업, 현지에서 생산과 판매를 하는 현지기업(또는 다국적기업), 한나라에서 생산한 제품을 제3국에서 판매하는 세계기업(또는 초국적기업)으로 나눈다.[1] 펄머터(Howard V. Perlmutter)의 EPG 이론에 의하면 기업은 민족중심적 성향(Ethnocentric Orientation), 다국중심적 성향(Polycentric Orientation), 세계중심적 성향(Geocentric Orientation) 중 하나를 띠게 된다고 한다.[2] 바틀렛(Christopher A. Bartlett)과 고샬(Sumantra Ghoshal)은 현지반응필요성(need for local responsiveness)과 세계조정필요성(need for global coordination)이라는 두 가지 축을 세웠다. 그리고 기업의 국제전략을 네 가지로 나누었다. 그 결과 첫째, 현지반응필요성과 세계조정필요성이 모두 낮은 국가간전략(International strategy), 둘째, 현지반응필요성은 높고 세계조정필요성은 낮은

---

1 조동성, 21세기를 위한 국제경영, 서울경제경영, 2004.

2 Howward V. Perlmutter, "The Tortuous Evolution of the Multinational Corporation," Columbia Journal of World Business, Jan/Feb69, Vol. 4 Issue 1, p9, January 1969.

다국내전략(Multidomestic strategy), 셋째, 현지반응필요성은 낮고 세계조정필요성은 높은 세계전략(Global strategy), 넷째, 현지반응필요성과 세계조정필요성이 모두 높은 범국가전략(Transnational strategy)을 개발했다. 그들은 한 기업이 국가간전략 → 다국내전략 → 범국가전략, 또는 국가간전략 → 세계전략 → 범국가전략 중 하나를 선택할 수 있다고 주장하였다.[3]

이같이 기존의 국제경영 이론은 기업이 국내와 해외의 현지, 또는 세계를 무대로 경영을 하면서 보여주는 활동내용, 성향, 전략을 몇 가지 유형으로 나누어 보여주고 있다. 그러나 기업이 한 가지 유형에서 다른 유형으로 변화하는 과정에 대해서는 어떤 이론도 설명을 하지 않고 있다. 따라서 기존 이론은 정지된 상태에서의 모습을 보여주는 정태적 관점(static view), 또는 정태적 관점에서 본 모습 간의 차이점을 비교하는 비교정태적 관점(comparative static view)에 입각하고 있을 뿐, 경영자가 한 모습에서 다른 모습으로 변화해 나가는 과정을 설명하는 동태적 관점(dynamic view)은 보여주고 있지 않다.

기업 현장에서는 국제경영활동을 어떻게 전개하는가? 저자가 2007년 8월에 만난 제너럴 일렉트릭(GE) 사의 당시 International Vice President 였던 헨슨(Dan Henson)은 GE의 글로벌 전략을 〈표 7-1〉로 설명해 주었다.

그에 의하면 GE가 과거 국제화의 첫 단계에서 취했던 전략은 1단계에서 미국 내에서 판매하고 있던 제품에 대해 필수적인 기능들만 남겨놓고 간소화시킨 보급형을 디자인한 뒤, 미국에서 그것을 생산하고 개발도상국 시장에 수출하여 판매하는 방식이었다. 그 후 GE가 현재 위치하고 있는 두 번째 단계에서 비용절감을 위해 미국에서 디자인된 보급형 제품을 인건비가 상대적으로 싼 개발도상국에서 직접 생산하고 현지 시장에서 판매하는 방식으로 전략을 바꾸었다. GE는 가까운

---

3 Bartlett & Ghoshal, Managing Across Borders: The Transnational Solution, Harvard Business School Press, 1989.

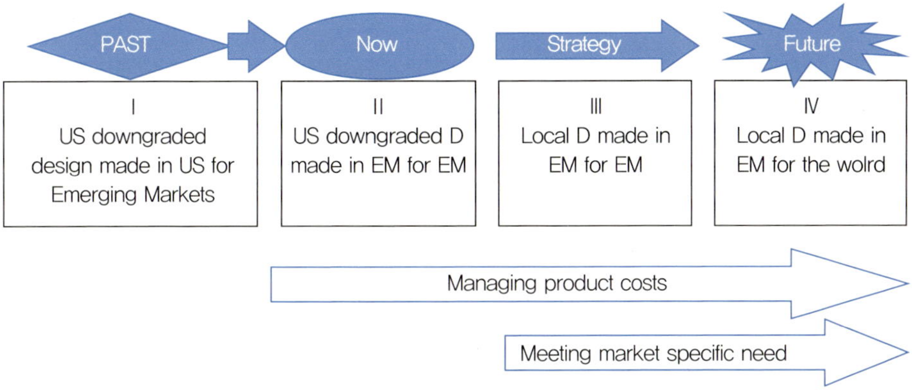

표 7-1 ▸ GE의 전통적 글로벌 전략

미래에 세 번째 단계로 옮겨가서 제품 디자인마저도 각지의 개도국 현지 법인에서 진행함으로써 제품 개발에서 생산 및 판매에 이르기까지 대부분의 경영활동이 현지에서 이루어지도록 하여 비용을 절감하면서 현지 시장 각각의 트렌드도 고려함으로써 해당 시장 소비자들의 특정한 수요를 충족시키는 데 글로벌 전략의 초점을 맞출 계획이라고 하였다. 마지막으로 GE가 궁극적으로 지향하는 글로벌 전략의 최종 단계에서는 현지에 있는 자회사가 주도적으로 현지에 맞게 디자인한 제품을 현지 시장에서 생산하여 세계 시장으로 가지고 나가서 판매하게 될 것이라고 하였다. 이같이 경영자는 기업이 현재 단계에서 다른 단계로 넘어갈 때 어떤 요소를 움직여서 변화해 나가는지에 대해 전략적 초점을 둔다.

GE의 글로벌 전략 로드맵에 전통적인 이론을 적용하면 1단계는 수출기업, 2, 3단계는 현지기업/다국적기업으로 설명할 수 있다. 그러나 현지에 뿌리를 내린 자회사가 주도적으로 해외로 나가는 4단계를 설명할 수 있는 적절한 모델은 없다. 전통적인 이론에서 제시하는 세계기업/초국적기업은 새가 하늘에서 땅을 내려다보듯이 세계기업/초국적기업의 본사가 전세계 시장을 하나의 시장으로 보고 강력한 전략을 실시하는 모델이기 때문이다.

GE 로드맵에 EPG모델을 적용하면 1, 2단계는 민족중심적 성향, 3단계는 다국중심적 성향을 띤 기업으로 설명할 수 있다. 그러나 이 모델 역시 4단계를 설명할 수 있는 적절한 대안을 제시하지 못하고 있다. 이 모델에서 제시하는 세계중심적 성향은 앞에서 본 전통적 이론의 세계기업/초국적기업과 마찬가지로 세계기업의 본사가 가진 성향일 뿐, 현지기업이 주도하는 성향은 설명하지 못하고 있기 때문이다.

이번에는 GE 로드맵에 바틀렛과 고샬이 제시한 네 가지 전략을 적용해 보자. 1단계는 국가간 전략, 2, 3단계는 다국내전략으로 설명이 된다. 그러나 현지 자회사가 주도하는 4단계는 세계전략이나 범국가전략으로 설명할 수 없다. 바틀렛과 고샬의 네 가지 전략 역시 모두 본사 시각에서 보기 때문이다.

이같이 국제경영에 관한 기존 이론은 두 가지 면에서 기업의 현장을 설명하는 데 한계점을 가진다. 첫째 기존 이론들은 모두 본사 중심의 사고방식을 벗어나지 못하고 있다. 그러나 〈표 7-1〉에서 보듯이 GE는 국제경영활동의 미래를 본사가 아니라 현지가 중심이 되어 전개하는 모습으로 보고 있다. 다시 말해서 앞으로 GE의 국제경영활동은 본사가 강력한 중앙집중적인 전략에 의해서 이끌어 가는 것이 아니라 현지에 있는 자회사들이 스스로 해외시장을 찾아 나가는 방식으로 전개될 가능성이 높다. 그리고 GE가 상정하고 있는 미래의 국제경영 방식은 다른 기업에서 이미 실시하고 있다.

둘째, 국제경영에 관한 기존 이론은 국제경영에 관한 정태적인 유형을 다양하게 제시하고 있을 뿐, 한 유형에서 다른 유형으로 넘어가는 과정은 설명하고 있지 못하다. 그러나 경영자들은 바로 이러한 변화관리에 더욱 관심을 가지고 있다.

메커니즘기반관점을 이용하여 국제경영 모델을 개발하면 기존 모델이 가진 두 가지 단점을 보완하면서 국제경영을 체계적으로 접근할 수 있다. 〈표 7-2〉는 국제경영 활동에 관한 두 개의 축을 이용해서 국제경영 기업에 관한 네 가지 모델을

Management Locus (경영이 이루어지는장소)

Management Focus (경영의촛점)	Domestic (국내)	Overseas/Global (해외/세계)
Firm-based Mecahnism (기업기반메커니즘)	Glo-calization 세현화(世現化)	Globalization 세계화(世界化)
Location-based Mechanism (장소기반메커니즘)	Localization 현지화(現地化)	Loc-balization 현세화(現世化)

표 7-2 ▸ 국제 경영의 4가지 본원적 메커니즘(4 Generic Mechanisms in Global Management)

본원적 메커니즘이란 이름으로 제시하고 있다. 이 그림은 기업의 경영활동이 이루어지는 장소를 표시한 X축은 국내시장과 해외/세계시장으로 나누고, 기업의 이익을 창출하는 핵심자원이 어디에 속해 있는지를 의미하는 경영의 촛점을 표시한 Y축은 기업기반 메커니즘과 장소기반 메커니즘으로 나누고 있다. 따라서 이 그림에는 세계화, 세현화, 현지화, 현세화라는 국제경영의 4가지 본원적 메커니즘이 나온다.

7.1. 세계화(Globalization): 기업기반의 경영 메커니즘을 세계 모든 곳에 적용

전세계 시장을 상대로 해서 기술, 자본, 인력, 브랜드 등 그 기업만이 가지고 있는 능력, 즉, 기업 고유 능력에 기반을 둔 경영 메커니즘을 가지고 사업을 하는 기업들은 이러한 능력을 갖추고 있지 못한 현지기업들과의 경쟁에서 우위를 가지고

시장을 장악하게 된다. 세계적인 대기업이 사용하는 이러한 전략을 세계화 전략이라고 부른다.[4]

1980년대 이전까지의 코카콜라는 '세계화'전략의 전형을 보여준다. 코카콜라는 붉은 배경 속에 흰색의 알파벳 'C' 두 글자가 나란히 새겨진 로고를 진출한 모든 국가에서 일관되게 유지했으며 미국 문화를 소재로 한 내용의 광고를 전 세계적으로 동일하게 선보였다. 코카콜라가 유럽 진출을 준비할 때, 기업 내 · 외부 전문가는 자극적인 탄산에 익숙하지 않은 유럽인의 취향에 맞도록 음료 맛을 종전과는 달리해야 한다는 의견을 냈지만 코카콜라는 유럽시장에 진출할 때에도 종전과 동일한 맛의 제품을 판매했다. 그리고 코카콜라의 이러한 전 세계적으로 동일한 맛과 브랜드, 광고 전략은 1980년대까지 유지되었다.

7.2. 세현화(Glocalization): 기업기반의 경영 메커니즘을 지역 환경의 특별한 필요에 따라 수정

세현화는 기업 고유의 능력을 기반으로 한 메커니즘을 가지고 세계시장을 겨냥하되 현지의 법, 문화 등에 맞는 제품과 서비스 생산을 의미한다. 세계시장과 현지시장은 동전의 양면에 비유될 수 있다. 어느 한 지역에 대한 이해는 세현화의 양면성을 인식함으로써 더욱 증대될 수 있다. 세계적인 기업이 자신이 가진 기업 고유의 경영메커니즘에 입각한 세계화 전략의 보편적 특성을 지나치게 강조하게 되면 현지 시장에서 나타나는 특수한 상황을 경시하게 된다. 그러다 보면 현지 시장에

[4] 1980년대 이후 세계화를 진행한 기업은 대기업만이 아니었다. 인터넷의 급속한 발달은 소규모 벤처기업이라도 세계무대로 손쉽게 진출할 수 있는 환경을 조성하는 데 큰 공헌을 했다. 세계화의 장점과 단점은 국제 경영 전략 분야에서 중요한 이슈로 다루어지고 있다. 세계화 전략을 지지하는 사람들은 세계화에 따른 고용 증가와 기술 진보로 인해 개발도상국들의 발전이 촉진되기 때문에 산업화된 선진국들과의 격차를 더욱 빠르게 좁힐 수 있다는 점을 논거로 제시한다. 반면, 세계화가 국가주권을 약화시키고 부유한 기업들로 하여금 인건비가 훨씬 낮은 해외로 국내의 생산기능을 이전하게 함으로써 국내 근로자들이 일감을 뺏긴다는 점을 들어 세계화를 부정적인 시각으로 바라보는 사람들도 많다.

서 마주치는 현지기업들과의 경쟁에서 불리한 위치에 놓이게 된다. 특히 현지기업들이 현지 정부가 주는 다양한 지원을 받으면서 경쟁에 임할 경우, 현지에 진출한 해외기업들이 갖게 되는 경쟁열위는 무시할 수 없는 요소로 작용한다. 이러한 상황에서 현지에 진출한 해외기업은 세계화 전략을 수정해서 현지 상황에 적응하는 세현화 전략을 쓰게 된다.

80년대 이후 중국시장에 진출하면서 코카콜라는 기존의 '세계화'전략에서 '세현화'전략으로 나아가는 모습을 보였다. 종전의 '코카콜라' 대신 중국인이 발음하기 쉽고 뜻이 통하는 '커커우커러(可口可樂)'로 브랜드 네임을 현지화했고 '진메이러(津美樂)', '쉬에페이리(雪菲力)'와 같이 중국인을 타겟으로 하는 제품을 출시했다. 늘 고수해 왔던 주름치마 형상의 병 대신 금동옥녀 포장, 12개 띠 그림을 넣은 세트 포장을 한 콜라를 출시하는 등 중국인의 문화에 맞도록 포장을 변경했다. 또한 과거 전형적인 미국 문화를 소재로 하던 광고에서 벗어나 중국 문화와 정서에 걸맞은 소재의 광고를 선보였으며 중국 연예계, 스포츠계 최고 스타를 광고모델로 기용했다. 이같이 세계화를 추진하던 기업이 현지시장의 규모와 상황에 따라 세현화를 추구하게 되는 사례를 확인할 수 있다.

7.3. 현지화(Localization): 기업기반의 경영 메커니즘과는 독립적인 장소기반의 메커니즘을 창출

급속하게 진행되는 세계화에도 불구하고 세계의 각 지역은 국경, 법, 규제, 문화, 관습, 언어, 종교, 민족정신과 국민의식 등의 차이로 인해 다른 지역으로부터 분리되어 있다. 따라서 경영자는 현지시장에서의 지역적인 관행을 기업 고유의 능력을 기반으로 한 경영 메커니즘 못지않게 중요한 환경적 기반으로 인식해야 한다. 특히, 기업 경영 중에서도 인사관리나 제품의 사용법과 같은 소프트웨어는 특정 지역의 정서와 문화를 반영하기 때문에 기업기반의 경영 메커니즘을 고집할 것이 아니라 이와 별도로 그 장소를 기반으로 하는 경영 메커니즘을 창출하는 방향에서 접근해 나가야 한다. 다시 말해서 현지의 특성이 사업 성패에 결정적인 영향을 미치는 경우에는 세현화를 포기하고 현지의 장소적 특성을 기반으로 한 현지화 전략을 써야 한다. 필요하면 현지법인을 세워서 현지인으로 하여금 주도적으로 경영하면서 현지가 가진 특성을 활용하도록 해야 한다. 네슬레(Nestle)는 종업원 국적을 다양화하고 물류 체계의 운영을 지사에 맡기면서 국가별로 브랜드를 차별화하는 전형적인 '현지화' 전략을 구사한다. 30만 명이 넘는 네슬레 직원 중 스위스인이 아닌 종업원은 무려 96%가 넘고, 본사 경영진 2천여 명도 70여 국가에서 온 인물로 구성되어 있다. 각 지사에 운영의 자율성을 최대로 부여하는 것 역시 주목할 만한 부분이다. 네슬레 본사는 물류 전략의 큰 틀만을 수립하고 각 지사는 실제적인 물류 활동을 담당하는 등 네슬레의 물류 체계는 현지에 기반을 두어 운영된다. 국가별 브랜드 차별화 또한 네슬레의 특징 중 하나이다. 네슬레는 8천여 개에 가까운 브랜드를 보유하고 있다. 이런 다수의 브랜드 중 전 세계 시장에서 공통적으로 활용되는 브랜드는 1% 미만이다. 전체 브랜드의 90%가 2개국 이하에서만 운영될 정도로 네슬레는 브랜드를 현지화하고 있다.

7.4. 현세화(Loc-balization): 장소 기반 메커니즘을 다른 환경에 적용

어떤 기업이 A라는 국가로 가서 자회사를 세우고 그 자회사가 성공적으로 현지화를 추구해서 자리를 잡은 경우, 또는 A국에서 시작한 그 나라 기업이 현지에서 확보한 경영 메커니즘을 가지고 성공한 경우를 상정해 보자. 이같이 A국이라는 현지에 뿌리를 둔 세계적 기업의 자회사나 A국에서 시작한 현지 기업이 장소기반 경영 메커니즘을 확보한 경우, 이들 기업은 계속적인 성장을 추구하는 과정에서 자연스럽게 시장을 넓혀 A국과 제반 환경이 비슷한 B국으로 진출하는 국제화를 주도적으로 추구하게 된다. 이들 기업은 B국 시장에서 이미 기업 고유의 경영 메커니즘을 가지고 세계화 전략을 써서 그 나라에 진출한 기업들, 또는 세계화 모델을 수정해서 현지 상황을 고려하는 세현화 전략을 쓰고 있는 기업들과 마주치게 된다. 이 경쟁에서 이기려면 그들과 차별화될 수 있는 무언가를 가지고 있어야 한다. B국에서 세계화나 세현화를 채택하고 있는 기업들이 가지고 있는 기업고유의 능력은 B국 시장의 환경을 제대로 반영하지 못하는 경우가 많기 때문에 현지화 전략을 바탕으로 해서 B국 시장으로 나가는 세계적 기업의 A국 기반 자회사나 A국 기반 현지기업은 가급적 A국에서 습득한 현지 시장에 대한 지식을 바탕으로 그 지식이 적용될 가능성이 있는 B국 현지의 관행을 따름으로써 성공적인 결과를 이끌어 낼 수 있다. 이러한 맥락에서 현지에서 습득한 경쟁력 있는 관행, 즉, 장소기반 경영 메커니즘이 세계시장에서 사용되는 경우를 지칭하는 '현세화(locbalization)'라는 새로운 개념을 고안해 볼 수 있다.

4가지 국제경영 메커니즘 중 국제화, 현지화, 세현화는 기존에도 널리 알려졌던 개념들인 데 반해 현세화는 저자가 메커니즘기반관점을 적용하여 만든 〈표 7-2〉의 그림에 있는 네 가지 유형의 국제화 전략 중 하나로 고안한 개념이다. 현세화 전략은 현지 자회사를 포함한 현지기업이 현지화 전략에서 갖춘 경쟁력 있는 지역표준(local standard)을 세계화 전략을 채택하기 위해 갖추어야 하는 경쟁력, 즉, 세계시장에서 통용할 수 있는 세계표준(global standard)으로 변화시켜 나가는 과정에서 채택하는 전략이다. 이 때 지역표준을 장소기반 경영 메커니즘, 세계표준을 기업기반 경영 메커니즘이라고 부를 수 있다.

현세화는 본사가 아니라 현지기업이 주도한다는 점에서, 그리고 현지화에서 세계화로 나가는 중간과정을 제시하고 있다는 점에서 국제경영에 관한 전통적인 이론에서 제시한 세계/초국적기업이 채택하는 전략이나 바틀렛과 고샬이 주장하는

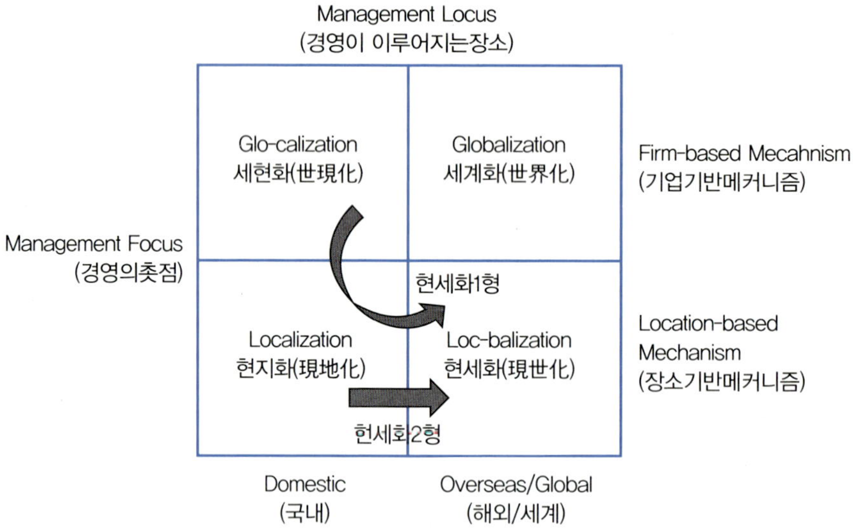

표 7-3 ▸ 현세화의 두 가지 유형

범국가전략과 다른 개념이다.

〈표 7-3〉에서 보듯이 현세화에는 세계화에서 시작하여 세현화와 현지화를 거쳐 현세화에 이르는 타입1 현세화와 현지화에서 곧바로 현세화로 직행하는 타입2 현세화의 두 가지 유형이 존재한다.

현세화 1형은 국제적인 경쟁력을 가진 기업이 세계화에서 세현화, 현지화를 거쳐 현세화에 이르는 경로를 의미하며, 현세화 2형은 현지에 있는 기업이 현지시장에서의 확고한 성공을 기반으로 현세화를 이루는 것을 말한다.

7.4.1. 현세화 1형

앞에서 살펴 보았던 GE의 국제경영전략 로드맵에 등장하는 4단계 글로벌 전략에 〈표 7-2〉에 소개된 국제경영에 관한 4가지 본원적 메커니즘을 적용하면 〈표 7-4〉와 같은 해석을 할 수 있다.

즉, GE의 1단계 전략은 세계화에 해당한다. 물론 GE는 1단계에서 해외로 보내

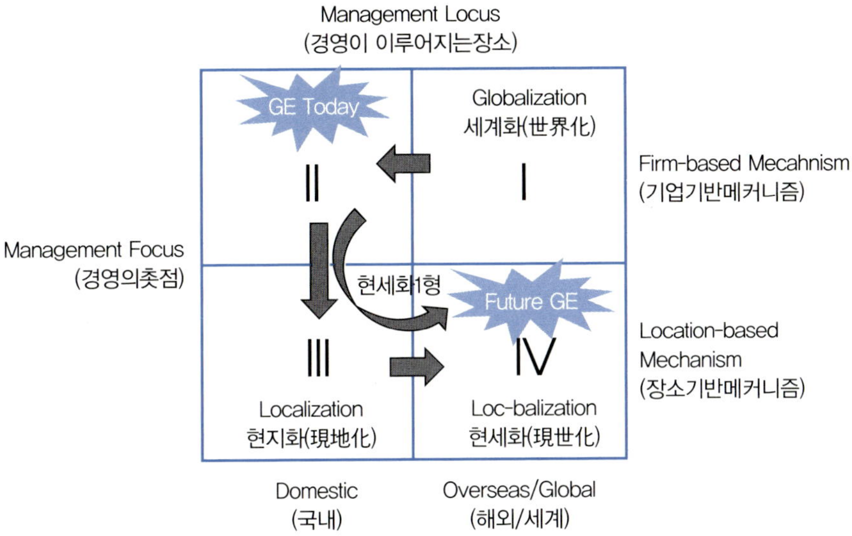

표 7-4 ▸ GE의 현세화 1형 전략

는 제품의 수준을 국내에서 판매하는 제품 수준보다 낮춰서(downgrade) 생산하였다. 그러나 이러한 전략은 현지 사정을 이해하고 고려해서 낮춘 것이 아니라 미국 소비자 수준이 높다는 기업 고유의 자체적인 인식을 기반으로 한 것이기 때문에 기업기반 메커니즘을 활용한 것이라고 볼 수 있다.[5] 또 특정 해외 시장을 겨냥한 것이라기 보다는 개도국 전체를 포함한 수출시장을 대상으로 하는 전략이기 때문에 해외시장으로 보아야 한다. 따라서 1단계 전략은 세계화 전략인 것이다. GE의 2단계 전략은 현지생산이라는 점에서 전형적인 세현화 전략이다. 3단계 전략은 제품을 현지에서 디자인하고 생산한다는 점에서 전형적인 현지화 전략이다. 마지막 4단계 전략은 헨센 부사장이 피력했듯이 아직 실천하지 못한 미래전략으로서, 현지화를 통해 경쟁력을 갖춘 제품을 해외 시장으로 가지고 나가겠다는 점

5 GE의 헨슨 부사장이 사용한 'downgrade'라는 표현은 미국 기업이 세계 시장에서 압도적인 우위를 차지하고 있던 1960년대까지의 국제경영 전략을 설명하는 데에는 적절했을지 몰라도 현재의 GE상황을 설명하는 용어로는 적절하지 못한 것으로 보인다.

에서 현세화 전략이다. 그리고 세현화, 현지화 전략의 연장선 속에서 진행될 것이라는 점에서 현세화 전략 중에서도 1형에 해당한다(표 7-5).

현세화 전략을 지향하고는 있으나 아직 실행에 옮기지 못한 GE와는 대조적으로 기저귀와 생리대 등 생활용품 제조판매 회사인 킴벌리클락(Kimberly Clark)은 현세화 전략을 통해 성공적인 성과를 거둔 대표적인 회사이다. 킴벌리클락은 주 경쟁자인 프록터앤갬블(Procter & Gamble: P&G)에 비해 세계시장에서 열세에 놓여 있지만 한국시장에서만큼은 압도적인 시장점유율을 보이고 있다. 이는 유한양행과의 합작투자를 통해 설립한 유한킴벌리가 현세화 전략을 통하여 한국 현지 시장 공략에 크게 성공했기 때문이다.

킴벌리클락의 기저귀 브랜드인 하기스(Huggies)는 미국시장에서는 미국 가정의 바닥에 보편적으로 까는 카펫에 오물이 묻지 않도록 두껍고 몸에 딱 달라붙는 형태로 디자인되어 판매된다. 이렇게 고안된 제품은 유아들에게 발진(rash)을 일으키는 일이 잦기 때문에 발진 연고(ointment)를 함께 판매한다. 병 주고 약 주고

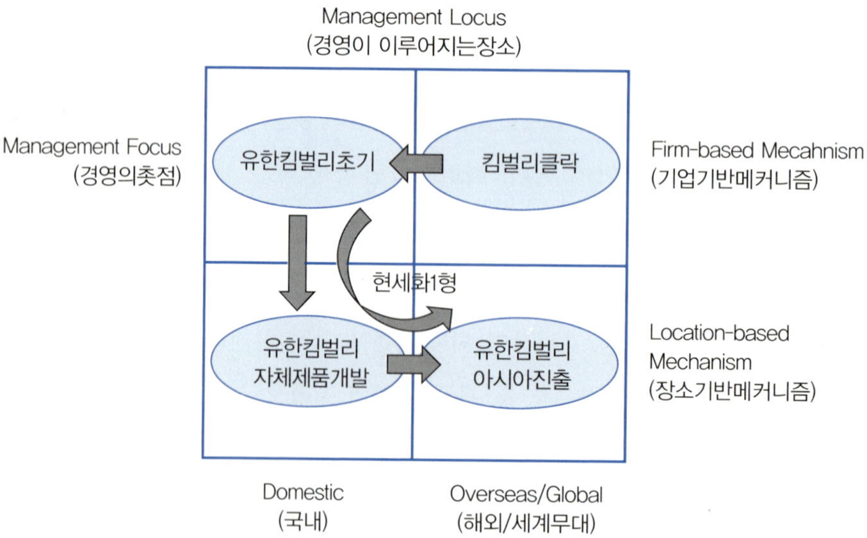

표 7-5 ▸ 킴벌리클락의 현세화 1형 전략

인 셈이다. 반면, 유한킴벌리에서 개발하고 생산하는 한국 하기스는 카펫이 아닌 마룻바닥에서 생활하는 한국 소비자들에 맞게 얇고 오물이 좀 샐 틈이 있더라도 흡수율이 높고 발진이 일어나지 않도록 디자인되어 있다. 가격이 미국시장에서 판매되는 동종 제품에 비해 3배 가량 비싼데도 불구하고 선풍적인 인기를 끈 것이다. 유한킴벌리는 한국에서의 성공을 기반으로 해서 한국산 하기스를 일본, 홍콩, 대만, 중국 등 주변 아시아 국가로 수출하고 있다. 한국 법인에서 만든 제품은 한국에 한정해서 판매하는 것이 일반적인 다국적기업이 선택하는 통상적인 전략이지만, 킴벌리클락에서는 유한양행에서 파견된 문국현 유한킴벌리 사장에게 킴벌리클락의 일본, 홍콩, 대만, 중국, 몽골 시장에 대한 전권을 위임하는 결정을 내렸다. 이에 따라 문국현 사장은 킴벌리클락의 현세화와 현지화 전략을 통해 한국에서 성공한 유한킴벌리의 하기스 제품을 다시 인근 아시아시장에 적용한 타입 1 현세화 전략을 성공시켰다.

7.4.2. 현세화 2형

현대자동차는 국내시장에서의 확고한 기반을 바탕으로 세계시장으로 진출함으로써 큰 성공을 거둔 현세화 2형의 대표적인 예이다. 현대자동차는 국내 소비자들의 욕구를 충족시키기 위해 만들어진 제품이 국내 소비자뿐 아니라 인근 아시아 시장을 비롯한 세계 시장에서 소비자들을 만족시킴으로써 성공적인 현세화를 달성하였다. 삼성의 애니콜, LG의 냉장고 등 우리나라 대기업들의 주요 상품, 그리고, BBQ 치킨의 해외시장 공략, 한류 열풍을 주도하고 있는 SM 엔터테인먼트의 유럽 및 미주 시장 진출 등이 모두 현세화 2형에 해당한다.

7.5. 국제경영 메커니즘 유형분석

지금까지 다룬 4가지 국제경영 메커니즘을 주체, 환경, 자원의 순열 유형으로 분류해 볼 수 있다. 이에 더하여 주체가 환경을 이끌어 내는 경우를 능동적인 메커니즘이라 칭하고 그 반대를 수동적 메커니즘, 그리고 외부환경이 내부자원보다 상대적으로 앞서는 경우 적극적 메커니즘, 그 반대의 경우를 소극적 메커니즘이라고 보고 각 메커니즘을 분석하면 다음과 같다.

7.5.1. 세계화: 소극적 / 능동적인 RSE 메커니즘

세계화는 기업 고유의 내부자원(R)을 바탕으로 세계 곳곳에 법인을 설립하고 유능한 법인장을 파견하여(S) 우호적인 경쟁환경(E)을 창조하는 전략이다. 내부자원을 바탕으로 주체가 선정되어 환경을 창조한다는 점에서 소극적이고 능동적인 메커니즘이다.

7.5.2. 현지화: 소극적 / 수동적인 RES 메커니즘

현지화는 기업 고유의 내부자원(R)을 지역환경(E)에 맞추어 기업 고유의 경영 메커니즘과는 독립적인 현지법인을 설립하고 유능한 법인장을 파견하는(S) 전략으로, 내부자원을 바탕으로 환경에 맞게 주체를 변화시켜 나간다는 점에서 소극적이고 수동적인 메커니즘이다.

7.5.3. 세현화: 적극적 / 수동적인 ESR 메커니즘

세현화는 지역환경(E)에서 포착한 기회와 특수한 요구에 맞추어 독특한 현지법인을 설립하고 유능한 법인장을 파견함으로써(S) 기업 수준에서 형성되는 조직문화를 포함한 내부자원(R)을 창출하는 전략으로, 외부환경을 바탕으로 주체가 선정되어 내부자원을 확보한다는 점에서 적극적이고 수동적인 메커니즘이다.

7.5.4. 현세화 1형: 능동적 / 적극적인 SRE 메커니즘

현세화의 첫 번째 유형은 경영자(S)가 세현화 전략을 바탕으로 형성된 특정 지역의 독특한 현지자원(R)을 이용하여 적극적으로 국제적인 경쟁환경(E)을 우호적으로 변화시키는 전략으로, 주체가 내부자원을 확보하여 환경을 창조한다는 점에서 능동적이고 적극적인 메커니즘이다.

7.5.5. 현세화 2형: 능동적 / 적극적인 SER 메커니즘

현세화의 두 번째 유형은 현지화 전략을 바탕으로 형성된 지역 고유의 메커니즘을 경영자(S)가 적극적으로 국제적인 경쟁환경(E)에 확대 적용하여 기업 수준에서 형성된 조직문화를 포함한 내부자원(R)으로 발전시켜 현세화를 이루는 전략으로, 주체가 외부환경에서 기회를 모색해서 내부자원을 확보한다는 점에서 능동적이고 적극적인 메커니즘이다.

집합개념을 적용해 보면 ERS에 대응되는 적극적 / 수동적인 유형이 존재할 수 있겠지만, 이러한 메커니즘은 소극적인 경영자가 (적극적으로) 환경을 먼저 파악해서 자원을 맞춘다는 모습이 되어 논리적으로 맞지 않기 때문에 유효성 있는 국제경영 메커니즘을 찾기 어렵다.

요약

3부는 메커니즘을 실제 기업과 사회에 적용하여 살펴보는 응용편으로 구성된다. 가장 먼저 7장은 기업의 국제화에 관한 것으로 펄머터(Perlmutter)의 EPG(Ethnocentric, Poly-centric, Geocentric Orientation) 이론과 더불어 바틀렛과 고샬(Bartlett and Ghoshal)의 IR Grid(Integration-Local responsiveness)를 이해하는 시간을 가지고, 각 이론이 GE의 국제화로 살펴보았을 때 한계점이 있다는 것을 발견할 수 있었다.

따라서 본 장에서는 국제화의 이론을 설명하는 본원적 메커니즘을 4가지로 재구성하고 세계화(Globalization), 세현화(Glo-calization), 현지화(Localizatdion), 현세화(Loc-balization)으로 나누어 살펴보았다. 세계화는 기업기반의 경영 메커니즘을 세계 모든 곳에 적용하는 것, 세현화는 기업기반의 경영 메커니즘을 지역 환경의 특별한 필요에 따라 수정하는 것, 현지화는 기업기반의 경영 메커니즘과는 독립적인 장소기반의 메커니즘을 창출하는 것, 현세화는 장소기반 메커니즘을 다른 환경에 적용하는 것으로 구분된다.

08 장 메커니즘 경영2: 신시장 창출을 위한 신종족 발견

8장에서는 경영전략과 관련된 메커니즘 중에서 저자가 창안한 '신시장 창출을 위한 신종족 발견'을 중점적으로 검토하자.

8.1. 미래를 알기 위한 기존 방법: 트렌드 연구와 소비자 행동론

경영자에게 가장 중요한 과제는 미래에 존재하는 불확실성(uncertainty)을 제거하고, 아직 일어나지 않은 위험(risk)과 그 위험을 택함으로써 얻을 수 있는 수익(return)간의 크기를 비교하며, 다가오는 위기(crisis)에서 기회(opportunity)를 찾는 일이다. 경영자가 미래를 정확하게 예측한다면 이 모든 판단에서 유리한 조건을 끌어낼 수 있다. 따라서 미래를 정확하게 예측할 수 있다면 경영자의 성공은 보장된다. 만일 경영자가 1년 후 원화와 미화 간 환율을 예측할 수 있다면 이 한 가지 정보만 가지고도 현재 세계에서 가장 부자인 빌 게이츠(William Henry Gates lll)와 워렌 버핏(Warren E. Buffett)의 재산을 합친 것보다도 더 많은 돈을 벌 수 있다.

예측이 이렇게 중요한데도 불구하고 경영자는 미래에 대한 예측에 있어 속수무책이다. 의류 패션 분야에서 '트렌드'라는 단어로 소비자가 미래에 보일 옷의 색깔이나 스타일에 대한 추세를 예측하는 정도가 예측에 대한 경영자 노력의 전부일 듯 하다.

다만 마케팅에서 소비자 행동론이라는 분야를 만들어 기업 경영자로 하여금 미래의 시장 수요를 정확하게 예측하고 효과적으로 대비하도록 해 주는 역할을 담당하고 있다. 소비자 행동론에서는 소비자의 성, 나이와 같은 주체(S)적 성격, 소비자가 사는 거주지와 같은 환경(E), 소비자의 가처분소득과 같은 자원(R) 등을 가지고 소비패턴을 연구한다. 그러나 기존 소비자 행동론으로 새롭게 등장하는 소비자들을 설명하기 어려운 시대가 되었다. 오늘날 남녀 구별을 거부하는 유니섹스(unisex) 족을 위한 제품들이 대거 출현하고, 늙어가고 죽는 것을 거부하는 아모탈(amortal) 족이 나타나 세대 간의 차이보다는 개인 간의 차이를 더 강조하고 있다. 교통과 통신의 발달로 거주지와 관계없이 도시인의 소비패턴을 닮아 가는 메트로(metro) 족이 범람하고, 크레디트 카드만 있으면 소득에 관계없이 어떤 명품도 사고야 마는 지름 족에게 있어 소비자 행동론은 설명력을 잃어버렸다.

8.2. 미래를 알기 위한 새로운 방법: 신종족 연구

사람들은 제각기 살아가는 패턴을 가지고 있다. 그리고 이러한 패턴 중에는 많은 사람에 의해 공유된 것들이 제법 있다. 애완견과 같은 동물을 사랑하는 사람들, 직장이 끝난 다음에는 미래를 위해 학원이나 야간대학에서 공부를 하는 사람들, 전자기기를 서너 개 이상 주렁주렁 들고 다니는 사람들... 이러한 삶의 방식은 그들이 쓰는 시간을 결정하고, 그들의 문화를 결정하며, 그들의 소비패턴을 결정한다. 따라서 사람들을 성, 나이, 주거지, 가처분소득과 같은 성분으로 분석하는 것보다 소비패턴 등 삶의 양식을 공유하는 소비자 집단을 포착하여 유형화시키는 방법을 생각해 보자. 이러한 방식은 다름 아닌 메커니즘 유형에 따라 소비자들을 분류하는 것이다. 이같이 메커니즘 이론을 응용하여 트렌드 연구와 예측을 보다 과학적이고 효과적인 관점에서 접근하기 위한 새로운 방법론이 바로 '신종족 연구'이다. 〈표 8-1〉은 트렌드와 종족의 차이를 그림으로 보여주고 있다. 이 그림에 있는 사

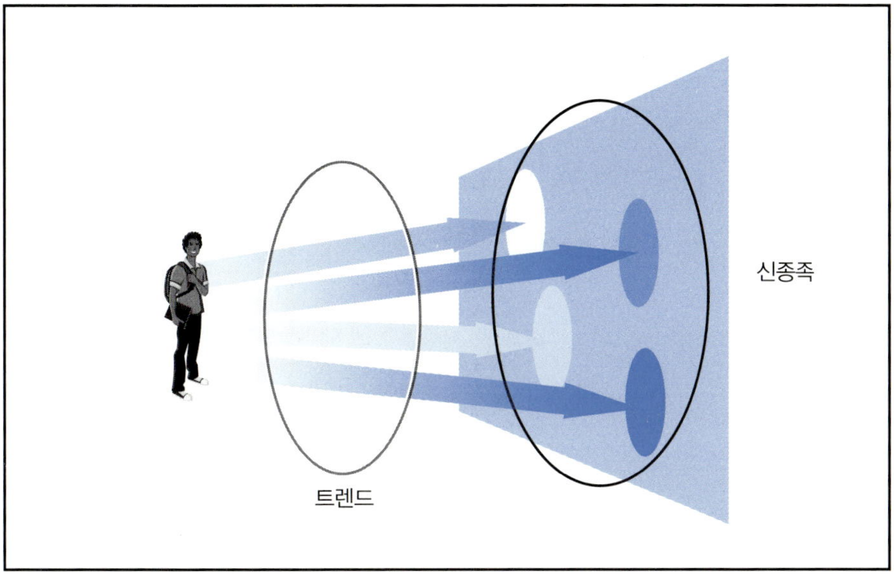

표 8-1 ▸ 트렌드와 신종족

람은 왼편의 과거에서 오른편의 미래로 걸어가고 있다. 이 사람의 귓가에는 트렌드란 바람이 왼편에서 오른편으로 스쳐간다. 이 트렌드란 바람을 잘 파악하면 그 바람이 불어가는 오른편에 있는 미래를 예측할 수 있을 듯도 하다. 그러나 바람은 보이지도 않고 잡히지도 않으며 측량하기도 어렵다. 이 때 이 사람이 서있는 곳에서 3년 정도 오른편에 스크린을 설치해 놓으면 어떻게 될까? 트렌드란 바람이 이 스크린에 가서 부딪치면 흔적을 남기지 않을까? 그 흔적은 동그라미가 될 수도 있고 네모꼴일 수도 있다. 빨간 색일 수도 있고 파란 색일 수도 있다. 클 수도 작을 수도 있다. 이 흔적을 종족이라는 개념으로 파악할 수 있다면 트렌드와 달리 모습도, 색깔도, 크기도 구체적으로 파악할 수 있고, 그리고 관련 지표를 계량화할 수 있다.

신종족 연구에 대한 본격적인 논의에 앞서 '종족'이라는 단어의 다양한 쓰임새를 살펴보자. 종족이라는 단어는 〈표 8-2〉에서 보는 바와 같이 생물학적 분류 단위로서의 의미를 가진 종(species), 유전적 특징이나 신체적 특징을 통해 인간을

종족 種族	구분	설명
	종 (種: Species)	생물의 분류 및 존재의 기본단위: Homo Sapiens
	인종 (人種: Race)	피부색, 모발, 눈의 빛깔, 골격구조, 용모, 혈액형 등 여러 가지 유전적 신체적 특징에 의하여 나눈 단위: 흑인종, 황인종, 백인종
	민족 (民族: People)	역사적 운명과 문화적 전통 특히 언어를 공통으로 하는 사회집단을 기초로 인간의 후천적 · 비유전적 특징에 의하여 분류한 단위: 한민족, 중국의 한족 및 소수민족
	부족 (部族: Tribe)	일반적으로 일정한 지역에 살며 공통된 언어와 종교를 갖는 등 동질적 문화를 갖는 어느 정도 우리라는 의식을 가진 사람들의 집단: 호남인과 영남인, 게르만 족, 앵글로 색슨 족

표 8-2 ▸ '종족'에 대한 다양한 해석

분류하는 인종(race), 역사적 운명과 문화적 전통을 공유하는 사회집단에 따른 분류 단위인 민족(people), 그리고 같은 지역에서 문화적 동질성에 대한 소속감을 가지는 부족(tribe) 등으로 사용되고 있다.

이렇듯 다양한 쓰임새를 가지고 있는 '종족'이라는 단어는 〈표 8-3〉에서 보는 바와 같이 시대에 따라 다른 기준으로 해석되기도 한다. 선사시대에는 진화에 따라 변화하는 종(species) 개념을 기준으로 종족이 분류되었다. 이와 달리 고대시대에는 원시사회 형성의 단위인 부족(tribes)에 따라 종족이 분류되었다. 그 후, 봉건제도와 계급사회가 성행했던 중세시대에는 계급(class) 중심의 분류가 이루어졌

표 8-3 ▸ 시대에 따른 종족 해석 기준의 변이

	종족해석의 기준	예시	배경
선사	종(Species) 중심	오스트랄로 피테쿠스, 호모사피엔스 등	진화에 따른 종의 변화
고대	부족(Tribe)중심	루스족, 고트족, 잉카족, 마야족 등	부족단위사회
중세	계급(Class)중심	왕족, 귀족, 중인, 노비 등	봉건제도, 계급사회
근대	민족(People)중심	게르만족, 슬라브족 등	전체주의, 나치즘, 민족주의
현대	신종족(New Tribe)중심	웰빙족, 디지털 노마드족, 메트로족 등	탈이데올로기, 글로벌라이제이션, 디지털시대, 문화중심 가치

고, 근대에 들어서는 민족주의 등의 이데올로기에 근거한 민족(people) 개념이 종족 분류의 기본 단위로 자리잡았다.

그렇다면, '종족'이라는 단어는 현대 사회에서 어떻게 해석되어야 하는가? 탈이데올로기 현상과 급속한 세계화, 디지털시대의 도래 등으로 인해 기존에 존재하던 종족의 개념들은 더 이상 현대 사회에서 사람들을 의미 있게 구분하는 사회적인 기준으로 기능하기 어렵게 되었다. 이러한 전통적인 종족 개념들을 대신하여 현대 사회에서 종족이 새로이 분류되는 기준은 바로 같은 문화, 사고와 행동, 소비패턴을 보이는 사람들의 집단으로 정의되는 '신종족(new tribe)'이다. 첫째, 신종족은 새로운 사고와 행동으로 패션, 문화, 경제, 사회의 흐름을 변화시키고, 새로운 특징을 만들어 내는 새로운 문화의 리더(new culture leader)로서의 역할을 한다. 둘째, 신종족은 새로운 시장 트렌드를 형성하고 새로운 경제적 사고를 전파시킴으로써 구매패턴의 변화, 시장의 흐름변화 등을 창출하는 새로운 트렌드 세터(new trend setter) 역할을 한다. 셋째, 기존의 비즈니스 모델에서 나오는 제품이 아니라 새로운 사업에서 개발되는 신제품의 소비자(new product consumer) 역할을 한다.

신종족의 가장 대표적인 예는 1960년대의 히피족(Hippies)이다. 히피족들은 미국의 각 주 정부에서 월남전에 파병하기 위해 젊은이들을 강제로 징집하려 하자 이를 피해 캘리포니아 주의 샌프란시스코로 이주한 젊은이들을 지칭한다. 이들은 반전(反戰)과 평화를 부르짖으며 자연 그대로의 모습을 찬미하는 등 그들만의 독특한 패션과 사상, 문화를 만들어 냈다. 베트남 전쟁이 끝난 1970년대에 들어서는 반체제적이고 물질문명과 사회의 구속으로부터 개인의 자유를 해방하고자 했던 히피족들이 높은 교육수준과 도시 근교 거주, 전문직 종사 등으로 유형화되는 젊은 부자들을 의미하는 여피족(Yuppies: young urban professionals)으로 변모하게 된다. 여피족 역시 히피족의 사상을 이어받아 개인의 취향과 자유를 무엇보다도 우선시했다. 그 후, 여피족은 1980년대 아이를 갖지 않는 고소득자를 의미하는 DINK(double-income, no kids)족, 1990년대 디지털 시대의 상류계급으로 높은 경제적 소득을 올리지만 기존의 여피족과는 달리 스스로를 과시하기 위한 사치를 부리기보다는 히피족이나 보헤미안처럼 정신적 자유와 숭고함을 추구하는 보보스족(BoBos: Bourgeoisie Bohemians)으로 변화한다. 마지막으로 21세기에 들어서는 높은 경제적 수준을 바탕으로 건강을 포함한 전반적인 '삶의 질' 향상을 추구하는 웰빙족(Well-Beings)으로 탈바꿈하게 된다.

다원주의의 물결이 빠르게 확산되어 가고 있는 현대 사회에는 웰빙족 외에도 낮에 직장을 다니면서 저녁시간과 주말을 이용해서 공부를 계속하는 샐러던트족, 직장을 잃은 후 다시 취업을 준비하는 리바운드족, 부자로 은퇴한 골든족, 독신으로 인생을 즐기는 타이거족, 부모집에서 나갔다가 다시 들어와서 사는 부메랑 키즈(Boomerang Kid)족, 가정에서 컴퓨터 도사들인 자녀들을 지칭하는 패밀리컴구루(Family-com-guru)족 등 각기 다른 취향과 삶의 방식을 지닌 수많은 신종족들이 존재한다. 그리고 이러한 종족들은 시간이 지나면서 계속해서 새로운 종족으로 변모해 간다. 〈표 8-4〉는 이러한 신종족 분류의 한 가지 예이다.

8.3. 메커니즘기반관점으로 본 신종족

신종족 연구에서는 기존의 방식에서 탈피하여 각 종족이 가진 나름의 버릇(삶의 메커니즘)에 초점을 맞춘다. 각 종족의 구성원들은 공통의 습관, 즉, 시간과 돈을 쓰는 방식을 가지고 있다. 다시 말해, 소비자가 어떤 종족에 속하는가를 안다면 이들의 소비패턴을 보다 효과적으로 설명할 수 있다. 〈표 8-5〉는 기존의 소비자 행동론에서 사용한 독립변수(independent variable)였던 주체로서의 성과 연령, 환경으로서의 주거지, 자원으로서의 가처분소득 대신 사람들의 생활방식인 메커니즘으로서의 소속된 종족을 매개변수(mediating variable)로 삼았을 때 소비

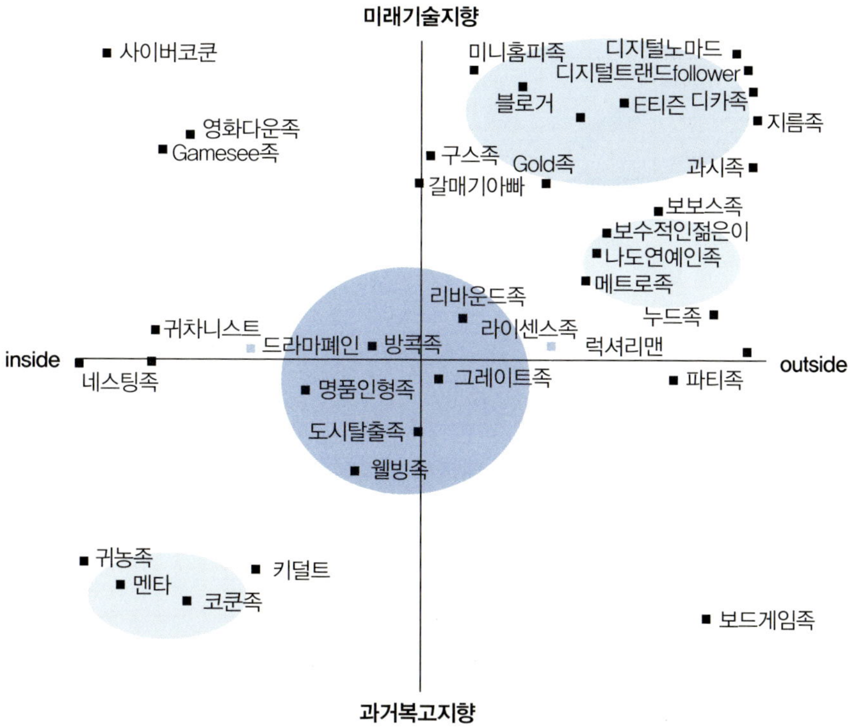

출처: 서일윤, 종족을 찾아라(생각의 나무, 2004)

표 8-4 ▸ 신종족 분류의 예

자의 메커니즘에서 나오는 프로세스에 해당하는 소비성향과 종속변수(dependent variable)인 구매행위를 보다 정확히 파악할 수 있으리라는 가설을 보여주고 있다.

8.4. 신종족 존재에 대한 검증

관찰을 통해 포착한 신종족이 실제로 존재하는지 검증하려면 어떻게 해야 할까? 신종족의 존재에 대해 파악을 하려면 다음과 같은 가설 검증 과정을 거치면 된다.

첫 번째 가설은 기존의 소비자 행동론과 마찬가지로 주체, 환경, 자원 등의 전통적인 독립변수와 소비자 행동이라는 종속변수간의 관계를 파악하는 가설이다.

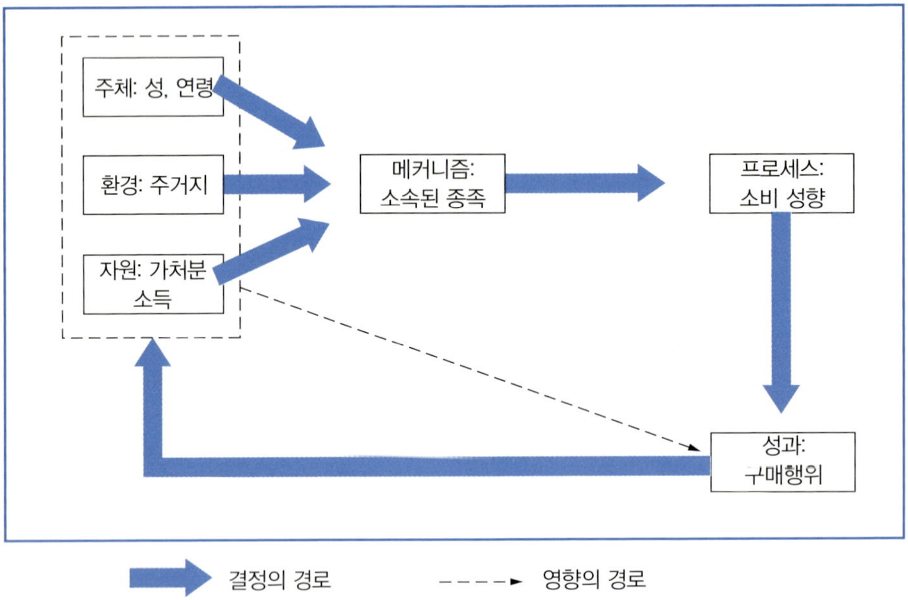

표 8-5 ▸ 메커니즘에 해당하는 종족을 매개변수로 보는 모델

통계적인 방법을 통해 파악된 주체, 환경, 자원의 세부 요소인 성, 나이, 삶과 소비의 장소, 가처분소득의 규모 등에 의해 소비패턴이 결정된다는 것이다. 즉, 소비패턴이 주체, 환경, 자원과 같은 독립변수들의 값에 의해 유의성 있게 결정되는 종속변수인지를 검증해야 한다. 이 관계가 성립함이 밝혀지면 다음 가설 검증 단계로 넘어간다.

두 번째 가설은 전통적인 독립변수와 신종족이라는 매개변수 간의 관계이다. 여기서는 첫 번째 가설과 마찬가지로 주체, 환경, 자원의 세부 요소들을 독립변수로 하되, 소비자가 속한 신종족을 종속변수로 한다. 주체, 환경, 자원의 요소들이 독립변수로서 신종족에 유의성 있는 영향을 미친다면 두 번째 가설은 검증되는 셈이고, 세 번째 가설 검증 단계로 넘어가게 된다.

세 번째 가설 검증 단계에서는 1단계에서 다룬 주체, 환경, 자원의 세부 요소들과 2단계에서 다룬 소비자가 속한 신종족 모두를 독립변수로 보고 이들이 소비패턴에 유의성 있는 영향을 미치는지 분석한다. 만약 주체, 환경, 자원의 요소들의 소비패턴에 미치는 영향은 유의성이 없고 소비자가 속한 신종족과 소비패턴의 관계가 검증된다면 우리는 이 종족이 '완전한 매개변인(whole mediator)'이라고 결론내릴 수 있다. 발견한 신종족이 해당 소비자 집단의 소비패턴을 충분히 잘 설명하고 있다는 것이다. 한편, 주체, 환경, 자원 요소들과 신종족 모두의 영향이 입증된다면 해당 신종족은 '부분적인 매개변인(partial mediator)'이며 다른 독립변수들과 함께 사용될 때 비로소 소비자의 소비패턴을 설명할 수 있다.

마지막으로 주체, 환경, 자원 요소들의 영향은 입증되고 신종족과 소비패턴의 관계가 부정된다면 그 신종족은 매개변인이 아니다. 이 경우 신종족으로는 소비패턴을 설명하지 못한다고 볼 수 있다. 검증 결과 실제로는 존재하지 않는 종족인 셈이다.

이런 방식으로 유의성 있는 메커니즘의 존재 여부를 통계적으로 파악함으로써 찾아낸 신종족이 실제로 존재하는지를 보다 엄밀하게 검증할 수 있다.

8.5. 신종족을 찾아내기 위한 체계적 접근

앞서 말했듯이, 현대 사회에는 각기 취향이 다른 무수히 많은 종족이 존재한다. 이러한 종족들을 정확히 발견하고 분류하기 위해서는 정교하고 체계적인 종족 분류 시스템이 필요하다.

새로운 종족을 발견하기에 앞서 필요한 것이 바로 기존 종족에 대한 데이터베이스이다. 다행히 이러한 데이터베이스는 이미 잘 구축되어 있기 때문에 국제적인 보고서나 서적, 웹사이트 등을 통해 쉽게 구할 수 있다. 예를 들면 현재 Euro RSCG Worldwide 보고서는 매년 글로벌 Top 트렌드를 종족을 이슈로 하여 세계 시장에 발신하고 있으며, 라이프스타일의 급변과 소비트렌드 전망의 중요성을 강조한다.

기존 데이터베이스를 잘 활용한다면 보다 창조적인 방법으로 새로운 종족들을 발견할 수 있다. 이러한 '창조적 종족 발견'은 미국의 미래학자 존 나이스빗(John Naisbitt)이 창안한 개념인 '메가트렌드(Megatrends)'를 활용한다면 쉽게 접근이 가능하다. 일반적으로 트렌드는 3년이 기본 단위인데 반해 메가트렌드는 10년을 주기로 하는 개념으로, 현대 사회에서 일어나고 있는 거대한 시대적 조류를 의미한다.

구체적인 종족 발견 절차는 다음과 같다. 관측 또는 정보 조사를 통해 확인한 메가트렌드를 가로축과 세로축에 넣어 매트릭스를 그린다. 예를 들어 9개의 메가트렌드가 있다면 그것들을 가로와 세로 축에 똑같이 넣음으로써 9 × 9 매트릭스를 그리는 것이다. 이 매트릭스 상에서 같은 메가트렌드가 겹치는 칸에 해당 메가트렌드를 대표하는 종족이라는 의미의 'Mega tribe'를 써 넣고, 서로 다른 두 개의 메가트렌드가 겹치는 칸에는 'Major tribe'를 넣는다. 두 개의 축으로 이루어진 2차원 평면에서는 표현의 제약이 있지만 축을 추가해서 3차원, 4차원, 5차원 등의 공간을 가정한다면 세 개의 메가트렌드가 겹치는 'Minor tribe', 네 개가 겹치는 'Mini tribe', 다섯 개가 겹치는 'Micro tribe' 등도 찾아낼 수 있다.

이런 방식으로 찾아낸 종족들을 '메가트렌드A–메가트렌드B–메가트렌드C … 종족'으로 이름을 붙여 분류표로 정리한다.

8.6. 신종족을 통한 신사업모델 개발

우리 주변에서 종족을 활용한 사례를 찾아보자. 〈삼국지연의〉의 저자인 나관중은 유비, 관우, 장비, 제갈공명, 조조 등 200명이 넘는 주요 인물의 성향을 형용사가 아닌 명사와 동사로 명료하고 생동감 있게 묘사했기에 그의 작품은 천 년이 지난 지금에도 널리 읽히고 있다. 소설 〈반지의 제왕〉의 저자인 옥스포드 대학의 영

표 8-6 ▸ 신종족 분류표

Trend	Digital	Global	Network	Culture	Individual	Female	Orient	Personality	Emotion
Digital	Mega Tribe	Major Drive							
Global	Major Tribe	Mega Tribe	Major Tribe						
Network		Major Tribe	Mega Tribe	Major Tribe					
Culture			Major Tribe	Mega Tribe	Major Tribe				
Individual				Major Tribe	Mega Tribe	Major Tribe			
Female					Major Tribe	Mega Tribe	Major Tribe		
Orient						Major Tribe	Mega Tribe	Major Tribe	
Personality							Major Tribe	Mega Tribe	Major Tribe
Emotion								Major Tribe	Mega Tribe

문학 교수 톨키인(J.R.R. Tolkien)은 나관중에 필적할 수 있는 문학가는 아니지만 '종족'을 매개체로 하여 인물의 외모와 성향을 묘사하는 기발한 방법을 택했다. 호빗 족의 프로도 배긴스(Frodo Baggins of Hobbits), 이실두르 족의 아라곤(Aragorn of Isildur), 엘프 족의 아웬 운도미엘(Arwen Undomiel of Elf) 등, 책의 서두에 위치한 각 종족에 대한 상세한 소개를 읽고 나서 소설의 본문을 읽게 되면 등장인물이 어떤 종족에 속해 있는지만으로 그 인물에 대한 대부분 정보를 파악할 수 있다. 이러한 '종족에 따른 등장인물 묘사기법'을 도입한 덕에 〈반지의 제왕〉은 불후의 명작으로 역사에 남을 수 있었다. 이렇게 '종족'을 통해 인물을 묘사하는 방식은 컴퓨터 게임 업계에서도 자주 사용되는 아이디어이다. 온라인 게임인 스타크래프트(Starcraft)에도 지구의 인간족인 테란(Terran), 곤충족인 저그

(Zerg), 외계인족인 프로토스(Protoss) 등 종족에 따른 캐릭터가 등장한다.

새로운 종족의 등장은 새로운 사업의 탄생을 수반한다. 제임스 마샬(James Marshall)이란 목수는 캘리포니아 샌프란시스코 서북부 200킬로미터 거리에 있는 콜로마(Coloma)라는 동네 작은 개울에서 금괴를 주었다. 소문이 미국 전역으로 퍼져 나가자. 일확천금을 노리는 수많은 사람들이 앞다투어 이 지역으로 몰려들었다. 샌프란시스코 인구는 800명에서 1849년 5만 명으로 늘어났고 1855년에 30만 명이 되었다. 사람들이 몰려들기 시작한 1849년을 기려 이들을 포티나이너즈(49ers)라고 불렀다. 그 후 이 이름은 샌프란시스코 미식축구팀의 공식 명칭이 되었다. 캘리포니아 골드러시(Gold Rush)에서 정작 큰 돈을 번 사람들은 포티나이너즈가 아니었다. 리바이 스트라우스(Levi Strauss)란 젊은이는 거친 조건에서 일하는 광부들을 위해 쉽게 찢어지지 않는 청바지를 개발해서 자신의 이름을 딴 기업을 일궈 냈다. 헨리 웰즈(Henry Wells)와 윌리암 파고(William Fargo)는 광부들에게 돈을 빌려주고 금을 사는 웰즈파고라는 은행을 세워서 부자가 되었다.

19세기에 포티나이너즈가 있었다면, 20세기에는 1965년에 시작한 월남전에 파병하기 위한 징집을 피해 캘리포니아 북부에 모여든 히피(Hippie)들이 있었다. 그들은 1970년대에 여피(Yuppie), 1980년대에 딩크(DINK), 1990년대에 보보스(BoBos), 2000년대에는 웰빙(Well Being)족이 되었다. 최근 우리 주변에는 신종족이 다수 출현하고 있다. 직장에 다니면서 저녁과 주말에 학생이 되어 공부를 하는 샐러던트(Sala-dent)족이 있는가 하면 직장을 잃는 사람들 중 다시 한번 취업에 도전하기 위해 준비를 하는 리바운더(Rebounder)족이 있다. 극단적인 스포츠를 즐기는 익스트림(Extreme)족, 주말이면 화려한 파티를 즐기는 파티족도 있다. 애완동물과 더불어 사는 앤로(AnLo)족, 각종 전자기기를 온몸에 붙이고 사는 모비드(Mobid)족, 성인이 되어 부모곁에서 나갔다가 다시 돌아와 함께 사는 부메랑(Boomerang)족, 은퇴후 가진 돈을 아낌없이 쓰는 골드족 등등...

부유한 노년층을 의미하는 '골드족'은 출현과 함께 새로운 사업 아이템이 된 대표적인 사례이다. 골드족 노부부들은 젊은 시절 큰 성공을 누렸으나 이제는 정년퇴직한 상당한 자산가들로 금전적인 여유에서 오는 혜택을 마음껏 누리며 자신들의 인생을 즐기기를 원한다. 그들은 호화 크루즈 여행과 2천만 원 상당의 고급 저녁식사 등의 여행상품을 찾지만 기존의 일반적인 여행사가 그들의 취향과 요구에 맞는 상품을 개발하는 데는 현실적인 제약이 있다. 이 같은 상황을 재빠르게 파악한 사람들은 골드족을 대상으로 하는 여행사들을 설립하여 그들이 원하는 여행 패키지를 제공했고, 이러한 골드족 전용 여행사는 큰 성공을 거두었다.

이들 사례를 볼 때, 신종족은 곧 새로운 문화를 선도하고, 새로운 트렌드를 형성하며, 새로운 사업의 고객이 될 사람들이다. 이는 이미 출현하여 현재 트렌드의 한 부분을 형성하고 있거나 미래에 나타날 신종족들의 본질과 성향을 정확히 인식 혹은 예측할 수만 있다면 한층 수월하게 사업을 성공시킬 수 있다는 것을 뜻한다. 종족표의 분류에 따라 각 종족에 맞는 정교한 맞춤형 비즈니스 모델을 수립함으로써 기존에 없던 새로운 시장을 체계적으로 창출하는 것이 가능해지는 것이다.

요약

새로운 시장의 흐름을 보여주는 '트렌드' 대신 새롭게 등장하는 소비자에 해당하는 '신종족'에 중점을 맞추고 있다. 경영은 끊임없이 변화하는 미래를 예측하고 그 트렌드를 이해하는 것이 중요한데 그 중심에는 소비자가 있다. 저자는 새로운 소비자를 '신종족'으로 부른다 소비자 행동은 전통적인 주체, 환경, 자원으로 설명하는 것보다 주체, 환경, 자원이 결합된 메커니즘, 즉, 신종족으로 설명하는 것이 더 설득력이 있다. 신종족은 체계적으로 찾아낼 수 있다. 메가트렌드(Mege Trend)에서 메가종족(Mega Tribe)을 찾아낼 수 있고 메가종족의 교집합에서 메이저종족(Major Tribe), 메이저종족의 교집합에서 마이너종족(Minor Tribe), 마이너종족에서 미니종족(Mini Tribe), 미니종족에서 마이크로종족(Micro Tribe)을 찾아낼 수 있다. 경영자는 신종족을 찾아내고, 신종족의 소비패턴을 파악해서 신사업모델을 개발해서 창업을 효과적으로 할 수 있다.

09 장 메커니즘 경영3: 창조형 메커니즘을 이용한 업계선도전략

9장에서는 경영전략과 관련된 메커니즘 중에서 저자가 창안한 '창조형 메커니즘을 이용한 업계선도전략'을 중점적으로 검토하자.

9.1. '환경변화에 대한 대응전략'의 한계

저자는 몇 년 전 ○○산업의 업계 1위인 A기업의 요청을 받아 '○○산업의 환경변화와 A기업의 대응전략'이라는 주제로 강의했던 경험이 있다. 해당 산업에 대한 자료를 토대로 이루어진 두 시간여의 강의는 환경의 변화를 파악하여 적절한 대응전략을 구사해야 한다는 내용을 골자로 했다.

사무실로 돌아온 지 얼마 되지 않아 전화벨이 울렸다. 당시 업계 2위를 고수하고 있던 B기업이었다. A기업에 가서 좋은 강연을 했다 들었으니 자사에게도 강의해 달라는 전화였다. 요청을 승낙한 저자는 B기업에서도 환경에 대한 적응을 강조했던 A기업 강의와 같은 주제로 강의했다.

며칠이 채 지나지 않아 업계 3등 C기업 역시 앞의 두 기업과 비슷한 요청을 해왔고, 어떤 기업에 대해서도 전속으로 묶이지 않은 저자는 아무런 거리낌없이 세 기업의 경영자들 모두에게 비슷한 강의를 했다.

A기업, B기업, C기업은 해당 산업에서 이른바 1, 2, 3위를 나란히 차지한 기업이었다. 환경에 대한 적응을 강조했던 저자의 강의 내용을 기업들이 그대로 따른

다면 이들은 같은 전략을 구사했을 것이고, 필경 기존 순위를 유지할 것으로 생각했다. 그러나 강연이 있었던 이듬 해에 같은 산업에서 서열 4위였던 D기업이 C기업을 인수했다. 1위 A기업과 2위 B기업은 자리를 유지했으나 3위 기업은 4위 기업에게 인수된 것이다.

애초에 저자는 기업들에게 3등이 2등 되고 2등이 1등이 되도록 하는 창조적인 전략을 알려 줘야 했다. 그러나 저자가 제시했던 대응전략은 1등과 2등은 현상유지를 할 수 있도록 한 반면 3등은 자리를 빼앗기게 한 셈이다. 물론 저자로부터 전략 강의를 2시간 들었다고 해서 경영자들이 즉각적으로 기존 전략을 바꾸고 산업 내에서 기업 간 위상이 순식간에 뒤바뀌지는 않았을 것이다. 그러나 저자 입장에서는 환경변화에 대한 대응전략이란 기업으로 하여금 현상유지에 머무르거나 현재 위치조차 유지하지 못하고 후발주자에게 순위를 내주게 하는 전략에 불과하다는 것을 이들 사례를 통해 확인하게 되었다.

이 경험을 통해서 A기업과 B기업의 활동을 면밀히 살펴보니 흥미로운 사실이 눈에 들어왔다. B기업이 A기업을 따라잡을 찰나에 이르면 A기업은 신상품을 내놓는 등 제품분야를 넓혀 나가는 것이었다. 그러면 B기업은 새롭게 변화한 환경에 적응하기 위해 기술을 개발하고 설비를 마련하는 등 따라잡기 위한 노력을 다시금 기울였다.

A기업이 꾸준히 1위를 유지하게 된 이유는 정작 다른 데에 있었다. 1위 A기업이 기존과는 다른 새로운 환경을 창조하면 후배 기업은 이렇게 창조된 환경에 적응하는 데 급급했다. 이러한 통찰은 창조형 메커니즘의 연구를 시작하게 한 초석이 되었다.

9.2. 환경에 대한 세 가지 메커니즘

다음 질문에 답해 보자. 첫 번째 질문은 "영웅과 시대 중 어느 것이 먼저인가?"다.

시대가 먼저라는 생각은 마치 사과나무 아래에 서서 사과가 떨어지기만을 바라며 입을 벌리고 있는 것과도 같다. 기회가 다가오기를 기다리는 수동적인 이를 영웅이라 할 수는 없다. 우리는 시대에 잘 적응한 사람이 아니라 새로운 시대를 창조한 사람을 일컬어 영웅이라 한다.

두 번째 질문은 "전략과 조직 중 어느 것이 선행하는가?"다. 물론 단기적으로는 조직이 전략에 선행할 가능성이 크다. 조직과 적합하지 않은 전략은 성사되기 어렵기 때문이다. 그러나 장기적인 관점에서는 조직에 변화를 가져오는 전략을 수립하여 조직 자체를 개혁해 나가야 한다. 그래야만 먼 미래까지도 기업의 존속과 성장을 보장할 수 있게 된다.

마지막 질문은 "기업과 환경 중 어느 것이 먼저인가?"이다. 환경이 우선이라 생각하고 활동을 전개하는 기업은 앞의 B기업, C기업과 같이 환경에 적응하는 데 전력을 기울이지만 산업을 선도하지 못한다. 기업이 환경에 우선한다는 철학을 내재한 기업은 제품분야를 새로이 확장해 나가며 후발주자들이 쉬이 따라잡을 수 없게 했던 A기업처럼 자신에게 유리한 환경을 창조하고 선도적 지위를 유지한다.

이러한 세 물음에서 얻을 수 있는 시사점은 간단하다. 영웅이 되고자 하는 사람은 유리한 시대가 오기를 기다리지 않고 새로운 시대를 창조하여야 하듯 기업들의 영웅이 되고자 하는 기업은 기존 환경에 적응만 할 것이 아니라 새로운 환경을 창조해야 한다.

이 절에서는 창조형 메커니즘을 살펴보기 앞서 적응형 메커니즘과 혁신형 메커니즘을 각기 간략히 설명한다. 그리고 영웅이 되기 위한 일반적인 조건(마음과 자질)을 '환경을 창조하는 영웅적 기업'이 되는 방법인 창조형 메커니즘(비전제시 및 자원재구성)에 비유해 보자.

9.2.1. 적응형 메커니즘: 환경적응과 자원활용

기업은 생존하기 위해서 끊임없이 변화하는 환경에 효과적으로 적응할 수 있어야 하며, 이를 위해 일차적으로 환경의 변화를 감지하고 그 특징을 분석하며 이해할 수 있는 능력을 갖춰야 한다. 환경의 변화를 분석함으로써 기업은 고객의 새로운 욕구를 인식하는 등 '경제적으로 바람직한 기회(economically desirable opportunity)'를 창출해 낼 수 있게 된다. 그러나 기업이 경제적으로 바람직한 기회를 찾았다고 해서 바로 사업을 시작할 수 있는 것은 아니며, 이러한 기회는 기업 내부에 경쟁자와 싸워 이길 수 있는 능력(자원)이 존재할 때에 비로소 '경영적으로 가능한 기회(managerially feasible opportunity)'가 된다. 예를 들어 기회를 감지하여 구체적인 사업으로 탈바꿈시킬 수 있는 인적 자원, 적기에 필요한 투자를 할 수 있는 자금력, 새로운 제품과 서비스를 창출해 낼 수 있는 생산시스템과 이를 고객에게 전달할 수 있는 마케팅시스템 등의 능력이 필요하다.

〈표 9-1〉에서 제시된 것처럼, 이같이 외부 기회와 내부 능력을 연결하는 과정에서 기업은 미래를 향해 추구하고자 하는 목표를 설정하게 되고, 이 때 설정된

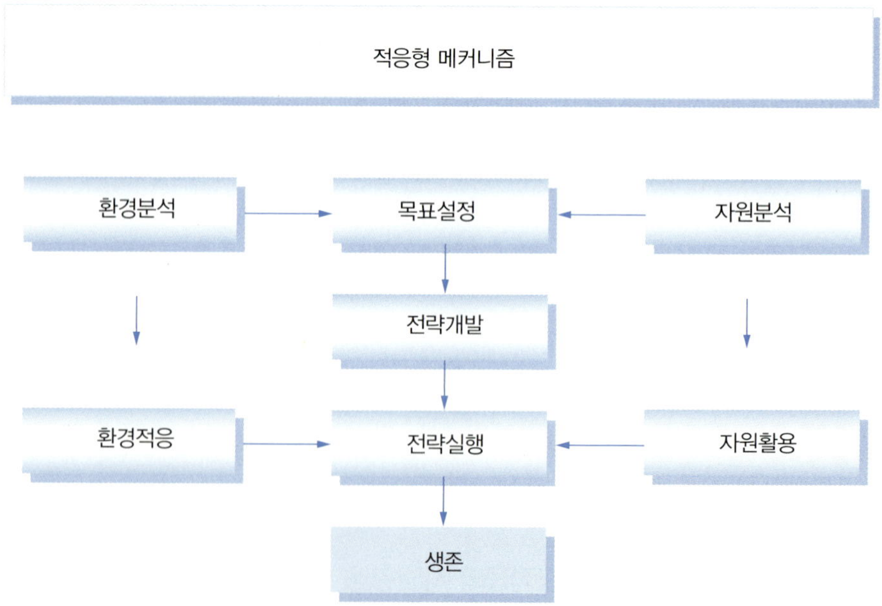

표 9-1 ▸ 적응형 메커니즘

기업의 목표를 달성하기 위해 내부자원을 활용하여 환경에 적응하는 과정이 바로 적응형 메커니즘의 본질이다.

예컨대 환경오염이 전세계적 이슈로 등장하고 있는 지금, 자동차회사가 선택해야 할 전략 중 하나는 무공해 자동차 개발일 것이고, 이를 위해서는 그 회사가 가진 R&D, 제조능력, 자금 및 기업문화에 이르기까지 모든 내부능력을 동원해야 한다. 만일 이 회사가 내부능력을 성공적으로 활용하여 변화하는 환경에 적응한다면, 애초에 세운 목표에 어느 정도 부합되는 경영성과를 올릴 수 있을 것이고, 그 결과 생존을 확보하게 될 것이다.

9.2.2. 혁신형 메커니즘: 환경적응과 자원재구성

〈표 9-2〉에서 설명하고 있는 혁신형 메커니즘은 새로운 환경에 적합한 자원이 없거나 부족할 경우 불필요한 자원을 제거하고 필요한 자원을 확보하는 등 기존

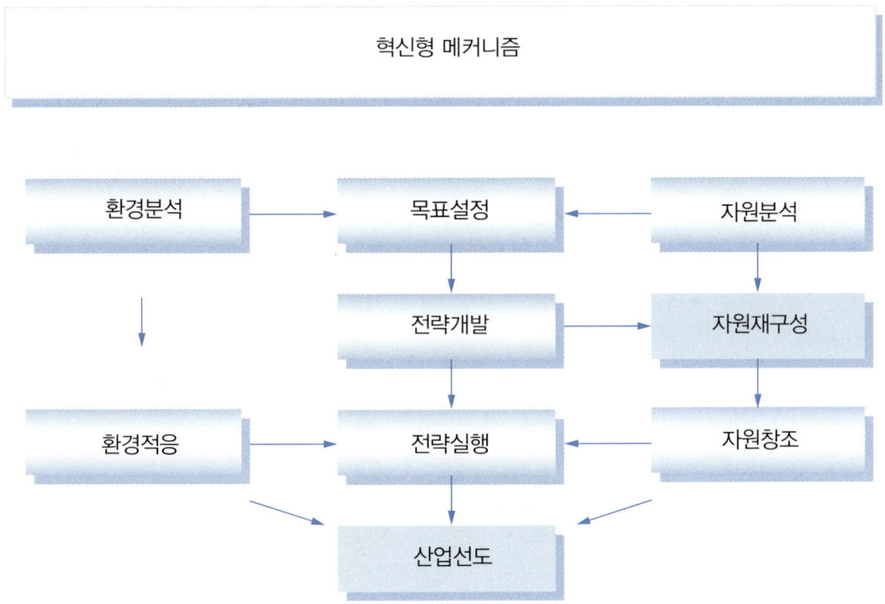

표 9-2 ▸ 혁신형 메커니즘

자원의 재배열과 새로운 자원의 창조과정을 통해 내부능력을 재구성하는 것을 의미한다. 즉, 자원재구성이 혁신형 메커니즘에서 가장 핵심적인 부분이라 할 수 있으며, 이는 이후 창조형 메커니즘에서 상술한다.

기업은 이러한 혁신형 메커니즘을 통해 새로운 환경에 적합한 자원, 즉, 내부능력을 육성함으로써 기업 고유의 핵심적 자원을 축적하게 되고 그 결과 산업을 선도하는 지위를 달성할 수 있다.

9.2.3. 창조형 메커니즘: 환경재구성과 자원재구성

새로운 시대를 여는 영웅이 되기 위한 조건은 마음과 자질 두 가지로 압축할 수 있다. 기업의 세계에서도 동일한 논리가 가능하다. 새로운 환경을 지속적으로 창조하며 선도적 지위를 유지하는 기업의 영웅이 되기 위한 조건은 비전 제시와 자원 재구성이다. 이러한 비전 제시와 자원 재구성을 함유한 메커니즘을 창조형 메커니즘이라 부른다. 여기선 영웅이 되기 위한 일반적 이론을 제시한 후, 기업의 세계에서 영웅이 되는 방법인 창조형 메커니즘을 세부적으로 살펴본다.

영웅의 조건: 영웅의 마음

영웅이 되기 위한 조건 중 첫째로 꼽을 수 있는 내용은 바로 영웅다운 마음이다. 새뮤얼 울만이 쓴 '청춘'이라는 시는 영웅의 마음을 표현하고 있다. 이 시를 읽어보고 영웅의 마음을 갖추는 데 필요한 요소들을 살펴보자.

청춘

청춘이란 인생의 어느 기간을 말하는 것이 아니라 마음의 상태를 말한다.
그것은 장미빛 뺨, 앵두같은 입술, 하늘거리는 자태가 아니라
강인한 의지, 풍부한 상상력, 불타는 열정을 말한다.
청춘이란 인생의 깊은 샘물에서 오는 신선한 정신,
유약함을 물리치는 용기, 안이를 뿌리치는 모험심을 의미한다.
때로는 이십의 청년보다 육십이 된 사람에게 청춘이 있다.
나이를 먹는다고 해서 우리가 늙는 것은 아니다.

이상을 잃어 버릴 때 비로소 늙는 것이다.
세월은 우리의 주름살을 늘게 하지만
열정을 가진 마음을 시들게 하지는 못한다.
고뇌, 공포, 실망 때문에 기력이 땅으로 들어갈 때
비로소 마음이 시들어 버리는 것이다.
육십세이든 십육세이든 모든 사람의 가슴 속에는
놀라움에 끌리는 마음,
젖먹이 아이와 같은 미지에 대한 끝없는 탐구심,
삶에서 환희를 얻고자 하는 열망이 있는 법이다.
그대와 나의 가슴 속에는
남에게 잘 보이지 않는 그 무엇이 간직되어 있다.
아름다움, 희망, 용기, 영원의 세계에서 오는 힘,
이 모든 것을 간직하고 있는 한
언제까지나 그대는 젊음을 유지할 것이다.
영감이 끊어져
정신이 냉소라는 눈에 파묻히고, 비탄이란 얼음에 갇힌 사람은
비록 나이가 이십세라 할지라도 이미 늙은이와 다름없다.
그러나 머리를 드높여 희망이란 파도를 탈 수 있는 한
그대는 팔십세일지라도 영원한 청춘의 소유자일 것이다.

영웅의 조건: 영웅의 자질

영웅이 되기 위한 두 번째 조건은 바로 영웅다운 자질이다. 토머스 칼라일(Thomas Carlyle)은 그의 저서에서 영웅은 5가지의 자질을 갖추었다고 서술한 바 있다.

1. 독창적 통찰력(비전)
2. 재능(지식, 정보, 인내, 판단력 등)
3. 리더십(카리스마)
4. 고결성(철학, 가치 등)
5. 진정성(삶에 대한 태도)

여기서 카리스마는 도량과 신뢰를 포함한다. 타인을 포용할 만한 도량이 있어야 사람들은 리더를 따르며, 그들을 보호해 줄 것이라는 신뢰가 있어야 수하는 리더에게 감복하고 진심을 다한다. 여기서 신뢰는 자신과의 약속이 아닌 타인과의 약속을 지킴을 의미한다.

고결성은 수하들이 목말라 하자 자신의 물을 바닥에 버렸던 알렉산더 대왕에서 보이는 덕목이다. 앞서 카리스마의 신뢰가 타인과의 약속을 지킴을 나타냈지만 고결성은 자신과의 약속을 굳게 지킴을 내포하는 개념이다.

1) 비전 제시

기업들의 세계를 바라보면 산업마다 선두주자가 존재하고 있음을 알 수 있다. 예를 들어, 자동차 산업의 도요타와 BMW, 전자 산업의 애플과 삼성, 소프트웨어 산업의 IBM과 SAP, 식품 산업의 Nestle와 General Food, 생활용품 산업의 P&G와 카오(花王) 등이 있는데, 이러한 영웅적인 기업들의 공통점은 새로운 환경을 끊임없이 창조해 나간다는 점이다.

"환경을 지속적으로 창출해 나가는 영웅이 되기 위해서 기업 경영자는 무엇에 집중해야 하는가"라는 물음이 있을 법하다. 이 물음에 큰 방향을 담은 답을 제시한다면 바로 비전(Vision) 제시와 자원 재구성이다. 앞서 영웅에 대해 살펴보면서 영웅이 되기 위한 조건으로 영웅의 마음과 영웅의 자질을 들었다. 영웅의 마음이 바로 비전, 영웅의 자질이 바로 자원 재구성이다. 영웅다운 마음과 자질을 갖출 때 비로소 영웅이 될 수 있듯, 경영자가 비전을 제시하고 자원을 재구성할 때 기업은 새로운 환경을 창조해 내는 영웅적인 기업이 될 수 있다. 〈표 9-3〉는 창조형 메커니즘을 나타내며, 비전 제시와 자원 재구성은 창조형 메커니즘의 핵심적인 요소이다.

창조형 메커니즘을 형성함에 가장 먼저 수행해야 할 단계인 바로 비전 제시를 검토해 보자. 기업의 경영자는 창조적 혁신을 일으켜야 하고, 이를 구성원에게 주지시켜 구성원 모두가 단합하여 따라올 수 있도록 간결하면서도 명료한 개념으로 표현해야 한다. 이런 창조적 혁신의 구체적 표현을 '비전(Vision)'이라고 한다. 동경화재해상보험의 '종합안전보장회사(total security provider)', 텔레다인(Teledyne)의 '최대가 아니라 최고(not the biggest, but the best)', 3M의 '지난 5년간에 개발한 상품의 판매에서 매출액의 1/3 이상을 신규사업에서 담당할 것(a third of its sales from products released in the past five years)' 등을 예로 들 수 있다. 이들 회사의 경영자가 제시하는 비전은 지금까지 다른 기업에서는 한 번도 생각

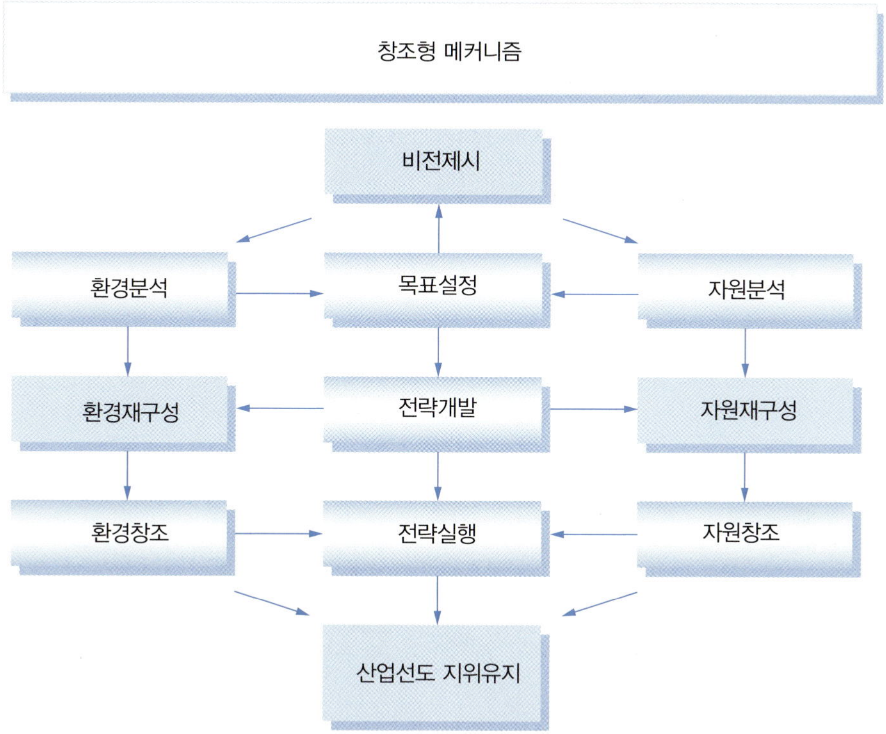

표 9-3 ▸ 창조형 메커니즘

하지 못했던 아이디어를 포함하고 있다. 다시 말해, 다른 어떤 기업에서도 시도하지 않았던 새로운 길을 가겠다는 기업 경영자의 꿈과 의지가 담겨 있는 것이 바로 '비전'이다. 그리고 이러한 비전은 새로운 환경을 창조할 수 있게 한다. 일본의 동경화재보험해상회사의 비전은 '종합안전보장회사'인데, 이 회사는 본래 보험업을 영위하고 있었다. 후에 비전을 토대로 '보디가드' 업까지 진출했다. 또한 환자를 단순히 치료하는 것이 아니라 질병에 걸리지 않도록 예방하는 차원에서 예방병원까지 시작했다. 이는 비전이 새로운 환경창조를 가능케 한 예이다.

비전이 창조형 메커니즘의 핵심요건인 이유는 다음과 같다. 적절한 비전을 갖추지 못한 기업은 기존의 환경을 단지 필요한 환경과 필요하지 않은 환경으로만 구분하고 제한된 범위에 그친 환경분석을 수행하므로 어떤 사업을 시작해야 할지에 대한 발전적인 아이디어를 얻지 못해 새롭고 바람직한 환경으로 진출하기 어렵다. 따라서 비전의 뒷받침이 없는 기업은 새로운 환경이 가져다 주는 기회를 누리지 못하므로 발전하지 못하고 정체된다. 이런 상황을 〈표 9-4〉의 도식에 비유해 보면 A와 같다.

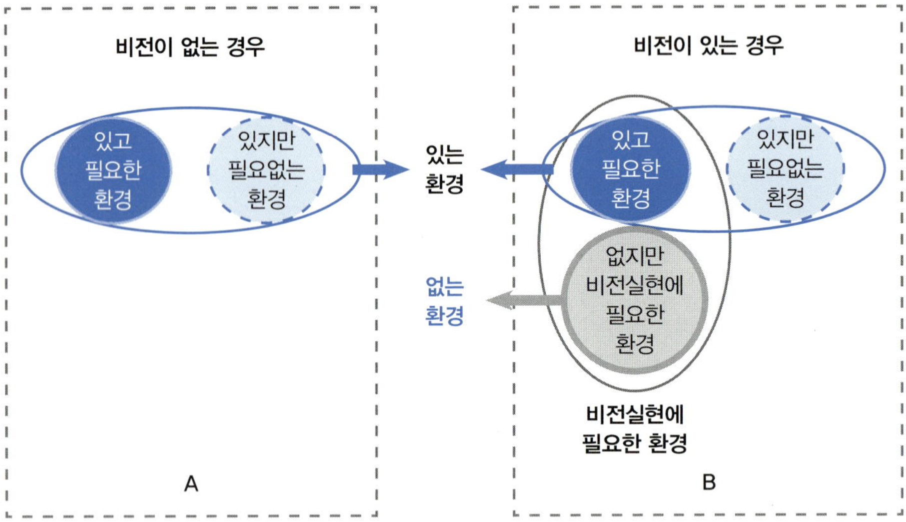

표 9-4 ▸ 비전의 유무여부에 따른 환경 분석의 차이

훌륭한 비전을 기업 내 구성원들이 공유하고 있는 기업은 다르다. 〈표 9-4〉의 도식에서 보듯 비전은 기업에게 앞으로 필요하지만 현재 존재하지 않는 환경이 어떤 것인지를 말해준다. 비전이 갖춰지지 않은 도식 A 속의 기업은 제한된 범위에서 환경분석을 수행하여 새로운 기회를 찾아내지 못하지만 비전이 있는 B 기업은 환경을 전자와는 다른 관점에서 바라보며, 이러한 환경에 대한 새로운 관점은 새로운 기회를 창출하는 밑거름이 된다. 이제 환경은 더 이상 주어진 것이며 적응해야만 할 대상이 아니라 마치 비전이라는 쇼핑리스트에 적혀진 물품과 같이 인

식된다. 비전을 적절하게 활용하는 기업은 비전에 부합하지만 아직 존재하지 않는 새로운 환경을 창조하기 위해 필요한 절차를 수행한다. 즉, 비전을 갖추고 활용하는 기업은 새로운 시각으로 환경에 접근하여 새로운 기회를 추구할 수 있다.

또한 이렇게 새롭게 환경을 지각하게 된 기업은 미래에 어떤 자원을 획득해야 하고 또 어떤 기존의 보유자원을 처분해야 하는지에 대한 깨달음을 얻게 된다. 즉, 비전은 자원분석 역시 새로운 관점에서 수행할 수 있도록 한다. 비전을 통해 환경을 새롭게 바라보게 됨으로써 자원이 가지는 가치 역시 기존과는 다르게 인식된다. 육상선수에게 긴 팔은 거추장스럽지만 권투선수에게 긴 팔은 훌륭한 무기가 되듯, 기존 환경에서 무용지물이었던 자원도 미래에 진출할 환경에서는 가치 있는 자원이 될 수 있으며 기존에 매우 중요했던 자원도 새로운 환경에서는 거추장스러운 짐일 수 있다.

창조형 메커니즘의 예

어떤 산기슭의 오두막집에서 거주하며 집 근처의 나무를 패서 산 아래 시장에 내다팔아 하루 하루를 연명하는 청년이 있다. 이 청년은 특별한 계기가 없다면 미래에도 기존의 생업을 유지하며 시간을 보내다 세상을 떠나게 될 것이다. 그러나 어느 날 우연하게 TV에서 2024년 1월 1일 기준으로 세계 테니스선수협회(Association of Tennis Professionals, ATP)에서 랭킹 1위인 세르비아 출신 노바크 조코비치 (Novak Djokovic) 선수가 실력 뿐만 아니라 매너에서도 멋진 모습을 보고 그처럼 훌륭한 테니스 선수가 되겠다는 비전을 세웠다(비전 제시).

비전을 세우고 난 후 주변을 둘러본 청년은 나무를 베고 난 산기슭이 테니스코트의 부지가 될 수 있다는 사실을 깨닫는다(환경분석).

집 안으로 들어온 청년은 도끼 두 자루를 발견하고 테니스 선수가 되겠다는 비전 하에서 두 자루 모두를 가지고 있을 이유가 없다는 사실 역시 깨닫는다(자원분석).

청년은 테니스 선수가 되겠다는 자신의 비전을 달성하기 위해 테니스코트를 만들고 그곳에서 연습을 거듭하여 훌륭한 실력을 갖추기로 결심한다(목표 설정).

청년은 도끼 한 자루를 팔아서 삽으로 바꾸고 이를 활용하여 마당 한편의 돌무더기와 둔덕을 정리한다면 테니스코트가 완성될 것이며 이곳에서 주당 6일씩 훈련을 거듭한다면 목표가 달성될 것으로 생각한다(전략 개발).

> 청년은 계획대로 도끼 하나를 팔아 새로운 환경을 창조하는 데 필요한 새로운 자원으로 둔덕을 파내고 돌을 골라낼 삽을 구매한다(자원 재구성 및 자원 창조).
>
> 이어서 청년은 새로 구매한 삽을 활용하여 며칠 간 둔덕을 파내고 돌을 골라내어 테니스코트를 세우고(환경 재구성 및 환경창조), 열심히 피나는 훈련을 거듭한 끝에(전략 실행)
>
> 꿈에 그리던 세계 1위의 테니스 선수가 된다(비전의 달성).

위의 예에서 보듯 창조형 메커니즘에서 비전은 새로운 관점의 환경분석과 자원분석을 가능케 하는 역할을 담당한다. 비전이 없었다면 청년은 마당을 테니스코트의 잠재적 부지로 여길 수 없었을 것이므로 마당에는 잘려진 나무가 수북이 쌓여 있었을 것이다. 또한 비전이 없었다면 청년은 도끼 두 자루를 생업을 위한 수단으로만 여기고 여전히 간직하고 있었을 것이다. 이 직관적인 사례는 우리에게 비전의 필요성을 알려준다. 비전이 없다면 변화는 없다. 비전은 새로운 관점으로 환경분석과 자원분석을 수행하게 해 주고, 이로서 새로운 기회를 창출하는 바탕이 된다.

그렇다면 이처럼 새로운 관점에서 환경과 자원을 분석함을 가능하게 하는 비전은 어떠한 속성을 가지고 있어야 하는지에 대한 해답을 찾을 차례다. 기업의 비전이 되기 위해서는 다음과 같은 특별한 속성을 갖추어야 한다.

첫째, 비전은 장기적인 관점에서 기업 구성원들에게 미래의 이상향, 꿈을 제시해야 한다. 이때 비전은 기업이 아무리 노력해도 영원히 도달할 수 없는 환상도 아니고 미래에 대한 완벽한 예언도 아니다. 비전에 담긴 미래는 현재 존재하지 않고 불확실하지만 믿음을 가지고 추구하면 언젠가 도달할 가능성의 세계이다. 또한 비전은 현재의 연장선 상에서 바라본 '예상되는 미래(expected future)'가 아니라 경영층과 모든 구성원들의 꿈과 의지가 담긴 '원하는 미래(wanted future)'인 것이다. 경영자가 가진 꿈은 빛나는 눈동자와 용솟음치는 정열을 통해 구성원의 가슴에 불을 당기고 그들을 긴장시키고 흥분시킨다.

둘째, 비전은 사물이나 현상의 본질을 꿰뚫어 보는 통찰력을 필요로 한다. 비전은 경쟁사의 비전을 단순히 모방한다고 해서 만들어지는 것이 아니다. 또한 비전은 당장 눈에 보이는 전략, 전술에 급급해서도 안 된다. 나무보다는 숲, 부분보다는 전체, 눈에 보이는 것보다는 눈에 보이지 않는 근본적인 게임의 규칙을 잘 다루어야 한다. 이를 위해서는 경쟁의 원리와 핵심 경쟁요인을 파악하여 혁신, 새로운 게임의 규칙을 창조하는 것이 중요하다.

셋째, 비전이 조직에 의해 받아들여지기 위해서는 기업구성원의 공감대가 형성되어야 한다. 즉, 최고경영자가 가진 미래에 대한 꿈과 혁신적인 자세가 비전으로 형성되는 과정에서 모든 기업구성원에게 전파되고 그들과 공유될 때, 비전은 개인 차원에서 집단 차원으로 승화되면서 비로소 기업 전체의 비전으로 완성되는 것이다.

이처럼 기업의 비전은 경영자의 꿈과 혁신, 그리고 공감대 형성이라는 세 가지 속성을 갖추어야 한다. 여기서 꿈은 아름다움과, 혁신성은 진리와, 공감대는 선함과 상통한다는 측면에서 진선미(眞善美)는 비전을 창조하는 길잡이이자 매뉴얼이다.

2) 자원 재구성

바람직한 비전을 창조하고 활용하여 필요하지만 부족한 환경을 밝혀내면 창조형 메커니즘을 절반쯤 깨운 셈이다. 자원 재구성은 비전을 수립한 후 이어서 수행해야 할 단계로, 앞서 영웅이 되기 위한 조건 중 두 번째로 꼽았던 영웅다운 자질에 비유되는 부분이다. 또한 자원 재구성은 앞서 서술되었던 혁신형 메커니즘에서 핵심적인 부분으로 꼽혔던 부분이다.

새로운 환경을 창조하거나 그 환경을 활용하는 과정에서 특정 인력, 기술, 설비, 정보와 같은 다양한 유형의 새로운 자원이 요구될 수 있으므로 환경을 창조하고 지속적으로 활용하려는 기업은 내부자원을 적절하게 재구성해야 한다. 새롭고

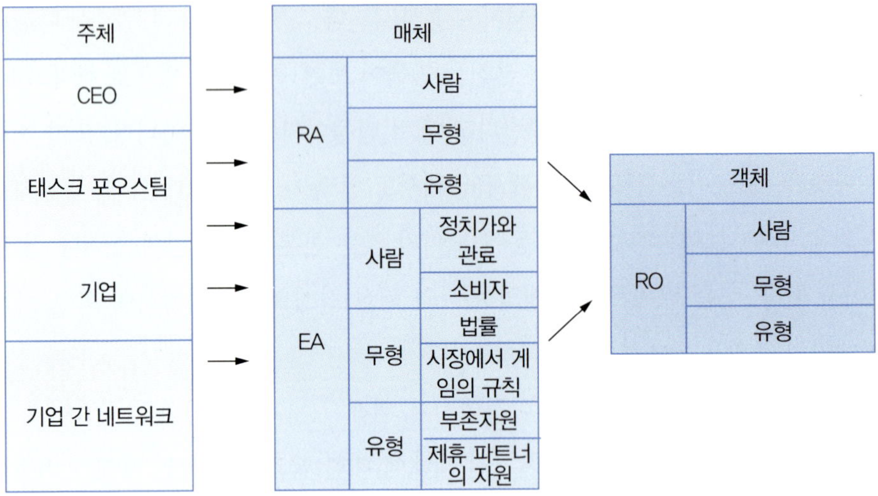

표 9-5 ▸ 자원재구성

훌륭한 사업모델을 시작한 기업이라도 이 모델을 다른 기업들이 손쉽게 모방할 수 있다면 지속적인 경쟁우위를 유지하기 어려울 것이므로 새로운 모델에 적합한 기업 고유의 자원을 형성하는 자원 재구성이 필요하다. 타 기업이 모방하기 어려운 자원을 구축한다면 다른 기업은 새롭게 창출된 환경으로 쉽사리 진입하지 못하거나 진입하더라도 경쟁우위를 얻지 못한다. 따라서 자원 재구성은 지속적 경쟁우위의 원천이다.

주체는 특정 매체를 선택 및 활용하여 자원을 바람직하게 재구성할 수 있다. CEO, Task Force Team 등과 같은 주체는 인적 자원, 무형 자원, 유형 자원과 같은 다양한 종류의 자원을 매체로 활용하거나 정치가 및 관료, 소비자, 법률, 시장에서의 게임의 규칙, 환경 내 부존자원, 제휴 파트너의 자원 등 다양한 환경을 매체로 활용하여 객체인 자원을 재구성할 수 있다.

한 가지 예로 외부단체와의 기술협력을 들 수 있다. 기업이 자신의 기술만으로는 신제품 개발에 한계가 있다고 보고 우수한 대학연구소와 산학협동을 통해 이

전에 생산하던 제품보다 훨씬 성능이 우수한 제품을 개발했다고 하자. 이 경우에는 '대학연구소'라는 외부매체를 이용해 '신상품'이라는 자원을 창조한 경우가 된다. 자원이 성공적으로 재구성되면 선도적 지위 창출이 가능해진다.

정리하자면, 창조형 메커니즘은 기존의 환경(시장)적응적 시각에서 벗어나 주체의 비전과 자원의 재구성을 통해 기업의 환경창조를 일으키는 시각이다. 기업의 사활을 좌우하는 관건이 적응형 메커니즘이라면 기업의 경쟁우위, 즉, 모든 경쟁기업을 물리치고 업계 선두위치를 차지하는 조건은 혁신형 메커니즘에 달려 있다. 마지막으로 이러한 선두적 지위를 지속적으로 유지할 수 있는 조건은 경영자가 비전을 올바르게 제시함으로써 환경과 자원에 대한 분석 관점을 변화시켜 최종적으로는 바람직한 환경과 자원을 창조하는 창조형 메커니즘에 있다. 그리고 이 같은 비전과 환경 및 자원 재구성 능력을 갖춘 기업과 경영자야말로 오늘날 기업세계에서의 영웅이다.

요약

Part Ⅲ에서는 메커니즘의 실제적인 응용방법에 대해 논의해 보았다. 07장 '기업의 국제화 전략'에서는 메커니즘기반관점을 국제경영 분야에 응용한 것이라 볼 수 있고, 08장인 '신(新)종족 발견'은 기존 마케팅 이론의 단편적인 시각에서 벗어나 메커니즘을 통한 보다 거시적이고 체계적인 마케팅 전략 수립을 가능케 한다. 마지막으로 '창조형 메커니즘'은 기존의 시장적응적인 경영전략 기조에서 탈피, 주체의 비전과 자원의 재구성 및 창조를 통해 기업의 환경창조를 지향하는 시장 선도적 패러다임을 제시한다. Part Ⅲ의 서두에서 밝혔듯이 메커니즘의 응용방법은 무궁무진하다. 자신만의 메커니즘 응용법을 찾아내고 활용함으로써 실질적인 성과를 향상시키는 일은 바로 독자들의 몫이 아닐까 한다.

10장 21세기 전략 패러다임으로서의 메커니즘기반관점

"한 송이의 국화꽃을 피우기 위해 봄부터 소쩍새는 그렇게 울었나 보다."
서정주 시인의 《국화 옆에서》라는 시의 한 구절처럼, 전략 이론가나 기업 경영자가 주목해야 할 영역은 눈에 보이는 국화꽃이라는 현상 또는 결과가 아니라 국화꽃이 피는 데 필요한 모든 조건, 즉, 원인이다. 국화꽃이 아름답게 피기 위해서는 튼튼한 구근, 영양분을 담은 흙, 적절한 수분, 충분한 햇볕이 필요하듯이, 기업이 원하는 경영성과를 내기 위해서는 훌륭한 주체(Subject: S), 적절한 환경(Environment: E), 필요한 자원(Resource: R), 그리고 이들을 효율적으로 결합해서 경영 프로세스를 만들어 내는 메커니즘(Mechanism: M)이 필요하다.

프로세스, 즉, '투입이 산출로 변화하는 과정'은 주체가 환경 속에서 자원을 이용해 만들어 내는 것이다. 그리고 이러한 '프로세스를 반복적으로 일으켜서 유기체의 목적을 달성하려는 주체, 환경, 자원의 동태적 결합'을 메커니즘이라 한다.

메커니즘은 겉으로 명확하게 드러나지 않지만 국화꽃을 피우게 만드는 자연의 섭리에 해당하는, 이 세상에 존재하는 모든 유기체가 성립하기 위한 필요 조건이다. 유기체가 기업인 경우, 그 기업에 존재하는 메커니즘, 즉, 기업 메커니즘(Corporate mechanism)은 경영 프로세스(Management process)를 반복적으로 일으켜서 그 기업이 원하는 성과, 즉, 기업성과(Corporate performance)를 내게 해 준다.

기업경영을 바라보는 관점은 기업을 성공적으로 경영하는 가장 핵심적인 요소

(Key Success Factor: KSF)에 따라 네 가지로 나눌 수 있다. 그것은 주체기반관점, 환경기반관점, 자원기반관점, 그리고 메커니즘기반관점이다. 각각의 관점이 나름대로의 이론을 정립하는 논리적 틀, 즉, 패러다임(Paradigm)이 되기 위해서는 해당 요소가 성공요소가 될 수 있음을 증명하는 이론과 해당요소를 기업이 만들어 낼 수 있는 방법을 모두 갖춰야 한다.

10.1. 3원소로 이루어진 기존 전략 패러다임의 변천

기업은 주위를 둘러싸고 있는 여러 가지 내 · 외부적인 환경에 의해 많은 영향을 받기 마련이다. 환경의 변화를 분석함으로써 기업은 거시적인 측면과 미시적인 측면에서 시사점을 얻게 된다. 기업은 자사가 속한 산업 혹은 시장을 지배하던 여러 규칙이 변화한 것을 인지하고, 이를 통해 새로운 환경에 적응해 나아가게 된다. 또한, 이전까지는 존재하지 않았던 고객의 새로운 욕구가 시장을 자극해서 기존 제품에 대한 구매행위의 개편이 일어나는 모습을 파악함으로써 새로운 시장을 찾아내고, 이를 통해 경제적으로 바람직한 기회(economically desirable opportunity)를 창출해 낸다. 그러나 경제적으로 바람직한 기회를 찾았다고 해서 성공이 보장되는 것은 아니다. 그렇다면 성공하는 기업의 경쟁력의 원천은 무엇으로부터 비롯되는가? 기업을 성공시키는 요인에 대한 견해는 다양하지만 1971년 앤드류즈(Kenneth Andrews)가 규범론적 관점에서 외부여건, 내부능력, 기업철학, 사회적 책임 등 네 가지 요소를 전략의 핵심개념으로 제시한 이래 전략 이론은 앞서 1장에서 언급했듯이 크게 세 가지 관점(paradigm or perspective)으로 발전되어 왔다.

첫 번째 관점은 전략을 수립하고 실행하는 주체(Subject: S)의 사고방식과 행동이 기업의 성공을 결정짓는 가장 중요한 요인이라는 주장으로, 기업의 최고경영자는 기업의 비전을 제시하고 조직구성원들에게 전파시키는 과정에서 조직의 몰입도(Commitment)를 높임으로써 기업의 성공에 직접적으로 영향을 미칠 뿐만 아니라 의사소통 유형이나 전략 및 조직구조 등을 통해 기업의 성공에 간접적으로도 영향을 미친다는 것이다.

두 번째 관점은 특정 기업이 속해 있는 산업의 구조적 특성, 국가의 경영환경, 동일한 기업의 집합인 개체군(Population)의 밀도(Density)나 분포 혹은 정부의 산업정책 등과 같이 기업을 둘러싼 환경적(Environment: E) 요인이 기업의 성공을 결정짓는다는 것이다. 이 패러다임에 의하면 기업의 성공 여부는 기업 내부요인보다는 기업이 속한 산업이나 국가의 구조적 특성이나 정부 정책과 같은 기업 외적 요인에 의해 좌우된다.

마지막으로 세 번째 관점은 기업의 성공요인을 기업이 보유하고 있는 내부의 자원(Resource: R)으로 설명하는 자원기반관점(Resource-based perspective)이다. 동일한 산업에 속한 기업이라 할지라도 기업마다 환경변화에 대응하는 방식이 다른데, 자원기반관점에서는 이유가 바로 기업이 보유한 자원이 다르기 때문이라고 본다. 그러므로 자원기반관점에서는 기업이 성공하려면 환경변화를 재빨리 파악하고 이에 적합한 전략을 수립하는 것도 중요하지만 더 중요한 것은 수립된 전략을 실행하는 것이고, 전략을 성공적으로 실행하기 위해서는 필요한 자원을 보유하고 있거나 창출해야만 한다고 주장한다.

이상 위에서 설명한 기존의 전략 패러다임들은 각기 주체(S), 환경(E), 자원(R) 관점에서 기업의 성공요인을 설명하고 있다. 그러나 기업에 투입되는 3원소인 주체, 환경, 자원을 기반으로 한 세 가지 관점 모두 지속적으로 성공을 거두고 있는 기업을 설명하는 데 한계점을 갖고 있다. 현실 세계에는 기업을 둘러싼 환경이 변화하고 최고경영자가 교체되거나 기업이 보유한 자원이 바뀜에도 불구하고 특정 산업에서 지속적으로 경쟁우위를 유지하는 기업이 있기 때문이다. 따라서 기업의 지속적 경쟁우위를 설명하기 위해서는 주체, 환경, 자원 상호작용의 원리를 설명하는 동태적 이론이 필요하며, 이러한 차원에서 등장한 것이 메커니즘기반관점이다.

10.2. '메커니즘기반관점'을 향해서

이 책에서는 주체, 환경, 자원에 이어 4요소로 나타난 메커니즘을 기반으로 한 기업 경영의 새로운 패러다임인 메커니즘기반관점의 이론과 응용을 다루었다.

그 동안 기업의 주체인 경영자들의 의사결정에서 큰 비중을 차지해 온 요소는 환경과 자원이었다. 하지만 이제 주체가 환경과 자원에 대한 분석만으로는 끊임없이 변화하는 경영환경에 더 이상 대처하기 어렵다. 다른 회사가 모방할 수 없는 그 기업만의 독특하고 체계적인 메커니즘을 구축함으로써 지속적인 경쟁우위를 달성해야만 한다. 20세기 대표적 경영자로 인정받던 GE의 전 회장 잭 웰치가 20년 동안 CEO로 있으면서 가장 큰 비중을 둔 것은 후임 경영자의 선정과 주체, 환경, 자원이 변화하더라도 기업이 경쟁우위를 계속 창출하고 유지할 수 있는 메커니즘과 운영 시스템을 만드는 것이었다. 우리나라의 일반적인 최고경영자가 환경과 자원을 결합해 전략을 구축하는 SWOT(강점, 약점, 기회, 위협요소) 분석에 치중하고 있는 반면 잭 웰치 회장은 바람직한 최고경영자를 고르고 기업에 필요한 메커니즘을 구축해야 함을 강조했다. 잭 웰치에 의하면 기업 최고경영자의 가장 중요한 첫 번째 역할은 메커니즘, 즉, 운영 시스템을 구축하는 것이고, 두 번째 역할은 메커니즘을 제대로 운영할 수 있는 CEO를 선택하는 것이었다.

메커니즘기반관점은 기업의 본질을 탐구하는 패러다임이다. 기업은 최고경영자의 특성만 반영한 실체도 아니고, 보유한 자원만으로 정의되는 것도 아니다. 그보다는 주체가 환경변화에 대응하면서 자원을 활용하는 과정에서 형성된 메커니즘의 집합체로 보는 것이 타당할 것이다. 다시 말해서 "기업은 메커니즘의 집합체이다(A frm is a bundle of mechanisms)."

10.3. 메커니즘의 한계

경쟁우위의 원천이 되는 기업의 긍정적인 메커니즘은 계속 진화, 발전하여야 한다.

그러나 앞서 언급한 메커니즘의 가치중립적 특징은 기업의 긍정적 메커니즘 뿐만 아니라 부정적 메커니즘 역시 존재하게 한다. 문제는 메커니즘이 기업 역사와 더불어 구축된 것이어서 단기간 내에 쉽게 변화하는 것이 아니기 때문에 기업 성과에 악영향을 주는 부정적 메커니즘의 경우 타성(inertia)으로 작용하면서 기업의 변화와 발전을 저해하는 작용을 한다는 데에 있다. 환경이 변하더라도 과거에 해 온 습관이나 스타일은 쉽게 변하지 않는다는 데에 메커니즘의 함정이 있는 것이다.

이렇듯, 메커니즘이 본래의 기능을 상실하고 그 작용이 깨져서 부정적 영향만을 미치게 될 경우 기업은 어떻게 대처하여야 하는가? 그 답은 바로 기업혁신을 통한 메커니즘의 재창조에 있다. 기업은 혁신을 통해 과거의 부정적인 메커니즘을 청산함과 더불어 기업의 근본적인 변화를 꾀해야 하는데, 이렇듯 기업 메커니즘을 새로이 구축하고 재창조하는 혁신의 열쇠는 바로 최고경영자가 가지고 있다. 즉, 기업혁신을 통해 메커니즘의 재창조를 이끌어 낼 수 있는 동력은 최고경영자에게서 나오며, 이것이 바로 GE의 최고경영자였던 웰치가 주장하는 최고경영자

저자와 GE 전 회장 잭 웰치(Jack Welch)의 대담 3: "CEO의 메커니즘 재창조"

조: "이렇게 말씀드려도 될까요? CEO의 능력은 그 사람이 CEO였을 때 무슨 일을 했는가가 아니라, 그가 지도한 회사가 이루어 낸 업적으로 평가받는 것이 아닐까 합니다."

잭: "5년 뒤에요. 5년 혹은 10년 뒤에. 그래야 메커니즘이 작용하니까. 저는 항상 저에 대한 평가는 지금부터 5년이 지난 후에 되는 것이라 말해요. 오늘이 아닙니다. 그리고 첫 번째 시험은 합격인 것 같아요. 경기침체에 테러 사건이 있었는데도 불구하고 2자릿수 성장세를 보이고 있거든요. 그러니까 최초의 시험은, 아직 몇 년 남았으니까 아주 조그마한 시험이었지만, 합격인 것 같아요. 그리고 자신이 있어요. 조 박사님의 평가가 맞습니

다. 저는 CEO의 가장 중요한 역할은 어떤 메커니즘, 운영 시스템을 구축하는 것이라고 생각해요. 그 다음에 그것을 제대로 돌릴 수 있는 적절한 CEO를 골라야 해요."

조: "그런데 동시에 이 메커니즘에는 하나의 결함이 있습니다. 스스로 창조하지는 않아요."

잭: "그래서 CEO가 끊임없이 재창조하는 거예요. 조직이 재창조하도록 CEO가 이끄는 거죠."

조: "그럼 CEO는 두 가지 자격이 있어야 되는군요. 하나는 건전한 메커니즘을 계속 유지시켜 나가는 것이겠죠."

잭: "그리고 변화할 의지가 있어야죠. 활력을 되찾고, 재창조하고..."

조: "회장님께서는 GE를 떠나서도 이것에 대해 계속 생각을 하셨을 것 같은데요."

잭: "물론이죠. 물론입니다!"

조: "또 한 가지는 핵심역량 부분인데, GE의 핵심역량이 종국에는 GE를 경직시킬 거란 말씀 들어보셨습니까?"

잭: "아뇨. 저는 그렇게 생각하지 않아요. 우리의 핵심역량은 리더십을 개발하는 것입니다. 그게 메커니즘의 일부죠. 리더를 개발하는 것. 그러니까, 메커니즘을 실행시킬 수 있는 리더, 메커니즘을 이해하고, 채택하고, 일상의 한 부분으로 만들 수 있는 리더 말입니다."

의 가장 중요한 세 번째 역할이다.

기업 내에 구축된 메커니즘이 제 기능을 발휘하지 못하거나 오히려 잘못된 관행(Inertia)으로 작용하여 환경변화에 대한 대응을 하지 못하고 기업에 악영향을 미치는 경우는 비일비재하다. 그 예로 21세기에 들어와서 하락세를 면치 못하고 있는 GE를 보자.

이미 1장 1.4에서 소개된 GE의 메커니즘에서 봤듯이, 1980년대에서 2000년대 초반까지만 해도 운영시스템, 조직문화, 평가시스템이라는 세 가지 메커니즘을 통해서 탄탄한 관리시스템을 구축하고, 세계에서 가장 높은 경영성과를 올렸다. 그러나 같은 메커니즘으로 운영되던 GE가 AI가 등장한 2010년대에는 시가총액이 1/10로 떨어지는 수모를 당하고 있다.

앞에 대담에서 웰치는 기존 메커니즘이 환경이 급격하게 바뀌는 상황에서 기대 이하의 결과를 가져올 때 주체가 다시 나서서 메커니즘을 재창조해야 한다고 했다. 웰치의 답변을 〈표 10-1〉과 같이 그려 보자. 이 표에 의하면 주체가 환경

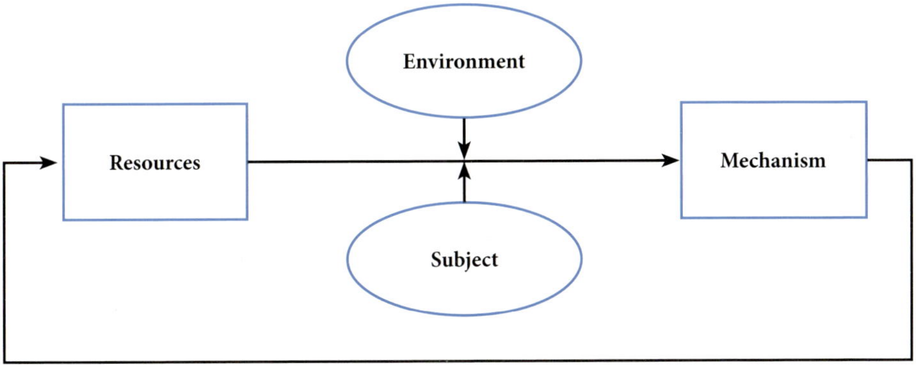

표 10-1 ▸ 메커니즘기반관점을 종착역으로 보는 견해

과 자원을 이용해서 메커니즘을 구축한 후, 주도적 역할을 메커니즘에게 위임한다. 그러나 위기가 발생하면 다시 주체가 나서서 기존 메커니즘을 바꾸거나 새로운 메커니즘을 만든다.

저자는 웰치의 답변을 통해 큰 깨달음을 얻었다. 주체, 환경, 자원, 메커니즘이 모두 중요하지만 네 가지를 두 카테고리로 나눈다면 주체와 메커니즘이 한 카테고리, 환경과 자원이 다른 카테고리에 속한다. 즉, 주체와 메커니즘은 조직을 이끌고 나가는 능동적인 주도자이고, 환경과 자원은 주도자가 활용하는 수동적인 소재인 것이다.

웰치의 지혜를 GE에 적용해 본다면, 2010년대에 몰려온 AI라는 쓰나미 같은 물결 속에서 GE가 지속적으로 성장과 발전을 하기 위해서는 기업의 주체를 새로운 인물로 바꿨어야 했다. 그 주체는 전 회장인 웰치가 구축해 놓은 탄탄하지만 다소 경직적인 메커니즘을 큰 변화에 맞장구치는 탄력적인 메커니즘으로 바꾸는 능력을 가져야 했다. 아쉽게도 웨치 회장의 후임자인 마케팅 출신 제프 이멜트(Jeff Imelt) 회장은 2001년부터 2017까지 재직하면서 외형적인 성장을 제1과제로 삼아 매출 규모를 키웠지만, 기업 내부의 메커니즘을 바꿔야 한다는 결단은 내리지 못했던 듯하다. 이 당시 이멜트가 당면했던 상황에 관한 사례는 'AI시대의 경영전략(조동성과 문휘창, 서울경제경영, 2022)'에 수록되어 있다.

GE가 급격한 환경변화로 인해 위기를 만났을 때 웰치의 주문대로 메커니즘을 재창조하는 방법은 무엇이었을까?

사례에는 정답이 없다고 하지만, 경영의 근본이 되는 기본원리를 적용하면 최소한 30%만큼의 설명력은 생긴다. 이 책에서 제시한 대로 메커니즘을 만드는 방법인 주체, 환경, 자원을 조합, 순열, 시간을 통해 새롭게 바꾸는 것이야말로 메커니즘의 재창조다.

그러나 웰치의 후임인 제프 이멜트가 한 행동은 자신의 철학을 바꾸지 않는 채 기업 내부의 경영 프로세스만 바꾸었고, 그 결과는 메커니즘의 재창조로 이어지지 못했던 것이다. 새로운 환경을 이해하고 선도하면서 혁신이란 철학으로 무장한 CEO가 주체로 나서서 GE가 이미 비축해 놓은 막강한 자원을 무기로 해서 AI라는 새로운 물결에 적극적으로 올라탔다면 새로운 메커니즘이 탄생했을 것이고, 이를 웰치 회장은 자신이 설파한 메커니즘의 재창조라고 했을 듯하다.

메커니즘기반관점이 기업 경영자들에게 시사하는 바는 세 가지로 요약해 볼 수 있다.

첫째, 단순한 경쟁자 모방을 통해서는 장기적인 관점에서 경쟁우위를 확보할 수 없다. 최고경영자의 뚜렷한 비전 하에 당면한 환경과 가용한 자원을 활용해 기업 특유의 메커니즘을 구축하는 기업만이 그 산업을 이끌어 가는 선도기업이 될 수 있다.

둘째, 기업의 지속적인 경쟁우위는 단기간에 형성되는 것이 아니라 끊임없는 노력을 통해 형성되는 것이다. 메커니즘은 단기간에 형성될 수도 있다. 하지만 이것이 지속적인 경쟁우위로 연결되기 위해서는 경쟁자가 모방할 수 없고 변화된 환경에 적합할 수 있도록 끊임없이 메커니즘을 개선시켜야 한다. 특히 경영자들은 지식활용과 더불어 지식습득을 강조함으로써 새로운 지식이나 자원을 꾸준히 확보해 지속적인 혁신의 원동력으로 삼아야 한다.

셋째, 진정한 혁신과 창조는 메커니즘을 혁신시키고, 창조함으로써 비로소 달성된다. 경영혁신이란 단순히 종업원을 해고하고 조직을 통폐합시키거나 생산라인을 재조정한다고 달성되는 것이 아니다. 이러한 접근법으로는 부분을 수정할 수 있을지 몰라도 기업 전체를 근본적으로 변화시키기 어렵다. 진정한 경영혁신을 이루기 위해서는 기업의 행동을 결정하는 메커니즘을 바꾸어야 하는 것이다. 경영창조 역시 신제품을 한두 개 만들어 내고 신시장을 몇 개 찾아낸다고 해서 이루어지는 것이 아니다. 기업을 경영하는 이유인 경영철학과 기업을 운영하는 방식을 새롭게 찾아내고 이를 통해서 저절로 신제품, 신시장이 창출될 때 비로소 이루어진다.

10.4. 제5원소를 찾아서

웰치는 기업은 주체, 환경, 자원, 메커니즘이라는 4가지 요인으로 구성된다는 저자의 견해에 전폭적으로 지지해 주었다. 그리고 4가지 요인이 각광을 받은 이후에 새롭게 등장할 요인이 있겠냐는 질문에 대해서 "더 없다"고 단적으로 답변하면서 메커니즘 다음 새롭게 등장하는 중요 요인은 주체라고 했다. 그러나 저자는 이 질문을 머릿속에서 지울 수가 없었다. 저자에게는 시간이 돌고 돌아 제자리로 온다는 윤회적인 사관보다는 인류역사가 끊임없이 더 나을 형태로 나아간다는 미래지향적 사고가 더 익숙했기 때문이다.

그리스 역사학자 투키디데스(Thucysises, 기원전 465년 경~기원전 400년 경)는 "역사는 영원히 되풀이된다."라고 주장했다(1). 독일 철학자이자 경제학자 마르크스(Karl Marx, 1818. 5. 5~1883. 3. 14)도 원시 공동체사회로부터 시작한 인류역사가 노예제, 봉건농노제, 자본주의사회를 거쳐 다시 공산사회로 회귀한다는 변증법적 유물론을 주장했다(2). 반면 독일 철학자 헤겔(Georg Wilhelm Friedrich Hegel, 1770. 8. 27~1831. 11. 14)은 "자유가 확산하는 방향으로 역사는 발전한다"고 주장했다(3). 프랑스 철학자 베르그송 앙리 베르그송(Henri-Louis Bergson, 1859. 10. 18~1941. 1. 4) 역시 "역사는 단순히 선형적인 진행이 아니라 창의성과 혁신을 통해 지속적으로 발전한다."고 주장했다.[4]

저자가 아는 범위에서 "기업은 이 세상에서 가장 창조적인 조직이다." 기업은 끊임없이 창조적으로 발전하면서 인류의 새 역사를 창조한다. 경영학 이론 역시 새로운 지평을 끊임없이 열어 가는 학문이어야 한다. 그렇다면 기업에게 메커니즘기반관점 이후에 다시 주체기반관점이 등장하는 모습은 바람직하지 않다. 그렇다면 메커니즘 다음으로 기업을 새로운 세상으로 이끄는 다섯 번째 요인은 무엇이어야 할까?

그러나 고민을 하고 있는 가운데, TV 리모콘을 돌리다가 재미있는 심야영화 제목을 봤다. 이름하여 '제5원소(The Fifth Element)', 뤽 베송(Luc Besson)이 감독과 각본을 맡고 브루스 윌리스(Bruce Willis)와 밀라 요보비치(Milla Jovovich)가 주연을 맡은 1997년 사이파이 영화였다. 그 영화를 보면서 저자는 영화의 거의 마지막까지 등장하지 않는 제5원소의 정체가 궁금해졌다. 마지막 순간 소개된 정체는 바로 '사랑(love)'!

일순 저자는 충격에 빠졌다. 저자가 그렇게 찾아 헤매던 5번째 요인이 바로 사랑이었음을 깨달았다. 그 다음 작업은 쉬웠다. 기업과 사회, 기업과 자연 간의 관계는 사랑 이외의 어떤 단어로도 표현할 수 없을 것이기 때문이다. 〈표 10-2〉는

---

4 https://ko.wikipedia.org/wiki/%ED%88%AC%ED%82%A4%EB%94%94%EB%8D%B0%EC%8A%A4. 1. https://ko.wikipedia.org/wiki/%EC%B9%B4%EB%A5%BC_%EB%A7%88%EB%A5%B4%ED%81%AC%EC%8A%A4. 2. https://ko.wikipedia.org/wiki/%EA%B2%8C%EC%98%A4%EB%A5%B4%ED%81%AC_%EB%B9%8C%ED%97%AC%E. 3. B%A6%84_%ED%94%84%EB%A6%AC%EB%93%9C%EB%A6%AC%ED%9E%88_%ED%97%A4%EA%B2%94

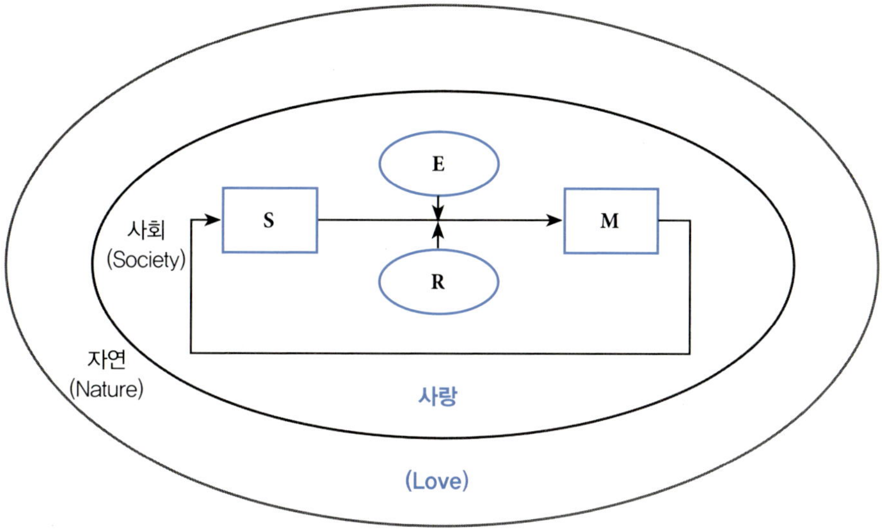

표 10-2 ▸ 사랑기반관점을 5번째 요인으로 보는 견해

기업과 사회/자연 간에 존재하는 사랑의 관계를 보여준다.

기업이 진공상태에서 살아갈 수 있다면 주체, 환경, 자원, 메커니즘이라는 네 가지 요인만 가지고도 존재할 수 있다. 그러나 기업은 사회가 상법을 근거로 해서 만들고 역할을 수행할 수 있도록 법인으로서의 인격을 부여해 준 조직이다. 사회로부터 제한된 자원을 효과적으로 활용하는 역할을 수행하고, 사회 속의 모든 사람을 고객으로 모셔서 이들을 만족시키며, 사회 구성원의 일자리와 복지를 책임지고 있는 법인인 것이다. 이렇듯 기업은 사회와 불가분의 관계이다. 이러한 기업과 사회 간의 관계는 사랑을 서로 주고받는, 공생공영의 파트너다.

기업과 자연 역시 마찬가지다. 기업은 자연의 보호 속에서 자연이 제공하는 각종 자연자원을 원료로 활용해서 인간사회를 위한 제품과 서비스를 생산하고 유통한다. 이 과정에서 기업이 자연을 훼손하고 파괴하면 자연은 장기간에 걸쳐 기업에게 제공해 줄 수 있는 가치를 제공하지 못하게 된다. 따라서 기업과 자연 간에도 사랑을 주고 받아야 한다. 따라서 저자는 주체기반관점(SBV), 환경기반관점(EBV), 자연기반관점(RBV), 메커니즘기반관점(MBV)에 이어 사랑기반관점(Love-Based View: LBV)이 기업 세계를 이끌어 갈 것이라고 믿는다.[1]

요약

10장에서는 지금까지 이 책에서 논의한 기업의 메커니즘을 기업의 제4원소로 정리하고, 21세기 기업 경영자들이 숙지해야 할 경영 패러다임으로 '메커니즘기반관점'을 제시했다.

'메커니즘기반관점'에 입각한 메커니즘 경영은 전 세계의 다양한 산업에서 글로벌 경쟁력을 확보하고 지속적인 이윤을 달성해 온 선두기업들의 경영자들에 의해 다분히 무의식적으로 활용되어 왔다. 그러나 아직은 그 가치나 경영 방식에 대해 충분히 인지되어 있지 않은 미래 전략경영의 새로운 패러다임이다.

경쟁우위를 결정하는 무형요소의 중요성이 더욱 부각될 향후의 기업 경영에서는 주체, 환경, 자원 등 3원소가 각각 역할을 하는 것이 아니라 3원소의 상호작용을 통합적으로 다루는 제4원소인 메커니즘에 기반한 경영이 그 가치를 발휘할 것으로 기대된다.

선도기업의 평균수명이 점점 짧아지는 초경쟁이 대세가 되는 21세기 글로벌 환경에서는 기업의 장기적 경쟁우위의 원천으로 메커니즘의 중요성이 더욱 강조될 것이다. 메커니즘에 의하여 기업의 제반 활동을 운영하는 '메커니즘기반관점'을 확고히 뿌리내린 기업만이 경쟁에서 이기고 본질적인 혁신과 창조를 이룰 수 있을 것이다.

그러나 메커니즘은 경직성을 비롯해서 나름대로의 한계가 있다. 이를 극복하는 방법에는 두 가지가 있다. 첫째는 메커니즘에 한계가 생길 때 주체가 다시 등장해서 메커니즘을 바꾸거나 새롭게 만드는 것이다. 둘째는 기업이 사회 및 자연과 함께 공생공영을 할 수 있도록 '사랑'을 경영에서 제5원소로 활용하는 것이다.

---

1 박종욱과 홍은수(2020)는 "사랑경영학. 조직구성원의행복"에서 "영리를 목적으로 하는 기업이 아가페의 사랑에 근거하여 경영을 하는 것이 가능한가?"라는 질문을 하고, "경영자는 경영자 자신을 비롯하여 모든 조직구성원들을 성장시켜야 하고, 모든 조직구성원들을 보호해야 한다. 이러한 성장과 보호를 극대화하는 방향으로 기업을 경영해 나간다면 기업이 지속적인 이윤을 내어서 지속가능할 뿐 아니라, 기업의 정도(正道)로 경영되고 기업이 윤리적으로 경영되어 지속가능할 수 있다."는 논리를 전개하고 있다.

참고문헌

[국내문헌]

김성홍, 이상민(2005). 『정몽구의 도전』, 고즈윈.

김진교, 최영준(2007). 유한킴벌리 신제품개발활동의 진화, 유한킴벌리 성공메커니즘 보고서. 서울대학교 경영대학.

루이스 거스너(2003). 『코끼리를 춤추게 하라』, 북@북스.

문국현, 조동성, IDS Associates consulting (2005). 『세계가 배우는 한국기업의 희망, 유한킴벌리』, 한스미디어.

박재룡, 전영옥, 송영필, 방태섭(2005). 『두바이-세계로 열린 중동의 허브』, 삼성경제연구원.

박종욱, 홍은수(2021). 『사랑경영학』, ABC Consulting.

서정민(2006). 『두바이 무한상상력과 창조적 리더십』, 하니커뮤니케이션즈, 글로연.

성선영, 최진남(2007). 혁신실행과 혁신역량구축메커니즘. 지속경영연구, 1:75-95.

이재규(2000). 『노키아 스토리』, 21세기 북스.

장박원(2005). 『현대자동차 왜 강한가?』, 채움.

정진섭(2004). Existence and Effects of Balancing, Coordinating, and Learning Mechanism on International Growth. 서울대학교 대학원 경영학 박사학위 논문.

조동성(1995). 『한국반도체의 신화: 미일에 도전한 한국기업의 성공』, 비룡소.

조동성(2002a). 『21세기를 위한 전략경영』, 서울경제경영.

조동성(2002b). 『21세기를 위한 경영학』, 서울경제경영.

조동성(2004). The Mechanism-Based View; A New Paradigm of Strategy in the 21st Century. 서울대학교 메커니즘 연구회 연구보고서.

조동성(2005). Antithesis to Barney's Definition of Resources. 서울대학교 메커니즘 연구회 연구보고서.

조동성(2006). 『제4의 전략패러다임: M경영』, 한스미디어.

조동성(2006). 『21세기를 위한 전략경영』, 서울경제경영.

조동성(2007). 유한킴벌리 메커니즘 연구. 서울대학교 경영대학.

조동성(2008a). 한국기업, GE의 메커니즘 경영을 배워라. Dong-A Business Review, 1: 56-59.

조동성(2008b). 포스코의 경영 메커니즘 연구. 서울대학교 메커니즘 연구회 연구보고서.

조동성, 문휘창(2022). 『AI시대의 경영전략』. 서울경제경영.

조동성, 성선영(2005). Mechanism-based View of the Firm; Philosophical Approach. 서울대학교 메커니즘 연구회 연구보고서.

조동성, 한군(2007). 유한킴벌리의 국제경영, 유한킴벌리 성공메커니즘 보고서. 서울대학교 경영대학.

조동성, 한재(2005). Literature Reviews for Mechanism. 서울대학교 메커니즘 연구회 연구보고서.

최홍섭(2006). 『두바이 기적의 리더십』. W미디어.

쿠로다 아츠오(2002). Made in China, 시대의창, 38.

홍인기(2004). 『중국의 IT산업 · 주요 IT(상장)기업』. 박영사.

홍하상(2002). 『중국을 움직이는 10인의 CEO』. 국일증권경제연구소.

[해외문헌]

Amit, R., & Schoemaker, P. J. H. (1993). Strategic Asset and Organizational Rent. *Strategic Management Journal*, 14(1): 33-46.

Andrews K. (1971). The Concept of Corporate Strategy. Homewood: Richard D. Irwin. Ansoff, I. (1965). *Corporate Strategy*, NY: McGraw Hill.

Barnard, C. (1938). *The Functions of the Executive*. Cambridge, MA: Harvard University Press.

Barney, J. B. (1986). Strategic Factor Markets: Expectations, Luck, and Business Strategy. *Management Science*, 32(10): 1231-1241.

Barney, J. B. (1991). Firm resources and sustained competitive advantage. *Journal of Management*, 17(1): 99-120.

Barney, J. B., & Hansen, M. H. (1994). Trustworthiness as a source of competitive ad-vantage. *Strategic Management journal*, 15(S1): 175-190.

Barr, P. S., Stimpert, J. L., & Huff, A. S. (1992). Cognitive change, strategic action and organizational renewal. *Strategic Management Journal*, 13(S1): 15−36.

Bartlett, C. A., & Ghoshal, S. (1998). Managing across *Border, 2nd. Boston: Harvard* Business School Press.

Bartlett, C. A., & Mohammed, A. (1995). 3M: Profile of an *innovating company. Boston*: Harvard Business School.

Bartlett, C. A., Ghoshal, S., & Birkinshaw, J. (2003). Transnational Management: Text and Cases. Magraw-Hill/Irwin; 4edition.

Buren, H. V. (2008). Fairness and the Main Management Theories of the Twentieth Century: A Historical Review, 1900−1965. *Journal of Business Ethics*, 82(3): 633−644.

Cannella Jr., A. A., & Hambrick, D. C. (1994). Effects of Executive Departures On The Performance of Acquired Firms. *Strategic Management Journal*, 14(4): 137−152.

Caron John & Leslie Rue. (1991). Research notes and communications coordinating mechanism, consensus between marketing and manufacturing groups, and marketplace performance. *Strategic Management Journal*, 12(7): 549−555.

Carpenter, M. A., Geletkanycz, M. A., & Sanders, W. G. (2004). Upper echelons research revisited: Antecedents, elements, and consequences of top management team composition. *Journal of Management*, 30(6): 749−778.

Chakravarthy, B. S., & Doz, Y. (1992). Strategy process research: Focus on corporate self-renewal. *Strategic Management Journal*, 13(S1): 5−14.

Chandler, A. D. (1962). *Strategy and structure: chapters in the history of the industrial enterprise*. Cambridge, MA: MIT Press.

Child, J. (1972). Organization Structure, Environment and Performance: The Role of Strategic Choice. *Sociology*, 6(1): 1−22.

Cho, D. S. (2004). The *Mechanism-Based View: A new paradigm of strategy in the 21st Century*. Mechanism Research Group, College of Business Administration, Seoul National University (working paper).

Cho, D. S., & Lee, D. H. (1998). A new paradigm in strategy theory: ser-M. *Monash MT Eliza Business Review*, 1(2): 82−98.

Cho, D. S., & Mathews, J. (2000). *Tiger Technology: The Creation of a Semiconductor In-dustry in East Asia*. Cambridge: Cambridge University Press.

Christy, Pettey (2008). Gartner's PC *Quarterly Statistics Worldwide*. Gartner Media Relations.

Clark, K. B., & Fujimoto, T. (1991). Product Development Performance. *Harvard Business School Press.*

Collis, D. J. (1994). How valuable are organizational capabilities? *Strategic Management Journal*, 15(S1): 143−152.

Conner, K. R. (1991). A Historical Comparison of Resource-based Theory and Five Schools of Thought within Industrial Organization Economics: Do We *Have a New Theory of the Firm? Journal of* Management, 17(1): 121−154.

Daft, R. L. (2005). *Management* (7th ed.). Mason, Ohio: Thomson/South-Western.

Daniel, A. Wren. (1987). Management History: Issues and Ideas for Teaching and Research. *Journal of Management*, 13(2): 339−350.

Dierickx, I., & Cool, K. (1989). *Asset Stock Accumulation and Sustainability of Competitive* Advantage. *Management Science*, 35(12): 1504−1511.

Drucker, P. F. (1954). The Practice of Management (1st ed.). New York: Harper & Row.

Drucker, P. F. (1992). The Age of Discontinuity: Guidelines to Our Changing *Society, Transaction* Publishers.

D'Aveni, R. A. (1994). Hyper*competition: managing the dynamics of strategic maneuvering*, New York: The Free Press.

Eisenhardt, K. M., & Marin, J. A. (2000). Dynamic capabilities: What are they? *Strategic Management Journal*, 21(10/11): 1105−1121.

Finkelstein, S., & Hambrick, D. C. (1990). Top-Management-Team Tenure and Organizational Outcomes: The Moderating Role Of Managerial Discretion. *Administrative Science Quarterly*, 35(3): 484−503.

Galbraith, J.K. (1977). *The Age of Uncertainty*, Houghton Mifflin.

Ghemawat, P. (1991). *Commitment: the Dynamics of Strategy*. Fress Press, New York.

Ghoshal, S., & Bartlett, C. A. (1994). Linking organizational context and managerial context: The dimension of quality of management. *Strategic Management Journal*, 15(S2): 91−112

Goleman, D., Boyatzis, R., & McKee, A. (2001). Primal leadership: the hidden driver of great performance. *Harvard Business Review*, 76(6): 42–51.

Grant, R. M. (1991). The Resource-based Theory of Competitive Advantage: Implications for Strategy Formulation. *California Management Review*, 33(3): 114–135.

Gupta, A. K., & Govindarajan, V. (1984). Business Unit Strategy, Managerial Characteristics, and Business Unit Effectiveness At Strategy Implementation. *Academy Of Management Journal*, 27(1): 25–41.

Hambrick, D. C., & D'Aveni, R. A. (1988). Large corporate failures as downward spirals. *Administrative Science Quarterly*, 33(1): 1–23.

Hambrick, D. C., & Fredrickson, J. W. (2001). Are you sure you have a strategy? *Academy of Management Executive*, 15(4): 48–59.

Hambrick, D. C., & Mason, P. A. (1984). Upper Echelons: The Organization As A Re-flection Of Its Top Managers. *Academy of Management Review*, 9(2): 193–206.

Hambrick, D., & Pettigrew, A. (2001). Upper echelons: Donald Hambrick on executives and strategy. *Academy of Management Executive*, 15(3): 36–44.

Hannan, M. T., & Carroll, G. R. (1992). Dynamics of Organizational Populations: *Density, Competition, and Legitimacy*. Oxford University Press, New York.

Hannan, M. T., & Freeman, J. (1977). The Population *Ecology* of *Organizations. American Journal of Sociology*, 82(5): 292–964.

Hannan, M. T., & *Freeman*, J. (1984). Structural Inertia and Organizational Change. American Sociological *Review*, 49(2): 149–164.

Hannan, M. T., & *Freeman*, J. (1989). *Organizational* Ecology. Harvard University Press.

Hart, O. D. (1988). Incomplete Contracts and the Theory of the Firm. *Journal of Law, Economics and Organization*, 4(1): 119–39.

Helfat, C. E., & Peteraf, M. A. (2003). The dynamic resource-based view: capability lifecycle. *Strategic Management Journal*, 24(10): 997–1010.

Henriques, I., & Sadorsky, P. (1996). The Determinants of an Environmentally Responsive Firm: An empirical approach. *Journal of Environmental Economics and Management*, 30(3): 381–395.

Hitt, M. A., Ireland, R. D., & Hoskisson, R. E. (2003). *Strategic management: com-*

pet-itiveness and globalization: concepts and cases (5th ed.). Australia; Cincinnati, Ohio: Thomson/South-Western.

Hurst, D. K., Rush, J. C., & White, R. E. (1989). Top management teams and organizational renewal. *Strategic Management Journal*, 10(S1): 87−105

Itami, Nonaka., & Takeuchi. (1985). *Managing the New Product Development Process: How the Japanese Companies Learn and Unlearn*, in K. B. Clark, R. H. Hayes., & Lorenz (de). The Uneasy Alliance. Harvard Business School Press.

Jacobides, M. G., & Winter, S. G. (2005). The co-evolution of capabilities and transaction costs: Explaining the institutional structure of production. *Strategic Management Journal*, 26(5): 395−413.

James, P. (1994). Business Environment Performance Measurement. *Business Strategy and the Environment*, 3(2): 59−67.

St. John, C. H. & Rue, I. W. (1991). Co-ordinating mechanisms consensus between marketing and manufacturing groups, and marketplace performance. *Strategic Management Journal*, 12(7): 549−555.

Johnson, C. (1982). *MITI and the Japanese Miracle.* Stanford University Press, Stanford, CA.

Kelly, D. & Amburgey, T. L. (1991). Organizational Inertia and Momentum: A Dynamic Model of Strategic Change. *Academy of Management Journal*, 34(3): 591−612.

Khanna, T., & Rivkin, J. W. (2001). Estimating the Performance Effects of Business Groups in Emerging Markets. *Strategic Management Journal*, 22(1): 45−74.

Kim, W. C. & Mauborgne, R. (2005). *Blue Ocean Strategy.* Harvard Business School Press, Boston, MA.

Knott, A. M. (2003). The organizational routines factor market paradox. *Strategic Management Journal*, 24(10): 929−943.

Kogut, B. (1993). *Country Competitiveness.* Oxford University Press, New York.

Kreps, D. M. (1990). *A Course in Micromic Theory.* Princeton University Press.

Lampel, J., & Shamsie, J. (2003). Capabilities in motion: new organizational forms and the reshaping of the Hollywood movie industry. *Journal of Management Studies*, 40(8): 2189−2210.

Learned, E. P., Christensen, C. R., Andrews, K. R., & Guth, W. D. (1965/1969). Business Policy: *Text and Case*(rev. ed.). Homewood, IL: Richard D. Irwin.

Leonard-Barton, D. (1992). Core capabilities and core rigidities: A paradox in managing new product development. *Strategic Management Journal*, 13(S1): 111−125.

Levinthal, D. A., & March, J. G. (1993). The Myopia of Learning. *Strategic Management Journal*, 14(8): 95−112.

Levitt, B., & March, J. G. (1988). Organizational Learning. *Annual Review of Sociology*, 14(1): 319−338.

Li, Fang (2005). *Seven Years in Lenovo*. Tsinghua University Press.

Ling, Zhijun (2005). *Lianxiang Fengyun*(聯想風雲). China CITIC Press.

Lippman, S., & Rumelt, R. P. (1982). Uncertain instability: an analysis of interfirm differences in efficiency under competition. *Bell Journal of Economics*, 13(1):418−438.

Mahoney, J. T. (1995). The management of resources and the resource of management. *Journal of Business Research*, 33(2): 91−101.

Mahoney, J., & Pandian, J. R. (1992). The Resource-based View within the Conversation of Strategic Management. *Strategic Management Journal*, 13(5): 363−380.

Makadok. (2001). Toward a synthesis of the resource-based and dynamic-capability views of rent creation. *Strategic Management Journal*, 22(5): 387−401.

March, J. G. (1991). Exploration and Exploitation in Organizational Learning. Organization Science, 2(1):71−87. Michael, D., & Catherine, F. (2000). *Direct from Dell: Strategies that Revolutionized an Industry*. Harperbusiness.

Miller, D., & Toulouse, J. (1986). Strategy, Structure, Ceo Personality, and Performance In Small Firms. *American Journal Of Small Business*, 10(3): 47−62.

Mintzberg, H., Ahlstrand, B., & Lampel, J. (1998). *Strategy Safari: A guided tour through the wilds of strategic management*. New York, NY: The Free Press.

Mohr, L. B. (1982). *Explaining Organizational Behavior: The Limits and Possibilities of Theory and Research*. Jossey-bass Publishers: San Francisco, CA.

Nanus, B. (1992). *Visionary Leadership*. Jossey-Bass Publishers, San Francisco, CA.

Nelson, R.R., & Winter, S. G.. (1982). *An Evolutionary Theory of Economic Change*. Harvard University Press, MA.

Newton, T., & Harte, G. (1996). Green Business: Technicist Kitsch? *Journal of Management Studies*, 34(1): 75−98.

Nonaka, I. & Takeuchi, Hirotaka. (1995). The Knowledge-Creating Company: How Japanese Companies Create the *Dynamics of Innovation. Oxford University* Press. Oxford, UK.

Nonaka, I. (1990). Redundant, Overlapping *Organization*: A Japanese Approach to Managing the Innovation Process. *California Management Review*, 32(3): 27−38.

Nonaka, I. (1991). The Knowledge-Creating Company. *Harvard Business Review* 69(6): 96−104.

Okimoto, D.I. (1989). *Between MITI and the Market*. Stanford University Press, Stanford, CA.

Oswald, S. L., Mossholder, K. W., & Harris, S. G. (1994). Vision salience and strategic involvement: Implications for psychological attachment to organization and job. *Strategic Management Journal*, 15(6): 477−489.

Pearce, J. A. (1981). An executive-level perspective on the strategic management process. *California Management Review*, 24(1): 39−48.

Penrose, E. G. (1959). *The Theory of the Growth of the Firm*. Oxford University Press: NY.

Perlmutter, Howard (1969). "The Tortuous Evolution of Multinational Enterprises". Columb*ia Journal of World Business*, 4(1): 9 – 18.

Peteraf, M.A. (1993). The Cornorstones *of Competitive Advantage: A Resource-Based View. Strategic Management* Journal, 14: 179−191.

Peters, T. J., & Robert, H. (1985). In Search of Excellence: Lessons from *America's Best-Run companies*. Harper and Row.

Pettigrew, A. M. (1992). The character and significance of strategy process research. *Strategic Management Journal*, 13(S2): 5−16.

Porter, M.E. (1980). *Competitive Strategy: Techniques for Analyzing Industries and Competitors*. Free Press, New York.

Porter, M.E. (1985). *Competitive Advantage: Creating and Sustaining Superior Performance*. Free Press, New York.

Porter, M.E. (1990). *The Competitive Advantage of Nations*. Free Press, New York.

Prahalad, C. K. (1993). The role of core competencies in the corporation. Research/ Technology Management, November-December: 40−47.

Prahalad, C. K., & Gary Hamel. (1990). *The Core Competence of the Corporation*. Harvard Business Review, 68(3): 79−91.

Priem, R. L., & Butler, J. (2001). Is the resource *based "view" a useful perspective* for strategic management research? Academy of Management Review, 26(1): 22−40.

Rediker, K. J., & Seth, A. *(1995). Boards of dire*ctors and substitution effects of alternative governance mechanisms. *Strategic Management Journal*, 16(2): 85−99.

Reed. R., & Defillippi. (1990). *Causal Ambiguity*, Barriers to Imitation and Sustainable Competitive Advantage. *Academy* of *Management Review*, 15 (1): 88−102.

Ricardo, D. (1817). Princip*les of Political Economy and* Taxation. J. Murray: London.

Roth, K., Schweiger, D. M., & Morrison, A. J. (1991). Global Strategy Implementation at the Business *Unit Level*: *Operational* Capabilities and Administrative Mecha*nisms. Journal of International Business Studies*, 22(3): 369−402.

Rugman, A. M., & Verbeke, A. (1998). Corporate Strategies and Environmental Regulations: An Organizing Framework. *Strategic Management Journal*, 19: 363−375.

Schumpeter, J. A. (1942). Capitalism, Socialism and Democracy. Harper & Brothers: NY.

Scott, W. R. (2001). *Institutions and Organizations* (2nd ed.). Sage: Thousand Oaks, CA.

Selznick, P. (1957). *Leadership in Administration*. Harper & Row: NY.

Smith, K. G., Grimm, C. M., & Gannon, M. J. (1992). *Dynamics of competitive strategy*. Newbury Park, Calif.: Sage Publications.

Tarun, Khanna., Ingrid, Vargas., & Krishna, G. P. (2005). Haier: *Taking a Chinese Company Global*. Harvard Business School.

Teece, D. J., Pisano, G., & Shuen, A. (1997). Dynamic capability and strategic management. *Strategic Management Journal*, 18(7): 509−533.

Trice, H. M., & Beyer, J. M. (1991). Cultural leadership in organizations. *Organization Science*, 2(2), 149−169.

Tripsas, M. (1997). Surviving radical technological change through dynamic capabilities: evidence from the typesetter industry. *Industrial and Corporate Change*, 6: 341−377.

Vera, D., & Crossan, M. (2004). Strategic leadership and organizational learning. *Academy of Mangement Review*, 29(2): 222−240.

Walsh, J. P., & Seward, J. K. (1990). On the efficiency of internal and external corporate control mechanisms. Academy of Management Review, 15(3): 421−458.

Wang, J., Liu, S. & Shu, J. (2006). *Selected Cases of CEIBS*. China CITIC Press.

Weick, K. (1987). Organizational culture as a source of high reliability. *California Management Review*, 38(1): 112−127.

Wernerfelt, B. (1984). A Resource-Based View of the Firm. *Strategic Management Journal*, 5(2): 171−180.

Westley, F., & Mintzberg, H. (1989). Visionary Leadership and Strategic Management. *Strategic Management Journal*, 10(S1): 17−32.

Williamson, O. (1999). Strategy research: governance and competence perspectives. *Strategic Management Journal*, 20(12): 1087−1108.

Winter, S. G. (2003). Understanding dynamic capability. *Strategic Management Journal*, 24(10): 991−995.

Wren, D. A. (1987). *The evolution of management thought*. Wiley.

Wu ,J. & Ji, Y. (2006). *Huawei de shijie*(華爲的世界). China CITIC Press.

Yan, J. & Hu, Y. (2001). *Haier: made in China*(海爾中國造). Sanhuan Press.

Zollo, M., & Winter, S. G. (2002). Deliberate learning and the evolution of dynamic capability. *Organization Science*, 13(3): 339−351.

Zott, C. (2003). Dynamic capabilities and the emergence of intraindustry differential firm performance: insights from a simulation study. *Strategic Management journal*, 24(2): 97−125.

[보고서 및 홍보책자]

중국 대표기업 보고서. 서치나종합연구소, 한스미디어, 2004.

포스코 35년사. 포스코, 2003.

ABB Annual Report. ABB. 2007.

Beyond the Boom: The Outlook for Global Steel. BCG Report, 2007.

POSCO Business report. POSCO, 2007.

POSCO Factbook. POSCO, 2006.

QSS 현장이야기 100선. POSCO, 2007.

Smart Steel. 포스리경영연구소, 2005.

Sumner, Lemon., & Dan, Nystedt (2007). *Acer to acquire Gateway for $710 million*. InfoWorld News.

[기사]

과감한 '선택과 집중' 노키아와 핀란드를 구했다. 조선일보닷컴, 2007. 01. 16.

김승범(2007). 자본주의 기업보다 더 자본주의적인 中 하이얼 회장의 '3색 경영'. 조선일보뉴스, 2007. 3. 2.

김익수(2004). 중국 경제의 '빛과 그림자'. 동아일보, 2004. 4. 23.

김형수(2004). 중국 주식회사 대장정 7, 화웨이 · 중싱통신. 중앙일보, 2004. 3. 12.

소프트뱅크의 과거 · 지금 · 미래. Nikkei BP, 2004. 9. 1.

소프트뱅크의 성공법칙. 동양경제신문사, 2006. 11.

쉿물은 멈추지 않는다: 제42화 숲 속의 주택단지. 중앙일보, 2004.

신화창조의 비밀. KBS1, 2005. 8. 26.

위대한 전략. Business Week, 2008.

중국주식회사 대장정: 기술만이 살길, 연구 인력이 46%. 중앙일보, 2004. 3. 12.

포스코의 학습동아리. 동아일보, 2006. 11. 27.

[인터넷 웹사이트]

삼성 홈페이지: www.samsung.co.kr

포스코 홈페이지: www.posco.co.kr

Haier Homepage: http://www.haier.com

Huawei Homepage: http://www.huawei.com

IBM Homepage: www.ibm.com

Lenovo Homepage: http://www.lenovo.com

Nokia Annual Report: www.nokia.com/investors, 1997

Shagang Group Co. Ltd.'s Homepage: http://www.sha-steel.com/main.aspx

Softbank Homepage: www.softbank.co.jp

ZPSS's Homepage: www.zpss.com

메커니즘: 경영의 제4원소

Mechanism: The Fourth Element in Management

2024년 3월 22일 | 1판 1쇄 인쇄
2025년 3월 3일 | 1판 2쇄 발행

지은이 | 조동성
발행인 | 이민동
발행처 | 서울경제경영출판사 임프린트 aSSIST University Press
북디자인 | (주)우일미디어디지텍
표지디자인 | 조아영, 손효은

주소 | 03767 서울특별시 서대문구 신촌로 205, 201호
전화 | 02)313-2682
팩스 | 02)313-8860
등록 | 1998년 1월 22일 제 5-63호

ISBN 979-11-6282-123-7 93320 정가 26,000원